LES GRANDS PHILOSOPHES

PLATON

PAR

CLODIUS PIAT

AGRÉGÉ DE PHILOSOPHIE, DOCTEUR ÈS LETTRES
PROFESSEUR A L'ÉCOLE DES CARMES

PARIS
FÉLIX ALCAN, ÉDITEUR
108, BOULEVARD SAINT-GERMAIN, 108
—
1906

PUBLICATIONS DU MÊME AUTEUR :

L'Intellect actif. Leroux, Paris, 1890.

Quid divini nostris ideis tribuat Divus Thomas. Leroux, Paris, 1890.

Historique de la liberté au XIXe siècle. Lethielleux, Paris, 1894. (*Couronné par l'Académie française.*)

Problème de la liberté. Lethielleux, Paris, 1895. (*Couronné par l'Académie française.*)

L'Idée ou Critique du Kantisme, 2e édition. Ch. Poussielgue, Paris, 1901.

L'Apologétique de l'abbé de Broglie, avec héliogravure, 80 pages in-8° jésus. V. Lecoffre, Paris, 1896.

La Personne humaine. *Bibliothèque de philosophie contemporaine.* F. Alcan, Paris, 1897. (*Couronné par l'Académie des sciences morales et politiques.*)

La destinée de l'homme. *Bibliothèque de philosophie contemporaine.* F. Alcan, Paris, 1898. (*Traduit en allemand, par Em. Prinz zu Œttingen-Spielberg.*)

La Monadologie de Leibniz, Précédée d'une étude de la philosophie de Leibniz. V. Lecoffre, Paris, 1900.

Socrate. *Collection des Grands Philosophes.* F. Alcan, Paris, 1900. (*Traduit en allemand, par Em. Prinz zu Œttingen-Spielberg.*)

Aristote. *Collection des Grands Philosophes.* F. Alcan, Paris, 1903. (*Traduit en italien.*)

La morale chrétienne et la moralité en France. Brochure de 53 pages. V. Lecoffre, Paris, 1905.

Religion et Critique, œuvre posthume de l'abbé de Broglie, 3e édition. V. Lecoffre, Paris, 1905. (*Traduit en allemand, par Em. Prinz zu Œttingen-Spielberg.*)

Questions Bibliques, œuvre posthume de l'abbé de Broglie. 2e édition. V. Lecoffre, Paris, 1903.

PLATON

LES GRANDS PHILOSOPHES

Collection dirigée par CLODIUS PIAT

Publiée chez Félix Alcan

Volumes in-8° de 300 à 400 pages environ, *chaque vol.* 5 fr. à 7 fr. 50

Ont paru :

SOCRATE, par Clodius Piat, Agrégé de philosophie, Docteur ès Lettres, Professeur à l'École des Carmes. 1 vol. in-8°, 5 fr.

ARISTOTE, par le même. 1 vol. in-8°, 5 fr.

SAINT AUGUSTIN, par l'abbé J. Martin. 1 vol. in-8°, 5 fr.

AVICENNE, par le baron Carra de Vaux, Membre du Conseil de la Société Asiatique. 1 vol. in-8°, 5 fr.

GAZALI, par le même. 1 vol. in-8°, 5 fr.

SAINT ANSELME, par le comte Domet de Vorges. 1 vol. in-8°, 5 fr.

MONTAIGNE, par F. Strowski, Professeur à l'Université de Bordeaux. 1 vol. in-8°, 6 fr.

SPINOZA, par Paul-Louis Couchoud, Agrégé de philosophie, ancien élève de l'École normale supérieure. 1 vol. in-8°, 5 fr.

MALEBRANCHE, par Henri Joly, Membre de l'Institut. 1 vol. in-8°, 5 fr.

PASCAL, par Ad. Hatzfeld. 1 vol. in-8°, 5 fr.

KANT, par Th. Ruyssen, Professeur à l'Université d'Aix-Marseille. *Deuxième édition.* 1 vol. in-8°, 7 fr. 50.

MAINE DE BIRAN, par Marius Couailhac, Docteur ès Lettres. 1 vol. in-8°, 7 fr. 50.

Va paraître :

Saint Thomas d'Aquin, par le R. P. Sertillanges, Professeur à l'Institut Catholique de Paris.

PRÉFACE

Cet ouvrage est un exposé de la philosophie de Platon.

Il a paru de nos jours plusieurs études du même genre ; et quelques-unes d'entre elles accusent à la fois de la compétence et beaucoup de talent. Celle-là, pourtant, ne sera peut-être pas inutile : elle a, croyons-nous, son opportunité.

Depuis quelques années, Platon est devenu l'objet de toute une série de publications historiques, doctrinales et philologiques : Ed. Zeller, L. Campbell, Jowet, Lutoslawski, Gomperz, pour ne citer que les principaux, ont travaillé comme de concert à déchiffrer les énigmes que renferment les *Dialogues*. De ces longs et multiples efforts résulte, à notre sens, une approximation nouvelle de la pensée platonicienne ; et c'est là ce que nous voudrions soumettre au public.

Non point, certes, que l'on puisse résoudre toutes les difficultés ; il est même probable qu'un pareil succès ne sera jamais obtenu : Platon tiendra toujours du Sphinx par plus d'un trait, soit à cause de la forme que revêtent ses écrits, soit à cause de l'ignorance relative où nous sommes de son milieu intellectuel et social. Mais, à l'heure actuelle, il paraît possible d'exposer avec une plus grande précision quelques-uns des points fondamentaux de son œuvre, tels que la suite des dialogues, la théorie des idées, la notion de l'âme et celle de Dieu ; et, ces cimes une fois éclairées, la lumière se fait plus abondante et tend à se propager sur tout le reste.

Nous n'écrivons pas un chapitre à part sur la vie de Platon[1], ni même sur l'authenticité des dialogues[2]. On possède sur ces deux points un certain nombre de données assez précises; et nous fournirons, à mesure que l'occasion s'en présentera, les discussions qui sembleront nécessaires.

Bien qu'éclairée du dehors par les principales études qu'on a faites sur Platon, notre méthode ne laisse pas d'être interne. C'est de la lecture intégrale et patiemment comparée des textes eux-mêmes que se dégage notre interprétation. Nécessaire pour toute espèce d'auteur, ce procédé s'impose à un titre spécial, quand il s'agit du fondateur de la vieille Académie. L'unique moyen de le suivre à travers les arabesques infinies que décrit sa pensée, c'est de commencer par se rendre compte de son

---

1. V. STEINHART (KARL), *Platon's Leben*, Leipzig, 1873 ; CH. HUIT, *La vie et l'œuvre de Platon*, I, 1-340, Paris, 1893; ED. ZELLER, *Die Phil. der Griechen*, 2er Theil, erste Abtheil., 389-436, Lepzig, 1889; THEOD. GOMPERZ, *Griechische Denker*, 2er Band, 203-223, Leipzig, 1903.

2. V. ED. ZELLER, *Loc. cit.*, 436-487; W. LUTOSLAWSKI, *The origin and growth of Plato's logic*, London, 1897; GOMPERZ, *Loc. cit.*, 224-233 et passim; HANS RAEDER, *Platos philos. Entwickelung*, Leipzig, 1905.

sens philosophique, de ses idées directrices et de sa manière. Or l'on n'y peut réussir que par un commerce intime et prolongé avec l'ensemble de ses œuvres; toute autre initiation ne produit que des réfractions de réfractions, c'est-à-dire des fantômes.

Clodius Piat.

PLATON

CHAPITRE PREMIER

LES DIALOGUES

Dans quel ordre chronologique Platon a-t-il écrit ses dialogues? Cette question n'a pas l'importance capitale qu'y mettent certains auteurs. De quelque manière qu'on la résolve, le système platonicien ne se brise pas, comme on l'a dit [1], en deux parties opposées; il continue à former un tout organique. J'essaierai du moins de le faire voir au cours de cette étude.

Il est cependant très utile de savoir, dans la mesure du possible, ce qu'il faut penser de ce problème préalable. Car c'est à cette condition seulement que l'on peut déterminer les phases par lesquelles a passé le génie de Platon durant sa longue carrière [2]; et cette évolution est de nature à donner de sa doctrine elle-même une idée beaucoup plus précise.

---

1. W. Lutoslawski, *The origin and growth of Plato's logic*, p. 363 et sqq., Longmans, London, 1897.
2. Quant à la publication même des œuvres de Platon, c'est un problème que nous ne traiterons pas; il n'est qu'accessoire et l'on n'a pas assez de documents pour l'éclaircir. Voir cependant les remarques intéressantes qu'a faites M. Ch. Huit sur ce point (*La vie et l'œuvre de Platon*, I, pp. 354-404); mais l'auteur de cet ouvrage nous semble restreindre plus que de mesure la part de la publicité chez les Anciens en général, et aussi dans les œuvres de Platon.

J'aborderai donc ce sujet lourd de détails et sur lequel on a tant écrit, mais sans avoir la prétention de le traiter entièrement. Laissant de côté les dialogues que l'on est convenu d'appeler socratiques, je ferai porter mon enquête sur ceux où Platon découvre et raconte sa pensée à lui; car c'est là surtout ce qui importe à mon dessein.

La question n'est pas facile; les documents formels sont rares. Il semble cependant que l'on puisse arriver à plus de précision et de certitude que par le passé, vu les travaux récents, ceux de Lewis Campbell[1] et de W. Lutoslawski[2] surtout.

Il y a, dans les dialogues platoniciens, trois ou quatre allusions à certains événements historiques qui permettent d'établir quelques points de repère; plusieurs dialogues se supposent les uns les autres en vertu des avertissements ou des insinuations de l'auteur; parfois Platon se cite lui-même d'une manière plus ou moins explicite.

A ces indices s'ajoutent des notes plus internes. Certains dialogues laissent à l'état indécis des questions que d'autres viennent résoudre : ce qui permet de présumer que les premiers sont antérieurs aux seconds. En maint endroit, Platon montre plus d'ampleur et de profondeur, ou se sert de principes nouveaux, bien que ces principes trouvent ailleurs l'occasion toute naturelle de se manifester : ce qui suppose un degré supérieur de maturité intellectuelle et par là même un âge plus avancé. On observe aussi que le rôle de Socrate tend à perdre de son importance; que Platon affecte de plus en plus les formes poé-

---

1. *The Theætetus,* with a revised text and english notes, Oxford, 1861, à nouveau 1883; *The Sophistes and Politicus of Plato,* with a revised text and english notes, Oxford, 1867, à nouveau 1883; *On the position of the Sophistes, Politicus and Philebus* (Transactions of the Oxford philosophical Society, 1888-1889, pp. 25-42, June 14); *Ed. of the Republik* by JOWETT and CAMPBELL, 3 vols, Oxford, 1894.

2. V. *loc. cit.*

tiques ; qu'il grandit avec les années en austérité morale ; qu'il le prend sur un ton de maîtrise et de certitude croissant, surtout lorsqu'il s'agit de ses thèses favorites, c'est-à-dire de la priorité de l'âme, de la croyance en une providence divine, de l'identité du bonheur et de la justice, et même, quoi qu'on ait dit, de la théorie des idées.

On peut également recourir avec avantage aux marques stylométriques, pourvu toutefois que l'on sache les choisir, au lieu de les entasser. Il faut écarter celles qui sont trop rares pour fonder une probabilité quelconque, et celles aussi qui sont trop intimement liées au sujet ou à la forme de tel ou tel dialogue[1]. L'art est de les prendre nombreuses et le plus indépendantes possible soit de la pensée qu'elles servent à traduire, soit du mode d'exposition que suit l'auteur. On arrive, en tenant compte de ces conditions, à dresser entre le *Ménon* et les *Lois* une échelle de particularités stylistiques qui est très significative[2].

Les hiatus, par exemple, vont en diminuant d'un extrême à l'autre[3]. Platon fait aussi des phrases de plus en plus longues, et par là même les anacoluthes tendent à s'accroître.

Les ὥσπερ l'emportent d'abord sur les καθάπερ : il y en a 21/1 dans le *Ménon*, 77/2 dans le *Cratyle*, 53/1 dans le *Banquet*, 80/0 dans le *Phédon*, 20/0 dans le premier livre de la *République*, 9/0 dans le second, 17/0 dans le cinquième, 28/0 dans le sixième, 14/2 dans le neuvième, 24/2 dans le dixième, 24/4 dans le *Phèdre*, 47/2 dans le *Théétète*.

---

1. Voir sur ce point les remarques de M. G. Lyon, dans son article intitulé *Platon et la Stylométrie* (*Revue de synthèse historique*, février 1902, p. 14 et sqq.).

2. Il va sans dire qu'ici nous ne prenons la stylistique que dans son rapport à la question de l'ordre chronologique des dialogues Platoniciens. Elle devient plus complexe, quand on l'applique en même temps au problème de leur authenticité.

3. V. P. Blass, *Die attische Beredsamkeit*, II, 140, 458, Leipzig, 1892.

Puis, les καθάπερ montent à leur tour et finissent par occuper presque toute la place : on en trouve 14/9 dans le *Sophiste*, 34/19 dans le *Politique*, 26/10 dans le *Philèbe*, 26/11 dans les 100 premières pages des *Lois*, 33/3 dans les 100 secondes pages, 27/1 dans les 100 troisièmes pages, 41/6 dans les 100 quatrièmes pages, 14/3 dans les 92 dernières pages[1], 18/10 dans le *Timée*, 5/2 dans le *Critias*.

Si l'on relit d'après le même ordre les dialogues que je viens de citer, on voit que, pendant un certain temps, Platon affecte de plus en plus les ὡς ἀληθῶς; puis, vient assez brusquement le règne des τῷ ὄντι, qui faiblissent à leur tour en face des ἀληθῶς, lesquels sont eux-mêmes supplantés par les ὄντως. Les τε et τε... τε vont se multipliant d'un bout à l'autre et d'une manière sensible. Il est vrai que leur progression n'est pas très régulière ; comme ils conviennent particulièrement au mythe et à la narration[2], le nombre s'en accentue tout d'un coup dans certains dialogues. Le dixième livre de la *République*, par exemple, n'en a que 6, le *Théétète* 16, tandis que l'on en compte 32 dans le *Phèdre*. Mais il reste clair que, si Platon préfère de plus en plus ce genre de conjonctions additives, c'est aussi parce qu'il fait partie de la langue des poètes, d'Homère surtout : ce philosophe chante de mieux en mieux, comme un cygne, au fur et à mesure qu'il approche de la fin de sa glorieuse carrière.

Platon dit d'abord : ἀληθῆ λέγεις, ὀρθῶς ou καλῶς; par la suite, il substitue le superlatif à l'absolu. Il n'y a que des ἀληθῆ dans le *Ménon* et qu'un ἀληθέστατα dans le *Cratyle*. Au dixième livre des *Lois*, les ἀληθέστατα, ainsi que les ὀρθότατα, les κάλλιστα et affirmations similaires reviennent à tout

---

1. Petite édit. STALLBAUM.
2. V. l'*Iliade*.

bout de champ. Mais ce sont là des marques qu'il convient d'utiliser d'une manière relative ; elles valent surtout, lorsqu'il s'agit de comparer les dialogues où l'auteur formule et défend ses thèses fondamentales.

κατά avec l'accusatif l'emporte sur toutes les autres prépositions, à l'exception d'ἐν, dans le *Cratyle*, le *Politique*, les *Lois*, le *Critias*; et sur ἐν dans le *Sophiste* et le *Timée*. Il forme le 12-15 % du total des prépositions que renferment ces dialogues, tandis qu'il est beaucoup plus rare dans les autres écrits : dans le *Théétète*, par exemple, il arrive à 9 % [1]. A partir du *Banquet*, les περί avec l'accusatif deviennent plus fréquents que les περί avec le génitif : leur rapport est de 40/39 dans ce dernier dialogue, de 76/71 dans le *Sophiste*, de 92/53 dans le *Politique*, de 116/88 dans le *Timée*, de 29/21 dans le *Critias*, de 182/147 dans les *Lois* (III, V, VI, VIII). Pour les autres dialogues, au contraire, ce sont les περί accompagnés du génitif qui dominent ; et leur proportion s'élève jusqu'à 1552/804 dans les dialogues non spécifiés par Lina [2].

On possède donc un ensemble de procédés à l'aide desquels on peut essayer d'établir la chronologie des dialogues Platoniciens. Il est vrai que, à l'exception des quelques allusions historiques dont j'ai parlé, ces procédés divers ne laissent pas d'être d'un emploi délicat, qu'ils sont loin d'aboutir toujours à la certitude et qu'ils révèlent plutôt des antériorités que des dates précises ; ils n'en constituent pas moins un progrès véritable.

Le *Ménon* est encore plein du souvenir de Socrate. On

---

1. V. LUTOSLAWSKI, *loc. cit.*, p. 130 ; LINA, *De præpositionum usu platonico*, Marbourg, 1889.
2. V. LUTOSLAWSKI, *loc. cit.*, *ibid.* — On peut voir, à la fin de ce volume, le tableau d'un certain nombre de particularités stylistiques que j'ai constitué moi-même, afin de mettre en lumière la façon dont je comprends leur emploi.

peut même dire qu'il est surtout une défense de son œuvre, une sorte de nouvelle *Apologie* : l'impression qui s'en dégage, c'est que l'intention dominante de Platon consiste à présenter son maître comme le seul citoyen qui ait rendu la vertu enseignable, le seul par là même qui ait découvert son vrai principe d'efficacité pratique [1]. De plus, ce dialogue s'en tient encore au concept socratique de la vertu : l'irréductibilité de l'élément passionnel de notre nature à la raison ne s'y révèle pas ; la sagesse n'y est pas autre chose que du savoir. Il se situe donc assez avant dans la série des ouvrages de Platon. Mais il serait exagéré de croire, avec God. Stallbaum, que sa composition soit antérieure à la mort de Socrate [2] ; il présente des indices de maturité qui ne permettent pas de le faire remonter si haut. On n'y trouve plus de vaines subtilités ; l'argumentation en est ferme, souple et pénétrante. La méthode, telle qu'elle y est exposée, dépasse le point de vue moral pour s'étendre à des phénomènes d'ordre physique, comme la figure et la couleur [3] : elle tend à devenir universelle, c'est-à-dire purement scientifique. De plus, l'on y constate déjà l'indication du procédé *ex hypothesi* [4], auquel Platon reviendra plus tard à diverses reprises. Il y a là un sens de la réalité, une mesure dans l'affirmation, une vigueur de pensée et une ampleur de vues que l'on chercherait en vain dans les premiers dialogues du disciple de Socrate.

Le *Ménon* est postérieur au *Protagoras*. Dans l'un et l'autre dialogues, c'est la même question qui se pose et de la même manière : il s'agit de savoir si la vertu est enseignable ; et, pour le savoir, il faut chercher d'abord ce

---

1. PLAT., *Men.*, 100ª.
2. *Platonis oper. omn.*, vol. VI, sect. II, p. 20.
3. PLAT., *Men.*, 74ᵇ-77ᵇ.
4. *Id., ibid.*, 86ᵉ.

qu'elle est [1]. Or, dans le premier de ces deux écrits, l'auteur ne fait que préparer sa réponse, en déblayant le terrain des scories sophistiques qui le recouvrent; c'est dans le second seulement qu'il la donne : ce qui démontre assez bien que ce dernier dialogue n'a paru qu'après l'autre, vu que Platon a l'habitude d'établir ses doctrines par voie d'éliminations successives. On peut dire, il est vrai, que le *Ménon* lui-même conclut négativement [2]. Mais il n'y a là qu'une apparence, qui tient à la manière énigmatique de Platon. Si l'on considère le but et l'agencement de ce dialogue, on voit que la solution du problème est fournie de la page 87e à la page 89e.

Il est probable aussi que le *Ménon* a suivi le *Gorgias*. On sait l'étrange sévérité avec laquelle sont traités dans ce dernier dialogue les politiques les plus célèbres d'Athènes : Périclès, Cimon, Miltiade et Thémistocle eux-mêmes y sont présentés comme n'étant pas « des hommes de bien », vu qu'ils n'ont travaillé qu'à « satisfaire leurs désirs et ceux des autres », au lieu de diriger leur cité vers la science et la pratique de la vertu [3]. Le *Ménon* le prend sur un ton plus modéré. La vertu de Thémistocle, celle d'Aristide, de Périclès et de Thucydide, voire même celle d'Anytus sont mises hors de cause; il reste vrai seulement que ces personnages, si recommandables par ailleurs, n'ont pas eu l'art d'enseigner la vertu [4]. Cette différence d'allure ne peut guère s'expliquer que par un accroissement de sérénité dans l'art de la composition et peut-être aussi par l'apaisement progressif des passions politiques [5]. La doctrine du *Ménon* est aussi plus avancée que celle du *Gorgias*. C'est dans le premier de ces deux

---

1. Plat., *Protag.*, 361^a; — *Men.*, 70^a-71^b.
2. *Id.*, *Men.*, 100^{b-c}.
3. 503^a-517^b.
4. 93^a-94e.
5. V. sur ce point Gomperz, *Griechische Denker*, pp. 304-305, Leipzig, 1903.

dialogues qu'apparaît d'abord la théorie de la réminiscence, qui est comme l'aspect psychologique de celle des « idées »[1]. L'auteur n'y fait aucune allusion dans le *Gorgias*, bien qu'il y signale déjà les obstacles du corps à l'exercice de la pensée[2] et la distinction du sensible et de l'intelligible qui se développera par la suite[3].

La solution la plus naturelle, c'est que le *Ménon* forme avec le *Protagoras* et le *Gorgias* une sorte de trilogie dont il est le dernier terme.

On a essayé de préciser davantage la place de ce dialogue, en s'appuyant sur la phrase qui concerne Isménias[4]. Mais le renom de richesse dont jouissait ce personnage ne peut se fonder sur le peu d'argent qu'il reçut des Perses; il s'agit donc de savoir d'où venait sa fortune et quand il l'avait acquise. Or on ne possède là-dessus aucune donnée positive[5].

Le *Cratyle* se rattache encore par sa teneur critique au *Protagoras*, au *Gorgias* et au *Ménon*. La lutte contre les sophistes y continue; on peut même dire qu'elle y domine et sous la forme de la plus fine et plus mordante ironie[6]. Il est néanmoins difficile de soutenir, avec Stallbaum[7] et Socher[8], que ce dialogue a paru avant la mort de Socrate; car il est en progrès, par sa doctrine, sur le *Ménon* lui-même. Platon y passe décidément du point de vue exclu-

---

1. 81ᵃ et sqq.
2. 523ᵉ.
3. 524ᵇ.
4. 90ᵃ : Ὥσπερ ὁ νῦν νεωστὶ εἰληφὼς τὰ Πολυκράτους χρήματα Ἰσμηνίας ὁ Θηβαῖος... — V. LUTOSLAWSKI, *loc. cit.*, p. 210.
5. STALLBAUM, *loc. cit.*, VI, sect. II, p. 94, *note*; — V. COUSIN, *Trad. des ouvr. de Plat.*, t. VI, p. 400, Paris, 1822.
6. Nous nous rangeons sur ce point à l'opinion de Stallbaum. Voir nos raisons : *Crat.*, 396ᵈ⁻ᵉ, 400ᵃ, 425ᵉ, 428ᵃ⁻ᵇ.
7. *Loc. cit.*, vol. V, sect. II, pp. 24-26.
8. *Ueber Platons Schriften*, p. 167, München, 1820.

sivement moral au point de vue scientifique : il y conçoit un ordre universel des choses qui est l'objet de la dialectique [1]. Le mot οὐσία y prend pour la première fois le sens plus précis d'essence [2]; l'immutabilité de cette essence s'y trouve affirmée comme la condition de l'être et celle aussi de la connaissance [3] : ce qui constitue l'un des aspects ontologiques de la théorie des idées. Encore un pas sur la même route, et l'on arrive à leur subsistance.

D'autre part, on ne peut croire, avec Ast et Peipers, que le *Cratyle* soit postérieur au *Phédon* et au *Phèdre*. Vu ses marques stylistiques, il se situe sans conteste avant ces deux dialogues [4]. De plus, vers la fin du *Cratyle*, la théorie des idées est donnée comme une hypothèse qu'il convient d'examiner plus à fond, d'établir et de développer : on y doit revenir dans la suite [5]. Or le *Phédon* et le *Phèdre* sont précisément deux dialogues où cette tâche s'accomplit avec une ampleur et un éclat extraordinaires.

Certains auteurs ont cru pouvoir déterminer la position du *Cratyle* avec un peu plus de précision, en se fondant sur un passage de ce dialogue où il s'agirait de la fermeture des portes d'Egine [6]. Il leur a paru que ce passage faisait allusion à la loi d'après laquelle il était interdit aux Athéniens de pénétrer dans cette île; et ils ont conclu de là que le *Cratyle* n'a pu être composé avant 387, l'année du traité d'Antalcidas. Mais rien ne justifie une telle interprétation. Outre que la phrase que l'on met en avant est

---

1. 438ᵉ : μαθεῖν... δι' ἀλλήλων γε, εἴ πη ξυγγενῆ ἐστί, καὶ αὐτὰ δι' αὑτῶν.
2. 385ᵉ, 386ᵉ, 388ᵉ, etc.
3. 386ᵃ : ἢ ἔχειν δοκεῖ σοι αὐτὰ αὑτῶν τινὰ βεβαιότητα τῆς οὐσίας. Ici la question est posée; la solution en est indiquée vers la fin du dialogue, 439ᵈ-440ᵈ.
4. V. les règles précédemment données et le tableau de la fin du volume.
5. 440ᵉ et sqq.
6. 433ᵃ : λέγεσθαι δ' οὖν, ὦ μακάριε, ἐῶμεν, ἵνα μὴ ὄφλωμεν, ὥσπερ οἱ ἐν Αἰγίνῃ νύκτωρ περιιόντες ὀψὲ ὁδοῦ, καὶ ἡμεῖς ἐπὶ τὰ πράγματα δόξωμεν αὐτῇ τῇ ἀληθείᾳ οὕτω πως ἐληλυθέναι ὀψιαίτερον τοῦ δέοντος.

probablement altérée, il se peut qu'elle vise un simple règlement de police, ou même une coutume qu'auraient eue les Éginiens d'accueillir avec un rire malicieux leurs concitoyens qui rentraient trop tard au logis [1].

Il n'y a, semble-t-il, que deux remarques à faire sur la date approximative du *Cratyle*. Premièrement, à la page 405^d, *Platon* parle assez clairement de la doctrine des Pythagoriciens; il est donc probable qu'il avait eu déjà quelque occasion de les rencontrer. En second lieu, les Barbares, dans le *Cratyle*, sont traités à peu près avec les mêmes égards que les Athéniens [2] : ce qui se maintient dans le *Banquet*, la *République*, le *Phédon* et les autres dialogues ultérieurs. Il en va différemment du *Protagoras* au sens duquel Athènes est « le Prytanée de la Sagesse » [3], et du *Gorgias* où cette ville nous apparaît comme le sanctuaire de la liberté de la parole [4]. Ce changement de conception ne peut guère s'expliquer que par les voyages que fit Platon après la mort de son maître, d'abord à Mégare, puis à Cyrène et en Égypte, enfin à Tarente et à Syracuse; ce qui reporterait la date du *Cratyle* aux environs de 390 [5].

On a, sur le *Banquet*, quelques données d'un caractère plus précis. Il est dit dans ce dialogue : « maintenant, à cause de notre perversité, nous avons été divisés par le

---

[1]. V. Stallbaum, *loc. cit.*, p. 200.
[2]. 383$^{a\text{-}b}$, 385e, 390^a, 390e, 409e, 425e.
[3]. 337^d.
[4]. 461e.
[5]. On peut supposer, il est vrai, comme le fait Gomperz, que Platon a composé quelques dialogues au cours de ses excursions. Mais cette supposition n'affaiblit pas notre remarque; il reste vrai, même dans ce cas, que Platon a dû mettre des années à modifier si profondément son patriotisme natif.

dieu, comme les Arcadiens par les Spartiates [1] ». C'est en 385 que les habitants de Mantinée subirent ce dur traitement [2]; et la plupart des historiens sont d'accord pour dire que le *Banquet* ne parut pas très longtemps après cette date [3]. Teichmüller a fait une autre remarque qui tend à confirmer cette conclusion. Isocrate observe dans son *Busiris* que personne, à l'exception de Polycrate, n'avait jamais affirmé qu'Alcibiade ait été le disciple de Socrate [4]. Le célèbre rhéteur n'aurait pu formuler une telle assertion après l'apparition du *Banquet*, où l'amitié de Socrate et d'Alcibiade est si fortement mise en lumière. C'est donc que ce dialogue fut publié postérieurement au *Busiris*. Or, d'après Blass [5], Isocrate écrivit son *Busiris* quelques années après 391.

On sait d'ailleurs que le *Banquet* est postérieur au *Protagoras*. Il est dit, dans ce dernier dialogue, que l'on ne doit admettre aucune joueuse de flûte auprès de la table des philosophes [6]. Le précepte est appliqué pendant la nuit du *Symposium* : on y écarte la flûtiste d'Agathon [7].

On peut établir également que le *Banquet* est postérieur au *Cratyle*. On a vu que ce dernier ouvrage se termine par une sorte d'exhortation à reprendre le problème des idées, afin de mieux savoir quelle solution il convient d'y donner. Le *Banquet* est l'un des dialogues qui répond

---

1. 193ᵃ : νυνὶ δὲ διὰ τὴν ἀδικίαν διῳκίσθημεν ὑπὸ τοῦ θεοῦ, καθάπερ Ἀρκάδες ὑπὸ Λακεδαιμονίων.

2. XENOPH., *Hellen.*, V. 2, 7 : ἐκ δὲ τούτου καθῃρέθη μὲν τὸ τεῖχος, διῳκίσθη δὲ ἡ μαντίνεια τετραρχῇ. — V., pour plus de détails, STALLBAUM, *loc. cit.*, vol. I, sect. III, p. 140.

3. WOLF, *Platons Gastmahl*, Leipzig, 1782; — UEBERWEG, *Untersuchungen ueber die Echtheit und Zeitfolge Platonischer Schriften*, p. 219, Wien, 1861; — TEICHMÜLLER, *Die Reihenfolge der Platonischen Dialoge*, p. 15, Leipzig, 1879.

4. ISOCRATE, *Busiris*, 143, 5, éd. Müller, Paris, 1877.

5. *Loc. cit.*, II, 248.

6. 347ᵈ.

7. 176ᵉ.

à cet appel : toute sa partie doctrinale tend comme par degrés vers l'affirmation du « Beau » éternel, immuable et parfait, du « Beau » en soi et par soi (οὐδέ που ὂν ἐν ἑτέρῳ τινί, οἷον ἐν ζώῳ ἢ ἐν γῇ ἢ ἐν οὐρανῷ ἢ ἐν τῷ ἄλλῳ, ἀλλὰ αὐτὸ καθ' αὑτὸ μεθ' αὑτοῦ μονοειδὲς ἀεὶ ὄν), du « Beau » dont procède par une sorte de participation la diversité des choses belles (τὰ δὲ ἄλλα πάντα καλὰ ἐκείνου μετέχοντα...)[1]. Or qu'est-ce que ce « beau »? l'ὂν ὄντως dont Platon parlera plus tard, le monde des intelligibles ou des idées.

Si le *Banquet* vient après le *Protagoras* et le *Cratyle*, il vient par conséquent après le *Gorgias* et le *Ménon*. Il ne serait pas même étonnant que ces divers dialogues, si l'on en excepte le *Protagoras*, aient été composés dans un intervalle de temps assez court : peut-être se sont-ils échelonnés de l'année 390 à l'année 385. Car, bien que la pensée s'y développe de l'un à l'autre, ils n'en révèlent pas moins, sous des formes différentes, le même degré de virilité intellectuelle.

Le *Phédon* est postérieur au *Banquet*. Il en détaille la thèse principale, qui est celle des idées : elle ne s'y montre plus sous forme d'ébauche; l'auteur attribue des idées à toutes choses[2], il en fournit une démonstration nouvelle et plus directe[3], il expose au long leurs divers caractères[4], il revient maintes fois sur les obstacles que le corps oppose à leur acquisition[5], il insiste avec force sur la μετέξις[6]. Nous sommes loin ici de l'affirmation brillante, mais sommaire qui termine le discours de Socrate.

1. 210e-211d.
2. 65d-e, 100b-c.
3. 72e et sqq.
4. *Ibid.*
5. 65b-66a, 66b-e, 79a-c, 84a, 99e.
6. 100b-e.

De plus, la théorie des idées nous est donnée, dans le *Banquet,* comme une sorte de découverte et qui n'a pas encore de consistance scientifique : Socrate l'apprend de la bouche de Diotime; c'est avec peine qu'il en suit le développement[1]; la Mantinéenne elle-même va jusqu'à le prier d'y mettre toute l'attention dont il est capable[2]. Rien de pareil dans le *Phédon.* Les idées n'y apparaissent pas comme quelque chose de nouveau; elles sont une matière mille fois rebattue, qui n'a plus rien que de familier[3]. Et c'est avec une étonnante vigueur d'affirmation que Platon s'exprime toutes les fois qu'il y touche. On voit abonder alors des formules de ce genre : ὡς ἀληθῶς, τῷ ὄντι, ὡς ἀληθῶς τῷ ὄντι, φαμὲν δὲ τοῦτο εἶναι τὸ ἀληθές[4], τοῦτο δὲ ἁπλῶς καὶ ἀτέχνως καὶ ἴσως εὐήθως ἔχω παρ' ἐμαυτῷ[5]. Tout le dialogue d'ailleurs prend un accent de conviction qui n'apparaît que par places au cours des écrits antérieurs.

Le *Phédon* est aussi plus didactique que le *Banquet.* Platon y signale longuement le danger que l'on court en ne suivant pas une méthode rigoureuse dans la recherche de la vérité[6]; il y insiste sur les conclusions et s'y résume; il en réfère à ses propres ouvrages. Le *Ménon* est clairement visé à la page 72ᵉ-73ᵃ. Plus loin, vers la page 100ᵇ, l'auteur fait allusion à d'autres dialogues, parmi lesquels il est difficile de ne pas reconnaître au moins le *Cratyle* et le *Banquet.*

Ce n'est pas non plus un fait insignifiant que l'ac-

---

1. 207ᵇ⁻ᶜ, 209ᶜ-210ᵃ.
2. 210ᵉ.
3. 76ᵈ⁻ᵉ, 100ᵇ.
4. 66ᵇ.
5. 100ᵈ.
6. 89ᵈ-90ᵈ.
7. Οὐδὲν καινόν, ἀλλ' ἅπερ ἀεὶ καὶ ἄλλοτε καὶ ἐν τῷ παρεληλυθότι λόγῳ οὐδὲν πέπαυμαι λέγων,... καὶ εἶμι πάλιν ἐπ' ἐκεῖνα τὰ πολυθρύλητα...

croissement de l'influence Pythagoricienne qui se manifeste dans le *Phédon*. Non seulement Platon emprunte à l'école de Crotone et de Tarente le fond de sa thèse sur le suicide [1]; mais encore il y puise sa théorie de la purification et celle de la métempsycose qui sont comme l'âme de son hymne à l'immortalité. De plus, il choisit deux disciples de Philolaüs, Simmias et Cébès, pour en faire les personnages principaux de son œuvre[2]. Toutefois, ne faudrait-il pas exagérer l'importance de cette remarque : vu la thèse dominante du *Phédon*, qui est celle de la vie future, ce dialogue se prêtait mieux que le *Banquet* aux infiltrations pythagoriques.

W. H. Thompson a fait un rapprochement historique qui est de nature à éclairer la date du *Phèdre*[3].

Isocrate, dans son *Panégyrique*, expose comme il suit sa manière d'entendre la rhétorique : Ἐπειδὴ οἱ λόγοι τοιαύτην ἔχουσι τὴν φύσιν ὥσθ' οἷόντ' εἶναι περὶ τῶν αὐτῶν πολλαχῶς ἐξηγήσασθαι, καὶ τὰ μεγάλα ταπεινὰ ποιῆσαι καὶ τοῖς μικροῖς μέγεθος περιθεῖναι, καὶ τά τε παλαιὰ καινῶς διελθεῖν καὶ περὶ τῶν νεωστὶ γεγενημένων ἀρχαίως εἰπεῖν, οὐκέτι φευκτέον ταῦτ' ἐστί, περὶ ὧν ἕτεροι πρότερον εἰρήκασιν, ἀλλ' ἄμεινον ἐκείνων εἰπεῖν πειρατέον[4]. A la page 267ᵃ du *Phèdre*, Platon fait avec des expressions analogues la critique de cet art sophistiqué. Il est vrai qu'il y cite le nom de Gorgias, au lieu de celui d'Isocrate lui-même; mais on sait par ailleurs que le premier de ces rhéteurs avait été le maître du second. Le *Phèdre* serait donc postérieur au *Panégyrique* d'Isocrate; or ce discours parut en 380[5]. D'autre

---

1. 61ᵉ-62ᵇ; — STALLBAUM, *loc. cit.*, vol. I, sect. II, p. 54.
2. 61ᵈ.
3. *The Phædrus of Plato*, with english notes and dissertations, pp. 113, 178, London, 1868.
4. ISOCR., *Panegyr.*, 25, 8, éd. Müller, Paris, 1877.
5. V. LUTOSLAWSKI, *loc. cit.*, pp. 347-352.

part, l'on a des raisons sérieuses de croire que la composition du *Phèdre* précéda la mort de Lysias qui eut lieu en 378. Car le discours de ce rhéteur, dont Socrate et son jeune ami vont faire la lecture sur les bords de l'Ilissus, doit être authentique. Autrement, Platon aurait fait la critique de son œuvre à lui : ce qui ne paraît nullement vraisemblable [1]. Ce discours était probablement l'un de ces exercices oratoires auxquels s'adonnaient les logographes, à l'exemple de Polycrate, et qui venait de paraître. Grâce à ces calculs ingénieux, la publication du *Phèdre* se trouverait comprise entre deux limites assez rapprochées. Chose curieuse! Teichmüller, sans connaître d'ailleurs l'étude de W. H. Thompson, est arrivé aux mêmes résultats [2]. Mais j'avoue, pour mon compte, que ni le critique anglais ni le critique allemand ne réussissent à produire la certitude; leur raisonnement ne donne qu'une probabilité.

Il paraît bien d'un autre côté que le *Phèdre* est postérieur au *Phédon*. N'aurait-on, pour l'affirmer, que la différence de leurs notes stylistiques, cette raison suffirait. Le *Phédon* marque l'apogée des ὥσπερ : il y en a 80 sur 88 pages de la petite édition Tauchnitz; et l'on n'y trouve pas de καθάπερ. Il contient d'ailleurs 7 ὡς ἀληθῶς, 14 τῷ ὄντι, et ne donne que 3 τε ou τε... τε; les ἀληθῶς et les ὄντως ne s'y montrent pas encore. Le *Phèdre* n'a que 24 ὥσπερ sur 70 pages de la même édition et fournit déjà 4 καθάπερ. On n'y rencontre plus que 5 ὡς ἀληθῶς et 7 τῷ ὄντι. Par contre, il y a déjà dans ce dialogue 5 ὄντως et 32 τε ou τε... τε. Peut-être l'éclosion subite de cette dernière particule est-elle favorisée par le sujet dont traite l'auteur et la forme mythique qu'il lui a donnée. Mais sa

---

1. GOMPERZ, *loc. cit.*, p. 332.
2. *Literarische Fehden*, vol. I, 71-79, Breslau, 1881-1884.

fréquence notable n'en est pas moins significative : d'autant qu'elle s'accuse même dans les passages où il ne s'agit que de pensées ordinaires, comme la critique de la rhétorique de Tisias et de Gorgias[1].

On peut fournir d'autres preuves à l'appui du même sentiment. Le mythe du *Phèdre* l'emporte, comme puissance de conception, sur celui du *Phédon* : il ne se borne plus à la terre; il enveloppe le ciel tout entier, y compris l'hyperciel. De plus, il s'y manifeste une plus grande austérité morale : dans le *Phédon*, les parricides peuvent obtenir leur pardon au bout d'un an de séjour dans l'Hadès[2]; tandis que, d'après le *Phèdre*[3], aussi bien que d'après la *République*[4], leur épreuve est de mille ans. Un autre fait à mettre en lumière, c'est que le premier de ces trois dialogues, qui contient une enquête si pénétrante et si minutieuse des diverses preuves de la vie future, ne présente nulle trace du principe émis dans le *Phèdre*, d'après lequel l'âme est éternelle vu qu'elle se meut d'elle-même. Vers la fin du *Phédon*, l'auteur frôle en quelque sorte cette idée importante à propos de la fixité de l'essence des âmes; il ne la formule pas, il n'y fait même aucune allusion[5]. N'est-ce pas un indice sérieux que, à ce moment, il ne l'avait pas encore découverte?

On objecte, il est vrai, que, tandis que dans le *Phédon* les idées sont un sujet depuis longtemps connu, elles nous apparaissent dans le *Phèdre* comme une nouveauté. Τολμητέον γὰρ οὖν τό γε ἀληθὲς εἰπεῖν, s'écrie Socrate, ἄλλως τε καὶ περὶ τῆς ἀληθείας λέγοντα[6]; puis, vient la des-

---
1. 267ª.
2. 114ª.
3. 249ª-ᵇ.
4. X, 615ª.
5. 99ᵈ-106ᶜ.
6. 247ᶜ.

cription des idées. Mais ces paroles si vives ne sont probablement qu'une vaillante réplique aux objections qu'avait dû provoquer dans la société athénienne la puissante originalité du système Platonicien.

De ces quelques remarques découle une conséquence nouvelle relativement au *Phédon*. Si le raisonnement tiré de Thompson est fondé et que par ailleurs ce dialogue ait paru avant le *Phèdre*, la date de sa composition se précise : Platon a dû l'écrire entre 385 et 378.

Quelle place convient-il d'assigner à la *République?* C'est une question complexe et qu'il faut diviser.

Le premier livre de ce long et capital dialogue remonte encore à la jeunesse de Platon. La réfutation qu'il y fait de la notion Simonidique de la Justice [1] est toute socratique [2] : c'est celle des *Mémorables*. Il n'y a que des puérilités dans la critique de l'essai de définition qui suit et d'après lequel la justice consiste « à faire du bien à ses amis et du mal à ses ennemis ». Le rôle du juste, nous dit-on dans cet endroit, se borne à conserver les objets dont nous ne nous servons plus ; car, lorsqu'il s'agit de s'en servir, ce n'est pas à lui qu'on s'adresse, c'est à ceux qui en ont appris l'usage : par exemple, on va chez le médecin pour l'art de manier les instruments de médecine, chez le pilote pour la conduite des navires et chez le maître d'armes pour l'escrime. Mais dire que le juste ne sert qu'à conserver ce qui ne sert plus, c'est avouer qu'il ne sert à rien. D'autre part, si le juste sait conserver, il sait par là même faire le contraire : il sait dérober ; c'est donc un fripon [3]. Bien plus, comme il arrive que l'on prend pour injustes ceux qui ne le sont pas, il résulte que la justice consiste à

---

1. 331ᵉ.
2. 331ᵉ-332ᵉ.
3. 332ᵉ-334ᵇ.

faire du mal aux honnêtes gens [1]. Platon s'élève ensuite, et comme d'un coup d'aile, jusqu'à la conception d'une justice qui s'étend aux ennemis aussi bien qu'aux amis, aux barbares aussi bien qu'aux Grecs : il affirme l'universalité de cette vertu [2], comme il le fait d'ailleurs dans le *Criton* [3]. Mais il ne tarde pas à retomber dans certaines arguties qui sont aussi vaines que subtiles. C'est le juste qui fait preuve d'intelligence, et l'injuste de sottise ; vu que l'un ne cherche à l'emporter que sur son contraire, tandis que l'autre dont le désir n'a pas la pensée pour règle, veut l'emporter en même temps et sur son contraire et sur son semblable [4].

L'impression qui se dégage de cette singulière éristique, c'est que l'on ne se tromperait pas de beaucoup en plaçant le premier livre de la *République* à côté de l'*Hippias majeur*, tout au plus à côté du *Protagoras* qu'il semble d'ailleurs rappeler par sa conclusion : on y dit de part et d'autre que le moyen de résoudre la question posée, c'est de chercher d'abord en quoi consiste la vertu [5].

Ce résultat se confirme à la lumière de la stylométrie. Il n'y a dans le premier livre de la *République* que des ὥσπερ, et qu'un τῷ ὄντι sur 6 ὡς ἀληθῶς ; on n'y trouve encore ni ἀληθῶς ni ὄντως ni τε ou τε... τε.

Le second livre présente un caractère très différent. La morale de la force y est défendue par Glaucon, puis par Adimante, avec une puissance de pénétration et une ampleur toutes nouvelles. C'est là que se trouvent le portrait du méchant et celui du juste, qui sont demeurés si célèbres. Platon ne songe plus d'ailleurs, en face de cette attaque de fond, à se rabattre sur les subtilités du premier livre ;

---

1. 334[b]-335[a].
2. 335[b].
3. 49[a] et sqq.
4. 349[b]-350[e].
5. *Protag.*, 361[a] ; — *Rep.*, I, 354[b].

il y renonce et juge qu'il faut reprendre le problème en se fondant sur la notion de l'État : ὅσῳ δὲ μᾶλλον πιστεύω, τοσούτῳ μᾶλλον ἀπορῶ ὅ τι χρήσωμαι· οὔτε γὰρ ὅπως βοηθῶ ἔχω... κράτιστον οὖν οὕτως, ὅπως δύναμαι, ἐπικουρεῖν αὐτῇ [δικαιοσύνῃ]... εἰ οὖν βούλεσθε, πρῶτον ἐν ταῖς πόλεσι ζητήσομεν ποῖόν τί ἐστιν[1]. Il n'y a, je crois, rien de téméraire à conclure que, entre le Ier et le IIe livres de la *République*, il s'est écoulé un laps de temps assez considérable.

Les VIe et VIIe livres du même ouvrage sont de l'époque du *Phédon*, et peut-être un peu postérieurs. Platon y fait remarquer, comme dans ce dernier dialogue, que les idées sont un sujet dont on a parlé maintes fois : πάντως αὐτὸ οὐκ ὀλιγάκις ἀκήκοας... ἐπεὶ ὅτι γε ἡ τοῦ ἀγαθοῦ ἰδέα μέγιστον μάθημα, πολλάκις ἀκήκοας[2]. De plus, si l'on fait la somme des principales notes stylistiques de ces deux livres on obtient : 52 ὥσπερ et 0 καθάπερ ; 6 ὡς ἀληθῶς seulement et 10 τῷ ὄντι ; 2 ἀληθῶς, 4 ὄντως et 15 τε ou τε... τε ; on y compte aussi 4 ἀληθέστατα employés adverbialement. C'est la manière du *Phédon* et déjà quelque peu celle du *Phèdre*.

La stylométrie m'incline également à penser que les livres IXe et X^e sont assez notablement postérieurs aux précédents. A eux deux, ils contiennent déjà 4 καθάπερ, 4 ἀληθῶς qui sont tous du IXe livre, 4 ὄντως et 14 τε ou τε... τε ; tandis que l'on n'y trouve plus qu'un ὡς ἀληθῶς et 7 τῷ ὄντι. Ce mouvement vers le type final est d'autant plus significatif que le total des pages du VIe et du VIIe livres est supérieur d'un bon sixième au nombre de celles que comprennent le IXe et le Xe réunis. Il n'en est pas moins difficile de soutenir que ces deux dernières parties de la *République* ont été composées après le *Phèdre*. Car on peut faire ici une remarque analogue à celle que l'on a

---

1. 368^a-369^a.
2. VI, 504e-505^a.

faite au sujet du *Phédon*. Vers la fin du X⁰ livre, avant de commencer le mythe d'Ère l'Arménien, Platon soutient assez longuement la thèse de la vie future ; et l'on y voit qu'il s'ingénie à fournir des arguments qui laissent le moins de doute possible sur ce point capital. Cependant, l'on ne trouve rien en cet endroit qui rappelle de près ou de loin la preuve si importante du *Phèdre*, celle du τὸ αὐτὸ κινοῦν [1]. Il serait bien étonnant que l'auteur n'en eût pas parlé, s'il la connaissait à ce moment-là.

Ces conclusions jettent une lumière nouvelle sur la manière dont s'est effectuée la composition de la *République*

On ne peut guère en contester l'unité. Le premier livre nous est donné comme un « prélude »[2] ; on y trouve également une allusion assez nette au mythe qui couronne l'œuvre tout entière[3]. L'auteur lui-même a le soin de nous dire comment le livre V⁰ se rattache au précédent : τάχα δὲ οὕτως ἂν ὀρθῶς ἔχοι, μετὰ ἀνδρεῖον δρᾶμα παντελῶς διαπερανθὲν τὸ γυναικεῖον αὖ περαίνειν, ἄλλως τε καὶ ἐπειδὴ σὺ οὕτω προκαλεῖ[4]. Il prend aussi la précaution de résumer les livres V-VII⁰ˢ, au début du livre VIII⁰[5] : ce qui montre entre ces différentes parties l'existence d'une suite voulue. Par conséquent, il n'y a pas de raison de supposer, comme l'a fait Hermann, que les livres V-VII⁰ˢ sont postérieurs aux livres VIII-IX⁰ˢ[6] ; d'autant que cette interversion se trouve en désaccord avec les données de la stylistique.

Mais ce serait une exagération de croire que l'unité de la *République* ressemble à celle que nous demandons aux

---

1. 245ᶜ et sqq.
2. II, 357ᵃ : τὸ δ' ἦν ἄρα, ὡς ἔοικε, προοίμιον.
3. I, 330ᵉ-331ᵃ.
4. 451ᶜ.
5. 543ᵃ.
6. *Geschichte und System der Platonischen Philosophie*, p. 539-540, Heidelberg, 1839.

publications modernes. Les écrits de Platon sont des dialogues, c'est-à-dire des conversations. Par suite, le thème principal une fois épuisé et avec cette souplesse charmante qui caractérise les manifestations de la vie, les interlocuteurs y gardent la liberté de revenir à la charge, de demander des distinctions, des explications et des preuves nouvelles sur les points qu'ils n'ont pas suffisamment compris ou qui leur paraissent avoir une importance spéciale. C'est là ce qui se produit dans la *République* et d'une manière peut-être plus sensible qu'ailleurs. Comme il est facile de le voir par le *Timée* [1], l'essentiel de cet ouvrage considérable est contenu dans ses quatre premiers livres. Mais, en cette partie du dialogue, Platon a émis des notions d'une nouveauté et d'une gravité qui demandent de plus amples développements, comme il le fait sentir lui-même au début du livre V° [2]. il éprouve assez naturellement le besoin de les reprendre pour leur donner le relief qu'elles exigent ; et c'est la tâche qu'il poursuit dans les livres postérieurs. L'idée principale du livre V° se trouve intentionnellement indiquée au cours du livre IV° [3] ; la fin du livre V°, les livres VI° et VII° sont un long retour à la question du commandement dont il est parlé vers la fin du livre III° [4] ; on peut regarder les livres VIII° et IX° comme une sorte de *confirmatur* de l'idée si chère à Platon, d'après laquelle la vertu et le bonheur ne font qu'un ; et la première partie du livre X° n'est qu'un complément du livre III°, qui a pour objet l'éducation des guerriers.

De plus, Platon ne paraît pas avoir prévu dès l'abord la nature et l'importance de toutes ces additions. La théo-

---

1. 17^a-19^b.
2. 449^{b-c}.
3. 424^a.
4. 412^b et sqq.

rie des idées ne se manifeste qu'à partir du livre V^e ; et la critique des poètes que l'on trouve vers le commencement du livre X^e, repose sur des principes auxquels l'auteur n'a pas encore fait appel en traitant de la même question. L'opinion de Krohn[1] et de Pfleiderer[2] n'est pas dépourvue de tout fondement : Platon a composé sa *République* parallèlement à toute une série d'autres dialogues durant laquelle son génie philosophique s'est découvert et mûri.

Ed. Zeller[3] et nombre d'autres historiens, tels que Stallbaum, Ast et Socher, ont pu croire que le *Théétète* fut écrit dans l'intervalle des dix années qui suivirent la mort de Socrate. C'est ce que semblent révéler la conclusion négative de cet écrit et la place importante qu'y tient encore la personne du maître. On revient de cette manière de voir, lorsqu'on regarde la question sous un autre aspect : au fond, le *Théétète* présente des indices de maturité qui suffisent à le mettre après tous les dialogues précédents.

Le style en est plus concis et plus nu, la méthode plus rigoureuse et le criticisme plus profond. L'esquisse des catégories qu'on y trouve à la page 185^{a-e}, le rapproche du *Sophiste* ; et l'on en peut dire autant du problème de l'erreur : il y est posé avec la même force et la même acuité que dans ce dernier dialogue. Non seulement le mot δύναμις y paraît couramment avec son sens philosophique[4], celui qu'a fixé le cinquième livre de la Πολιτεία[5] ; mais encore il y glisse sensiblement vers la Métaphysique d'Aristote : la distinction de l'ἔχειν et du κεκτῆσθαι est

---

1. *Der Platonische Staat*, Halle, 1876.
2. *Socrates und Plato*, p. 128 et sqq., Tübingen, 1896.
3. *Die Philos. der Griechen*, 2er Theil, 1e Abtheilung, pp. 541-542, Leipzig, 1889.
4. 185^a, 185^c, 185e.
5. 477^{c-d}.

déjà celle de l'acte et de la puissance moins le nom[1]. Le terme d'οὐσία lui-même ne s'emploie plus ici comme dans le *Phèdon*, le *Phèdre* et la *République* : au lieu de désigner l'ὂν ὄντως ou l'un de ses aspects, il signifie l'être en général[2].

Il est à noter aussi que Platon condamne la forme narrative au commencement de ce dialogue, et parce qu'elle oblige l'écrivain à répéter indéfiniment des formules telles que celles-ci : ἐγὼ ἔφην, ἐγὼ εἶπον, συνέφη, οὐκ ὡμολόγει[3]. On peut donc supposer avec quelque raison qu'il n'y est pas revenu à partir du *Théétète*. Or c'est l'hypothèse qui se réalise, si l'on classe cet ouvrage après la *République* et le *Phèdre*[4]. Dans ce cas, tous les dialogues ultérieurs se trouvent avoir la forme dramatique.

On peut d'ailleurs serrer la question de plus près. Euclide observe, dès le début, qu'il vient de rencontrer Théétète au port et qu'on l'apportait de Corinthe à la fois blessé et souffrant de la dysenterie[5] ; c'est donc que l'on se battait auprès de cette ville. De quelle guerre s'agit-il ? il est difficile que ce soit celle qui eut lieu de 394 à 387. Car Théétète nous est donné comme une célébrité : il est arrivé à la gloire. Or, à cette date, il n'a pas encore eu le temps de s'acquérir tant de renom ; vu que, six ou sept ans auparavant, à peu près vers la mort de Socrate, il n'était encore qu'un adolescent (μειράκιον)[6]. Il faut donc que, si Platon a tant soit peu respecté les vraisemblances, on recule la guerre en question jusque vers l'année

---

1. 197[b-d].
2. 185[c-d] : οὐσίαν λέγεις καὶ τὸ μὴ εἶναι ; — 186[a] : Τοῦτο γὰρ [ἡ οὐσία] μάλιστα ἐπὶ πάντων παρέπεται.
3. 143[b-c].
4. Le *Phèdre* est mixte à cause de la lecture du discours de Lysias.
5. 142[b] : χαλεπῶς μὲν γὰρ ἔχει καὶ ὑπὸ τραυμάτων τινῶν, μᾶλλον μὴν αὐτὸν αἱρεῖ τὸ γεγονὸς νόσημα ἐν τῷ στρατεύματι.
6. 142[b-d], 143[c]-144[d].

368, où l'on se battait à nouveau dans l'isthme, suivant le témoignage de Xénophon [1]. Mais alors la composition du *Théétète* devient elle-même assez tardive : il n'a pu paraître que dix ou onze ans après le *Phèdre*.

D'autre part, il est fort peu probable que ce dialogue soit postérieur à l'an 367. Le philosophe y apparaît comme une espèce de solitaire qui ne connaît ni le chemin de la Place publique, ni celui du Tribunal ni celui du Conseil, qui ne s'occupe ni des votes ni des lois, et n'habite la cité que par son corps [2]. Ces paroles ne s'expliqueraient pas après le second voyage en Sicile, qui eut lieu précisément l'année 367 et que Platon entreprit pour appliquer à Syracuse ses théories politiques [3].

La période qui s'étend de 390 à 378 est donc pour Platon la plus féconde et la plus brillante : c'est dans cet intervalle de dix ou douze ans qu'il compose la plupart de ses chefs-d'œuvre. Puis, survient tout à coup une longue période d'arrêt : Platon enseigne encore ; il n'écrit plus. On se demande si ce changement d'attitude ne serait pas une application de la théorie du *Phèdre*, au sens de laquelle les livres ne sont guère que de nobles amusements [4], et si même cette théorie n'aurait pas été inspirée à l'auteur par un certain insuccès de ses ouvrages.

Le *Sophiste* fait suite au *Théétète*, qui en prépare la thèse par voie d'élimination. Platon l'envisage déjà au cours de ce dialogue. A la page **181ᵃ**, il s'y voit en présence de la philosophie du devenir, d'après laquelle tout se meut sans cesse, et de la philosophie de l'être, au

---

1. *Hellen.*, VII, 1, 15, éd. Holtze, 1877 ; — Ern. Curtius, *Hist. grecque*, t. IV, p. 424, Paris, 1894.
2. 173c-e.
3. V. Gomperz, *loc. cit.*, p. 444.
4. 274ᵇ et sqq. ; 276ᵈ-ᵉ, 278ᵃ.

sens de laquelle tout est fixé dans l'unité absolue. Il décide alors que l'on traitera pour le moment du premier de ces systèmes [1]. Quant à l'autre, il croit devoir l'écarter du présent entretien, vu que c'est une doctrine trop complexe et trop profonde pour être examinée sous forme d'épisode[2]. Cet examen a lieu dans le *Sophiste* : il constitue la partie principale et comme le fond de cet ouvrage. On a d'ailleurs sur la relation du *Sophiste* au *Théétète* un témoignage plus direct et plus formel. Socrate, vers la fin de ce dernier dialogue, fait promettre à Théodore et à Théétète de revenir le lendemain matin au même endroit pour y reprendre l'entretien. Or le *Sophiste* commence précisément par ces paroles : κατὰ τὴν χθὲς ὁμολογίαν, ὦ Σώκρατες, ἥκομεν αὐτοὶ [Θεόδωρός τε καὶ Θεαίτητος]. C'est donc bien que cet écrit ne fait que poursuivre la question de la science posée dans le *Théétète*.

Mais il ne faudrait pas conclure de là que ces deux dialogues ont été composés à peu près vers le même temps. Vu ses particularités stylistiques, le *Sophiste* est notablement postérieur au *Théétète* : par exemple, c'est déjà le règne des ὄντως et des καθάπερ. De plus, Socrate ne joue plus ici qu'un rôle très accessoire : il se borne à ouvrir le dialogue ; Théétète et l'Étranger sont chargés de le soutenir. On y trouve aussi certaines réflexions qui sont déjà celles d'un vieillard. L'Étranger fait, à propos du savoir universel des sophistes, cette remarque finement ironique : « Peut-être, vous autres jeunes gens, voyez-vous plus net et nous plus trouble en cette affaire. »[3] Il parle un peu plus loin, comme dans le dixième livre des *Lois*, des changements que produisent l'âge et l'expérience

---

1. 180ᵈ-181ᵇ.
2. 183ᵈ-184ᵃ.
3. 232ᶜ.

dans les opinions de la jeunesse[1]. C'est là le langage d'un homme qui a déjà vécu longtemps.

Le *Politique*, à son tour, fait suite au *Sophiste*. Platon a soin de nous en avertir dès le début de ce dialogue. *Socrate* lui-même l'ouvre par ces paroles : « Combien je te sais gré, Théodore, de m'avoir fait faire la connaissance de Théétète, ainsi que celle de l'Étranger ! » Or le premier de ces personnages est présenté à *Socrate* dans le dialogue qui porte son nom, et le second au commencement du *Sophiste*. Un peu plus loin, l'Étranger fait remarquer à son interlocuteur qu'après le Sophiste il convient d'étudier le Politique et qu'en l'étudiant on procédera comme pour le premier[2]. On relève d'ailleurs, au cours du *Politique*, plusieurs citations plus ou moins explicites du *Sophiste* lui-même[3]. Rien n'est mieux établi que le rapport de succession de l'un de ces dialogues à l'autre.

Il semble même que Platon ait écrit le *Politique* assez longtemps après le *Sophiste*. Il y pousse plus loin l'analyse de sa méthode ; il y remarque en particulier que l'on doit se garder, dans la dichotomie logique, de prendre pour des espèces toutes les parties que l'on obtient[4]. Ce dialogue renferme également une explication nouvelle du grand et du petit. Le grand et le petit ne sont plus seulement tels, parce qu'ils participent aux « idées » correspondantes ; ils ont une mesure interne qui leur vient de la fin où ils tendent, et qui constitue à la fois l'essence de l'art et celle de la vertu[5] : c'est déjà

---

1. 234ᵈ.
2. 258ᵇ.
3. 266ᵈ : … τὸ ῥηθὲν τότ' ἐν τῇ περὶ τὸν σοφιστὴν ζητήσει ; — 284ᵇ : … καθάπερ ἐν τῷ σοφιστῇ προσηναγκάσαμεν εἶναι τὸ μὴ ὄν ; — 286ᵇ : … καὶ τὴν τοῦ σοφιστοῦ περὶ τῆς τοῦ μὴ ὄντος οὐσίας.
4. 262ᵇ.
5. 283ᵉ et sqq.

la notion du « manque » et de « l'excès » qu'Aristote développe dans son *Éthique à Nicomaque*. Cette acuité d'esprit ne va pas sans un certain effort; on peut même dire que Platon ne réussit pas ici à maîtriser complètement sa pensée. Le mythe de χρόνος est sinueux et d'une longueur excessive. Il en va de même pour l'exemple du tisserand; d'autant qu'il s'y ajoute une théorie de l'exemple qui s'étaie elle-même sur un autre exemple. Platon sent d'ailleurs ce qu'il y a de tortueux et de languissant dans cette manière; et il essaie de la justifier [1]. Mais il ne fait par là que compliquer encore la trame du discours. On se demande, malgré soi, s'il n'y aurait pas déjà dans ces méandres quelques légers symptômes de fatigue intellectuelle.

Le *Théétète*, le *Sophiste* et le *Politique* forment donc une sorte de trilogie[2]. A cette trilogie devait s'ajouter un quatrième dialogue intitulé « Le Philosophe ». C'est ce qui nous est annoncé dans le *Sophiste* d'abord[3], puis dans le *Politique*[4]. Mais « Le Philosophe » n'a jamais paru

La question de la place à donner au *Parménide* ne se pose pas; car ce dialogue ne paraît pas être de la main de Platon. C'est l'impression que l'on éprouve en le lisant; et plus on l'étudie, plus elle grandit.

On n'y trouve nulle part ce sentiment profond de l'idéal, ce besoin de fiction poétique, cette richesse de coloris, cette souplesse et cette variété qui éclatent à chaque instant et souvent de la manière la plus imprévue dans les autres dialogues de Platon, même dans ses

---

1. 286[b].
2. Plat., *Politic.*, 257[a], 258[b].
3. 217[a], 253[a], 254[b].
4. 257[a].

dialogues dialectiques; tout y est sec, monotone, éteint, comme chez un scolastique décadent. De plus, la dissection logique y va si loin que le discours tout entier s'en émiette jusqu'à devenir comme une poussière sidérale. On y rencontre aussi des obscurités impénétrables, voire même de grossières ambiguités d'où ne sortent pas moins les plus graves conséquences. Par exemple, de ce que l'un est simple au point de n'avoir ni limite initiale ni limite finale, l'auteur conclut qu'il est infini; de ce que l'un « n'est en rien », on doit inférer à son sens qu'il « n'est jamais dans le même lieu »; il va jusqu'à dire que le tout ne peut être dans l'ensemble de ses parties, vu qu'il n'est dans aucune d'elles. Je ne sache pas que « l'Homère de la philosophie » ait jamais donné, au moins à partir de son âge mûr, des preuves d'une subtilité si persévéramment accablante, ni d'un tel défaut de netteté et de rectitude dans l'argumentation.

La manière du *Parménide* n'est pas celle de Platon. Et l'on en peut dire autant de sa doctrine. Quand Parménide parle à Socrate de l'idée de poil, de boue, la peur du ridicule lui fait dire : « attribuer une idée à ces objets serait peut-être par trop risible; ils ne sont rien de plus que ce que nous voyons ». Et cependant nous savons par ailleurs qu'aux yeux de Platon il y avait des idées de toutes choses[1], excepté des ouvrages d'art[2]; encore n'en vint-il que sur le tard à cette restriction[3]. D'après le *Parménide,* « ce qui est en nous ne se rapporte pas aux idées, ni les idées à nous ». Par suite, nous pouvons connaître les choses sensibles : la δόξα est de notre ressort. Mais nous n'avons aucun moyen de nous élever jus-

---

1. Plat., *Phæd.*, 65^{d-e}, 100^{b-c}, 100^c-101^d; — *Rep.*, X, 597^a.
2. Arist., *Met.*, Α, 3, 1070^a, 15-20.
3. Xenocr., *Procl. Oper... in Parmenid.*, 133, éd. Cousin, Paris, 1820-1827.

qu'aux idées : la science nous demeure inaccessible[1]. Rien de plus contraire à la pensée de Platon, qui n'a philosophé que pour fonder la science en vue de la morale. Il est facile aussi de se rendre compte que l'ἕν du *Parménide* ne ressemble que d'assez loin à l'ἀγαθὸν de la *République*, au πέρας et au μέτρον du *Philèbe*. L'ἕν du *Parménide* est purement numérique; celui de Platon est essentiellement qualitatif : c'est la forme. Enfin, l'on trouve, au cours de la seconde partie de ce dialogue, toute une série de considérations sur la qualité, la quantité, le temps, l'instant, le changement, le contact et le lieu, qui rappellent les préoccupations et la langue d'Aristote, mais non les écrits de Platon. Dans le *Timée,* par exemple, il n'y a rien qui se rapporte aux discussions du *Parménide* sur le χρόνος et la κίνησις, bien que l'auteur y traite de ces deux sujets.

Notre sentiment se confirme, lorsqu'on passe du dialogue qui nous occupe aux deux principaux personnages qui s'y meuvent. Socrate n'y est plus cet ironiste souple et retors des autres écrits de Platon, ce dialecticien implacable qui avoue sans cesse ne rien savoir et dont la science finit toujours par avoir le dessus. Ici, Socrate affirme avec cette assurance naïve que donne l'inconscience des difficultés, sauf à se rendre ensuite, devant la moindre objection, comme un vulgaire écolier. Parménide lui-même dont le dogmatisme profond s'accuse avec tant d'éclat dans les fragments de son poème, le « grand », le « redoutable » et « vénérable » Parménide[2] devient un sophiste de la pire espèce, un jongleur d'idées dont l'unique souci est de produire un cliquetis interminable de propositions contradictoires et qui finit par conclure

---

1. *Parmen.*, 133ᵇ-134ᶜ.
2. PLAT., *Theæt.*, 180ᵈ, 183ᵉ; — *Soph.*, 217ᶜ, 237ᵃ, 241ᵈ, 242ᵃ, 258ᶜ⁻ᵈ.

que, quelque hypothèse que l'on admette, l'un et les autres choses « sont absolument tout et ne le sont pas, le paraissent et ne le paraissent pas ».

Que l'on considère d'ailleurs la fortune du *Parménide* à travers l'histoire; et l'on y discernera d'autres indices de son inauthenticité. Aristote qui a eu cent occasions diverses d'en parler, n'y fait nulle allusion. Même silence chez les autres auteurs jusqu'au IV° siècle. Il est mentionné pour la première fois dans le catalogue de Trasylle, dont la valeur critique est sujette à caution; il n'est cité nulle part avant le temps de Plutarque et d'Aulu-Gelle[1].

Il semble donc que Stallbaum, A. Fouillée et Lutoslawski aient fait fausse route à l'endroit du *Parménide*[2]. C'est se méprendre surtout que de chercher dans ce dialogue le secret de la véritable pensée de Platon, ou l'aveu de son renoncement à la théorie des idées[3].

Le *Philèbe* se rattache par sa manière au *Sophiste* et au *Politique* : c'est de part et d'autre le même genre de diction et la même allure didactique. Il s'y rattache également par les particularités de son style : les ὡς ἀληθῶς et les τῷ ὄντι ont disparu; on y trouve 26 καθάπερ sur 10 ὥσπερ, 6 ἀληθῶς, 14 ὄντως et 11 τε ou τε... τε. Il contient de plus 5 τό γε μήν, tandis que le *Politique* en a 6; et cette coïncidence est à noter, car ces deux dialogues sont les

---

1. V., sur ce point tant de fois discuté, la thèse judicieuse et pénétrante de Ch. Huit, *De l'authenticité du Parménide*, pp. 147-148, Paris, 1873. Elle est d'ailleurs à lire tout entière.
2. Il est possible que le *Parménide* ait été composé par un élève de l'Académie et joint à la bibliothèque de Platon, peut-être avec l'autorisation du maître. V. sur ce point Ch. Huit (*La vie et l'œuvre de Platon*, I, 379-380).
3. Et quand même le *Parménide* serait de Platon, on n'en pourrait conclure qu'il y a passé à une conception nouvelle des idées. Dans ce cas, ce dialogue n'aurait qu'un but, celui d'écarter la notion des *idées* et celle de l'*un* que Platon n'admet pas.

seuls où cette formule revienne en si peu d'espace un aussi grand nombre de fois [1].

Il y a même lieu de croire que le *Philèbe* est postérieur au *Politique*. Le Pythagorisme y gagne en influence : les idées y deviennent des « énades » [2] et des « monades [3] » ; à propos de l'analyse du πέρας, elles nous sont présentées comme des proportions numériques [4]. On n'a rien vu de pareil dans les ouvrages antérieurs : manifestement, nous approchons ici du terme final. De plus, Platon, dans ce dialogue, parle de sa méthode comme d'un art « dont il a toujours été l'amant, bien qu'elle l'ait plusieurs fois abandonné et laissé sans ressources » [5] ; et il se plaît à décrire l'enthousiasme qu'elle provoque chez les jeunes gens qui sont capables d'en sentir le prix [6]. Le *Politique* ne le prend pas encore sur ce ton, lorsqu'il s'agit de l'exposition de la dialectique ; il ne s'y mêle pas de ces allusions au passé. Il est à remarquer aussi que l'analyse de la sensation est poussée beaucoup plus loin dans le *Philèbe* [7] que dans les dialogues dont on a déjà parlé, et que le terme de μέτριον si longuement expliqué dans le *Politique* s'emploie ici d'une manière courante [8].

Les *Lois* sont l'un des trois derniers ouvrages de Platon. La mort l'empêcha d'y donner la suprême retouche. C'est ce que nous attestent à la fois Diogène de Laërce [9],

---

1. V. le tableau vers la fin du volume.
2. 15ᵃ.
3. 15ᵇ.
4. 25ᵇ.
5. 16ᵇ.
6. 15ᵉ-16ᵃ.
7. 33ᵈ et sqq., 43 ᵇ⁻ᶜ.
8. 66ᵃ.
9. III, 37 : ἔνιοι τέ φασιν ὅτι Φίλιππος ὁ ὀπούντιος τοὺς νόμους αὐτοῦ μετέγραψεν ὄντας ἐν κηρῷ.

Suidas[1], Olympiodore[2]; et l'on n'a nulle raison de contester leur témoignage, vu que, s'ils diffèrent par certains détails, ils s'accordent sur la substance du fait.

Lorsqu'on interroge le texte lui-même, il répond dans le même sens, bien qu'avec moins de précision.

Vers la fin du douzième livre, l'Athénien s'adresse en ces termes à Clinias et à Mégille : « Quant à moi, je vous prêterai volontiers mon concours, et peut-être aussi vous trouverai-je d'autres aides; car mon expérience est grande sur ces matières et j'en ai fait une longue étude[3]. » Évidemment, celui qui s'exprime de la sorte et avec une telle autorité, c'est le fondateur de l'Académie, c'est Platon lui-même[4]. Or, au cours du dialogue, il parle sans cesse comme un vieillard. Il a visité nombre de pays, examiné une foule de constitutions : sa compétence en politique est consommée[5]. Il constate avec joie que la route qui conduit au temple de Jupiter est bordée de grands chênes; car il pourra se reposer sous leur frais ombrage et combattre ainsi la fatigue des ans[6]. Il fait remarquer en maint endroit ce qui sied ou ne sied pas à son âge avancé[7]. On le voit, dans le dixième livre, s'adresser aux jeunes gens sur un ton tout paternel et leur apprendre que l'athéisme est une maladie qui ne persiste jamais jusqu'à la vieillesse[8]. Il multiplie les digressions[9].

1. ... Φιλοσόφος, ὃς τοὺς Πλάτωνος νόμους διεῖλεν εἰς βιβλία ιβ', τὸ γὰρ ιγ' αὐτὸς προσθεῖναι λέγεται (Suidæ *Lexicon*, p. 1490, éd. Bernhardy, Halis et Brunsvigæ, 1853). Au commencement du texte manquent les paroles suivantes : Φίλιππος ὁ Ὀπούντιος.

2. Proleg., c. 25. Proclus fait contre l'authenticité de l'*Epinomis* l'argument qui suit : πῶς ὁ τοὺς νόμους μὴ εὐπορῶν διορθώσασθαι διὰ τὸ μὴ ἔχειν χρόνον ζωῆς τὸ ἐπινόμιον μετὰ τούτους ἂν εἶχεν γράψαι;

3. 968^b.

4. Ainsi l'entend Cicéron (*De leg.*, I, v, 15).

5. I, 639^e; XII, 968^b.

6. I, 625^b.

7. II, 658^e; IV, 715^e; VII, 821^a; X, 888^b; 892^d.

8. X, 888^a et sqq.

9. VII, 811^c-812^a.

il revient à différentes reprises sur les mêmes idées et se justifie en observant que « le juste est beau, et deux ou trois fois » : Καλὸν δὲ τό γε ὀρθὸν καὶ δὶς καὶ τρίς [1]. Ses interlocuteurs ne discutent pas contre lui ; c'est assez pour eux de l'entendre, puis de l'interroger avec respect afin de savoir toute sa pensée. Il est plus qu'un homme, à leurs yeux, avec cette majesté que donnent à son visage le prestige des années et l'éclat du génie. « Je ne voudrais pas t'appeler Athénien, lui dit Clinias ; tu me sembles plutôt digne d'un nom divin [2]. » Tout le dialogue a d'ailleurs cette fluidité, cette abondance et cet abandon qui caractérisent la causerie des vieillards ; tout y révèle cette connaissance profonde de l'homme [3] et cette sympathie mêlée de pitié qu'inspire aux grandes âmes une longue expérience de la vie. Ce n'est pas cependant qu'il soit inférieur aux autres par la vigueur de l'affirmation. On peut dire, au contraire, qu'aucun ouvrage de Platon ne montre autant d'énergie dogmatique et d'austérité morale que les *Lois* [4]. La conviction y va jusqu'à l'enthousiasme : c'est une sorte d'hymne politique [5].

Ce dialogue l'emporte également sur les autres par certains points de doctrine. La psychologie en est plus expérimentale, comme le prouve assez bien la première partie du septième livre, qui traite de l'éducation des enfants ; c'est ce que l'on voit aussi par l'importance que prend l'élément passionnel au livre IX° : Platon y distingue, outre les fautes d'ignorance, celles qui procè-

---

1. XII, 956°.
2. I, 626ᵈ.
3. V. par ex., sur ce point, le livre V.
4. V. Plus haut, p. 3.
5. VII, 811ᶜ⁻ᵉ. — On ne sait pas au juste quelles modifications Philippe d'Oponte put introduire dans les *Lois* en les éditant, comme le fait très justement observer Ed. Zeller (*loc. cit.*, p. 979, notes 1 et 2 ; p. 991, note 1). Mais, quelles qu'aient été ces modifications, elles n'importent pas ici. Les traits que nous relevons tiennent à la manière même de l'auteur des *Lois*.

dent du θυμός et de l'ἡδονή. De plus, on trouve dans les *Lois* certaines traces de cette sorte d'atomisme qualitatif dont le *Timée* nous fournit un exposé si curieux : Κινήσεις σωμάτων ἄγουσι πάντα εἰς αὔξησιν καὶ φθίσιν καὶ διάκρισιν καὶ σύγκρισιν καὶ τούτοις ἑπομένας θερμότητας, ψύξεις, βαρύτητας, κουφότητας, σκληρὸν καὶ μαλακόν, λευκὸν καὶ μέλαν, αὐστηρὸν καὶ γλυκύ [1]...

Platon rattache le *Timée* et le *Critias* à la *République*. il fait au début du *Timée* une sorte d'analyse de ce dernier dialogue qui se borne aux quatre premiers livres et qui, d'après ses propres paroles, en contient toute la substance [2]. Puis, il ajoute qu'il serait fort heureux maintenant d'éprouver son système politique au contact des faits et de le voir « entrer en marche » : ἡδέως γὰρ ἂν τοῦ λόγῳ διεξιόντος ἀκούσαιμ' ἄν, ἄθλους οὓς πόλις ἀθλεῖ, τούτους αὐτὴν ἀγωνιζομένην πρὸς πόλεις ἄλλας, πρεπόντως εἰς πόλεμον ἀφικομένην [3]... Le but du *Timée* est de faire surgir les hommes supérieurs dont la *République* a déjà tracé l'idéal de vie; le but du *Critias* est de montrer comment de tels hommes se comporteront en réalité, une fois soumis aux lois de cet idéal [4].

Si l'on prenait ce témoignage à la lettre, il en faudrait conclure que la *République* et le *Timée* sont à peu près contemporains. Mais, lorsqu'on étudie attentivement ce dernier ouvrage, on s'aperçoit assez vite qu'il convient ici d'adopter une interprétation plus large. Le χθὲς auquel se reporte Platon doit être un hier assez lointain.

Le *Timée* appartient, par ses particularités stylistiques, aux dernières années de Platon. Les hiatus s'y bornent

---

1. X, 897[a].
2. 17[a]-19[a]. — V. aussi 25 [d-e], 26 [a-b], 26 [c-d].
3. 19 [b-c].
4. 27 [a-b].

presque entièrement à l'article et aux particules καὶ, εἰ, ἢ, μή [1]. Les phrases s'allongent et les anacoluthes augmentent [2]. Les κατά accompagnés de l'accusatif l'emportent sur les autres prépositions, et les περὶ avec l'accusatif sur les περὶ avec le génitif, comme dans le *Sophiste* et les *Lois* [3]. Ainsi de l'adjectif πᾶς et de ses composés [4]. Les ὡς ἀληθῶς et les τῷ ὄντι ne figurent plus; on trouve, par contre, 18 καθάπερ sur 10 ὥσπερ, 4 ἀληθῶς, 8 ὄντως, et plus de 150 τε ou τε... τε [5].

A ces indices d'ordre philologique s'en ajoutent quelques autres qui tiennent soit de la forme soit de la doctrine du dialogue.

Socrate, dans le *Timée*, se borne à mettre les personnages aux prises, comme dans le *Sophiste* et le *Politique*. C'est plutôt une exposition qu'un entretien, ainsi que les *Lois*. Le Pytagorisme y prend une place prépondérante. Non seulement on y retrouve la théorie de la priorité et de la spontanéité de l'âme, celles de la purification et de la transmigration; mais encore la doctrine des idées-nombres s'y manifeste avec une force nouvelle. Tout, dans la nature, se réduit à des proportions musicales : l'âme de l'univers et celle des hommes, les corps et les éléments des corps, les distances réciproques des astres, leurs mouvements et par là même l'ordre invariable des saisons. En outre, le *Timée* développe au long le mécanisme qualitatif, dont le *Philèbe* ne donne qu'une formule succincte, et maintient, comme ce dernier dialogue, l'identité des éléments qui compo-

---

1. V. plus haut, p. 3.
2. F. G. ENGELHARDT, *Anacoluthorum platonicorum specimina*, I, II, III, Programm. Gymnasii Gedanensis 1834, 1838, 1845 (analysé par W. LUTOSLAWSKI, *loc. cit.*, p. 76).
3. V. plus haut, p. 5.
4. E. WALBE, *Syntaxis Platonicæ Specimen*, Bonn, 1888.
5. V. notre tableau stylistique.

sent l'univers et de ceux qui entrent dans notre nature. Chose peut-être encore plus remarquable : il y a, dans cet ouvrage, un tableau des catégories plus explicite que celui du *Sophiste* et qui ressemble de très près à celui d'Aristote : [ἡ ψυχὴ] λέγει κινουμένη διὰ πάσης ἑαυτῆς, ὅτῳ τ' ἄν τι ταὐτὸν ᾗ καὶ ὅτου ἂν ἕτερον, πρὸς ὅ τί τε μάλιστα καὶ ὅπῃ καὶ ὅπως καὶ ὁπότε ξυμβαίνει κατὰ τὰ γιγνόμενά τε πρὸς ἕκαστον ἕκαστα εἶναι καὶ πάσχειν καὶ πρὸς τὰ κατὰ ταὐτὰ ἔχοντα ἀεί[1].

Il est donc légitime de conclure, avec Campbell, Dittenberger, von Arnim et C. Ritter, que le *Timée* fait partie du groupe des six derniers dialogues[2]; on a même des raisons de croire qu'il se rapproche beaucoup plus des *Lois* que des écrits antérieurs. Peut-être aussi ne faut-il chercher entre ces deux dialogues aucune relation d'antériorité ou de postériorité. L'on a vu que Platon a travaillé pendant plusieurs années à la *République* et qu'il l'a écrite en même temps que d'autres ouvrages de moindre importance. Il est probable qu'il en va de même au sujet des *Lois* : les différences stylistiques qui se révèlent au cours de ce long dialogue, sont assez notables pour qu'on ait quelque raison de le penser[3].

Le *Critias* est, comme on l'a vu, postérieur au *Timée*[4]; et il devait être suivi d'un autre dialogue intitulé *Hermocrate*[5] : ce qui aurait constitué une trilogie. Mais de l'*Hermocrate* on n'a pas eu d'autres nouvelles; et il est à peu près certain que Platon ne l'a jamais écrit.

Le fragment du *Critias* que nous possédons vint-il longtemps après le *Timée?* C'est un problème qu'il n'est pas facile d'éclaircir. L'histoire ne nous apprend rien à ce su-

---

1. *Tim.*, 37ᵃ⁻ᵇ; ARIST., *Categ.*, 1ᵇ, 25.
2. V. LUTOSLAWSKI, *loc. cit.*, p. 190, 486.
3. C'est ce qu'indique le tableau que nous insérons à la fin de ce volume.
4. V. aussi *Criti.*, 106ᵃ⁻ᵇ : ce passage suppose le *Timée*.
5. *Criti.*, 108ᵃ, 108ᶜ; — *Tim.*, 20ᵃ.

jet; et ce fragment lui-même est trop court[1] pour que ses particularités stylistiques fondent une induction précise. On peut dire cependant que, sous ce dernier aspect, le *Critias* paraît très voisin du *Timée*[2]. On peut admettre aussi que, s'il se trouve inachevé, c'est parce que Platon fut surpris par la mort en l'écrivant. On a sur ce point le témoignage de Plutarque[3]; et ce témoignage est d'autant plus vraisemblable qu'il expliquerait en même temps pourquoi l'*Hermocrate* n'a jamais vu le jour.

Si le *Timée* et le *Critias* se rangent dans la période finale, comment se fait-il que Platon établisse entre eux et la *République* une relation de temps si étroite? Cette fiction est due sans nul doute aux objections qu'avait provoquées ce dernier ouvrage et dont Aristote[4] et Crantor[5] nous ont conservé l'écho. On disait de Platon que sa politique était une funeste utopie, qu'il y reniait les traditions nationales pour se faire l'élève des Égyptiens; et une telle conduite paraissait inexplicable chez un descendant des rois de l'Attique. Platon finit par répliquer en se fondant sur les traditions elles-mêmes de son pays. Les premiers Athéniens, dit-il à ses adversaires, vivaient comme le veut la *République*, et parce qu'ils étaient plus semblables aux dieux, qui les avaient faits supérieurement bons et beaux[6]? La première partie de cette réponse est la thèse du *Critias*, esquissée déjà dans le *Timée*[7]; sa seconde partie est la thèse du *Timée* lui-même.

Tels sont les principaux résultats auxquels on peut ar-

1. Il compte 21 pp. de la petite éd. Stallb.
2. V. pp. 3-5 et le tableau de la fin.
3. *Vit. Solon.*, p. 96ᵃ, c. 31 et 32, éd. Dœhner, Paris, 1846.
4. *Polit.*, B, 5, 1263ᵇ, 15-18; V. notre *Aristote*, p. 344-345.
5. Mullach., *Crantor. frag.*, I.
6. V., dans Gomperz, *loc. cit.*, p. 476, des remarques très fines sur ce sujet.
7. 23-24ᵃ.

river à l'heure actuelle. Et ils sont précieux, bien qu'encore imprécis : ils suffisent à faire cesser nombre de divergences regrettables. Par exemple, on ne pourra plus soutenir dorénavant que le *Ménon*, voire même le *Cratyle* sont antérieurs à la mort de Socrate ; que le *Théétète* fut écrit au cours des dix années qui suivirent sa condamnation ; ou bien encore que la *République* se classe après le *Philèbe* et immédiatement avant le *Timée* et le *Critias*, comme l'ont voulu Schleiermacher[1], Ast[2] et Tennemann[3]. A force de recherches délicates et patientes, la chronologie des dialogues de Platon s'est fixée dans ses grandes lignes.

1. *Platons Werke*, vol. VI, einleit., Berlin, 1817-1828.
2. *Platons Leben und Schriften,* 48-49, 346, Leipzig, 1816.
3. *System der Platonischen Philosophie*, I, 122-125, Leipzig, 1792-1795 (4 vols).

CHAPITRE II

LA MÉTHODE

« La vérité est le premier des biens et pour les dieux et pour les hommes[1]. » Par là même, notre plus grand mal consiste dans l'ignorance, surtout lorsqu'il s'agit des questions qui concernent le but et les lois de notre activité morale[2]. Il faut le plaindre comme le plus misérable des mortels, celui qui ne sait à quoi s'en tenir ni sur l'essence du bonheur ni sur la nature du juste et de l'injuste[3]. « Et ce serait une moindre faute de commettre un homicide involontaire que de tromper quelqu'un sur les choses belles et bonnes[4]... »

La recherche de la vérité, voilà donc l'œuvre qui s'impose aux amants de la sagesse. Mais à de simples hommes cette œuvre n'est pas facile. Elle n'aboutit pas, on y court même du danger, quand elle est conduite au hasard; car alors on passe par une série illimitée de méprises, on avance en affirmant tour à tour le oui et le non sur les mêmes choses et l'on finit par se per-

---

1. PLAT., *Lois*, V, 730ᵉ : ἀλήθεια δὴ πάντων μὲν ἀγαθῶν θεοῖς ἡγεῖται, πάντων δὲ ἀνθρώποις.
2. *Id*., *Gorg*., 472ᵉ : καὶ γὰρ τυγχάνει περὶ ὧν ἀμφισβητοῦμεν οὐ πάνυ σμικρὰ ὄντα, ἀλλὰ σχεδόν τι ταῦτα, περὶ ὧν εἰδέναι τε κάλλιστον, μὴ εἰδέναι τε αἴσχιστον...
3. *Id*., *Ibid*., 458ᵃ : οὐδὲν γὰρ οἶμαι τοσοῦτον κακὸν εἶναι ἀνθρώπῳ, ὅσον δόξα ψευδὴς περὶ ὧν τυγχάνει νῦν ἡμῖν ὁ λόγος ὤν; — *Phæd*., 90ᶜ⁻ᵈ.
4. *Id*., *Rep*., V, 451ᵃ; X, 595ᶜ.

suader ou que la vérité n'est pas ou qu'elle est un mystère impénétrable. Celui qui choisit mal ses amis est trompé par eux; et ses déceptions se traduisent à la longue en misanthropie. Ainsi du philosophe qui procède comme à tâtons : peu à peu il devient misologue [1]. La poursuite de la vérité suppose un certain art : il y faut de la méthode [2].

De plus, cette méthode doit être immanente, non externe. Il ne s'agit pas de faire comparaître des témoins, comme dans les assemblées publiques [3]. La vérité ne se décrète pas; elle ne se vote pas non plus; elle ne reconnaît qu'un témoin, qui est la raison [4]. Les choses sont liées et comme apparentées les unes aux autres [5] : elles soutiennent entre elles un système de rapports qui se fondent sur leur nature. Le tout est de démêler cette sorte de trame éternelle; le reste ne constitue qu'une vaine et méprisable rhétorique [6]. La science est essentiellement autonome [7].

I

Pour découvrir la vérité, il faut d'abord s'élever du multiple à l'un : ce qui s'appelle induire [8].

Il y a, dans chaque vertu, quelque chose qui convient à toutes les vertus, quels que soient d'ailleurs leur nature spéciale et le sujet qu'elles affectent [9]. Il y a, dans chaque

---

1. Plat., *Phæd.*, 89ᶜ-91ᵃ.
2. *Id.*, *Phædr.*, 270ᶜ.
3. *Id.*, *Gorg.*, 471ᵉ-472ᵈ.
4. *Id.*, *Ibid.*, 474ᵃ⁻ᵇ.
5. *Id.*, *Ibid.*, 474ᵃ.
6. *Id.*, *Cratyl.*, 438ᵉ : μαθεῖν... δι' ἀλλήλων γε, εἴ πη ξυγγενῆ ἐστί, καὶ αὐτὰ δι' αὑτῶν.
7. *Id.*, *Banq.*, 198ᶜ-199ᵇ.
8. Platon dit : συνορῶντα ἄγειν, συναγωγή (*Phædr.*, 66ᵇ); le mot ἐπαγωγή est d'Aristote.
9. Plat., *Men.*, 71ᵈ-73ᵃ.

abeille, quelque chose qui convient à toutes les abeilles, si différentes qu'elles puissent être par l'âge, la forme ou la grosseur [1]. Ainsi des diverses espèces de couleurs, de figures, de mouvements, de grandeurs ou d'énergies [2]. Toujours, sous le dissemblable, se cache un reliquat de ressemblances; sous la pluralité des phénomènes ou des notions, un fond d'unité [3]. Ce fond d'unité : voilà ce qui constitue les prémisses de la science et ce que donne l'induction.

S'élève-t-on de la sorte jusqu'à l'absolu ? Cette opération logique nous découvre-t-elle réellement des groupes de caractères qui s'étendent à tous les individus existants et possibles d'une même espèce ? Platon le croit après Socrate; et Aristote essaiera de l'établir en se fondant sur sa théorie du νοῦς, dont le propre est de pénétrer l'essence des choses [4]. Mais il est difficile, à l'heure actuelle, d'adopter entièrement cette manière de voir. Pour que les groupes de caractères communs qui résultent de nos comparaisons, soient véritablement universels, il faut aussi qu'ils soient indissolubles, c'est-à-dire que les éléments dont ils se composent aient entre eux une liaison nécessaire. Or cette liaison est loin d'exister toujours : plus on connaît les formes de la vie, plus on ignore jusqu'où peut aller leur diversité. Supposé d'ailleurs que certains traits communs aillent essentiellement de compagnie, nous n'avons le plus souvent aucun moyen de

---

1. Plat., *Men.*, 72^{a-b}.
2. *Id., Ibid.*, 72^d-73^a.
3. *Id., Phædr.*, 249^{b-c}, 265^d; — *Rep.*, VI, 507^b; X, 596^a; — *Theæt.*, 146^c-148^d, 175^c, 186^{a-b}; — *Soph.*, 226^c, 253^d; — *Politic.*, 258^c, 285^{a-c}; — *Phileb.*, 16^{b-c} :... δεῖν οὖν ἡμᾶς τούτων οὕτω διακεκοσμημένων ἀεὶ μίαν ἰδέαν περὶ παντὸς ἑκάστοτε θεμένους ζητεῖν· εὑρήσειν γὰρ ἐνοῦσαν...; — *Lois*, XII, 965^c : Ἄρ' οὖν ἀκριβεστέρα σκέψις; θέα τ' ἂν περὶ ὁτουοῦν ὁτῳοῦν γίγνοιτο ἢ τὸ πρὸς μίαν ἰδέαν ἐκ τῶν πολλῶν καὶ ἀνομοίων δυνατὸν εἶναι βλέπειν; — ἴσως; — οὐκ ἴσως;, ἀλλ' ὄντως, ὦ δαιμόνιε, ταύτης οὐκ ἔστι σαφεστέρα μέθοδος ἀνθρώπων οὐδενί.
4. V. notre *Aristote*, p. 235.

nous en rendre compte; qui nous apprendra, par exemple, pourquoi telle mâchoire appelle telle nuque, tels reins et telles griffes? Leibniz disait que nous sommes empiriques aux trois quarts de nos actions; on peut ajouter que nous le sommes aussi aux trois quarts de nos jugements [1].

Le résultat de l'induction une fois acquis, la question est d'en pénétrer le contenu, de démêler un à un les éléments qu'il enveloppe, comme on fait les fils d'un écheveau; autrement, l'on demeure dans le confus, et la science vit de distinction. Cette anatomie logique s'appelle l'analyse [2]. Ainsi l'analyse est en un sens l'inverse de l'induction : au lieu d'aller du multiple à l'un, elle va de l'un au multiple [3].

Cette seconde opération est délicate [4] et suppose un certain nombre de règles.

Il faut d'abord qu'elle soit conforme à la nature des choses. Les idées ne sont pas unies d'une manière quelconque; elles s'articulent entre elles comme les membres d'un organisme : c'est à leurs points d'attache, et là seulement, qu'il convient de faire des divisions. Tout autre procédé ressemble au travail d'un cuisinier maladroit qui manque la jointure et gâche sa marchandise [5].

De plus, l'analyse doit être exhaustive. D'une idée une fois fournie l'on tire deux ou trois autres idées; de chacune de ces dernières deux ou trois autres encore : ainsi de

---

[1]. V. C. Piat, *L'idée* ou *Critique du Kantisme*, p. 59, Poussielgue, Paris, 1900.

[2]. Διαίρεσις.

[3]. Plat., *Phædr.*, 270^d; — exemples d'analyse : *Soph.*, 219^a-221^b, 221^d-223^b, 223^c-224^d, 225^a-226^a, 226^b-231^d; *Politic.*, 258^d-267^d, 279^a et sqq.; *Phileb.*, 17^b et sqq.

[4]. *Id.*, *Politic.*, 262^b-263^b. On sent, dans tout ce passage qui porte sur le fond même de l'analyse, que Platon a conscience de la difficulté que présente cette opération logique.

[5]. *Id.*, *Phædr.*, 265^e-266^a : τὸ πάλιν κατ' εἴδη δύνασθαι τέμνειν, κατ' ἄρθρα, ᾗ πέφυκε, καὶ μὴ ἐπιχειρεῖν καταγνύναι μέρος μηδέν, κακοῦ μαγείρου τρόπῳ χρώμενον, etc — *Phileb.*, 16^d-17^a.

suite, jusqu'à ce que l'on se trouve en présence d'éléments qui ne se divisent plus, qui soient absolument simples [1]. Et le meilleur moyen de conduire à bon terme ce travail d'épuisement, c'est d'employer la division par deux, ou dichotomie; l'expérience montre qu'elle s'adapte d'ordinaire à la structure des choses : la nature est amie de la dualité [2]. Supposez, par exemple, qu'il s'agisse du pouvoir royal, on distingue d'abord deux sortes de sciences, dont l'une est spéculative et l'autre pratique. Dans la science spéculative, on discerne à nouveau la science critique et la science épitactique; dans cette dernière elle-même, la science hétéro-épitactique et la science auto-épitactique. De même pour le reste, aussi longtemps qu'il y a matière à distinction. Puis, on reprend chacun des termes de la série un moment négligés, pour lui faire subir à son tour une épreuve analogue [3].

Au cours de cette sorte de dissection, se présentent deux dangers contre lesquels il est bon de se prémunir.

Le premier est de prendre pour une partie indivisible ce qui n'est encore qu'un tout plus ou moins complexe. Imaginez que quelqu'un, après avoir mis de côté l'espèce humaine, vienne à ranger dans une seule catégorie tous les autres êtres vivants, sous prétexte qu'ils n'ont pas la raison : il risquerait fort de faire comme celui qui croirait bien diviser les nombres en deux espèces, dont l'une serait dix mille et l'autre le reste des unités groupées sous un

---

1. PLAT., *Phædr.*, 270ᵈ⁻ᵉ, 277ᵇ : πρὶν ἄν τις τό τε ἀληθὲς ἑκάστων εἰδῇ περὶ ὧν λέγει ἢ γράφει, κατ' αὐτό τε πᾶν ὁρίζεσθαι δυνατὸς γένηται, ὁρισάμενός τε πάλιν κατ' εἴδη μέχρι τοῦ ἀτμήτου τέμνειν ἐπιστηθῇ. — *Soph.*, 253ᵈ; — *Politic.*, 262ᵇ-263ᵈ; — *Phileb.*, 16ᵈ-17ᵃ : ἐὰν οὖν μεταλάβωμεν, μετὰ μίαν δύο, εἴ πως εἰσί, σκοπεῖν, εἰ δὲ μή, τρεῖς ἤ τινα ἄλλον ἀριθμόν, καὶ τῶν ἐν ἐκείνων ἕκαστον πάλιν ὡσαύτως, μέχρι περ ἂν τὸ κατ' ἀρχὰς ἓν μὴ ὅτι ἓν καὶ πολλὰ καὶ ἄπειρά ἐστι μόνον ἴδῃ τις, ἀλλὰ καὶ ὁπόσα.

2. *Id.*, *Politic.*, 262ᵇ : Ἀλλὰ γάρ, ὦ φίλε, λεπτουργεῖν οὐκ ἀσφαλές, διὰ μέσων δὲ ἀσφαλέστερον ἰέναι τέμνοντας...; — *Ibid.*, 265ᵃ, 287ᶜ.

3. *Id.*, *Politic.*, 258ᵈ et sqq.

même nom[1]. Et peut-être mériterait-il qu'on lui tînt à peu près ce langage : « O le plus brave des hommes, une grue procéderait comme toi, si elle avait à distribuer les rangs. Par respect pour son espèce, elle l'opposerait au reste des vivants et confondrait tous les autres êtres, y compris l'homme, en une seule et même classe qui serait sans doute à ses yeux celle des bêtes[2]. »

Le second danger est de regarder comme essentiel ou spécifique ce qui n'est qu'accidentel[3]. Par exemple, en analysant le concept de piété, on trouve que l'un de ses caractères est d'être aimée des dieux. Mais on se tromperait, on deviendrait ridicule comme Euthyphron, en affirmant que ce caractère constitue le fond même de cette vertu. Il n'est qu'un effet de son essence; car la question est de savoir pourquoi la piété est aimée des immortels[4].

Nous sommes ici bien près de Descartes. Sommes-nous aussi près d'Aristote? Platon a-t-il eu quelque idée du syllogisme? On ne le voit pas, si l'on en juge par ses écrits. L'unique témoignage à l'aide duquel on le puisse soutenir est un passage du *Philèbe*, où Platon se plaint de ce que les philosophes passent trop brusquement soit de l'un à l'infini soit de l'infini à l'un. « Les milieux leur échappent, dit-il, τὰ δὲ μέσα αὐτοὺς ἐκφεύγει[5]. Mais il est assez clair par le contexte qu'il s'agit ici des termes de l'analyse, et non du « moyen terme ». Laissons donc au disciple sa gloire, comme au maître la sienne.

---

1. Plat., *Politic.*, 262[d-e].
2. *Id., Ibid.*, 263[d].
3. *Id., Ibid.*, 263[b] : ... εἶδος μὲν ὅταν ᾖ του, καὶ μέρος αὐτὸ ἀναγκαῖον εἶναι τοῦ πράγματος, ὅτου περ ἂν εἶδος λέγηται· μέρος δὲ εἶδος οὐδεμία ἀνάγκη. — *Ibid.*, 262[b] : ... ἀλλὰ τὸ μέρος ἅμα εἶδος ἐχέτω.
4. *Id., Euthyphr.*, 11[a-b] : καὶ κινδυνεύεις, ὦ εὐθύφρον, ἐρωτώμενος τὸ ὅσιον, ὅ τί ποτ' ἔστι, τὴν μὲν οὐσίαν μοι αὐτοῦ οὐ βούλεσθαι δηλῶσαι, πάθος δέ τι περὶ αὐτοῦ λέγειν, ὅτι πέπονθε τοῦτο τὸ ὅσιον, φιλεῖσθαι ὑπὸ πάντων θεῶν· ὅ τι δὲ ὄν, οὔπω εἶπες.
5. 17[a].

L'induction nous conduit à des reliquats de traits communs, qui constituent l'essence des choses[1] : elle donne des définitions. Il en va de même pour l'analyse : au terme d'un effort plus ou moins long, elle nous découvre un caractère ou bien une somme de caractères qui suffit à former une différence spécifique ; et, par là, elle distingue son objet de tout ce qui n'est pas lui [2]. C'est ainsi, par exemple, qu'on arrive à savoir ce que c'est que le sophiste, en quoi consistent l'art du tisserand et la science royale. D'autre part, les définitions se rangent par ordres et constituent les diverses sciences : à savoir l'arithmétique, la géométrie, l'astronomie et la musique.

Mais aucune de ces sciences ne s'explique par elle-même ; la raison nous oblige à les dépasser.

Elles excitent déjà notre intelligence à s'élever encore plus haut. L'arithméticien s'aperçoit que l'un et le plusieurs se trouvent réalisés dans les mêmes individus ; et cette opposition provoque la curiosité de son esprit [3]. Il découvre en outre, au-dessus des unités sensibles, d'autres unités qui sont absolument égales, qui ne présentent plus aucune différence, qu'il ne peut voir des yeux de son corps ; et il se demande ce que signifie ce spectacle tout intérieur [4]. Impossible au géomètre de formuler une seule de ses propositions, sans observer par là même qu'elle déborde ce qui naît et meurt et porte sur des réalités

---

1. PLAT., *Euthyphr.*, 5ᵈ, 6ᵈ⁻ᵉ ; — *Men.*, 72ᶜ, 76ᵃ⁻ᵇ ; — *Theæt.*, 146ᶜ-148ᵈ. Partout, le résultat de l'induction est donné comme une définition.

2. *Id.*, *Theæt.*, 208ᵇ⁻ᵈ : τὸ δὲ δὴ τρίτον τί λέγεις ; — ὅπερ ἂν οἱ πολλοὶ εἴποιεν, τὸ ἔχειν τι σημεῖον εἰπεῖν ᾧ τῶν ἁπάντων διαφέρει τὸ ἐρωτηθέν... ἔστι δὲ ὅπερ ἄρτι ἐλέγομεν, ὡς ἄρα τὴν διαφορὰν ἑκάστου ἂν λαμβάνῃς, ᾗ τῶν ἄλλων διαφέρει, λόγον, ὥς φασί τινες, λήψει· ἕως δ' ἂν κοινοῦ τινος ἐφάπτῃ, ἐκείνων περί σοι ἔσται ὁ λόγος, ὧν ἂν ἡ κοινότης ᾖ. Un peu plus loin (209ᵉ), Platon ajoute que le λόγος ainsi entendu, c.-à-d. la définition, est la plus belle partie de la science.

3. *Id.*, *Rep.*, VII, 523ᵃ-525ᵃ : ... ἅμα γὰρ ταὐτὸν ὡς ἕν τε ὁρῶμεν καὶ ὡς ἄπειρα τὸ πλῆθος.

4. *Id.*, *Ibid.*, VII, 526ᵃ ; — *Phileb.*, 56ᵈ⁻ᵉ.

éternelles [1]. Belle est la voûte du ciel et magnifique l'harmonie qui s'y manifeste; cependant, comme il ne s'agit ici que de phénomènes matériels et visibles, un astronome avisé ne s'imaginera jamais que les rapports des astres sont d'une exactitude parfaite, qu'ils échappent à tout changement et que par suite ils portent en eux-mêmes leur véritable raison d'être [2]. Ainsi du musicien, lorsque l'abus de la technique n'a pas oblitéré son sens naturel : derrière les sons qui charment ses oreilles, il aperçoit des proportions numériques qui résonnent encore, mais pour son âme seulement, et qui ne souffrent ni défaut ni défaillance [3].

Les diverses sciences sont comme des « degrés ou bases d'élan », à l'aide desquels nous nous approchons de la raison suprême des choses [4]; mais cette raison, elles ne la fournissent pas : leur fondement n'est encore qu'hypothétique. L'arithmétique, par exemple, part du concept de nombre ou de tel nombre pour en tirer des conséquences plus ou moins rigoureuses; et, dans la suite de ses opérations, elle emploie toute une série de principes logiques. Mais ces données, elle ne les contrôle pas; ces principes, à la lumière desquels elle s'avance, elle n'a nul souci de les établir ou d'en chercher les fondements. Analogue est la marche de la géométrie, de l'astronomie et de la musique [5]. Par là même, toutes ces sciences tiennent pour expliqué ce qui ne l'est pas de fait et laissent notre esprit comme en suspens. Il faut donc qu'il y ait un art supérieur qui nous permette de pénétrer plus avant dans le mystère des choses, qui nous délivre peu à peu du conditionnel et nous jette enfin en présence de la cause des causes ou de

---

1. Plat., *Rep.*, VII, 527^b.
2. *Id.*, *Ibid.*, 529^b-530^c.
3. *Id.*, *Ibid.*, 530^d-531^c.
4. *Id.*, *Ibid.*, VI, 511^b : Οἷον ἐπιβάσεις τε καὶ ὁρμάς...
5. *Id.*, *Ibid.*, VI, 510^e-511^b; VII, 533^b-534^a.

l'absolu. Cet art souverain et qui fait de l'homme une sorte de dieu, c'est la dialectique [1].

En quoi consiste-t-elle au juste? La question est moins facile à résoudre.

Considérée comme science, la dialectique n'est pas autre chose, croyons-nous, que la philosophie des premiers principes ou philosophie première; il y a, sur ce point, de très grandes analogies entre Platon et Aristote [2]. Mais la difficulté principale n'est pas là. Il s'agit surtout de savoir si la dialectique, considérée comme moyen de recherche, constitue une méthode à part ou se ramène de quelque manière aux deux précédentes. Or il semble bien que l'on doive, avec Ed. Zeller, se prononcer pour le second terme de cette alternative [3]. Comme on le verra plus loin, c'est par une analyse plus pénétrante que Platon passe des concepts socratiques à la subsistance des idées; et c'est par une induction supérieure qu'il s'élève de la multiplicité des idées à leur unité dans l'être et le bien. Ce dernier point de notre interprétation s'appuie d'ailleurs sur un texte de l'auteur lui-même. Après avoir examiné la manière dont les différentes sciences redressent et purifient

---

1. PLAT., Rep., VI, 510ᵇ : Τὸ δ' αὖ ἕτερον [ἡ ψυχὴ] ἐπ' ἀρχὴν ἀνυπόθετον ἐξ ὑποθέσεως ἰοῦσα καὶ ἄνευ τῶν περὶ ἐκεῖνο εἰκόνων, αὐτοῖς εἴδεσι δι' αὐτῶν τὴν μέθοδον ποιουμένη. — Ibid., VI, 511ᵇ⁻ᶜ; VII, 532ᵃ-533ᵇ, 534ᵃ⁻ᶜ.

Dans le *Ménon* (75ᵈ) et dans le *Cratyle* (390ᶜ), la dialectique est l'art d'interroger et de répondre, par opposition à l'éristique. Dans l'*Euthydème* (290ᶜ), dont la date d'apparition est assez tardive, comme le remarque Gomperz (*loc. cit.*, p. 433), elle devient déjà une science dominatrice qui s'ajoute aux autres pour y découvrir les rapports plus profonds que les spécialistes n'y cherchent pas. C'est ce dernier sens qui s'accuse avec tant de force et d'éclat dans la *République*; et il reparait vers la fin du *Philèbe* (57ᵉ-58ᵃ). D'après le *Sophiste* (253ᵇ⁻ᶜ), la dialectique s'étend à toutes les idées : c'est l'art d'en démêler, et sans autre but, les emboîtements essentiels; elle a donc, dans ce dialogue, une acception plus large et un but moins précis que dans l'*Euthydème*, la *République* et le *Philèbe*. On lui donne ici le sens qu'ont fixé ces trois derniers ouvrages.

2. V. notre *Aristote*, pp. 1-5.

3. *Loc. cit.*, p. 616, note 2.

l'âme humaine, Platon résume ce qui reste à faire et s'exprime ainsi : « A mon sens, si l'examen de toutes les sciences dont nous venons de parler, portait sur leur fond commun et leurs analogies et les comprenait dans leurs rapports généraux, il serait utile à notre fin et vaudrait la peine que l'on s'en occupât; sinon, il ne nous servirait de rien [1]. » Il s'agit ici de la dialectique ; et sa marche nous est présentée comme un passage du multiple à l'un. L'impression qui se dégage, c'est qu'on la peut considérer comme une sorte de méthode à deux tranchants, où l'analyse et l'induction s'emploient à tour de rôle, suivant le cas. Elle a pourtant sa physionomie spéciale, qui est d'aller du conditionnel vers l'absolu, de porter uniquement sur l'intelligible et de n'admettre d'autre agent que l'âme elle-même [2].

L'induction et l'analyse sont des procédés directs. Il en est un autre qui consiste à prendre les questions comme de biais et qui n'en présente pas moins de réels avantages : c'est ce que l'on appelle la méthode hypothétique.

Le géomètre a-t-il un problème à résoudre? Veut-il savoir, par exemple, si, dans un cercle donné, l'on peut inscrire tel triangle, il se dit à lui-même : supposons la question résolue par l'affirmative et voyons ce qui s'ensuit; ou bien encore : supposons-la résolue par la négative, et regardons derechef aux conséquences [3].

Le philosophe peut raisonner de la même manière, non seulement pour contrôler les résultats obtenus, mais encore pour en obtenir de nouveaux. Est-il question de chercher si la vertu est une science? on admet provisoirement qu'elle en est une [4]; et l'on conclut de là qu'elle

---

1. PLAT., *Rep.*, VII, 531^d.
2. *Id., Ibid.*, VI, 510^b, 511$^{a\text{-}c}$; VII, 532$^{a\text{-}b}$.
3. *Id., Men.*, 86e-87^b.
4. *Id., Ibid.*, 87$^{b\text{-}c}$.

doit être enseignable. Mais que l'on vienne ensuite à démontrer qu'elle ne peut l'être, il se trouve prouvé par là même que l'idée érigée en prémisse est fausse et que la vertu n'est pas une science. S'agit-il de la participation des êtres sensibles aux idées? On suppose pour un moment qu'il n'en existe d'aucune sorte. Puis, l'on s'aperçoit que d'une pareille hypothèse résulte une conséquence inadmissible, que, dans ce cas, la mesure et l'harmonie qui dominent partout dans la nature ne trouvent plus aucune explication ; et l'on passe à la contradictoire en affirmant qu'il y a une certaine participation du devenir à l'être [1].

Mais, si la méthode hypothétique peut établir la fausseté d'une supposition, elle ne suffit pas à en révéler la justesse ; car il arrive parfois que de prémisses erronées découlent des conséquences qui sont vraies. C'est une règle de logique qu'Aristote a formulée dans ses *Analytiques* [2] et il en donne un exemple assez curieux : *toute pierre*, dit-il, *est un animal; or l'homme est une pierre; donc il est un animal*. Cette règle, le maître l'a vue avant le disciple ; elle est énoncée d'une façon très claire dans le *Cratyle* [3].

En outre, Platon a signalé avec force les principaux inconvénients de la méthode hypothétique. Outre qu'elle contraint bien plus qu'elle n'éclaire, elle incline l'esprit à soutenir le pour et le contre avec une égale complaisance et engendre ainsi la plus funeste des éristiques. Il faut donc en user avec prudence, si l'on ne veut « tout brouiller », comme le fait ce peuple de sophistes qu'a produit la Grèce et dont la ville d'Athènes est devenue le rendez-vous. La méthode mégarique est bonne, mais non pour celui qui la met au service de sa vanité, à

---

1. Plat., *Phæd.*, 101^{d-e}; — V. aussi *Rep.*, IV, 437^a.
2. *Anal. Pr.*, B, 2, 53^b, 26-35; 15, 64^b, 7-9.
3. 436^{c-d}.

l'exemple des Euthydème et des Dionysodore : elle ne devient un auxiliaire de la science qu'autant qu'elle trouve sa mesure dans l'amour de la sagesse [1].

II

Aussi longtemps que l'on se meut dans la région des idées, on se meut dans la pleine lumière. Considérées en elles-mêmes, elles sont pures de tout mélange et n'opposent aucune résistance à la pensée, qui est de leur famille [2]; envisagées dans leurs relations réciproques, elles présentent des points d'attache éternellement invariables [3]. De là tout un système de propositions à la fois distinctes et universelles qui va se développant de plus en plus jusqu'à ce qu'il s'achève dans l'intuition de l'être inconditionnel [4] : la science se fait.

A ce long échafaudage d'intelligibles qui s'élève de la terre au ciel et le dépasse pour se suspendre au principe suprême des choses, ne faut-il pas un point de départ dans le sensible et comme une sorte de base expérimentale ? Sans nul doute; et c'est ce que suppose la première ascension de l'âme qui est l'induction. Mais ce serait une erreur de croire que les données empiriques peuvent devenir un objet de science. Nos sensations contiennent un certain résidu d'indétermination, elles sont mélangées « d'infini »; et, par suite, elles ont toujours quelque chose

---

1. PLAT., *Phæd.*, 101ᵉ; — V. aussi l'*Euthydème;* ce dialogue est fait surtout pour mettre en relief l'abus de la méthode hypothétique, où l'on avait glissé depuis Zénon.
2. *Id., Rep.*, V, 477ᵃ : ... τὸ μὲν παντελῶς ὂν παντελῶς γνωστόν; — *Soph.*, 253ᶜ-254ᵃ : ... ὁ δέ γε φιλόσοφος, τῇ τοῦ ὄντος ἀεὶ διὰ λογισμῶν προσκείμενος ἰδέᾳ, διὰ τὸ λαμπρὸν αὖ τῆς χώρας οὐδαμῶς εὐπετὴς ὀφθῆναι· τὰ γὰρ τῆς τῶν πολλῶν ψυχῆς ὄμματα καρτερεῖν πρὸς τὸ θεῖον ἀφορῶντα ἀδύνατα; — *Phileb.*, 52ᶜ-53ᶜ.
3. *Id., Lach.*, 198ᵈ⁻ᵉ; — *Men.*, 81ᵃ⁻ᵒ, 97ᵈ-98ᵃ ; — *Phæd.*, 103ᶜ-104ᶜ; — *Phileb.*, 15ᵈ-16ᶜ.
4. *Id., Rep.*, VI, 510ᵇ-511ᵒ; VII, 532ᵃ-534ᵒ.

de confus qui ne permet pas à l'intelligence d'en saisir le pourquoi[1]. De plus, elles sont dans un écoulement perpétuel, comme les eaux de l'Eurype : elles varient sans cesse et d'après des rapports qui ne cessent eux-mêmes de varier[2]. Elles n'ont donc ni la clarté, ni la fixité que requiert le véritable savoir: leur domaine est celui de la vraisemblance, de la probabilité et de la conjecture[3]. C'est là une conséquence de la théorie d'Héraclite mieux examinée; et il convient de s'y tenir, d'après Platon : il en faut faire comme l'une des colonnes de la philosophie future[4].

Quel est donc le rôle de l'expérience? Elle excite et dirige notre esprit. Sous le choc de la sensation, l'idée correspondante s'éveille en nous, comme l'image d'un ami lorsqu'on a son portrait sous les yeux. Le spectacle des bonnes actions nous suggère l'idée de bonté; et le spectacle des choses belles, celle de beauté. La vue des objets égaux nous fait penser à ce qui est égal en soi; et celle des objets inégaux, à l'inégal. Le tout est de se découvrir soi-même; et l'expérience nous en donne l'occasion[5]. De plus, l'idée une fois éveillée et comme aperçue dans une sorte d'aurore, l'expérience sert dès le début à la faire passer du confus au distinct. Il faut avoir observé un grand nombre de sophistes pour savoir ce qu'est la sophistique, et toute une série de phénomènes étendus et colorés pour discerner l'essence de la figure et celle de la couleur[6]. C'est à la lumière de l'expérience que nous

---

1. PLAT., *Rep.*, V, 478^{a-d}; — *Phileb.*, 24^a et sqq.
2. *Id.*, *Banq.*, 207^d-208^b; — *Rep.*, V, 479^{a-d}; VII, 530^{a-b}. — *Tim.*, 27^d, 49^e, 52^a.
3. *Id.*, *Rep.*, VI, 510^b-511^e; VII, 534^a; — *Phileb.*, 58^e-59^d; — *Tim.*, 29^{b-d}, 59^{c-d}, 72^{d-e}, 90^c.
4. Arist., *Met.*, A, 6, 987^a, 29-34; *Ibid.*, M, 4, 1078^b, 7-17; *Ibid.*, 9, 1086^a, 35 et sqq.
5. PLAT., *Phæd.*, 72^e-75^c.
6. *Id.*, *Men.*, 74^b-76^d.

démêlons en nous-mêmes et un à un les caractères d'ordre intelligible qui constituent le résultat de l'induction[1]. Mais là se borne son concours; le reste est l'œuvre de la pensée pure.

S'il faut entendre de cette sorte la part de l'expérience dans la chasse aux idées, on peut dire qu'elle est large, à peu près aussi large que dans la philosophie d'Aristote. Car l'observation s'impose également et au même degré, qu'il s'agisse de dégager l'intelligible de la sensation elle-même ou de le tirer peu à peu de notre propre fonds sur les indications qu'elle nous fournit. Mais Platon ne paraît pas avoir le sentiment de cette nécessité. Sans doute, il ne se borne plus, comme Socrate, à raisonner sur des questions d'éthique; plus ample est sa manière : il s'occupe de l'unité et du nombre, de l'étendue et de la figure, de la force, du mouvement, de la musique, de l'origine du langage et finit par constituer une physique qui trouve dans le *Timée* sa formule complète. Mais les observations sur lesquelles il se fonde sont tout à la fois sommaires et imprécises; et l'on ne voit pas qu'il ait le souci de les parfaire. Ivre d'absolu, il a le dédain du devenir, comme Protagoras avait celui de l'être.

Notre expérience, si loin que nous la poussions, n'atteint toujours qu'une partie infime de ce qui naît et périt. Par delà les portions de l'espace et du temps qui nous sont observables, il se passe une infinité de choses que l'homme n'a jamais vues, qu'il ne verra jamais, et même qu'il est incapable de voir du fond de sa prison de chair. Cependant, toutes ces choses ne nous sont pas entièrement inconnues; il en est dont nous pouvons conjecturer

---

[1]. Cette manière de voir est en germe dans les dialogues socratiques; elle reçoit dans le *Phédon* sa formule expresse; et les dialogues postérieurs ne la rétractent ni directement ni indirectement.

l'existence, d'autres que nous déduisons avec plus ou moins de bonheur, sans réussir toutefois à nous les figurer telles qu'elles sont dans leur inaccessible réalité. Nous ne nous faisons point une idée précise de cet acte spontané qui se produit dans l'homogénéité de l'éternel et d'où procède le branle de la nature entière ; et pourtant la raison nous dit avec un irrésistible empire : il faut qu'il y ait une cause de ce genre ; il faut que l'immuable enveloppe un principe qui se meut par lui-même[1]. Nous ne possédons aucun moyen de nous représenter avec exactitude ce qu'est la vie des âmes avant la naissance, ni ce qu'elle est après la mort; et cependant nous avons des motifs de croire que, étant éternelles de leur nature, elles ont eu un certain mode d'activité antérieurement à leur incarnation[2] et qu'elles en auront un autre une fois délivrées de leur corps[3] : cette croyance est « un beau risque » qu'il faut savoir courir, afin d'en devenir meilleur[4]. La tradition nous rapporte avec persistance que l'homme, au commencement, était plus près des dieux, qu'il vivait avec eux dans un commerce perpétuel et que par suite la raison régnait alors en vraie souveraine sur les diverses contrées du globe : on trouve au berceau de tous les peuples des traces d'un âge d'or où le ciel communiait à la terre et répandait parmi les mortels le bonheur avec la justice. Il est donc légitime de penser qu'il y a là plus qu'une simple fiction et que tant de récits de toute provenance ne sont que les formes diverses d'un beau souvenir. Mais comment faire revivre sous nos yeux un

---

1. PLAT., *Tim.*, 28° : Τὸν μὲν οὖν ποιητὴν καὶ πατέρα τοῦδε τοῦ παντὸς εὑρεῖν τε ἔργον καὶ εὑρόντα εἰς πάντας ἀδύνατον λέγειν ; — *Ibid.*, 28ᵃ : πᾶν δὲ αὖ τὸ γιγνόμενον ὑπ' αἰτίου τινὸς ἐξ ἀνάγκης γίγνεσθαι.

2. *Id.*, *Phædr.*, 246ᵃ et sqq.

3. *Id.*, *Gorg.*, 523ᵃ et sqq.; — *Phæd.*, 107ᵈ et sqq.; — *Rep.*, X, 614ᵃ et sqq.; — *Lois*, X, 904° et sqq.

4. *Id.*, *Phæd.*, 114ᵈ.

passé si lointain? A quels documents recourir pour retrouver les formes qu'a revêtues la grandeur de nos premiers pères? elles ont disparu pour toujours dans le gouffre de l'inévitable oubli [1].

Même à l'heure actuelle, et dans la partie du devenir qui tombe sous notre observation, il se produit une foule de phénomènes que nous percevons seulement du dehors, dont le fond nous échappe et qui ne peuvent être que l'objet d'une connaissance analogique [2]. La musique, par exemple, exerce sur les âmes « amies des muses » une sorte d'action élévatrice qui les purifie de leurs passions, eurythmise leurs diverses puissances et en fait à la longue comme des êtres spirituels et divins; qui saura jamais, de science précise, comment s'opère cette conversion tout intérieure, cette descente du « fini » dans « l'infini », cette domination progressive du principe « terrestre » par le céleste?

Le mythe, voilà le mode qu'il convient de donner aux faits de ce genre. Puisque nous ne les connaissons assez ni pour les peindre ni pour en déduire les caractères réels, il ne reste qu'à les incarner dans une légende qui soit le plus vraisemblable possible [3]. Le mythe n'est donc pas un discours entièrement vide [4]. Bien que nécessairement symbolique et inexact [5], il renferme une âme de vérité [6]; et, à ce titre, il est digne de foi [7]:

---

1. PLAT., *Protag.*, 320° et sqq.; — *Politic.*, 268° et sqq.; — *Lois*, IV, 713ᵇ et sqq.; — *Tim.*, 20° et sqq.; — *Criti.*, 109ᵇ et sqq.
2. *Id., Phædr.*, 259ᵃ⁻ᵈ; — *Banq.*, 203ᵃ et sqq.; — *Rep.*, VII, 514ᵃ et sqq.
3. *Id., Phæd.*, 114ᵈ : ὅτι μέντοι ἢ ταῦτ' ἐστὶν ἢ τοιαῦτ' ἄττα περὶ τὰς ψυχὰς ἡμῶν καὶ τὰς οἰκήσεις, ἐπείπερ ἀθάνατόν γε ἡ ψυχὴ φαίνεται οὖσα, τοῦτο καὶ πρέπειν μοι δοκεῖ καὶ ἄξιον κινδυνεῦσαι οἰομένῳ οὕτως ἔχειν; — *Rep.*, II, 382ᵈ.
4. *Id., Phædr.*, 265ᵇ : ... κεράσαντες οὐ παντάπασιν ἀπίθανον λόγον...
5. *Id., Ibid.* : ... τάχα δ' ἂν καὶ ἄλλοσε παραφερόμενοι...
6. *Id., Ibid.* : ... ἴσως μὲν ἀληθοῦς τινος ἐφαπτόμενοι; — *Lois*, III, 680ᵈ.
7. *Id., Phæd.*, 114ᵈ : τοῦτο καὶ πρέπειν μοι δοκεῖ καὶ ἄξιον κινδυνεῦσαι οἰομένῳ οὕτως ἔχειν.

c'est la traduction humaine de l'irréprésentable [1].

Si telle est la fonction du mythe, on discerne quelle place il occupe, au point de vue de la rigueur, dans l'ordre des procédés qui composent la méthode. Il vient après la dialectique et l'analyse qui ne portent que sur des idées, après l'induction qui nous élève du sensible à l'intelligible, après l'expérience elle-même qui est comme le marche-pied de la raison. Mais avec l'expérience, il soutient un rapport de parenté intime ; et de l'une à l'autre le passage est le plus souvent insensible, vu que la sensation renferme toujours un fond d'impénétrabilité qui ne se laisse pas réduire en formules distinctes et précises. C'est ce que Platon lui-même nous fait entendre dans le *Timée*, au cours de sa description des phénomènes physiques : « Il ne serait pas difficile, dit-il, de décrire encore d'autres faits de cette nature, en continuant à créer des mythes vraisemblables [2]. »

Ainsi s'étagent les degrés de la méthode platonicienne. Bien que déjà puissante, surtout en métaphysique, elle présente des lacunes visibles et sur lesquelles il est inutile d'insister. Platon ne l'en croyait pas moins complète et

---

1. PLAT., *Phædr.*, 246ᵃ : περὶ δὲ τῆς ἰδέας αὐτῆς (ἀθανασίας) ὦδε λεκτέον· οἷον μέν ἐστι, πάντη πάντως θείας εἶναι καὶ μακρᾶς διηγήσεως, ᾧ δὲ ἔοικεν, ἀνθρωπίνης τε καὶ ἐλάττονος. Ταύτῃ οὖν λέγωμεν. — V. aussi, sur ce point et les précédents, *Tim.*, 29ᵇ⁻ᵈ : ... ἀλλ' ἐὰν ἄρα μηδενὸς ἧττον παρεχώμεθα εἰκότας [λόγους], ἀγαπᾶν χρή, μεμνημένον, ὡς ὁ λέγων ἐγὼ ὑμεῖς τε οἱ κριταὶ φύσιν ἀνθρωπίνην ἔχομεν, ὥστε περὶ τούτων τὸν εἰκότα μῦθον ἀποδεχομένους πρέπει τούτου μηδὲν ἔτι πέρα ζητεῖν ; — *Ibid.*, 59ᶜ⁻ᵈ, 72ᵈ⁻ᵉ, 90ᶜ. — Voir sur le sens des mythes : DEUSCHLE, *Plat. Sprachphil.*, pp. 31-32, 38-44, Marburg, 1852 ; SUSEMIHL, *Die Genetische entwikel. d. Plat. Phil.*, I, 283-285, Leipzig, 1855-1860 ; *Steinhart, Plat. Sämmtliche werke*, VI, 73, Leipzig, 1850-1866 ; ZELLER, *loc. cit.*, 582, note 1 ; COUTURAT, *De platonicis mythis*, Paris, Alcan, 1896 ; Id., *Revue de Mét. et de mor.*, vol. IV, suppl., p. 11, 1896 ; V. BROCHARD, *Les Mythes dans la phil. de Plat.* (*Année philos.* 1900, p. 1 et sqq.).

2. 59ᶜ : Τἆλλα δὲ τῶν τοιούτων οὐδὲν ποικίλον ἔτι διαλογίσασθαι τὴν τῶν εἰκότων μύθων μεταδιώκοντα ἰδέαν...

souveraine : elle lui inspirait une confiance qui allait jusqu'à l'enthousiasme et qui s'est maintenue durant sa vie tout entière. Il déclare, dans le *Phèdre*, que c'est là l'objet de son amour et que, lorsqu'il rencontre quelqu'un qui soit à même d'exercer un tel art, il s'attache à ses pas, comme si c'était un dieu [1]. Elle lui apparaît, dans le *Sophiste*, comme « la science des hommes libres »[2]; et il affirme, en un autre endroit du même dialogue, que personne « ne se glorifiera jamais d'avoir échappé aux investigations de celui qui sait découvrir en chaque chose le particulier et l'universel [3] ». « Il n'y a pas, il ne peut pas y avoir de voie plus belle, nous dit-il vers le commencement du *Philèbe*...; c'est un présent que les dieux ont fait aux hommes [4]. » Et la même pensée se retrouve au XIIe livre des *Lois*. Là aussi, la méthode nous est représentée, et sur un ton de certitude plus ferme que jamais, comme le plus lumineux et le plus rigoureux des moyens de recherche : elle est encore le procédé par excellence, l'art divin[5]. Ce n'est pas qu'il en méconnaisse les dangers[6]; il va même jusqu'à dire qu'il s'y est pipé lui-même à différentes reprises[7]. Mais ni ces risques ni ces accidents ne diminuent la force de sa conviction : il garde jusqu'au dernier soupir la virginité de sa croyance; bien plus, il ne fait que s'y affirmer avec les années.

1. 266[b].
2. 253[c] : τὴν τῶν ἐλευθερῶν... ἐπιστήμην.
3. 235[c].
4. 16[b-c]; V. aussi 57[e]-58[a].
5. 965[e] : ἀκριβεστέρα σκέψις θέα τε... οὐκ ἴσως;, ἀλλ' ὄντως;, ὦ δαιμόνιε, ταύτης; οὐκ ἔστι σαφεστέρα μέθοδος ἀνθρώπων οὐδενί.
6. Plat., *Phileb.*, 16[b-c] : ἣν δηλῶσαι μὲν οὐ πάνυ χαλεπόν, χρῆσθαι δὲ παγχάλεπον.
7. *Id., Ibid.* : πολλάκις δέ με ἤδη διαφυγοῦσα ἔρημον καὶ ἄπορον κατέστησε.
— F. Horn (*Zur Philebosfrage*, in *Archiv für Geschichte der Philosophie*, vol. IX, p. 292, Berlin, 1896) pense qu'il y a dans le *Philèbe* des indices de mépris pour la dialectique; voir de la sorte, c'est prendre l'accidentel pour le principal : ce qui domine, dans ce dialogue, c'est à coup sûr l'apologie de la dialectique.

III

« Sans doute, répondit Adimante, personne, ô Socrate, ne saurait opposer une réplique à tes discours. Mais voici à peu près ce que l'on éprouve en entendant raisonner de la sorte. On s'imagine que, faute d'être versé dans l'art d'interroger et de répondre, on se fourvoye un peu dans chaque question : de telle sorte que la somme de ces petites déviations fait à la longue éclater une grosse erreur, toute contraire à ce que l'on croyait d'abord. Au trictrac, les bons joueurs finissent par bloquer les joueurs inhabiles et les réduisent à ne savoir quel dé amener. Il en est de même de cet autre jeu où tu manies, non les dés, mais le discours : le dénouement, c'est que l'on s'y voit emprisonné et condamné au silence. Mais la vérité n'y gagne rien[1]. » Le péril de la méthode tant vantée, c'est de tourner à l'éristique, de faire des vainqueurs et des vaincus sans que la question débattue en avance d'une ligne. Mais ce péril, Platon ne paraît pas l'avoir prévu dès les premières années de sa carrière philosophique.

Il défend d'abord la pensée de Socrate. A son dire, la science nous fait connaître notre véritable intérêt. Par suite, elle exerce toujours un charme dominateur : son empire est irrésistible. Si le sage se laisse parfois séduire à ses passions, c'est qu'il s'ignore encore de quelque manière, c'est que la lumière ne l'a pas pénétré jusqu'au fond. Et quel moyen de faire entrer la science dans les esprits? L'enseignement raisonné, l'induction et l'analyse. Moraliser l'homme, c'est développer sa raison et la rendre adulte; or l'on développe sa raison, dans la mesure

---

[1] PLAT., *Rep.*, VI, 487$^{b\text{-}c}$.

où l'on s'exerce à trouver le pourquoi des choses : on la développe par l'emploi de la dialectique. Telle est la doctrine du *Lachès*, du *Charmide*, du *Premier Alcibiade*[1], du *Protagoras*[2] ; telle est la doctrine du *Ménon* lui-même : j'en donne pour preuve la fine ironie avec laquelle Platon conclut, dans ce dialogue, que, si la vertu ne s'enseigne pas, il n'y a plus qu'à en faire une sorte d'instinct tel que celui des devins et des prophètes[3], tel que celui d'Euthyphron.

Avec le *Banquet* s'accuse une autre manière de voir. L'artiste succède au rationaliste et la dialectique de la pensée se double d'une dialectique de l'amour. La passion nous apparaît ici comme un obstacle à l'ascension de l'intelligence ; il s'agit de la redresser en la tournant par degrés de l'apparent au réel. Pour y réussir, on part de cette émotion sensuelle que suscite en nous la vue d'un beau corps ; on contracte ainsi l'amour de la beauté physique, c'est-à-dire de cet idéal de l'organisme qui n'est que le rayonnement extérieur de la pensée et que les Phidias

---

1. V. surtout 124^{b-c}, 128^{e}-129^{a}, 133^{c}. — Les critiques on élevé des difficultés sur l'authenticité de ce dialogue (V. Ch. Huit, *loc. cit.*, II, p. 220-223); il nous paraît plus raisonnable de la maintenir. Il se rattache aux dialogues apologétiques, comme l'*Apologie*, le *Criton*, le *Lachès*, le *Charmide* : Platon y réfute l'accusation d'après laquelle Socrate aurait perverti Alcibiade et qui se produisit après le départ des Trente sous la nouvelle démocratie. De plus, la définition de la sagesse qui est donnée à la page 133^{c} : τὸ δὲ γιγνώσκειν αὐτὸν ὁμολογοῦμεν σωφροσύνην εἶναι, paraît bien répondre à la promesse faite dans le *Charmide* (169^{d}) : αὖθις δὲ ἐπισκεψόμεθα, εἴθ' οὕτως ἔχει, εἴτε μή. Le *Charmide* écarte les fausses définitions ; l'*Alcibiade* I apporte la vraie.

D'autre part, les objections qu'on fait valoir ne sont pas très fortes. Les indices d'inexpérience et de raideur qu'on relève dans l'*Alcibiade* (125^{a} et sqq., 128^{a-e}, 134^{a}) tiennent sans doute à ce que Platon était encore jeune lorsqu'il composa ce petit dialogue. Quant à la théorie de l'identité de l'âme et de l'homme (129^{b} et sqq.), elle est plutôt une preuve en faveur de l'authenticité ; car elle se retrouve dans d'autres dialogues qui sont sûrement de Platon (*Phæd.*, 115^{c-e} ; *Lois*, XII, 959^{a-d}).

2. 352^{a}-357^{b}.

3. 99^{a} et sqq.

et les Praxitèle ont su représenter avec tant d'éclat. Puis, on passe, en franchissant l'étape supérieure, de l'amour de la beauté physique jusqu'à celui de la beauté de l'âme où brillent déjà la science et la sainteté; et de là, par un nouvel élan, jusqu'à l'amour de la beauté en soi, de ce principe éternel et immuable, sans ombre ni déclin, d'où découle tout ce que la nature renferme de grâce, de noblesse et d'harmonie. Il se produit alors une sorte d'enthousiasme qui pénètre en vainqueur au fond même de notre âme, qui la délivre des goûts vulgaires et la fixe dans le vrai, cet autre nom du beau [1].

Mais Platon ne s'en tient pas longtemps à cette solution tout esthétique; il s'aperçoit assez vite que le bon usage de la méthode requiert certaines conditions qu'il n'a pas vues dès l'abord : au septième livre de la *République,* il donne une explication nouvelle et qui dénote un progrès considérable dans sa connaissance du cœur humain.

La science, pleinement conquise, suffit encore à notre rédemption; c'est assez d'être parvenu jusqu'à la contemplation « de l'être et de la partie la plus brillante de l'être » qui est « le bien », pour aimer la vérité d'un amour indéfectible et souverain. Mais comment élever l'homme vers la science? Comment l'habituer, non seulement à supporter la lumière de « l'être », mais encore à s'y complaire tout entier? il y a là une œuvre où l'induction et l'analyse et la contrainte par l'absurde sont également impuissantes. Le dialecticien ne réussit à convaincre que celui qui veut être convaincu; et, généralement, on ne veut pas l'être.

Sans doute, chacun de nous a ce qu'il faut, du côté de l'intelligence, pour percevoir la vérité [2]. On en a comme preuve « ces petites âmes » qui se traînent dans le plai-

---

1. 210^a-212^a.
2. Plat., *Rep.*, VII, 518^{c-e}.

sir, l'intérêt et les intrigues et dont le regard se montre si aiguisé, toutes les fois qu'il s'agit du succès d'une affaire[1]. Mais cet œil de notre pensée, nous ne le tournons pas à « l'être ». Ce sont ses apparences qui nous captivent, c'est son ombre qui devient l'objet de nos désirs[2]; et de là tout un ensemble de passions, d'habitudes, de soucis et de troubles qui nous rendent indifférents ou hostiles à la cause de la vérité[3].

Ces attaches avilissantes, ces « poids » qui arrêtent notre essor naturel : voilà donc ce qu'il importe de détruire d'abord, si l'on veut faire de la dialectique avec profit[4]. « L'être » ne se révèle pas à celui qui est encore divisé; il faut aller à lui « de toute son âme »[5]. Or ce travail d'extirpation et de redressement ne peut être que le résultat d'une thérapeutique austère, qui s'impose dès l'enfance et finit par plier l'automate[6]. En outre, lorsque l'âge et l'éducation nous ont rendus capables de regarder le « bien » en face[7], il convient d'assurer de plus en plus le calme des passions et de méditer sans relâche sur l'éternelle et divine vérité. Car c'est à force de s'en nourrir, c'est à force de la vivre et par la pensée et par l'action, qu'on lui devient semblable et comme identique[8].

1. PLAT., *Rep.*, VII, 519ᵃ.
2. *Id.*, *Ibid.*, 514ᵃ-515ᵈ. ⁰
3. *Id.*, *Ibid.*, 515ᵉ-516ᵃ, 519ᵇ.
4. *Id.*, *Ibid.*, 519ᵇ.
5. *Id.*, *Ibid.*, 518ᶜ : Οὕτω ξὺν ὅλῃ τῇ ψυχῇ ἐκ τοῦ γιγνομένου περιακτέον εἶναι, ἕως ἂν εἰς τὸ ὂν καὶ τοῦ ὄντος τὸ φανότατον δυνατὴ γένηται ἀνασχέσθαι θεωμένη· τοῦτο δ' εἶναί φαμεν τἀγαθόν.
6. *Id.*, *Ibid.*, 518ᵈ-519ᵃ et sqq.
7. Platon, et avec raisons à l'appui, ne permet pas qu'on fasse de la dialectique avant trente ans (*Rep.*, VII, 537ᵈ et sqq.).
8. PLAT., *Phæd.*, 84ᵃ⁻ᵇ : ... ἀλλὰ γαλήνην τούτων [ἡδονῶν καὶ λύπων] παρασκευάζουσα [ἡ ψυχή], ἑπομένη τῷ λογισμῷ καὶ ἀεὶ ἐν τούτῳ οὖσα, τὸ ἀληθὲς καὶ τὸ θεῖον καὶ τὸ ἀδόξαστον θεωμένη, καὶ ὑπ' ἐκείνου τρεφομένη, ζῆν τε οἴεται οὕτω δεῖν, ἕως ἂν ζῇ, καὶ ἐπειδὰν τελευτήσῃ, εἰς τὸ ξυγγενὲς καὶ εἰς τὸ τοιοῦτον ἀφικομένη ἀπηλλάχθαι τῶν ἀνθρωπίνων κακῶν.

La même théorie reparaît au cours du *Phèdre*, bien que sous un autre jour. Ce n'est plus la vue « de l'être et du bien » qu'il s'agit de provoquer dans ce dialogue; c'est le passage de la beauté physique à la beauté, comme dans le *Banquet*. Mais tout n'en est pas moins changé relativement à la manière dont l'auteur conçoit cette sorte d'ascension. Le charme de la beauté ne suffit plus par lui-même à la produire. Le cœur et le désir sont représentés par deux coursiers d'inégale valeur, mais qu'il faut dresser l'un et l'autre en alliant avec prudence la contrainte et la flatterie. C'est à cette condition seulement que le cocher assure la fortune de son équipage; tout risque de rouler dans l'abîme, quand il n'a pas assoupli ses bêtes aux règles d'une sage discipline[1].

L'idée d'une préparation morale à la dialectique revient sous la forme du mythe. Et cette idée, Platon ne l'abandonnera jamais; il ira toujours en l'approfondissant davantage. Un peu plus tard, Aristote lui-même la fera sienne[2].

IV

C'est vers 387, à l'âge de quarante ans, que Platon fonda son école[3].

A vingt minutes de la « double porte », se trouvait le jardin d'Académus. On s'y rendait par une route bordée de statues, de portiques, de temples, et surtout de tombes illustres parmi lesquelles on comptait celles de Périclès, d'Harmodius et d'Aristogiton. Il y avait dans son voisinage toute une foule d'autels, dont le plus célèbre, entouré de douze oliviers, était consacré à Minerve. Cimon

---

1. PLAT., *Phædr.*, 250ᵃ-251ᵃ, 253ᵈ-254ᵉ, 247ᵇ.
2. V. notre *Arist.*, p. 316.
3. V. GOMPERZ, *loc. cit.*, p. 219, p. 560 (notes).

l'avait orné de plantations et de fontaines. On s'y promenait, sous les ormes et les platanes, dans de larges allées, qui sillonnaient en tous sens de riches et vertes prairies. Çà et là se dressaient de petites places couronnées d'arbres, où l'on pouvait se reposer et s'entretenir à l'abri des rayons du soleil[1]. C'est près de ce séjour agréable que Platon vint établir sa demeure; c'est là qu'il dialogua si longtemps et composa très probablement la plus grande partie de ses ouvrages.

L'école ne tarda pas à s'emplir de jeunes gens qui venaient de tous les points de la Grèce et dont la plupart appartenaient à de grandes familles. Aussi la tenue n'y était pas vulgaire et débraillée comme au Cynosarge; on y affectait la distinction. Les élèves de l'Académie se faisaient remarquer par le soin qu'ils prenaient de leur chevelure, et par l'élégance de leurs manteaux.

A ces traits d'aristocratie s'ajoutait un aspect tout religieux. Les muses étaient les protectrices de l'habitation. Platon lui-même leur avait fait construire une chapelle où leurs statues s'élevaient à côté des trois Grâces; et, chaque mois, on les fêtait à date fixe par des sacrifices et un frugal banquet. Peut-être aussi leur adressait-on tous les jours des prières avec des offrandes.

L'enseignement était régulier et se donnait dans la cour de l'enclos, où l'on avait disposé des bancs de pierre comme ceux qui ont été découverts ces derniers temps à Délos et à Olympie. Puis, on reprenait en conversation les problèmes qui venaient d'être débattus; on y revenait aussi dans les banquets dont il a été fait mention. Et ces fêtes de la piété et de l'esprit n'étaient pas les seules du même ordre qui fussent en usage. Outre les repas en commun que la célébration des Muses ramenait à jour fixe, il y en

---

1. *Id.*, p. 220, p. 560 (notes).

avait d'autres dont Platon profitait pour provoquer des entretiens utiles et jeter dans l'âme de ses disciples la semence de la vérité[1]. Ils revenaient souvent, dans l'Académie, ces banquets du philosophe où l'on se suffit sans recourir à la joueuse de flûte.

Par ces différents caractères, l'école formait une sorte de communauté assez semblable à celle des Pythagoriciens, dont Platon s'était d'ailleurs sûrement inspiré.

Comment le Maître donnait-il ses leçons? étaient-elles des dialogues ou des discours? C'est une question sur laquelle on n'a pas de documents précis. A l'exception du traité *Du Bien* qu'a publié Aristote d'accord avec quelques-uns de ses condisciples[2], et du traité *De la Philosophie* qu'il mentionne[3] et dont nous avons un résumé[4], tous les écrits de Platon revêtent la forme du dialogue. Il a même employé cette manière de dire dans des ouvrages dont la matière ne s'y prêtait que difficilement, tels que le *Timée* et le *Critias* : il l'a aimée jusqu'à la violence. De plus, Platon, dans le *Phèdre*, reproche aux livres de ne pas répondre aux questions que le lecteur se pose à lui-même. Or s'exprimer de la sorte, c'est condamner aussi la parole à jet continu; car l'auditeur n'y trouve pas non plus l'occasion d'interroger afin de préciser les points qui lui échappent ou dont il n'a qu'une intelligence imparfaite[5]. Et ce n'est pas là, chez Platon, une pensée transitoire; il y tient pour de bon, puisqu'il la reproduit vers la fin du douzième livre des *Lois*[6].

---

1. V. *Phædr.*, 276[a-d].
2. *Sch.*, 1477[b], 35-1479[a], 5 ; — Cf. Aristox., *The Harmonies*, p. 30, 10, éd. Macran, Oxford, 1902.
3. *De an.*, A, 2, 404[b], 18 : ὁμοίως δὲ καὶ ἐν τοῖς περὶ φιλοσοφίας λεγομένοις διωρίσθη...
4. *Arist. oper.*, *Dialog.*, 1476[b], 21-39, éd. Berlin, 1870.
5. 275[d-e].
6. 968[d-e].

La conclusion probable, c'est que, dans son enseignement, il a dialogué le plus possible, sauf à recourir au discours quand le sujet ou les circonstances lui en faisaient une nécessité[1].

Il paraît également probable que c'est à son enseignement, non à ses écrits, que Platon a toujours ajouté le plus d'importance. Il semble toutefois que sa pensée sur ce point se soit un peu modifiée avec l'âge. De l'année 390 à l'année 380 ou 378, sa fécondité est surprenante. Il publie sans relâche : c'est durant ce court espace de temps qu'il compose ses œuvres les plus considérables et les plus brillantes, si l'on en excepte le *Timée* et les *Lois*. Puis, ce bel entrain se calme tout à coup; il se tait pendant dix ou douze ans; et, dans la suite, ce n'est plus qu'à de longs intervalles qu'il s'adresse au public : il met près de quarante ans à produire le reste de ses dialogues. Il y a là, semble-t-il, un fait significatif. L'impression qui en résulte est que Platon a d'abord attribué une très grande efficacité aux écrits et qu'ensuite il est revenu de cette première idée pour accorder une place beaucoup plus large à l'enseignement oral.

Cette impression se confirme, lorsqu'on essaie de définir l'idée que Platon se fait des livres, à partir du *Phèdre*, le dernier anneau de la série qui se déroule entre les années 390 et 378. D'après ce dialogue, les livres ne répondent pas; ils sont muets comme des peintures. Ils ne se défendent pas d'eux-mêmes contre ceux qui les attaquent; ils ne peuvent non plus produire la lumière chez ceux qui les lisent avec bienveillance, car il y faudrait des explications qu'ils ne fournissent pas. Les livres ne sont utiles qu'autant que leur père leur vient en aide[2].

---

1. V. sur ce point Ed. Zeller (*loc. cit.*, p. 416-417); sa conclusion nous semble très sage.
2. Plat., *Phædr.*, 275^{d-e}.

De plus, comme ils vont rouler partout, ils tombent entre les mains d'une foule de lecteurs incompétents et multiplient la fausse science au profit de l'orgueil. « O Theuth, tu vas te faire un grand nombre de disciples inexpérimentés ; et ceux-là se croiront remplis de science, tandis qu'en réalité ce ne seront que des ignorants très difficiles à vivre : ta découverte produira des sophistes, non des sages [1]. » Supposé d'ailleurs que les écrits puissent donner des idées précises, il leur manque encore quelque chose d'essentiel. Ce qui sert véritablement à l'homme, ce sont les convictions qui pénètrent jusqu'au fond de son être, qui le façonnent tout entier à leur ressemblance et se traduisent au dehors par l'amour dominant du bien. Or de telles convictions ne viennent pas des livres : on n'écrit pas dans les âmes avec une plume [2]. Il en va très différemment de l'enseignement oral. Le maître ne livre pas ses pensées à l'inexpérience du public ; il choisit ses auditeurs et les initie par degrés aux mystères de la science : il expose, distingue, explique et réplique jusqu'à ce qu'ils aient acquis l'intelligence adéquate de la vérité. Toujours lumineuses, ses idées passent aussi toutes vivantes de son âme à l'âme de ses disciples et s'y développent comme des germes que l'on jette en un sol fécond et bien préparé [3].

A quoi servent donc les livres ? ils sont pour le jeune homme « un moyen de se souvenir de ce qu'il sait déjà »[4], et pour le vieillard un noble amusement [5]. La conclusion est sévère ; et pourtant il est difficile d'y voir un simple jeu d'esprit, comme l'ont prétendu certains auteurs. Elle représente une idée de fond ; la preuve, c'est que Platon l'exprime à nouveau vers la fin des *Lois*,

---

1. PLAT., *Phædr.*, 274^b-275^a.
2. *Id., Ibid.*, 276^{b-c}.
3. *Id., Ibid.*, 276^a-277^a.
4. *Id., Ibid.*, 275^{c-d}.
5. *Id., Ibid.*, 276^{d-e}.

bien que d'une manière plus concise. « Il est inutile, écrit-il à propos de la science du gouvernement, il est inutile de dire ces choses dans des livres » ; ils n'en peuvent donner qu'une expression inexacte et inintelligible à ceux dont l'âme n'y est pas préparée[1].

La conséquence qui découle de là, c'est que, à partir du *Phèdre*, les dialogues de Platon n'ont guère été pour ses disciples que des sortes de manuels qui pouvaient leur servir à méditer les leçons du maître. Quant au public, il s'agissait moins, dans les mêmes ouvrages, de l'éclairer que de l'inviter à fréquenter l'école. La fin des *Lois* est manifestement protreptique. Platon y semble dire aux lecteurs : mes livres ne vous instruiront pas par eux-mêmes. Mais venez vous asseoir sur mes bancs de pierre, venez m'entendre et vous entretenir avec moi; peu à peu la lumière se fera dans vos âmes. Il en va de même pour le *Phèdre*, comme l'a remarqué Lutoslawski[2]. Si Platon se donne dans cet ouvrage comme un modèle d'éloquence[3], s'il y met tant de soin à fonder la rhétorique sur la dialectique elle-même[4], s'il y montre beaucoup plus de bienveillance qu'ailleurs envers les orateurs et les poètes[5], s'il insinue vers la fin qu'Isocrate a besoin de s'élever plus haut et de faire de la philosophie pour acquérir la plénitude de son talent, c'est sans doute qu'il a le dessein d'attirer à l'Académie un nombre de plus en plus grand d'auditeurs.

Ainsi, la tradition alexandrine n'est pas entièrement fausse; et les lettres II[6] et VII[7], bien qu'apocryphes, se

---

1. 968^{d-e}.
2. *Loc. cit.*, 346.
3. 257^c, 263^d.
4. 262^e et sqq., 265^d-266^d, 277^b, 278^c.
5. 268^c-270^a.
6. 312^d.
7. 341^b.

trouvent d'avoir une part de vérité : il y avait un enseignement ésotérique. Mais il faut se garder d'en exagérer la nature et de croire qu'il portait sur une doctrine substantiellement différente de celle des dialogues.

Il était plus technique et moins mélangé de mythes que l'enseignement écrit ; l'élément rationnel s'y accusait d'une manière à la fois plus continue et plus nue. Peut-être aussi n'avait-il pas sur certains points la réserve dont quelques dialogues nous donnent des indices. Socrate, dans le *Cratyle*, prend soin de prévenir Hermogène qu'il ne faut pas s'aventurer à parler des dieux en eux-mêmes, que le meilleur moyen de n'encourir aucun reproche, c'est de se borner sur leur compte à l'opinion commune [1]. On trouve une pensée analogue au commencement du *Philèbe* : « J'ai toujours, dit Socrate, au sujet des noms des dieux, une crainte au-dessus de toutes les craintes humaines ; et, dans le cas présent, je donne à Vénus le nom qui lui plaira davantage [2]. » Vers les premières pages du *Phèdre*, la question se pose de savoir ce qu'il faut penser de l'enlèvement d'Orithye ; et Socrate hasarde une interprétation naturaliste de cette légende. Mais bientôt il s'arrête en disant que ce genre de problèmes est étrangement difficile et qu'il y a quelque prudence à n'y pas insister. Mieux vaut suivre l'oracle de Delphes, mieux vaut chercher à se connaître soi-même; d'autant que c'est là une tâche déjà bien assez complexe [3]. On voit aussi, dans le *Timée*, que Platon est à la gêne, lorsqu'il parle de ces demi-dieux dont les chefs des grandes familles de l'Attique se disaient les descendants. « ... Il est au-dessus de notre pouvoir, écrit-il avec une certaine ironie, de connaître et d'expliquer leur origine... Mais le

---

1. 399^d-401^a.
2. 12^c.
3. 229^b-230^a.

moyen de ne pas ajouter foi aux enfants des dieux, bien que leurs récits n'aient ni certitude ni vraisemblance? Puisqu'ils prétendent raconter l'histoire de leur propre famille, nous devons suivre la coutume et les en croire [1]. » Et de telles réticences se comprennent. Athènes était susceptible à l'endroit de ses traditions religieuses; elle y tenait comme à sa propre vie et les avait défendues avec une impitoyable sévérité.

Mais ces différences d'allure n'entraînaient aucune divergence de fond. Platon exposait dans ses leçons la doctrine que renferment ses dialogues. Le but de l'enseignement oral n'était pas de donner une philosophie nouvelle; il consistait à présenter d'une manière plus didactique, plus intime et plus indépendante la philosophie même de l'enseignement écrit [2].

Voilà ce que nous apprend l'examen des œuvres de Platon; et celles d'Aristote témoignent dans le même sens. Aristote, qui connaissait à fond la doctrine de son maître et qui l'a critiquée avec tant de rigueur et de persistance, ne laisse jamais entrevoir qu'il ait affaire à deux philosophies : il cherche indifféremment dans les leçons inédites et dans les dialogues ce qu'il croit être la pensée de Platon [3]. Quelle meilleure preuve en faveur de l'unité fondamentale des deux enseignements! Si elle n'eût pas existé, si même elle eût été tant soit peu contestable, le Stagirique ne se serait-il pas fait une fête de la signaler comme une objection nouvelle?

On voit mieux maintenant quelle fut l'œuvre à laquelle Platon dévoua sa longue vie. Disciple et admira-

---

1. 40^{d-e}.
2. C'est même dans ce sens surtout que témoignerait le passage de la septième lettre cité un peu plus haut.
3. M. P. Bovet l'observe avec justesse dans sa thèse sur *Le Dieu de Platon*, p. 24, F. Alcan, Paris, 1903.

teur de Socrate, il résolut, comme lui, de travailler à la restauration politique et sociale d'Athènes [1], sans se mêler personnellement des affaires publiques [2] : son œuvre fut éminemment patriotique par son but, en même temps qu'humaine par sa portée. Et le moyen principal auquel il eut recours pour mener à bien cette tâche difficile, ce ne fut pas de remuer l'opinion publique par des écrits : il sentit très vite que les livres ne pouvaient avoir qu'une action superficielle ; et l'expérience ne fit que le confirmer dans sa manière de voir. Il ne se contenta pas non plus, comme son maître, d'aller dialoguer un peu partout, sur les places de la ville, dans les ateliers des artistes et les boutiques des marchands ; ce mode d'influence lui parut avoir le grave inconvénient de s'exercer au hasard et de manquer de suite. Platon fonda

---

1. C'est ce qu'atteste assez nettement la composition de la *République* et des *Lois*, les deux ouvrages les plus considérables de Platon et qui forment comme le centre de tous ses autres écrits. Le même fait résulte avec une plus grande précision de la fin du livre V de la *République* (473^c et sqq.) et des livres VI et VII du même dialogue. D'après ces passages, c'est par la dialectique que le sage se forme ; et cette formation n'a pas un but simplement théorique ; elle est une préparation au gouvernement : son aboutissant naturel est la politique (V. partic. V, 473 $^{c\text{-}e}$; VI, 486^a-487^a, 502^d ; VII, 519^d-520^a ; Cf. *Rep.*, I, 347 $^{a\text{-}d}$).

Que telle ait été l'idée directrice de Platon, on le voit aussi par d'autres dialogues : c'est ce qui explique la sévérité qu'il montre à l'égard des grands politiques d'Athènes, et dans le *Gorgias* (V. p. 7) et dans le *Ménon* (V. *Ibid.*) et dans le *Théétète* (176^c).

2. V. surtout *Rep.* (VI, 496$^{c\text{-}e}$) le fameux passage où Platon dit que, vu les injustices et les violences de la politique, il n'y a qu'à faire comme le voyageur, qui, surpris par la tempête, se cache derrière un petit mur : ... Ταῦτα πάντα λογισμῷ λαβὼν ἡσυχίαν ἔχων καὶ τὰ αὑτοῦ πράττων, οἷον ἐν χειμῶνι κονιορτοῦ καὶ ζάλης ὑπὸ πνεύματος φερομένου ὑπὸ τειχίον ἀποστάς, ὁρῶν τοὺς ἄλλους καταπιμπλαμένους ἀνομίας, ἀγαπᾷ, εἴ πῃ αὐτὸς καθαρὸς ἀδικίας τε καὶ ἀνοσίων ἔργων τόν τε ἐνθάδε βίον βιώσεται καὶ τὴν ἀπαλλαγὴν αὐτοῦ μετὰ καλῆς ἐλπίδος ἵλεώς τε καὶ εὐμενὴς ἀπαλλάξεται. — V. aussi *Theæt.*, 173$^{c\text{-}d}$. — Cf. *Rep.*, VI, 488^a et sqq. ; VII, 516^c-517^a.

Il est vrai que Platon ne s'est pas toujours conformé à la règle de vie que renferment ces passages. Il céda aux instances de Dion et fit à Syracuse un essai de sa politique, qui d'ailleurs ne fut pas heureux. Mais cette dérogation ne détruit pas le caractère dominant des affirmations ci-dessus énoncées.

une école à leçons régulières et s'y entoura de jeunes gens choisis auxquels il s'agissait de donner une formation méthodique et puissante, afin de les jeter ensuite, comme des ferments de rédemption, dans la mêlée de la vie politique [1].

Quelle fut la fortune de cette tentative? La suite de ce travail le fera voir [2].

---

1. Ce dessein général de Platon est très bien mis en lumière par M. EM. FAGUET dans son ouvrage intitulé *Pour qu'on lise Platon,* pp. 83-94, Paris, 1905.

2. V. d'ailleurs, sur ce point, ED. ZELLER, *loc. cit.,* p. 420, note 1.

CHAPITRE III

LES IDÉES

Maintenant que l'on connaît les divers aspects de la méthode de Platon, il convient de l'appliquer à sa thèse fondamentale qui est celle des « idées »[1].

1. Le mot idée, pris en son sens ontologique, a deux correspondants chez Platon : εἶδος et ἰδέα. Mais ces deux termes eux-mêmes ont d'autres significations, comme le montrent les indications suivantes.
    Dans le *Ménon*, εἶδος désigne l'*essence* ou *définition*, τὸ τί ἐστι (72°, 72ᵈ).
    Dans le *Cratyle*, il a le même sens (440ᵇ).
    Dans le *Banquet*, il signifie *espèce* par opposition à *genre* (210ᵇ), s'il faut en croire l'interprétation de Wyttenbach adoptée par Stallbaum (I, III, 203). Mais peut-être ne veut-il dire qu'*apparence sensible*; car Platon, comme on va le voir, l'emploie aussi quelques fois dans ce sens.
    Le *Phédon* donne au même mot des acceptions très diverses. D'abord, il désigne l'*idée elle-même*, l'idée éternelle et subsistante (103°, 104°, 106ᵈ); et c'est, en ce dialogue, qu'il a ce sens pour la première fois. De plus, il signifie *espèce* (73ᵃ, 79ᵃ, 79ᵇ, 79ᵈ, 100ᵇ); ou bien encore, *apparence sensible* (73ᵈ, 87ᵃ). Pris en son sens métaphysique, il a d'ailleurs un équivalent dans le terme ἰδέα (104ᵇ, 104ᵈ, 105ᵈ), et un équivalent qui tend à dominer.
    Au cours de la *République*, εἶδος conserve sa flexibilité. Il signifie *idée subsistante* (VI, 510ᵇ, 511°; X, 596ᵃ⁻ᵇ, 597ᵃ); puis, *espèce* (VI, 504ᵃ, 510°); enfin, *apparence* ou *forme sensible*, comme dans le *Phédon* (VI, 510ᵈ); c'est surtout le mot ἰδέα auquel échoit, dans ce dialogue, le rôle de désigner l'*idée proprement dite* (VI, 486ᵈ⁻ᵉ, 507°; VII, 517ᵇ⁻ᶜ, 526°, 534°).
    Dans le *Phèdre*, εἶδος signifie d'abord *concept* au sens socratique (249ᵇ); puis, *espèce* (253ᵈ, 265ᵃ, 266°). ἰδέα désigne les formes de l'activité psychologique (237ᵈ); il a le sens de représentation ou image (246ᵃ). Dans ce dialogue, pour exprimer les « idées », Platon emploie généralement les termes : τὸ αὐτὸ καλόν..., οὐσία, οὐσία ὄντως οὖσα, τὰ ὄντα, τὰ ὄντα ὄντως etc. A partir du *Cratyle* (386ᵃ), le mot οὐσία signifie *essence;* et peu à peu, il s'emploie au sens d'idée subsistante, comme dans le *Phédon*, la *République* et le *Phèdre*.

C'est d'abord par une série d'inductions et d'analyses qu'il arrive à l'affirmation de leur existence.

On s'élève par voie comparative de la multiplicité des figures à quelque chose de commun qui est la figure; de la multiplicité des couleurs à quelque chose de commun qui est la couleur [1]; des diverses formes que peut présenter une table à quelques traits généraux dont le groupe s'appelle du nom de table [2]. Ainsi des mouvements, des actions justes, des pouvoirs politiques [3], des aspects multiformes que savent prendre les sophistes. Quelque catégorie de phénomènes que l'on étudie, il se trouve toujours sous leurs différences un certain résidu de caractères qui leur convient à tous et qui en est l'essence ou définition [4]. Ainsi l'expérience, par le fait même qu'elle est le domaine de la pluralité, nous entraîne au delà de ses propres limites : elle nous jette, dès notre première démarche, en face de réalités qui sont unes à son égard et qui par suite la débordent de quelque manière. Si Socrate, en pratiquant le même procédé, n'a pas vu cette

---

Le *Théétète* emploie le mot εἶδος dans le sens d'*espèce* (187ᶜ), comme les dialogues précédents; mais de plus, ce terme prend ici une acception nouvelle, ainsi que le mot ἰδέα : il désigne quelque chose de semblable à la forme aristotélicienne (203ᶜ⁻ᵉ).

A travers le *Sophiste*, le mot εἶδος revient plusieurs fois avec son sens d'idée subsistante (246ᵇ, 246ᶜ, 248ᵃ, 252ᵃ, 254ᵇ); il s'y emploie aussi pour signifier l'*espèce* (255ᶜ); chose curieuse, il y a, dans ce dialogue, un εἶδος du μὴ ὄντος. D'autre part, le terme ἰδέα désigne la *notion* (253ᵈ⁻ᵉ, 259ᵉ, 261ᵈ), et l'*idée* (254ᵘ).

Dans le *Politique*, εἶδος signifie généralement *espèce* (258ᶜ, 262ᵇ, 263ᵇ, 286ᶜ); à la page 285ᵇ, il est pris dans l'acception d'*essence* ou *définition*.

Ce qu'il y a de particulier dans le *Philèbe*, c'est que les mots εἶδος et ἰδέα sont peu employés. De plus, le premier de ces termes y vient en un endroit comme le synonyme de γένος (23ᶜ⁻ᵈ).

Même confusion dans le *Timée* (48ᵉ-49ᵃ). Mais, en général, l'εἶδος y retrouve, et pleinement, son sens métaphysique (51ᶜ et sqq., 88ᵈ).

1. Plat., *Men.*, 74ᵇ-76ᵃ.
2. Id., *Rep.*, X, 596ᵃ⁻ᵇ.
3. Id., *Theæt.*, 175ᶜ.
4. V. plus haut, pp. 40-41.

conséquence d'ordre ontologique, c'est que, préoccupé de la formation des concepts et non de leur fondement, il n'est pas allé jusqu'au bout de sa raison.

Un autre caractère des données expérimentales, c'est d'être sujettes au changement. Il y a même quelque chose de fondé dans la théorie d'Héraclite [1] : on peut dire avec lui que l'univers, en tant que sensible, est un écoulement perpétuel [2].

Nous mourons « sans cesse et dans nos cheveux et dans nos chairs et dans nos os et dans notre sang »; nous mourons sans cesse en tout notre corps. Notre âme elle-même n'échappe pas au flux général : ses mœurs, ses opinions, ses désirs, ses joies, ses douleurs et ses craintes, tous ses états changent perpétuellement en chacun de nous : tous ils vont sans relâche remplaçant ce qu'ils perdent par un gain nouveau. Chose plus étrange, nos sciences elles-mêmes sont dans une alternative continue de mort et de renaissance : le passage du souvenir à l'oubli et de l'oubli au souvenir ne souffre pas d'arrêt [3]. Aucune des choses belles, telles que les hommes, les chevaux et les vêtements; aucune des choses égales ou inégales ne jouit un seul instant d'une entière fixité : elles sont toujours différentes par quelque endroit et d'elles-mêmes et du reste [4]. Le chaud et le froid, le sec et l'humide passent sans répit du plus au moins ou du

---

1. PLAT., *Cratyl.*, 402ª : γελοῖον μὲν πάνυ εἰπεῖν, dit *Socrate* au sujet de la théorie d'Héraclite, οἶμαι μέντοι τινὰ πιθανότητα ἔχον. Platon manifeste le même sentiment dans le *Théétète*, 152ᵇ, 152ᵈ, 179ᵈ, 182ᵃ. Ce qu'il semble reprocher à Protagoras, dans ce dernier passage, ce n'est pas de dire que le *blanc* (τὸ λευκόν) coule, mais d'affirmer qu'il n'y a pas de *blancheur* (λευκότης), c'est de nier la forme qui seule a de la fixité.

2. ARIST., *Met.*, A, 6, init. : ἐκ νέου τε γὰρ συνήθης γενόμενος πρῶτον Κρατύλῳ καὶ ταῖς Ἡρακλειτείοις δόξαις, ὡς ἁπάντων τῶν αἰσθητῶν ἀεὶ ῥεόντων καὶ ἐπιστήμης περὶ αὐτῶν οὐκ οὔσης, ταῦτα μὲν καὶ ὕστερον οὕτως ὑπέλαβεν; — *Ibid.*, M, 4, 1078ᵇ, 7-17.

3. PLAT., *Banq.*, 207ᵈ-208ᵃ.

4. *Id.*, *Phæd.*, 78ᵉ-79ᵃ; cf. *Ibid.*, 78ᶜ, 79ᶜ.

moins au plus. Ainsi des autres phénomènes sensibles : toute permanence leur est étrangère[1]. Il en faut dire autant des quatre corps simples eux-mêmes, à savoir la terre, l'eau, l'air et le feu. Aussi longtemps qu'on les envisage du point de vue de la sensation, « ces corps ne paraissent pas conserver une nature propre ; et personne n'oserait affirmer que l'un d'eux est telle chose et non pas telle autre. Il est beaucoup plus sûr de s'exprimer à leur sujet de la façon suivante : le feu, qui n'a d'autre essence que sa continuelle mobilité, nous ne l'appellerons pas feu, mais quelque chose de semblable au feu ; de même, nous n'appellerons pas l'eau de l'eau, mais quelque chose de semblable à l'eau. En général, nous ne désignerons aucun de ces objets par des termes qui marquent de la persistance, comme quand nous disons *ceci*, *cela*, pour désigner quelque chose ; car, ne restant pas les mêmes, ces objets se refusent à de telles dénominations[2]... »

« Rien ne demeure » dans le monde sensible ; « tout y passe comme les rivières » : voilà le fait. Et cependant il faut qu'il y ait quelque part certains principes de fixité. Ainsi le veut la science ; ainsi le veut l'essence même de l'être.

Supposé que le philosophe d'Éphèse ait absolument raison, toute connaissance reste à jamais deux fois impossible : elle l'est du côté de l'objet ; elle l'est aussi du côté du sujet. Connaître, c'est dire d'une chose qu'elle a telle essence, telle qualité ou tel mode. Or, si tout s'écoule sans cesse, la nature n'enferme rien de pareil : au moment, par exemple, où l'on croit voir du blanc, il n'y

---

1. PLAT., *Phileb.*, 24ᵃ⁻ᵈ.
2. *Id., Tim.*, 49ᵈ⁻ᵉ ; — Cf. *Ibid.*, 27ᵈ : ... καὶ τί τὸ γιγνόμενον μὲν ἀεί, ὂν δὲ οὐδέποτε...; 38ᵇ, 52ᵃ : τὸ δ' ὁμώνυμον ὅμοιόν τε ἐκείνῳ δεύτερον, αἰσθητόν, γεννητόν, πεφορημένον ἀεί...

en a déjà plus [1]. Connaître, c'est aussi arrêter sa pensée ; autrement, celui qui essaie de percevoir devient un autre à l'instant même où commence son action, celui-là un autre ; ainsi de suite à l'indéfini, sans que la perception puisse jamais avoir lieu. Or, si tout s'écoule sans cesse, la pensée fait partie du tourbillon universel et n'y trouve pas plus de repos que les éléments physiques [2].

A plus forte raison n'est-il pas possible d'expliquer, dans l'hypothèse ionienne, l'éternité des propositions scientifiques. Elles ne règlent pas seulement l'heure présente ; elles s'étendent à l'avenir ; elles s'étendent au passé : il n'est aucune portion du temps, si petite qu'elle soit, qui déborde leur infrangible réseau. Et quand même la nature sensible viendrait à disparaître tout entière, elles n'en demeureraient pas moins aussi précises, aussi impérieuses, aussi indéniables qu'auparavant : ni les vérités mathématiques, ni les principes de la politique et de la morale n'auraient à souffrir de ce cataclysme universel [3]. Comment rendre compte de cette lumière qui domine tout et ne se supprime pas, comment interpréter l'essentielle indestructibilité du savoir, s'il n'y a rien au monde que de fluides et mobiles sensations ?

De plus, l'être qui change ne porte pas en lui-même sa raison suffisante. Tout ce qui naît suppose une cause qui en suppose une autre ; ainsi de suite. Mais on ne peut remonter à l'infini vers le passé ; autrement, rien ne s'expliquerait intégralement, rien ne serait intelli-

---

1. PLAT., *Cratyl.*, 440ᵃ : ἀλλὰ μὴν οὐδ' ἂν γνωσθείη γε ὑπ' οὐδενός. Ἅμα γὰρ ἂν ἐπιόντος τοῦ γνωσομένου ἄλλο καὶ ἀλλοῖον γίγνοιτο, ὥστε οὐκ ἂν γνωσθείη ἔτι, ὁποῖον γέ τί ἐστιν ἢ πῶς ἔχον. Γνῶσις δὲ δή που οὐδεμία γιγνώσκει, ὃ γιγνώσκει, μηδαμῶς ἔχον.

2. *Id., Ibid.*, 440ᵃ⁻ᵇ. — Voir aussi, sur ces deux points, *Theæt.*, 181ᵈ-183ᵇ.

3. *Id., Lach.*, 198ᶜ⁻ᵉ ; — *Gorg.*, 482ᵃ⁻ᵇ : ... ἡ δὲ φιλοσοφία ἀεὶ τῶν αὐτῶν ; — *Men.*, 81ᵃ⁻ᶜ, 86ᵃ⁻ᵇ ; — *Phæd.*, 103ᵇ⁻ᶜ, 104ᵃ⁻ᶜ.

gible[1]. Il faut qu'il y ait, à l'origine, des causes qui ne soient pas causées, qui ne relèvent que de leur propre essence et par là même ne changent pas[2].

De quelque côté que l'on envisage le devenir, qu'on l'examine par rapport à la pensée ou bien en soi, l'on aboutit toujours à la même conclusion : il existe, par delà ce qui se meut, des principes essentiellement immuables.

Non seulement l'être sensible est multiple et changeant; mais encore il n'atteint jamais la plénitude de son idéal : il demeure toujours inachevé. Il n'y a pas d'unités dans la nature qui soient entièrement égales les unes aux autres[3]. On n'y trouve pas de figures non plus dont l'exactitude ne laisse rien à désirer[4] : tous les triangles, tous les cercles et toutes les sphères qui se réalisent dans la matière, ont du manque ou de l'excès par quelque endroit. Où trouver une chose grande qui ne devienne petite, et une chose petite qui ne devienne grande, dès qu'on les compare à d'autres objets? où trouver un beau visage qui ne garde encore quelque laideur, et des actions si belles et si bonnes qu'elles n'enveloppent plus aucun venin d'injustice[5]? Le ciel lui-même n'échappe pas totalement aux atteintes du désordre, si admirable d'harmonie qu'il puisse être : la forme des astres, leurs intervalles et leurs mouvements

1. Plat., *Tim.*, 28ᵃ : Πᾶν δὲ αὖ τὸ γιγνόμενον ὑπ' αἰτίου τινὸς ἐξ ἀνάγκης γίγνεσθαι· παντὶ γὰρ ἀδύνατον χωρὶς αἰτίου γένεσιν σχεῖν; — *Ibid.*, 28ᶜ; — *Lois*, X, 894ᵉ. Platon, dans ce dernier texte, veut prouver la priorité de l'âme. Mais sa prémisse va plus loin de sa nature. L'âme n'est pas encore le premier principe; ce n'est que le premier principe du mouvement, τῶν ἀλλοιούντων πρῶτον. — Il est bon de remarquer aussi que c'est dans le *Timée* et les *Lois* qu'apparaît pour la première fois et d'une manière expresse l'idée sur laquelle Platon se fonde ici, et qu'Aristote reprendra pour s'élever jusqu'au moteur immobile. Elle est cependant à l'état de postulat dans le *Phèdre* (245ᶜ⁻ᵉ), et même dans le *Phédon* (72ᵇ⁻ᵉ).
2. *Id.*, *Rep.*, VI, 510ᵇ, 510ᵃ⁻ᵇ; VII, 532ᵃ-534ᵉ.
3. *Id.*, *Ibid.*, VII, 526ᵃ; — *Phileb.*, 56ᵈ⁻ᵉ.
4. *Id.*, *Phileb.*, 56ᵈ-57ᵃ; cf. *Rep.*, VII, 527ᵃ.
5. *Id.*, *Phæd.*, 74ᵈ-75ᵃ; — *Rep.*, V, 479ᵃ⁻ᵈ.

ne s'adaptent que d'une manière approximative aux proportions mathématiques qu'ils tendent pourtant à réaliser[1].

Tout est riche et pauvre à la fois dans la nature, comme le fils de Poros et de Pénia; tout s'y mélange de fini et d'infini, de bien et de mal. La perfection ne s'y montre nulle part; et cependant il faut que la perfection soit : l'imperfection la suppose et n'en est que la dégradation. Tout ce qui a de la sagesse postule la Sagesse; tout ce qui a de la vertu, la Justice; et tout ce qui est beau de quelque manière, la Beauté. Car il faut, en chaque chose, arriver à une cause première qui, ne dépendant que d'elle-même, soit l'acte plein de son possible : il faut, en chaque chose, remonter jusqu'à l'absolu[2].

Il y a donc, par delà les sensations, des réalités qui sont à la fois unes, immuables et parfaites. Et voilà les « idées »[3].

Mais leur existence ne se fonde encore que sur des preuves indirectes. Dans le *Phédon*, le problème se simplifie : Platon y fait des idées l'objet immédiat de notre intelligence. D'après ce dialogue, nous ne les dégageons pas des données empiriques, elles nous viennent tout droit de la conscience sous le choc de la sensation : nous y pensons, à propos des objets extérieurs, comme on pense à un ami en voyant une lyre qui lui appartient[4]. Par exemple, le spectacle des choses belles évoque en nous la notion de beauté. Or, qu'est-ce que la beauté?

---

1. PLAT., *Rep.*, VII, 530[a-b].
2. Voir plus haut, p. 45-48; — *Phæd.*, 74[d]-75[a].
3. ARIST., *Dial.*, 1476[b], 21-24 : λέγει δὲ ἐν τοῖς περὶ φιλοσοφίας. [Καθόλου γὰρ ἐν οἷς ἐστί τι βέλτιον, ἐν τούτοις ἐστί τι καὶ ἄριστον. Ἐπεὶ οὖν ἐστιν ἐν τοῖς οὖσιν ἄλλο ἄλλου βέλτιον, ἔστιν ἄρα τι καὶ ἄριστον, ὅπερ εἴη ἂν τὸ θεῖον...]. Ces paroles du disciple résument à souhait la pensée du maître. — *Id.*, *Philosophic.*, 1509[a], 5 et sqq.
4. PLAT., *Phæd.*, 72e-77[a].

On la conçoit nécessairement comme réalisable à l'infini, dans tous les temps et tous les lieux; on ne comprend pas qu'elle puisse cesser de l'être. Elle contient donc un fond d'éternité. Et, si elle est éternelle, il faut du même coup qu'elle soit immuable et parfaite : c'est cette beauté par excellence qui ne naît pas et ne périt pas non plus, qui ne connaît ni croissance ni diminution, qui n'est point belle d'un côté et laide de l'autre, belle en comparaison de ceci et laide en comparaison de cela; mais qui, existant en elle-même et par elle-même, égale éternellement son propre idéal et n'en est que l'acte exhaustif[1]. On peut raisonner d'une manière analogue au sujet de la bonté, de la justice, de l'égalité, de l'inégalité et des autres notions qui s'éveillent en nous au contact de l'expérience : leur rôle n'est pas de symboliser l'absolu; elles l'enferment[2]. Non seulement nous concluons les idées; mais encore nous les voyons : elles sont aussi intimement présentes à notre esprit qu'il l'est à lui-même; et quoi que nous pensions, c'est toujours et nécessairement cela et par cela.

I

A la définition des idées se rattache un certain nombre de caractères dont il faut faire la déduction.

D'après le philosophe d'Amsterdam, les idées ne sont pas des universaux; à chaque individu correspond un possible qui constitue son essence et fonde son immortalité : tel est, du moins, l'un des aspects dominants de la théorie spinoziste de la connaissance. On ne trouve rien de pareil dans celle de Platon. Au sens de Platon, chaque

---

1. PLAT., *Banq.*, 211ª.
2. *Id., Phæd.*, 74ª-76ᵈ.

idée est une réduction du multiple à l'un ; et, par suite, il n'y a qu'une seule idée pour tous les individus de la même classe. Par exemple, il n'existe qu'une science en soi, qu'une justice en soi[1]. Les idées sont une hiérarchie de genres et d'espèces.

Mais ces genres et ces espèces ne ressemblent pas aux concepts de la logique ordinaire. Le logicien s'efforce de discerner et de classer les déterminations de l'être ; il ne s'occupe pas de chercher quel en peut être le fondement. Par là même, il glisse à la surface des choses et n'obtient qu'un échafaudage de notions abstraites, appauvries et comme éteintes. Autre est la tâche du dialecticien. Ce n'est pas assez pour lui de coordonner ; il veut expliquer[2]. Il se demande quel est le contenu métaphysique des concepts qui forment le champ de notre pensée et finit par y découvrir la vie, une vie éternellement pleine dont celle de la nature n'est qu'une faible image[3]. Les idées, en effet, sont des réalités inconditionnelles, c'est-à-dire des êtres auxquels il ne manque rien de ce qui s'accorde avec leur essence. Il faut donc qu'elles vivent de quelque manière. Et quelle peut être cette vie, puisqu'il s'agit d'intelligibles ? si ce n'est la pensée.

L'analyse nous mène encore plus loin. Pourquoi les idées échappent-elles à toutes conditions ? Parce qu'elles sont des causes premières. Mais dire qu'elles sont des causes premières, c'est affirmer qu'elles existent par elles-mêmes ; et du moment qu'elles existent par elles-mêmes, il faut aussi qu'elles existent en elles-mêmes, non en une autre chose, « telle qu'un être vivant, la terre ou le ciel »[4]. Les idées sont des réalités subsistantes. Non

---

1. V. plus haut, pp. 40-41.
2. V. plus haut, pp. 45-48.
3. PLAT., *Tim.*, 30b-c, 37d, 39d-e, 92c. Cette idée n'est exprimée d'une manière formelle que dans ce dialogue.
4. *Id.*, *Banq.*, 211a-b : Καλὸν... οὐδέ που ὂν ἐν ἑτέρῳ τινί, οἷον ἐν ζώῳ ἢ ἐν

point qu'elles ne puissent s'unir en une seule et même substance; mais, si de fait il existe un tel principe d'identification suprême, elles n'en sont que des aspects divers : ce principe, c'est encore elles de quelque façon.

Les idées sont-elles des nombres? c'est une question sur laquelle Platon a évolué, mais en précisant sa première pensée bien plus qu'en la niant.

D'après le sixième livre de la *République*, les idées procèdent du « bien »[1], qui est « la mesure par excellence »[2] : Tout s'y ramène à la proportion dont il est lui-même le type et le principe. Au huitième livre de cet ouvrage, Platon nous parle d'un nombre qui préside aux générations divines, d'un autre qui préside aux générations humaines, et d'autres encore qui règlent la vie des animaux et des plantes[3]. Mais il ne dit point que ces nombres soient des idées. Sa remarque est une sorte d'épisode mythique.

Vers le milieu du *Politique*, la proportion dont parle le sixième livre de la *République*, devient déjà moins vague : elle consiste à n'avoir ni manque ni excès[4].

Avec le *Philèbe*, on fait un pas de plus et qui est considérable. Ce qui caractérise les idées, d'après ce dia-

---

γῆ ἢ ἐν οὐρανῷ ἢ ἐν τῷ ἄλλῳ, ἀλλὰ αὐτὸ καθ' αὑτὸ μεθ' αὑτοῦ μονοειδὲς ἀεὶ ὄν...;
— *Tim.*, 52ᵃ : ὁμολογητέον ἓν μὲν εἶναι τὸ κατὰ ταὐτὰ ἔχον εἶδος,... οὔτε εἰς ἑαυτὸ εἰσδεχόμενον ἄλλο ἄλλοθεν οὔτε αὐτὸ εἰς ἄλλο ποι ἰόν.

1. 508ᵉ-509ᵇ.

2. 504ᵉ : ἀτελὲς γὰρ οὐδὲν οὐδενὸς μέτρον. Platon ici ne parle pas encore du « bien »; mais il l'annonce : c'est le « bien » qui, à ses yeux, est le τὸ μέτρον.

3. 546ᵃ⁻ᶜ. — Le nombre qui domine les générations humaines est *géométrique*, ἀριθμὸς γεωμετρικός; et les critiques se sont travaillés à savoir ce qu'il peut être, sans y réussir d'une manière satisfaisante. Schleiermacher a interrompu pendant douze ans sa traduction des œuvres de Platon pour résoudre cette énigme; et l'on ne voit pas qu'il y ait totalement abouti. V. sur ce point STALLBAUM, vol. III, sect. II, p. 174; COUSIN, *Œuvres de Plat.*, vol. X, p. 322 et sqq.

Platon a toujours un langage complexe et mystérieux, quand il s'agit des nombres; et c'est encore là une trace de l'influence que les Pythagoriciens ont exercée sur son esprit.

4. 284ᵃ⁻ᶜ.

logue, c'est de n'admettre que du « fini », par exemple, « l'égal et l'égalité, ensuite le double, et tout ce qui est comme un nombre à un autre nombre ou bien une mesure à une autre mesure »[1]. Les idées sont ici des proportions mathématiques. Socrate, vers le commencement du *Philèbe*, va même jusqu'à les appeler des « énades » et des « monades »[2].

La même conception se développe et se précise dans le *Timée* : elle y paraît et reparaît sous cent aspects divers ; elle est comme le motif de cette ode au « Père du monde ». Selon la doctrine du *Timée*, la nature n'est qu'un système de proportions musicales ; or la nature est faite d'après le monde intelligible : elle n'est que la mobile et vivante copie des idées[3].

Les œuvres de Platon nous apprennent que sa manière de concevoir les idées est allée se pythagorisant de plus en plus. C'est également ce qui résulte des passages d'Aristote relatifs à cette question.

D'après Aristote, on ne parlait pas d'idées-nombres, aux premiers temps de l'Académie[4]. Du moins peut-on dire que, s'il en existait de ce genre, elles ne concernaient que les nombres eux-mêmes : il y avait, par exemple, les idées de l'un, de la dyade, de la triade, de l'égal et de l'inégal, au même titre que celles de la science, de la vertu, de la bonté, sans que l'on songeât à faire de ces dernières des proportions mathématiques[5]. Mais peu à peu s'établit une parenté de plus en plus intime entre les Pythagoriciens et Platon lui-même. Il en vint à dire, probablement vers la

---

1. 25ᵃ⁻ᵇ.
2. 15ᵃ⁻ᵇ.
3. V. plus loin, chap. IV.
4. Arist., *Met.*, M, 4, 1078ᵇ, 9-12 : περὶ δὲ τῶν ἰδεῶν, πρῶτον αὐτὴν τὴν κατὰ τὴν ἰδέαν δόξαν ἐπισκεπτέον, μηθὲν συνάπτοντας πρὸς τὴν τῶν ἀριθμῶν φύσιν, ἀλλ' ὡς ὑπέλαβον ἐξ ἀρχῆς οἱ πρῶτοι τὰς ἰδέας φήσαντες εἶναι.
5. Plat., *Phæd.*, 101ᵇ⁻ᶜ ; cf. *Ibid.*, 74ᵃ⁻ᶜ ; — *Rep.*, VII, 526ᵃ, 527ᵇ.

fin de sa vie, que « le bien » est l'un, que « l'infini » est une dyade composée du grand et du petit, et que du mélange de ces deux principes, l'un et l'autre mathématiques, découlent toutes les autres idées [1]. Le Platonisme finit par se fondre presque tout entier dans le Pythagorisme : il n'en différa guère plus que par le séparatisme des idées. Encore y a-t-il sur ce point de singulières hésitations dans la langue d'Aristote [2].

Mais il faut préciser encore la question, pour la bien entendre. Les idées n'ont jamais été, d'après Platon, des nombres purement quantitatifs, tels qu'un, deux, trois. Ceux de cette espèce peuvent s'additionner les uns avec les autres; les idées ne s'additionnent pas plus ensemble que les hommes et les chevaux, ou les brebis et les chiens [3]. En outre, les nombres purement quantitatifs

---

1. ARIST., *Met.*, A, 6, 987ᵇ, 22-25 : ... τὸ μέντοι γε ἓν οὐσίαν εἶναι, καὶ μὴ ἕτερόν γέ τι ὂν λέγεσθαι ἕν, παραπλησίως τοῖς Πυθαγορείοις ἔλεγε, καὶ τὸ τοὺς ἀριθμοὺς αἰτίους εἶναι τοῖς ἄλλοις τῆς οὐσίας ὡσαύτως ἐκείνοις· τὸ δὲ ἀντὶ τοῦ ἀπείρου ὡς ἑνὸς δυάδα ποιῆσαι καὶ τὸ ἄπειρον ἐκ μεγάλου καὶ μικροῦ, τοῦτ' ἴδιον. — La même théorie est mentionnée au livre M, 1, 1076ᵃ, 17-22 ; et d'une manière plus explicite, au livre N, 1, 1087ᵇ, 4-27. C'est donc encore de Platon qu'il s'agit dans ces deux derniers passages, bien qu'il n'y soit pas nommé.

2. Aristote dit, il est vrai, au premier livre de sa *Métaphysique* (6, 987ᵇ, 27-29), que, pour les Pythagoriciens, les nombres n'étaient pas séparés : καὶ ὅτι ὁ μὲν [Πλάτων] τοὺς ἀριθμοὺς παρὰ τὰ αἰσθητά, οἱ δ' [Πυθαγόρειοι] ἀριθμοὺς εἶναί φασιν αὐτὰ τὰ πράγματα, καὶ τὰ μαθηματικὰ μεταξὺ τούτων οὐ τιθέασιν. Il répète cette affirmation au livre M du même ouvrage (6, 1080ᵇ, 16-18) : καὶ οἱ Πυθαγόρειοι δ' ἕνα τὸν μαθηματικόν, πλὴν οὐ κεχωρισμένον, ἀλλ' ἐκ τούτου τὰς αἰσθητὰς οὐσίας συνεστάναι φασί.

Mais, au chap. vɪᵉ du premier livre lui-même, 987ᵇ, 10-11, Aristote commence par avoir une autre manière de dire. D'après ses propres paroles, Platon se distinguait des Pythagoriciens en ce qu'il admettait la μέθεξις, tandis que, pour eux, il n'y avait qu'une sorte de μίμησις : τὴν δὲ μέθεξιν τοὔνομα μόνον μετέβαλε· οἱ μὲν γὰρ Πυθαγόρειοι μιμήσει τὰ ὄντα φασὶν εἶναι τῶν ἀριθμῶν, Πλάτων δὲ μεθέξει, τοὔνομα μεταβαλών.

3. Que telle ait été l'opinion des Platoniciens, y compris Platon lui-même, c'est ce que nous apprend le chap. vɪᵉ du livre M de la *Métaphysique*. Aristote dit vers le milieu de ce chapitre : Οἱ μὲν οὖν ἀμφοτέρους φασὶν εἶναι τοὺς ἀριθμούς, τὸν μὲν ἔχοντα πρότερον καὶ ὕστερον, τὰς ἰδέας· τὸν δὲ μαθηματικόν, παρὰ τὰς ἰδέας καὶ τὰ αἰσθητά, καὶ χωριστοὺς ἀμφοτέρους τῶν αἰσθητῶν. Il s'agit

forment une suite dont chaque terme diffère entièrement des autres; de telle sorte qu'on n'en peut dégager aucune notion unique qui leur convienne à tous et constitue leur définition : impossible, par exemple, de trouver entre 2, 3, 4, 5, 6, 7, ou bien entre les termes de quelque autre série arithmétique que ce soit, un groupe de traits communs qui servent à les caractériser, comme lorsqu'il s'agit de comparer des cygnes ou des grues. Les nombres abstraits demeurent irréductibles à l'unité; leur pluralité est radicale[1]. Tout au contraire, chacune des idées est un ensemble de propriétés communes à plusieurs individus, μίαν... διὰ πολλῶν[2], ἓν καὶ πολλά[3]. Il est vrai qu'elles ont aussi leur manière d'envelopper « de l'avant et de l'après »[4]. Elles s'emboîtent et se commandent les unes les autres; les genres éloignés y viennent avant les genres prochains et les genres prochains avant les espèces. Mais, outre que ces rapports de priorité et de postériorité ne ressemblent pas à ceux des nombres purs, ils n'empêchent point que les idées n'aient entre elles un fond d'identité.

ici de philosophes au gré desquels il y a deux sortes de nombres : des nombres purement abstraits et qui par là même s'additionnent (V. *Ibid.*, 1080ᵃ, 15-23); puis des idées-nombres, qui « ont de l'avant et de l'après », c'est-à-dire qui se dominent les unes les autres par leurs différences d'extension, qui par suite ne se ressemblent pas de tous points et ne peuvent s'additionner. Or quels sont ces philosophes? ceux-là mêmes dont Aristote rapporte, au livre Iᵉʳ (c. vɪᵉ) de cet ouvrage, qu'ils admettent, au-dessus des choses sensibles, des nombres et des idées séparés : ce sont les Platoniciens, y compris leur maître.

1. ARIST., *Met.*, A, 6, 987ᵇ, 17-18 : Τῶν δ' εἰδῶν [διαφέροντα τὰ μαθηματικά], τῷ τὰ μὲν πόλλ' ἄττα ὅμοια εἶναι, τὸ δὲ εἶδος αὐτὸ ἓν ἕκαστον μόνον; — *Eth. nic.*, 4, 1096ᵃ, 17-19 : οὐκ ἐποίουν ἰδέας ἐν οἷς τὸ πρότερον καὶ τὸ ὕστερον ἔλεγον, διόπερ οὐδὲ τῶν ἀριθμῶν ἰδέαν κατεσκεύαζον (il s'agit, dans ce texte, de Platon et des Platoniciens); — *Met.*, Z, 11, 1036ᵇ, 15-16 : ἔνια μὲν γὰρ εἶναι ταὐτὰ τὸ εἶδος, καὶ οὗ τὸ εἶδος, οἷον δυάδα καὶ τὸ εἶδος δυάδος (Aristote accorde ici aux partisans des idées qu'un nombre ne peut avoir d'autre idée que lui-même); — cf. *Ibid.*, Γ, 3, 1005ᵃ, 19-32; — *Eth., Eud.*, A, 8, 1218ᵃ, 1-10. — Voir aussi la savante note d'ED. ZELLER, *loc. cit.*, 681, note 4.

2. PLAT., *Soph.*, 253ᵈ.

3. *Id.*, *Phileb.*, 14ᵉ, 15ᵈ.

4. ARIST., *Met.*, M, 6, 1080ᵇ, 11-14.

Comment faut-il donc entendre les idées? Ce sont des nombres réels et vivants, des nombres qualitatifs; ou, si l'on préfère une autre formule, c'est de « l'infini » éternellement et intégralement mathématisé.

Cette distinction des nombres et des idées-nombres est importante. Il en résulte une conception de l'univers à laquelle Platon était loin de penser au moment où il écrivait le *Phédon*, le *Phèdre* et la *République*. Il n'y avait alors que « l'être » et son « ombre », les idées et leurs mobiles images. Le monde se scindait en deux parties, dont l'une produisait l'autre par une sorte d'action transcendante. A cette dualité succède maintenant une espèce de trinité. Au pôle supérieur du « grand tout », se situe l'intelligible; au pôle inférieur, le sensible; et, dans l'intervalle, la hiérarchie des nombres qui sont éternels comme les idées elles-mêmes, séparés aussi comme elles, mais qu'on ne peut nullement ramener à l'unité d'un même concept [1].

II

De quoi y a-t-il des idées? de toutes choses, au sens du *Phédon* et de la *République*. D'après le premier de ces dialogues, ce n'est pas seulement à la justice, à la bonté et à la beauté qu'il convient d'attribuer une existence en

---

1. ARIST., *Met.*, A, 6, 987ᵇ, 14-18 : ἔτι δὲ παρὰ τὰ αἰσθητὰ καὶ τὰ εἴδη, τὰ μαθηματικὰ τῶν πραγμάτων εἶναί φησι μεταξύ, διαφέροντα τῶν μὲν αἰσθητῶν τῷ ἀΐδια καὶ ἀκίνητα εἶναι, τῶν δ' εἰδῶν τῷ τὰ μὲν πολλ' ἄττα ὅμοια εἶναι, τὸ δὲ εἶδος αὐτὸ ἓν ἕκαστον μόνον.

Consulter sur la théorie platonicienne des nombres : TRENDELENBURG, *Platonis de ideis et numeris doctrina ex Aristotele illustrata*, Leipzig, 1826; BRANDIS, *Handbuch der Geschichte der griechisch-Römischen Philos.*, II Theil, erst. Abth., p. 315 et sqq., Berlin, 1844; F. RAVAISSON, *Essai sur la métaphysique d'Aristote*, t. I, l. II, c. II, p. 314-337, Paris, 1837; SCHWEGLER und BONITZ, z. d. st. d. Met., surtout XIII, 6 et sqq. ; SUSEMIHL, *loc. cit.*, II, 525 et sqq.; HALÉVY (ELIE), *La théorie platonicienne des sciences*, 2ᵉ Part., I, 203-248, Alcan, Paris, 1896.

soi et par soi; il faut en dire autant du grand et du petit, de l'égal et de l'inégal, de l'unité, de la dyade, de la triade et des autres nombres : il n'est rien de si accidentel et de si éphémère qui n'ait son idée et n'y trouve sa raison suprême [1]. La *République* est encore plus explicite. Suivant cet ouvrage, il existe un mouvement en soi, une vitesse en soi, et une lenteur en soi dont la beauté des révolutions célestes n'est que l'image affaiblie; et chacune de ces choses revêt elle-même des formes diverses qui s'y rattachent comme des espèces à leur genre [2]. Bien plus, il y a un lit éternel, qui a Dieu pour auteur et qui est essentiellement unique : il y a un lit en soi. Ainsi de la table et des autres produits du travail humain; les objets artificiels ont également leurs idées[3]. Le *Sophiste* renchérit sur les écrits précédents, bien que la date de son apparition soit déjà quelque peu tardive. Platon, vers la fin de ce dialogue, se pose la question de savoir en quoi consiste le non-être; et il finit par conclure avec un certain air de triomphe que le non-être a son idée comme l'être : ἡμεῖς δέ γε οὐ μόνον ὡς ἔστι τὰ μὴ ὄντα ἀπεδείξαμεν, ἀλλὰ καὶ τὸ εἶδος ὃ τυγχάνει ὂν τοῦ μὴ ὄντος ἀπεφηνάμεθα [4].

Rien de plus rationnel d'ailleurs que cette manière de déduire, si l'on considère le point de départ tout logique que Platon donne à son idéologie. Ce qu'il substantialise, ce sont des concepts socratiques, ce sont des notions générales [5]. Or tout se ramène de quelque manière à l'unité d'une notion générale : la substance, les propriétés, les accidents, les relations, les affirmations, et même les né-

---

1. 65^d, 75$^{c\text{-}d}$, 100^b-101^c.
2. VII, 529^d.
3. X, 597$^{a\text{-}d}$.
4. 258^d.
5. Plat., *Phæd.*, 75^d : ... περὶ ἁπάντων οἷς ἐπισφραγιζόμεθα τοῦτο, ὃ ἔστι, καὶ ἐν ταῖς ἐρωτήσεσιν ἐρωτῶντες καὶ ἐν ταῖς ἀποκρίσεσιν ἀποκρινόμενοι; — V. plus haut, p. 40-41, 72.

gations. C'est ce qu'Aristote a bien remarqué; et il le fait observer à plusieurs reprises [1].

Cependant, Platon ne paraît pas avoir enseigné jusqu'au bout l'extension des idées à tout le domaine de la logique. On a déjà vu que, vers ses dernières années, il se mit à dire que les nombres ne peuvent être des idées, vu que chacun d'eux a une définition qui lui est propre. Il finit en outre par soutenir que les produits de l'art n'ont d'autre idée que celle qui réside dans l'intelligence de l'artiste [2]. Si l'on en croit Xénocrate, il serait même allé plus loin dans la voie des concessions : d'après cet auteur, les idées de Platon « ne seraient que la cause exemplaire de ce qu'il y a de perpétuel et de constant dans la nature » [3]. Aristote était là ; et c'est probablement sous son influence, non par l'unique effet de la réflexion, que s'est opérée cette série de changements : le maître cédait parfois aux objections du disciple.

Si l'on prend le catalogue des idées tel que Platon l'entendait aux jours de la plus brillante efflorescence de son génie, que devient cette immutabilité, cette invariabilité absolue qu'il leur prête à chaque instant et que suppose la science? C'est un sujet qu'il faut traiter en le divisant.

Il y a des idées qui sont entièrement immuables, telles que celles du bien, du beau, du juste; ce sont là comme es étoiles fixes du monde intelligible. Il y en a d'autres

---

1. Arist., *Met.*, A, 9, 990ᵇ, 11-27; *Ibid.*, M, 4, 1079ᵃ, 7-24 : ... τὸ γὰρ νόημα ἓν οὐ μόνον περὶ τὰς οὐσίας ἀλλὰ καὶ κατὰ μὴ οὐσιῶν ἔσται; *Ibid.*, M, 2, 1076ᵇ, 39 et sqq. — V. notre *Aristote*, p. 32.

2. Arist., *Met.*, Λ, 3, 1070ᵃ, 17-20 : ἀλλ' εἴπερ, ἐπὶ τῶν φύσει. Διὸ δὴ οὐ κακῶς ὁ Πλάτων ἔφη ὅτι εἴδη ἐστὶν ὁπόσα φύσει, εἴπερ ἐστὶν εἴδη ἄλλα τούτων, οἷον πῦρ, σάρξ, κεφαλή; *Ibid.*, 13-15.

3. Καθά φησιν ὁ Ξενοκράτης, εἶναι τὴν ἰδέαν θέμενος αἰτίαν παραδειγματικὴν τῶν κατὰ φύσιν ἀεὶ συνεστώτων (Procl. *Oper... in Parmenid.*, 133, éd. Cousin, Paris, 1820-1827).

qui, conservant la fixité de leur essence, se meuvent relativement au reste, à peu près comme ces corpuscules insécables dont parle Démocrite : de ce nombre sont les idées des planètes. Enfin, il est une troisième catégorie d'idées qui sont par essence de véritables mouvements ; car c'est encore du mouvement que le mouvement en soi, c'est un aspect du mouvement que la vitesse et la lenteur subsistantes. Et, dans ce dernier cas, que reste-t-il d'éternellement identique à soi-même? Une simple relation, qui est la proportion mathématique d'après laquelle se fait le mouvement. Ici, nous sommes très près de la notion de loi telle que l'entendent les modernes [1].

III

Conduite à ce point, la philosophie des idées est une sorte d'atomisme. Mais l'atomisme, quelque forme qu'il revête, ne peut être que l'une des étapes que traverse la pensée dans son ascension vers l'inconditionnel : la multiplicité n'est pas le dernier mot des choses.

Les Ioniens admettent deux principes, le chaud et le froid ; c'est de ces deux éléments qu'ils font sortir, par voie d'agrégation et de séparation, l'ensemble des phénomènes qui constituent la nature [2]. D'après Empédocle, il

---

1. PLAT., *Rep.*, VII, 529ᵈ : ὧδε, ἦν δ' ἐγώ, ταῦτα μὲν τὰ ἐν τῷ οὐρανῷ ποικίλματα, ἐπείπερ ἐν ὁρατῷ πεποίκιλται, κάλλιστα μὲν ἡγεῖσθαι καὶ ἀκριβέστατα τῶν τοιούτων ἔχειν, τῶν δὲ ἀληθινῶν πολὺ ἐνδεῖν, ἃς τὸ ὂν τάχος καὶ ἡ οὖσα βραδυτὴς ἐν τῷ ἀληθινῷ ἀριθμῷ καὶ πᾶσι τοῖς ἀληθέσι σχήμασι φοράς τε πρὸς ἄλληλα φέρεται καὶ τὰ ἐνόντα φέρει. Ἃ δὴ λόγῳ μὲν καὶ διανοίᾳ ληπτά, ὄψει δ' οὔ. Il y a véritablement, au gré de Platon, un ciel intelligible, qui a ses astres et ses mouvements ; mais où tout obéit sans défaillance aux lois de la plus exacte proportion et qui, parce qu'il est intelligible, ne peut être connu que de l'intelligence : ἃ δὴ λόγῳ μὲν καὶ διανοίᾳ ληπτά, ὄψει δ' οὔ ; — Cf. ARIST., *Met.*, 997ᵇ.

2. *Id.*, *Soph.*, 242ᵈ, 243ᵈ ; — Cf. *Cratyl.*, 402ᵃ, 411ᵇ, 412ᵈ, 440ᵉ ; — *Theæt.*, 180ᵃ⁻ᵈ.

existe, à l'origine, quatre corps simples : la terre, l'eau, l'air et le feu ; ils sont actionnés du dedans par l'amour et la haine. Et de là résulte une alternative éternelle où les choses vont de l'un au multiple, puis du multiple à l'un, suivant que domine l'antipathie ou l'amitié [1]. Démocrite en est pour l'infinité du nombre des atomes et par là même pour l'infinité des mondes [2].

Toutes ces hypothèses laissent le problème à demi ré solu.

Qu'est-ce d'abord que le chaud et le froid? Qu'est-ce que le sec et l'humide, qui résultent, dit-on, du chaud et du froid? En quoi consistent ces unions et séparations auxquelles ont recours la plupart des physiciens pour expliquer la machine cosmique? « Ce sont là des choses que j'entendais clairement dans ma jeunesse, du moins comme il me paraissait à moi-même et aux autres ; mais, maintenant, ces belles explications m'ont tellement aveuglé que j'en ai désappris ce que je croyais savoir sur plusieurs points, comme celui-ci, par exemple : d'où vient que l'homme croît [3]? » Les éléments physiques et leurs rapports ont un fond « d'infini » qui échappe aux prises de la pensée ; et, par suite, tout homme qui cherche en eux l'explication scientifique de l'univers, est condamné d'avance à l'insuccès : il se bat contre l'inintelligible. De plus, le chaud et le froid ne font deux qu'en apparence et comme à leur surface. Il faut bien qu'ils soient réels l'un et l'autre ; il

---

1. PLAT., *Soph.*, 242ᶜ-243ᵃ ; — *Tim.*, 48ᵇ, 49ᶜ et sqq. (En ces passages, Platon englobe dans sa physique les 4 principes matériels inventés par Empédocle).

2. *Id.*, *Tim.*, 55ᶜ⁻ᵈ : ἃ δή τις εἰ πάντα λογιζόμενος ἐμμελῶς ἀπορεῖ πότερον ἀπείρους χρὴ κόσμους εἶναι λέγειν ἢ πέρας ἔχοντας, τὸ μὲν ἀπείρους ἡγήσαιτ' ἂν ὄντως ἀπείρου τινὸς εἶναι δόγμα ὧν ἔμπειρον χρεὼν εἶναι... Il est assez clair que, dans ce texte, il s'agit de Démocrite ; et il y est traité avec une fine et dédaigneuse ironie. On ne voit pas par ailleurs que Platon se soit formellement occupé de ce philosophe. Consulter sur ce point STALLBAUM, t. VII, p. 231 ; ED. ZELLER, *loc. cit.*, 399, note 2.

3. *Id.*, *Phæd.*, 96ᵃ et sqq. ; — *Soph.*, 243ᵇ ; — *Lois*, X, 889ᵇ-890ᵃ.

faut qu'ils contiennent de l'être ; autrement, ils n'existeraient d'aucune manière. Mais, s'ils contiennent de l'être, ils sont un dans la mesure même où ils en contiennent ; vu que ce qui est un pour la pensée, l'est par là même en soi, l'idée n'étant que la notion adéquatement connue [1]. Et ce raisonnement garde sa valeur, quelque nombre de principes que l'on mette en avant, quand même on les multiplierait à l'infini, comme l'a fait le philosophe d'Abdère. Car les prémisses sur lesquelles il se fonde sont absolues : tout ce qui existe enveloppe de l'être ; tout ce qui enveloppe de l'être se ramène à l'unité par quelque endroit.

Faudra-t-il donc se rabattre sur la théorie d'Elée et redire à l'infini, avec les disciples de Parménide : Il y a l'un, rien de plus [2] ? C'est là un autre extrême et qui, comme tel, ne satisfait pas non plus la pensée.

Les idées sont les formes de l'être ; et les idées sont multiples. On l'a déjà fait voir ; et il convient de s'y tenir. On peut montrer en outre que la philosophie de l'unité absolue n'est pas moins insoutenable que celle de la multiplicité. Il suffit, pour y réussir, de regarder aux acceptions diverses dont « l'un » est susceptible.

Si l'un n'est pas du tout, c'est le néant ; par suite, il devient impossible de le penser ou d'en affirmer quoi que ce soit [3]. Si l'un est de quelque manière, il y a lui et l'être : ce qui fait deux ; et l'on sort de la théorie en question par cette théorie elle-même [4]. Si l'un est le tout, ce tout que Parménide se représentait « semblable à une sphère bien arrondie », « du centre projetant des rayons égaux

---

1. PLAT., *Soph.*, 243$^{d\text{-}e}$.
2. *Id.*, *Theæt.*, 180^e, 183^c ; — *Soph.*, 217^c, 237^a, 241^d, 242^a, 244^e, 258$^{c\text{-}d}$. — De la doctrine que réfute ici Platon, il n'y a que l'hypothèse 244^e où l'un et le tout sont identifiés, que l'on puisse regarder comme étant du « grand », du « vénérable » Parménide ; les autres hypothèses étaient issues de sa pensée par voie d'affinement.
3. *Id.*, *Soph.*, 237^a-239^b.
4. *Id.*, *Ibid.*, 244$^{b\text{-}d}$.

en tout sens », « il doit avoir un milieu et des extrémités ; et, dès lors, il faut de rigueur qu'il enferme des parties »[1] : ce n'est plus l'un.

On peut imaginer encore une sorte de participation entre l'un et le tout. Mais alors les difficultés ne font que s'accroître, au lieu de diminuer. Dans ce cas, en effet, il faut que l'un soit, puisque le reste y participe : il devient une dyade, comme on l'a déjà vu. En outre, il y a l'un et le tout, et dans le tout un nombre incalculable de parties : La multiplicité s'accuse plus que jamais, et sous les formes les plus diverses[2]. Reste à dire que l'un seul existe, qu'il n'y a pas de tout. Mais qui osera soutenir une hypothèse si violemment contraire aux données de l'expérience ? « Ce qui arrive à l'existence est toujours un tout ; en sorte qu'il faut nier la génération, si l'on ne met pas le tout au nombre des êtres[3]. »

De quelque côté que l'on prenne l'un, qu'on l'envisage en lui-même ou par rapport au monde, qu'on l'exténue à l'infini ou qu'on le grossisse de la réalité tout entière, la pluralité est toujours là, également obsédante et invincible : on ne la frappe pas d'ostracisme.

Impossible aussi de s'arrêter à l'unitarisme atténué d'Antisthènes.

D'après ce philosophe, l'être se fragmente en individus. Mais chacun d'eux ressemble au tout de Parménide ; chacun d'eux est absolument un : si bien que l'on ne peut en affirmer aucun prédicat d'aucune sorte. Cet homme est homme, et ce cheval, cheval : voilà l'unique espèce de jugements qui soit légitime. Notre savoir se borne à nommer les objets[4].

---

1. Plat., *Ibid.*, 244ᵉ.
2. *Id.*, *Soph.*, 245ᵃ⁻ᶜ.
3. *Id.*, *Ibid.*, 245ᵈ⁻ᵉ.
4. *Id.*, *Ibid.*, 251ᵃ⁻ᵈ ; — Arist., *Met.*, H, 3, 1043ᵇ, 23-28. Si l'on compare ces deux passages, on voit bien que Platon vise surtout Antisthènes. Mais ceux qui

Mais « cette manie de séparer toutes choses les unes des autres... annonce un esprit étranger aux Muses et à la philosophie »[1]. Il s'ensuit que rien n'est connaissable et qu'il n'y a pas de science. Bien plus, elle supprime la possibilité du langage; car parler n'est pas autre chose « que lier des idées entre elles »[2]. Aussi les partisans de cette opinion se voient-ils contraints de se mettre en contradiction avec eux-mêmes. « Force leur est d'employer à chaque instant les mots *être, séparément, l'autre, le même* et mille autres de ce genre, incapables qu'ils sont de les tenir en bride et de ne pas les mêler à leurs discours : de telle sorte qu'ils n'ont besoin de personne qui les réfute, mais qu'ils logent, comme on dit, l'ennemi avec eux. Ils vont portant toujours en eux-mêmes leur propre contradicteur, à l'exemple de ce pauvre fou d'Euryclès[3]. »

Ni la théorie de la multiplicité ni celle de l'unité ne suffisent à rendre compte des choses. Et, dès lors, il n'y a plus qu'une ressource, qui est d'imiter les enfants; il faut les prendre l'une et l'autre : ἓν ἐπὶ πολλοῖς : telle est la vraie devise du philosophe.

Les idées ne sont pas comme les statues de Dédale, qui

partageaient le sentiment d'Antisthènes étaient nombreux ; ce philosophe avait une école. En outre, plusieurs sophistes, tels qu'Euthydème, Dionysodore, défendaient au besoin sa manière de voir. Platon s'en prend à toute la légion : ὅθεν γε, οἶμαι, τοῖς τε νέοις καὶ τῶν γερόντων τοῖς ὀψιμαθέσι θοίνην παρεσκευάκαμεν (cf. STALLBAUM, vol. VIII, sect. II, p. 178). Ce qu'il y a de suggestif dans la critique de Platon, ce n'est pas seulement sa vigueur ; c'est aussi le dédain qui l'anime et la pénètre d'ironie. Platon goûte encore moins Antisthènes que Démocrite. — C'est aussi la doctrine d'Antisthènes, ou du moins l'une de ses variantes, que Platon expose et réfute dans le *Théétète* (201ᵉ et sqq.). Je dis une variante ; car, dans ce dernier dialogue, ce n'est plus au tout individuel lui-même, mais aux éléments qui le composent (πρῶτα στοιχεῖα), que s'applique la pensée Antisthénienne.

1. PLAT., *Soph.*, 259ᵉ.
2. *Id., Ibid.*, 259ᵉ-260ᵃ et sqq.
3. *Id., Ibid.*, 252ᶜ. — Euryclès était un devin qui croyait porter dans son ventre un Démon, qui lui annonçait l'avenir (STALLBAUM, vol. VIII, sect II, p. 182).

se mettaient à marcher au hasard en sortant des mains de leur auteur; elles se tiennent mutuellement par des liens indissolubles [1]. Et ces liens, plus forts que le diamant [2], sont passés de telle sorte que l'on peut toujours aller de l'une d'entre elles à toutes les autres, quand on s'y prend comme il convient. Il n'est rien, dans l'immense univers, qui échappe aux lois de la solidarité logique, rien qui n'y suppose le reste par un ou plusieurs endroits [3].

En quoi consistent ces rapports invariables des formes de l'être? Ce ne sont point des ajustements, tels que ceux des lettres de l'alphabet, ou les roues, l'essieu, les ailes et le timon d'un char [4]. Ce ne sont pas non plus de simples connexions entre termes hétérogènes, c'est-à-dire de simples exigences essentielles, comme celles qui se présentent entre la cause et l'effet, ou bien entre la définition du triangle et la portion plus ou moins grande d'espace que requiert cette définition pour se réaliser. Ces exigences existent; elles jouent même un rôle considérable dans le développement de notre pensée. Mais elles résident encore à la superficie du monde intelligible.

Les rapports des idées ne sont pas seulement des liaisons du même au divers; elles participent les unes aux autres : elles contiennent toujours du commun, elles ont toujours quelque fonds d'identité [5]. La Vertu se trouve à

---

1. PLAT., *Men.*, 97ᵈ-98ᵘ; — *Cratyl.*, 438ᵉ; — *Phæd.*, 103ᶜ-105ᵇ.
2. *Id.*, *Gorg.*, 509ᵃ; cf. 454ᵈ et sqq.
3. *Id.*, *Men.*, 81ᵈ : ἅτε γὰρ τῆς φύσεως ἁπάσης συγγενοῦς οὔσης, καὶ μεμαθηκυίας τῆς ψυχῆς ἅπαντα, οὐδὲν κωλύει ἓν μόνον ἀναμνησθέντα, ὃ δὴ μάθησιν καλοῦσιν ἄνθρωποι, τἆλλα πάντα αὐτὸν ἀνευρεῖν, ἐάν τις ἀνδρεῖος ᾖ καὶ μὴ ἀποκάμνῃ ζητῶν. Et il ne faut pas seulement de la vaillance à cette enquête; elle demande du discernement : car, s'il y a des idées qui se mêlent totalement, d'autres en partie, il en est d'autres entre lesquelles s'élèvent des cloisons infrangibles : ὅτ' οὖν δὴ τὰ μὲν ἡμῖν τῶν γενῶν ὡμολόγηται κοινωνεῖν ἐθέλειν ἀλλήλοις, τὰ δὲ μή, καὶ τὰ μὲν ἐπ' ὀλίγον, τὰ δ' ἐπὶ πολλά, τὰ δὲ καὶ διὰ πάντων οὐδὲν κωλύειν τοῖς πᾶσι κεκοινωνηκέναι... (*Soph.*, 254ᵇ⁻ᶜ).
4. *Id.*, *Theæt.*, 206ᵈ-208ᶜ.
5. *Id.*, *Soph.*, 252ᵈ-253ᵉ : ... οὐκοῦν ὅ γε τοῦτο δυνατὸς δρᾶν μίαν ἰδέαν διὰ

la fois dans la Tempérance, le Courage, la Justice et la Piété. A son tour, la Vertu enveloppe la Science pratique, et la Science pratique, la Science. Le Cercle est dans tous les cercles intelligibles, et le Carré dans tous les carrés du même ordre. De leur côté, le Cercle et le Carré contiennent l'essence de la figure, et la figure, l'idée de limite. Les espèces enferment le genre prochain, qui enferme le genre éloigné; ainsi de suite jusqu'à ce que l'esprit découvre l'inconditionnel et trouve là son repos [1].

Lorsqu'on parcourt avec attention cette sorte de hiérarchie logique, on remarque d'abord que tout se ramène par degrés [2] à quatre genres principaux : le mouvement, le repos, le même et l'autre. Or ces quatre genres sont directement irréductibles : impossible que le mouvement soit le repos; impossible que le même soit l'autre; impossible également que le mouvement et le repos soient le même ou qu'ils soient l'autre. Car, si le même et l'autre se disent de chaque chose et par suite du mouvement et du repos, ce n'est pas que ces deux derniers genres soient tels, considérés en leur essence; c'est parce qu'on les compare à quelque objet dont ils se distinguent.

Mais, si le mouvement, le repos, le même et l'autre ne peuvent s'identifier entre eux, il n'en faut pas moins qu'ils participent à l'être, qu'ils en contiennent d'une certaine façon; autrement, ils n'existeraient pas [3]. Et voilà par où se révèle l'unité fondamentale des choses.

Le cinquième et suprême genre, c'est l'être. Or ce genre

πολλῶν, ἑνὸς ἑκάστου κειμένου χωρίς, πάντη διατεταμένην ἱκανῶς διαισθάνεται, καὶ πολλὰς ἑτέρας ἀλλήλων ὑπὸ μῖας ἔξωθεν περιεχομένας, καὶ μίαν αὖ δι' ὅλων πολλῶν ἐν ἑνὶ ξυνημμένην, καὶ πολλὰς χωρὶς πάντη διωρισμένας· τοῦτο δ' ἔστιν, ᾗ τε κοινωνεῖν ἕκαστα δύναται καὶ ὅπη μή, διακρίνειν κατὰ γένος ἐπίστασθαι; — *Ibid.*, 254$^{\text{b-d}}$; — *Phileb.*, 15^{d}, 16$^{\text{c-e}}$.

1. V. plus haut, p. 45-47, 76-77.
2. Ces degrés-là, Platon n'en a parcouru qu'un petit nombre; mais il en a dit assez pour faire entendre sa manière.
3. PLAT., *Soph.*, 249^{d}-250^{d}, 254^{d}-256^{d}, 258e-259.

est unique : il ne l'est pas seulement pour la pensée, mais encore en soi, et parce qu'il l'est pour la pensée. Car le même principe revient toujours avec une égale force : la notion logique, c'est « l'idée » inadéquatement aperçue, c'est cette première connaissance du réel qui ne le reconnaît pas encore. D'autre part, ce cinquième et suprême genre n'apparaît pas seulement à l'esprit comme le point culminant du monde intelligible. C'est plus que le sommet d'une pyramide : il est partout, il est en tout, il emplit tout de son immensité, à la manière d'un océan ; vu qu'il n'existe rien qui ne soit à quelque degré[1].

Les idées sont donc multiples et multiformes ; mais en même temps elles procèdent d'un seul principe. Ce sont autant de déterminations essentielles de l'être : ἐξ ἑνὸς καὶ ἐκ πολλῶν.

Comment se fait-il que l'être se détermine de la sorte ? D'où vient que, au lieu de rester à l'état « infini » comme le chaos d'Anaxagore, il actualise pleinement tous les possibles et forme ainsi la souveraine perfection ?

On peut répondre que c'est la cause première et que, à ce titre, il réalise essentiellement tout le réalisable ; vu qu'il n'y a pas de raison pour qu'il s'arrête à tel degré plutôt qu'à tel autre avant de s'être achevé lui-même en tous sens. Mais cette réponse, si juste qu'elle soit, reste encore imprécise. Quel est le principe interne en vertu duquel l'être s'élève de l'homogène à l'hétérogène, du relatif à l'absolu ? Voilà ce qu'il faut définir pour aller

---

1. PLAT., *Theæt.*, 186ª : Τοῦτο γὰρ [ἡ οὐσία, ici τὸ ὄν] μάλιστα ἐπὶ πάντων παρέπεται. Que le mot οὐσία signifie dans ce passage, non pas essence ou substance, mais l'être par opposition au non-être, c'est ce qui résulte des expressions que Platon emploie un peu plus haut (185ᵈ). Socrate vient de citer l'οὐσία au nombre des autres catégories : à savoir l'un, le même, l'autre, etc. Théétète répond : οὐσίαν λέγεις; καὶ τὸ μὴ εἶναι... et Socrate alors de reprendre : ὑπέρευ, ὦ Θεαίτητε, ἀκολουθεῖς...

jusqu'au fond du problème. Et Platon s'est fait un devoir d'y insister : il a créé à ce sujet l'une de ses théories les plus originales et les plus fécondes.

Au-dessus de la pensée, au-dessus de la vérité, au-dessus des essences qui ne sont que la vérité prise en soi, s'élève « l'idée du bien[1] », « la partie la plus brillante » et « la plus belle de l'être »[2]. Ce principe qui domine tout, voilà en même temps ce qui détermine tout. C'est « le bien » qui pétrit l'être du dedans et lui donne les modalités éternelles dont il se revêt; c'est « le bien » qui produit les essences et par là même la vérité et la science. Pour employer un langage qui ne viendra qu'un peu plus tard, « le bien » est la forme qui a l'être pour matière [3].

Aristote l'a bien vu et nous le fait entendre assez clairement, lorsqu'il nous dit que, chez Platon, « l'infini » n'entre pas moins dans la constitution des idées que dans celle des choses sensibles[4].

La conception du « bien » se modifie plus tard, parallèlement au reste de l'idéologie Platonicienne. On le retrouve, dans le *Philèbe*, sous le nom de πέρας ; et le πέρας lui-même est, d'après ce dialogue, un principe qui réduit l'être aux proportions arithmétiques. Le *Timée*, à son tour, fait de ces proportions des intervalles musicaux. Enfin, vers la fin de la carrière de Platon, « le

1. PLAT., *Ibid.*, VI, 508° : ἄλλο καὶ κάλλιον ἔτι τούτων [γνώσεώς τε καὶ ἀληθείας] ἡγούμενος αὐτὸ ὀρθῶς ἡγήσει; — *Ibid.*, 509ᵃ : αὐτὸ δ' ὑπὲρ ταῦτα κάλλει ἐστίν.

2. *Id.*, *Rep.*, VII, 518ᵈ : οὕτω ξὺν ὅλῃ τῇ ψυχῇ ἐκ τοῦ γιγνομένου περιακτέον εἶναι, ἕως ἂν εἰς τὸ ὂν καὶ τοῦ ὄντος τὸ φανότατον δυνατὴ γένηται ἀνασχέσθαι θεωμένη.

3. *Id.*, *Rep.*, VI, 508ᵉ-509ᵇ; VII, 517ᶜ : ἐν τῷ γνωστῷ τελευταία ἡ τοῦ ἀγαθοῦ ἰδέα καὶ μόγις ὁρᾶσθαι, ὀφθεῖσα δὲ συλλογιστέα εἶναι, ὡς ἄρα πᾶσι πάντων αὕτη ὀρθῶν τε καὶ καλῶν αἰτία, ἔν τε ὁρατῷ φῶς καὶ τὸν τούτου κύριον τεκοῦσα, ἔν τε νοητῷ αὐτὴ κυρία ἀλήθειαν καὶ νοῦν παρασχομένη, καὶ ὅτι δεῖ ταύτην ἰδεῖν τὸν μέλλοντα ἐμφρόνως πράξειν ἢ ἰδίᾳ ἢ δημοσίᾳ.

4. *Phys.*, Γ, 4, 203ᵃ, 6-10.

bien » revêt encore un aspect plus mathématique : il devient « l'un », comme nous le dit Aristote. Mais cet « un » n'est jamais simplement numérique; il garde son contenu, ainsi que les jetons dont les Grecs se servaient dans leurs jeux : il enveloppe toujours de la qualité[1]. La pensée de Platon est allée se précisant de plus en plus; elle ne s'est point reniée elle-même.

Pourquoi recourir à « l'idée du bien, » lorsqu'il s'agit d'expliquer la perfection de la cause première ? C'est là, me semble-t-il, que nous touchons à la pensée qui inspire et compénètre toute la philosophie Platonicienne. L'être est, parce qu'il est meilleur qu'il soit; et il est parfait, pour la même raison. D'autre part, ce meilleur, ce bien originel n'a pas une valeur simplement métaphysique. Il est « la mesure » des choses, le principe suprême de l'ordre qui s'y révèle; à son tour, l'ordre est bon, parce qu'il satisfait toutes les aspirations des « vivants » et devient ainsi la source du bonheur[2]. Aussi Platon dit-il du « bien » qu'il est, au sens causal, « la partie la plus heureuse de l'être »[3]. Le dernier mot de sa philosophie, c'est la moralité. Il a magnifiquement étendu et approfondi la pensée de son maître : il l'a fait remonter au ciel, et même au delà; il n'en est point sorti.

Par contre, il existe au moins une différence irréductible entre l'idée que Platon s'est faite de la cause première et celle que l'on trouve chez Aristote. D'après le disciple, c'est la pensée qu'il faut placer à l'origine des choses. Au gré du maître, c'est « le bien »; la pensée

---

1. V. plus haut, p. 82-84.
2. PLAT., *Rep.*, VI, 505^b-506^b; VII, 517e; — *Phileb.*, 64^d et sqq. Le μέτρον, d'après ce passage, est l'ἀγαθόν : νῦν δὴ καταπέφευγεν ἡμῖν ἡ τἀγαθοῦ δύναμις εἰς τὴν τοῦ καλοῦ φύσιν. Or cet ἀγαθόν a un sens moral, puisqu'il s'agit, en ce dialogue, de la fin de la vie humaine.
3. *Id.*, *Rep.*, VII, 526e : τείνει δέ, φαμέν, πάντα αὐτόσε, ὅσα ἀναγκάζει ψυχὴν εἰς ἐκεῖνον τὸν τόπον μεταστρέφεσθαι, ἐν ᾧ ἔστι τὸ εὐδαιμονέστατον τοῦ ὄντος, ὃ δεῖ αὐτὴν παντὶ τρόπῳ ἰδεῖν.

ne vient qu'au second rang : elle découle du « bien » au même titre que la bonté, la beauté, l'inégalité et toutes les autres essences dont elle n'est d'ailleurs qu'un aspect. Et peut-être le moralisme de Platon a-t-il, en cette question fondamentale, quelque chose de plus satisfaisant que l'intellectualisme d'Aristote.

IV

Comme on le peut voir par ce qui précède, les idées sont perceptibles ; elles constituent même à elles seules tout l'objet de la science. Et la question se pose de savoir quel rapport elles soutiennent avec la pensée.

Pour procéder avec méthode dans cette difficile question, il faut remarquer en premier lieu que les idées sont inaccessibles aux sens. Les sens nous fournissent l'occasion de les percevoir; ils ne sauraient les atteindre : elles ne se manifestent qu'à l'entendement. Et plus l'âme se retire de son corps pour rentrer en elle-même, plus elle acquiert d'aptitude à les découvrir; car plus elle pratique cette sorte de recueillement, plus elle retourne à son essence qui est d'être une pensée pure [1]. Sur ce point, Platon n'a jamais varié un seul instant. Du *Ménon* au *Timée*, c'est toujours le même sentiment qui reparaît sous des formules diverses : nous vivons dans un commerce perpétuel avec l'intelligible et par la pensée, uniquement par la pensée.

Mais là ne réside pas le nœud du problème. La ques-

---

1. PLAT., *Men.*, 98^a; — *Banq.*, 212^a (V. STALLB., *loc. cit.*, vol. I, sect. III, p. 210); — *Phæd.*, 65^c, 72^e et sqq., 79^c; — *Phædr.*, 247^{c-e}, 249^{b-c}; — *Rep.*, VI, 507^c : καὶ τὰ μὲν δὴ ὁρᾶσθαί φαμεν, νοεῖσθαι δ' οὔ, τὰς δ' αὖ ἰδέας νοεῖσθαι μέν, ὁρᾶσθαι δ' οὔ; — VI, 510^b-511^e; VII, 532^a et sqq.; — *Theæt.*, 185^a-187^a; — *Soph.*, 253^b-254^b; — *Polit.*, 309^c; — *Tim.*, 27^d-28^a, 29^{a-b}, 37^c, 48^e-49^a, 52^a.

tion fondamentale est de savoir si Platon a toujours maintenu la subsistance des idées ou s'il a fini par en faire des modes de la pensée elle-même, c'est-à-dire des concepts.

Ce que l'on peut affirmer d'abord, c'est que Platon n'a jamais entendu la pensée comme séparée des idées.

D'après les dialogues de « la période moyenne », il existe une science éternelle, immuable et absolue : il existe une pensée qui est elle-même une « idée ». Et de là deux conclusions. Premièrement, cette pensée est, comme les autres idées, une détermination essentielle de l'être et se ramène avec elles au même principe d'inhérence ; ce n'est pas une chose à part. En second lieu, cette pensée pénètre les autres idées, elle en enveloppe à la fois les profondeurs et les contours : autrement, il manquerait quelque chose à sa compréhension ; elle ne serait point la science absolue [1]. Et par suite, on ne peut d'aucune manière la concevoir comme séparée : elle est essentiellement intérieure à tout ce qui se comprend.

---

1. Plat., *Cratyl.*, 440ᵇ : εἰ δὲ ἀεὶ μεταπίπτει [τὸ εἶδος τῆς γνώσεως], ἀεί οὐκ ἂν εἴη γνῶσις. Καὶ ἐκ τούτου τοῦ λόγου οὔτε τὸ γνωσόμενον οὔτε τὸ γνωσθησόμενον ἂν εἴη· εἰ δὲ ἔστι μὲν ἀεὶ τὸ γιγνῶσκον, ἔστι δὲ τὸ γιγνωσκόμενον, ἔστι δὲ τὸ καλόν, ἔστι δὲ τὸ ἀγαθόν, ἔστι δὲ ἓν ἕκαστον τῶν ὄντων, οὔ μοι φαίνεται ταῦτα ὅμοια ὄντα, ἃ νῦν ἡμεῖς λέγομεν, ῥοῇ οὐδὲν οὐδὲ φορᾷ. D'après ce texte, l'éternelle fixité de la pensée est requise pour la science, au même titre que l'éternelle fixité de l'être ; — *Phædr.*, 247ᶜ⁻ᵉ : ἡ γὰρ ἀχρώματός τε καὶ ἀσχημάτιστος καὶ ἀναφὴς οὐσία ὄντως οὖσα ψυχῆς κυβερνήτῃ μόνῳ θεατὴ νῷ· περὶ ἣν τὸ τῆς ἀληθοῦς ἐπιστήμης γένος τοῦτον ἔχει τὸν τόπον· ἅτε οὖν θεοῦ διάνοια νῷ τε καὶ ἐπιστήμῃ ἀκηράτῳ τρεφομένη, καὶ ἁπάσης ψυχῆς, ὅση ἂν μέλλῃ τὸ προσῆκον δέξασθαι, ἰδοῦσα διὰ χρόνου τὸ ὂν ἀγαπᾷ τε καὶ θεωροῦσα τἀληθῆ τρέφεται καὶ εὐπαθεῖ... Ἐν δὲ τῇ περιόδῳ καθορᾷ μὲν αὐτὴν δικαιοσύνην, καθορᾷ δὲ σωφροσύνην, καθορᾷ δὲ ἐπιστήμην, οὐχ ᾗ γένεσις πρόσεστιν, οὐδ' ἥ ἐστί που ἑτέρα ἐν ἑτέρῳ οὖσα ὧν ἡμεῖς νῦν ὄντων καλοῦμεν, ἀλλὰ τὴν ἐν τῷ ὅ ἐστιν ὂν ὄντως ἐπιστήμην οὖσαν; — *Ibid.*, 249ᵇ⁻ᶜ ; — *Rep.*, 508ᵉ ; — *Tim.*, 28ᵃ.

Il résulte clairement de tous ces textes qu'il y a une pensée éternelle et parfaite. Il en ressort aussi, sous différentes formes, que cette pensée est immanente aux idées, comme la notion logique l'est à son objet immédiat interne. Cette dernière conclusion s'éclaire d'ailleurs à la lumière des textes qui vont suivre au sujet de la connaissance humaine.

D'après les mêmes dialogues, il existe une autre pensée, qui n'est pas tout entière en acte, qui renferme un fond de devenir et peut se développer par le culte de la dialectique : c'est celle qui s'exerce en chacun de nous. Or cette autre pensée est également immanente aux idées. Elle les perçoit, non du dehors, mais du dedans. C'est « chez soi qu'elle les découvre »; et, en les découvrant, elle ne fait que réaliser sa propre nature : elle est de la famille des intelligibles et forme avec eux une seule chose à deux aspects divers[1]. La même conséquence se rattache d'ailleurs au principe fondamental de la méthode platonicienne : la pensée s'identifie avec la notion logique; il faut donc aussi qu'elle s'identifie avec l'idée, qui n'est autre chose que la notion logique adéquatement conçue.

Dans les dialogues postérieurs, l'unité fondamentale de la pensée et des idées s'accuse sous un jour nouveau : l'activité du sujet y prend une importance croissante. Mais on ne voit nulle part que Platon en soit venu à regarder les idées comme des concepts de l'âme humaine ou de la pensée divine. C'est même le contraire qui s'affirme, et parfois de la manière la plus catégorique. On le peut démontrer en examinant la série de ces ouvrages.

Il est vrai que, dans les dialogues dialectiques, la théorie des idées tient assez peu de place. Mais la chose

---

1. PLAT., *Men.*, 81ᵃ et sqq. : ... ἅτε γὰρ τῆς φύσεως ἁπάσης συγγενοῦς οὔσης καὶ μεμαθηκυίας τῆς ψυχῆς ἅπαντα...; — *Phæd.*, 65ᵉ, 66ᵃ, 72ᵉ et sqq., 75ᵉ : ... ἆρ' οὐχ' ὃ καλοῦμεν μανθάνειν οἰκείαν ἐπιστήμην ἀναλαμβάνειν ἂν οὐκ εἴη; — *Ibid.*, 76ᵈ-77ᵃ. Ce passage est à lire en entier. L'âme nous est donnée comme trouvant les essences en elle-même : elles font partie de son être : ὑπάρχουσαν πρότερον ἀνευρίσκοντες ἡμετέραν οὖσαν [οὐσίαν]. Puis vient la conclusion du raisonnement qui est encore plus précise : ... δοκεῖ μοι ἡ αὐτὴ ἀνάγκη εἶναι, καὶ εἰς καλόν γε καταφεύγει ὁ λόγος εἰς τὸ ὁμοίως εἶναι τήν τε ψυχὴν ἡμῶν πρὶν γενέσθαι ἡμᾶς, καὶ τὴν οὐσίαν, ἣν σὺ νῦν λέγεις. — *Ibid.*, 79ᵃ⁻ᵉ, 83ᵈ⁻ᵉ, 92ᵉ; — *Phædr.*, 247ᶜ⁻ᵉ, 249ᵇ⁻ᶜ, 250ᵃ; — *Rep.*, X, 611ᵉ; — *Tim.*, 37ᶜ.

s'explique d'une façon toute naturelle. L'auteur ne s'y propose pas de chercher quel peut être le fondement métaphysique des notions qui forment le contenu de notre pensée ; son but est de déterminer comment elles s'unissent et se séparent de manière à produire la science et l'erreur : les problèmes qui défraient ces écrits sont d'ordre logique et par là même d'ordre psychologique.

Cette remarque a d'autant plus d'importance que Platon est un artiste, qui n'aime pas à se redire et qui ne revient aux questions déjà traitées que lorsqu'il s'y voit contraint par la nature du sujet ou le besoin de se défendre contre la contradiction. Encore a-t-il soin, dans ces cas, de donner à sa pensée quelque aspect nouveau.

D'autre part, ce serait une exagération de croire que la théorie des idées est totalement absente des dialogues dont il s'agit ; on l'y suit un peu partout, et parfois elle s'y affirme en termes assez formels.

Dans le *Théétète*, à la page 172^d, le mot *être* est synonyme de *vérité*[1]. Un peu plus loin, le bien et le mal, le beau et le laid, l'un, le même et l'autre, le semblable et le dissemblable, et l'être qui « se trouve en toutes choses » nous sont donnés comme inaccessibles aux sens et ne pouvant être saisis que par la pensée, ὧν αὐτὴ ἡ ψυχὴ καθ' αὑτὴν ἐπορέγεται[2] : ce qui nous ramène assez clairement à la théorie du *Banquet*[3], du *Phédon*[4] et de la *République*[5]. On en pourrait dire autant du passage où Platon parle, à propos du philosophe, de la manière dont il s'élève de la multiplicité sensible à l'unité du concept ; car cette unité est une des raisons sur lesquelles il fonde ail-

---

1. ... ἂν μόνον τύχωσι τοῦ ὄντος [οἱ φιλόσοφοι].
2. 185ᵃ-186ᵃ.
3. 212ᵃ.
4. 65ᵉ-66ᵃ, 79ᵃ.
5. VI, 507ᵉ, 510ᵃ et sqq.

leurs la subsistance des idées, et il ne la rétracte pas ici[1].

Le *Sophiste* est plus explicite par certains endroits. Faut-il croire que, lorsque Platon parle en ce dialogue de la présence de la justice à l'âme (δικαιοσύνης ἕξει καὶ παρουσίᾳ)[2] et plus loin du modèle de la justice (δικαιοσύνης τὸ σχῆμα)[3], il prend ces expressions au sens qu'elles auraient naturellement dans la *République* ou le *Phédon*? Je ne le pense pas; le contexte semble même indiquer le contraire. Mais il en va différemment de la page 249[a-c], où l'auteur détermine les conditions de la connaissance. Il y faut un certain devenir, à son gré; mais aussi quelque chose d'absolument fixe par nature : τὸ κατὰ ταὐτὰ καὶ ὡσαύτως καὶ περὶ τὸ αὐτὸ δοκεῖ σοι χωρὶς στάσεως γενέσθαι ποτ' ἄν; — οὐδαμῶς. — Τί δ'; ἄνευ τούτων νοῦν καθορᾷς ὄντα ἢ γενόμενον ἂν καὶ ὁπουοῦν; — Ἥκιστα. Qui ne reconnaît ici le langage habituel des dialogues moyens? La page 254[a-b] contient des paroles plus significatives encore : ὁ δέ γε φιλόσοφος, τῇ τοῦ ὄντος ἀεὶ διὰ λογισμῶν προσκείμενος ἰδέᾳ, διὰ τὸ λαμπρὸν αὖ τῆς χώρας οὐδαμῶς εὐπετὴς ὀφθῆναι· τὰ γὰρ τῆς τῶν πολλῶν ψυχῆς ὄμματα καρτερεῖν πρὸς τὸ θεῖον ἀφορῶντα ἀδύνατα. N'est-ce pas là comme un retour inattendu, et d'autant plus platonicien, à la doctrine et au style du mythe de la caverne?

Le *Politique* n'est aux trois quarts qu'un simple exemple de dichotomie logique; et cependant la théorie des idées y perce à plusieurs reprises et sous différentes formes. Platon y parle à la page 286[a] de choses grandes et nobles (μεγίστοις οὖσι καὶ τιμιωτάτοις), qui par leur plénitude et leur beauté (κάλλιστα ὄντα) dépassent essentiellement toute image sensible, qui sont incorporelles (ἀσώματα) et ne peuvent être perçues que par la pensée pure (λόγῳ

---

1. 175[c].
2. 247[a-b].
3. 267[c].

μόνῳ). Voilà, si je ne me trompe, une sorte de redite du sixième et du septième livres de la *République*. Vers la fin du même dialogue, Platon pose comme principe de l'éducation la connaissance du juste, du bien et du beau. Cette connaissance est réelle et bien fondée (ὄντως οὖσαν ἀληθῆ δόξαν μετὰ βεβαιώσεως); elle est divine et relève de la partie divine de l'âme, c'est-à-dire de la pensée (θείαν, φημί, ἐν δαιμονίῳ γίγνεσθαι γένει)[1], comme la science telle que Platon l'entendait aux plus beaux jours de sa période idéologique. Les praticiens du platonisme ont également dans la mémoire ce passage du *Politique* où il est question, à propos du grand et du petit, d'une sorte de métrique universelle. Qu'est-ce donc que ce principe, ce μέτρον, qui réduit toutes choses à la proportion? sinon le πέρας du *Philèbe*? Et qu'est-ce que le πέρας du *Philèbe*? sinon l'ἀγαθὸν de la *République*[2]? Tout se tient et tout s'enchaîne jusqu'ici dans la philosophie des idées; tout y va se complétant de plus en plus, au lieu de se contredire : il s'y fait une évolution constante, et pas de révolution.

Avec le *Philèbe*, d'ailleurs, elle réapparaît dans toute sa force, et parce que le sujet y conduit naturellement. Dans ce dialogue, Platon pose la question de savoir s'il y a des idées indivisibles, éternelles, immuables et subsistantes, séparées par là même de la nature; et sa réponse est affirmative[3]. « Je soutiens, dit-il, que l'un et le plusieurs se trouvent partout et toujours, de tout temps comme aujourd'hui, dans chacune des choses dont on parle. Jamais ils ne cesseront d'être; et ils ne sont point

---

1. 309ᵉ. Il ne faut pas s'offusquer ici du mot δόξα; la terminologie platonicienne est mobile comme celle de la conversation; et le sens de ce mot est suffisamment fixé par le contexte.

2. VI, 507ᵃ-509ᵉ... — V. sur cette question un article de M. J. LACHELIER, intitulé *Note sur le Philèbe* (Revue de Métaphysique et de morale, p. 218 et sqq., Mars 1902).

3. 15ᵃ⁻ᶜ.

nés d'hier. A mon sens, ils sont dans nos discours des éléments immortels et incapables de vieillir (τῶν λόγων αὐτῶν ἀθάνατόν τι καὶ ἀγήρων πάθος ἐν ἡμῖν)[1]. » La même assertion revient à la page suivante, 16ᵉ; et l'on trouve, vers la fin de l'ouvrage, d'autres passages qui présentent un sens analogue. La dialectique a pour objet le τὸ ὂν καὶ τὸ ὄντως καὶ τὸ κατὰ ταὐτὸν ἀεὶ πεφυκός[2]. Il n'y a qu'une vraie science, celle qui porte sur l'être éternel (ὂν ἀεί), fixe (βέβαιον), pur (εἰλικρινές), et par là même achevé (ἀληθέστατον)[3]; quant aux choses en devenir, elles ne peuvent produire que des opinions (δόξας)[4]. On ne cite d'ailleurs que les traits notables; car ils suffisent.

Le *Timée*, qui traite de l'origine et de la nature du monde sensible, est plus catégorique encore. Platon y trouve l'occasion toute naturelle d'affirmer à nouveau sa croyance aux idées subsistantes; et il ne la manque pas. Il distingue, dès l'abord du problème, l'être qui est toujours et n'a pas de naissance (τὸ ὂν ἀεί, γένεσιν δὲ οὐκ ἔχον) de celui qui devient sans cesse et n'est jamais (τὸ γιγνόμενον μὲν ἀεί, ὂν δὲ οὐδέποτε)[5]. C'est d'après cet être éternel, immuable et par là même souverainement beau et bon, que l'univers a été fait : il n'en est que la copie, l'image mobile et nécessairement inachevée. Quelques pages plus loin, l'auteur parle du temps, et il y revient à la même pensée. « Nous disons de l'être éternel qu'il était, qu'il est et qu'il sera. Il est : voilà l'unique expression qui lui convienne en vérité... L'être éternel, toujours le même et immuable, ne peut devenir avec le temps ni plus jeune ni plus vieux... Il n'est sujet à aucun des accidents

1. 15ᵈ⁻ᵉ.
2. 58ᵃ.
3. 58ᶜ-59ᶜ.
4. 59ᵃ⁻ᶜ.
5. 27ᵈ-29ᵇ.

que produit la génération dans les choses sensibles¹ » :
Tout changement lui demeure étranger. Or qu'est-ce que
cet être? l'ὂν ἀεί dont il était question tout à l'heure,
ce que Platon appelle ailleurs τὸ ὄντως, τὸ ὂν ὄντως ou τὸ ὂν
tout court, c'est-à-dire le monde des intelligibles ou des
idées subsistantes; d'après le contexte, il n'y a pas de
doute à cet égard. Au cours de sa discussion sur ce
qu'il appelle l'indéterminé ou la matrice du monde, Platon se pose derechef la question des idées subsistantes,
qu'il dit d'ailleurs avoir toujours maintenues (περὶ ὧν ἀεὶ
λέγομεν) : il se demande s'il y a un feu en soi (πῦρ αὐτὸ
ἐφ' ἑαυτοῦ) et d'une manière générale si toutes choses ont
une existence en soi². Or sa réponse est nette, on ne peut
plus explicite. « Il faut reconnaître, dit-il, l'existence de
l'idée (εἶδος) toujours la même, qui n'a pas commencé
et ne finira pas, qui ne reçoit en elle rien d'étranger et
ne sort pas d'elle-même, qui est invisible, insaisissable
à tous les sens, que la pensée seule peut contempler³. »
N'est-ce donc pas là l'idéologie « moyenne » de Platon
et dans tout son éclat?

Reste le traité des *Lois*, où certains auteurs ont voulu
voir une éclipse totale de la théorie des idées⁴.

Mais cette éclipse existerait-elle, qu'elle n'aurait pas la
signification qu'on lui prête. Si Platon ne parle pas formellement de la théorie des idées dans son ouvrage sur
les *Lois*, c'est qu'il a des raisons de la passer sous silence :
ainsi le veut la nature de la question qu'il y développe.
Il ne s'agit point, dans ce dialogue, d'une forme politique

---

1. 37ᵉ-38ᵇ. — Il ne faut pas se laisser troubler par le mot οὐσία; ce terme
a, chez Platon, des sens très divers. Dans le *Théétète*, par ex., il signifie
en un endroit l'être au sens le plus large du mot, tout ce qui existe à quelque degré (186ᵃ).
2. 51ᵉ.
3. 51ᵉ-52ᵃ.
4. V. sur ce point, Lutoslawski, *loc. cit.*, p. 491-494.

tout idéale, d'une vie sociale faite « pour des dieux et des fils de dieux », comme celle de la *République;* Platon y décrit un système de gouvernement qu'il croit réalisable, bien qu'encore très supérieur à la réalité. On comprend que, dans un travail de ce genre, il ait évité les spéculations trop abstruses pour s'en tenir à ce que peuvent saisir des hommes cultivés, mais étrangers aux discussions métaphysiques.

Platon se choisit d'ailleurs des interlocuteurs conformes à son dessein. Clinias et Mégille sont des politiques avisés dont l'intelligence est restée novice en matière d'arts et de philosophie. Ils « ont de la peine à suivre » l'Étranger, lorsqu'il leur parle du plaisir, de la douleur, et du rapport que soutiennent ces deux états de conscience avec l'espoir et la crainte[1]. Ils n'entendent rien à la peinture[2], presque rien à la musique et ne connaissent la gymnastique que d'une manière défectueuse[3]. L'un d'eux, le crétois Clinias, avoue qu'il n'est point familier avec Homère et qu'il n'en a lu que fort peu de chose[4]. Quand Platon arrive à son programme d'éducation civique, il exprime la crainte que « leur inexpérience » ne les rende incapables d'entendre sa pensée[5]. Ils laissent percer eux-mêmes l'appréhension de ne pas comprendre, au moment où l'on essaie de leur faire voir que c'est une impiété de vivre dans l'ignorance ou l'erreur à l'égard des astres[6].

Au dixième livre, l'Étranger aborde le problème de l'existence des dieux et se trouve contraint d'entrer dans une discussion à la fois plus abstraite et plus complexe que les précédentes. Il emploie alors une série de procé-

1. I, 644^{c-d}.
2. VI, 769^{a-b}.
3. II, 673^{b-c}.
4. III, 680^{c}.
5. VII, 818^{d-e}.
6. VII, 821^{d-e}.

dés pour préparer ses compagnons de route à l'intelligence du sujet qui va se débattre. Il les encourage en leur promettant de donner à sa pensée ce tour facile et lumineux qui plaît au commun des hommes[1]; il hésite en face de la question posée, afin d'exciter leur désir et leur attention[2]; puis, il change tout à coup la marche du dialogue : au lieu de les interroger, il se met à parler en leur propre nom, bien convaincu qu'ils ont l'esprit trop inexercé pour lui répondre[3].

Manifestement, ni Mégille le spartiate, ni Clinias le crétois ne sont faits pour suivre jusqu'au bout les méandres de la dialectique : Platon, en introduisant de tels personnages dans ses *Lois*, s'est réduit à l'impossibilité d'y retracer les grandes lignes de son idéologie.

Ce n'est pas qu'il n'en tienne plus aucun compte. « Invisible dans ses paroles, elle est toujours présente à sa pensée »[4]. On peut la considérer comme l'arrière-plan des *Lois*.

Il exprime en plusieurs passages le besoin de ramener le divers à l'un, de chercher la définition des choses (ὅ τί ποτ' ἔστι) et d'en discerner l'essence (οὐσίαν). Cet art lui paraît rigoureux et souverainement efficace : il va jusqu'à dire qu'il est « divin »[5]. Or il ne laisse entendre nulle part que ces expressions aient une signification purement formelle. C'est donc qu'il les comprend comme par le passé : c'est que les définitions et les essences sont encore à ses yeux des réalités éternelles et subsistantes. Toute autre conclusion ne peut être qu'un abus de logique. On n'a

---

1. 890ᵉ.
2. 891ᵈ.
3. 892ᵈ-893ᵃ.
4. V. Brochard, *Les « Lois » de Platon et la théorie des idées* (L'Année philosophique, 1902, pp. 1 et sqq.).
5. II, 668ᵃ⁻ᵉ; IV, 718ᶜ : οὐ πάνυ ῥᾴδιον ἐν ἑνὶ περιλαβόντα εἰπεῖν αὐτὰ οἷόν τινι τύπῳ; — *Ibid.*, XII, 965ᶜ et sqq.

pas le droit de penser qu'un philosophe cesse de croire à ce qu'il a dit, par le fait qu'il cesse de le dire. Pour mettre un auteur en contradiction avec lui-même, il faut quelque chose de plus que le silence ; il faut des paroles. Qui osera soutenir, par exemple, que Spinoza, dans le *Traité politique*, nie la distinction des idées adéquates et inadéquates, parce qu'il ne la mentionne pas?

Au livre IXe, Platon trouve l'occasion de parler de la justice, à propos de l'opinion courante, au sens de laquelle il y a des fautes volontaires et des fautes involontaires. Il le fait en des termes semblables à ceux que contiennent les dialogues les plus décidément idéologiques. D'après ce passage, toute action juste est telle dans la mesure où elle « communie à la justice » ; et c'est « dans cette mesure aussi qu'elle participe à la beauté », vu que la justice est chose essentiellement belle. Même raisonnement avec les mêmes expressions au sujet des « Passions justes », c'est-à-dire des peines que les coupables peuvent subir en conséquence de leurs fautes[1]. C'est le langage du *Banquet*, de la *République* et du *Phédon*; et, par conséquent, c'en est aussi la doctrine.

Vers la fin du livre XIIe, Platon esquisse à grands traits le programme de l'éducation qu'il convient de donner aux membres du « conseil nocturne ».

Ce programme comprend les mathématiques, la musique, l'astronomie, la science de la vertu, la connaissance de Dieu et de la vie future[2]. C'est à peu près ce que l'on trouve dans la *République*[3], si l'on excepte les idées. Mais Platon ne s'en tient pas là ; il passe à la méthode qu'il

---

1. 859[c]-860[a] : ... ποίημα μέν, ὅπερ ἂν ᾖ δίκαιον, σχεδὸν ὅσονπερ ἂν τοῦ δικαίου κοινωνῇ, κατὰ τοσοῦτον καὶ τοῦ καλοῦ μετέχον ἐστί. — Τί μήν; — οὐκοῦν καὶ πάθος, ὅπερ ἂν δικαίου κοινωνῇ, κατὰ τοσοῦτον γίγνεσθαι καλὸν ὁμολογούμενον οὐκ ἂν διαφωνοῦντα παρέχοι τὸν λόγον; — ἀληθῆ.

2. 963[a]-968[a].

3. VII, 521[d] et sqq.; X, 608[d]-613[e].

importe d'employer dans l'enseignement de ces diverses matières. Or son avis est qu'il ne suffit pas de réduire le multiple à l'un et de construire ainsi des définitions. Il faut encore chercher le pourquoi des choses : il faut en découvrir la raison dernière; et toute connaissance qui ne s'élève pas jusque-là n'est « qu'une science d'esclave »[1]. Mais qu'est-ce donc que chercher la raison dernière des choses? sinon faire de la dialectique au sens précis du mot, et remonter peu à peu vers ce soleil des intelligibles d'où procèdent les essences, la vérité, la science et la nature sensible elle-même. Qui ne sent que, si l'auteur en cet endroit laisse ses interlocuteurs au seuil de la théorie des idées, c'est uniquement parce qu'il les sait incapables de la comprendre?

Les œuvres de Platon n'accusent aucune variation fondamentale sur la manière dont il a conçu les idées; il les a toujours entendues comme des réalités subsistantes et cependant immanentes à l'intelligence. C'est aussi sous ce double aspect qu'elles nous apparaissent sous la plume du plus grand de ses disciples. Si Aristote avait remarqué chez son maître quelques indices de conceptualisme, il n'eût pas manqué de s'en faire une arme de plus contre sa philosophie, qu'il a combattue avec tant d'acharnement. On ne trouve rien de pareil. D'un bout à l'autre de ses écrits, c'est toujours l'inventeur des « idées » que le Stagirite nous présente et dont il poursuit la critique : il ne

---

1. 966ᵃ : ... τί δ' ἐννοεῖν μέν, τὴν δὲ ἔνδειξιν τῷ λόγῳ ἀδυνατεῖν ἐνδείκνυσθαι; — καὶ πῶς; ἀνδραπόδου γάρ τινα σὺ λέγεις ἕξιν.
A partir de la page 968ᵈ du même livre, Platon parle de la forme qu'il convient de donner à l'enseignement du programme destiné au « conseil nocturne ». Or il affirme, comme dans le *Phèdre*, que les écrits n'y suffisent pas (968ᵈ⁻ᵉ) et que la parole seule est à même de produire une action efficace. C'est pourquoi Mégille finit par s'écrier : « O Clinias, après tout ce qui vient d'être dit, il faut ou renoncer à la fondation de notre État ou ne pas laisser aller cet étranger » (969ᵉ). Je ne crois pas, avec M. Brochard (*loc., cit.*, 9-12), qu'il s'agisse ici de la théorie des idées.

dit jamais, il ne fait jamais pressentir non plus que Platon ait eu quelque envie de convertir ses « essences » en simples modes de la pensée divine ou de l'âme humaine[1].

Identiques à l'intelligence, les idées sont aussi complètement intelligibles. La pensée divine les possède adéquatement; et nous pouvons les posséder de la même manière, pourvu que nous nous exercions à la dialectique avec vaillance et sagacité[2]. Il n'y a rien dans la Bonté ni dans la Beauté, rien dans la Blancheur, l'Égal ou l'Inégal, qui soit décidément réfractaire à notre esprit : ainsi de toutes les autres déterminations de « l'être réel ». Le savoir exhaustif et universel ne nous est pas impossible. Comme les idées sont des réalités parfaites, elles sont « pures » de tout mélange et ne contiennent plus que du « fini ». Or tout ce qui est « fini » est intelligible par nature[3]; il n'y a que « l'infini », c'est-à-dire l'indéterminé qui résiste aux efforts de la raison[4]. Les idées sont essentiellement pensables; elles le sont dans chacun de leurs éléments et jusqu'au fond. Et, d'autre part, nous pouvons toujours les penser, vu que nous les portons au dedans de nous-mêmes et qu'elles restent toujours à notre disposition. Rien ne peut nous arrêter pour de bon dans la conquête de « l'être ». Perspective sublime! s'écrie Platon, espoir enivrant et bien fait pour stimuler notre pa-

---

1. V. notre *Aristote*, p. 29 et sqq., et notre article sur *La théorie des idées dans les derniers dialogues de Platon* (Rapports et comptes-rendus du Congrès international de Genève, p. 231 et sqq., Genève, 1905).

2. PLAT., *Men.*, 81c-d.

3. *Id., Banq.*, 211e : τὸ καλόν,... εἰλικρινές, καθαρόν, ἄμικτον; — *Rep.*, V, 477a : ... τὸ μὲν παντελῶς ὂν παντελῶς γνωστόν; — *Ibid.*, VII, 514a-517e; X, 611b-c; — *Phæd.*, 66a; — *Phileb.*, 53a-b, 55d-59e (Platon, dans ce passage, considère les sciences au point de vue de la pureté; et il fait voir que plus leur objet a de réalité, plus il est pur, et que plus il est pur, plus il est clair); — *Tim.*, 29b, 48e, 52a.

4. *Id., Phileb.*, 24a-25b (analyse de l'ἄπειρον et du πέρας); — *Tim.*, 49b, 52b (le τρίτον γένος, c'est l'ἄπειρον du *Philèbe*); — Cf. p. 50-51.

resse! car nous y découvrons le moyen d'acquérir la science et la justice, de devenir de plus en plus hommes et de trouver ainsi dans la plénitude de notre vie la vraie source du bonheur[1].

L'objet interne et intégralement connaissable de notre pensée, en est également la règle. « C'est au beau, c'est au bon et à toutes les autres essences du même ordre que nous rapportons les impressions des sens, comme à leur type primitif »; « c'est à ce type que nous les comparons[2] », pour en discerner la valeur et le degré de développement : nous jugeons du relatif par l'absolu, de l'inachevé par l'achevé, du devenir par l'être. Et, si nous n'avions en nous ce « mètre » éternel[3], nous serions incapables de dire d'une chose quelconque si elle est bonne ou mauvaise, petite ou grande, simple ou multiple, ni à quel point elle l'est; la hiérarchie des objets sensibles nous demeurerait à jamais inappréciable. « Le bien » est le principe qui détermine l'être; il est par là même la mesure des idées. A leur tour, les idées sont la mesure de la pensée.

Descartes, Bossuet, Fénelon, et l'on peut dire le XVIIe siècle tout entier, se sont plu à répéter que non seulement le parfait explique l'existence de l'imparfait, mais encore que c'est par le premier que nous connaissons le second. Cette manière de voir n'était qu'un retour à l'une des idées fondamentales du Platonisme.

V

En quoi consiste le rapport des idées avec la nature? C'est ce qui reste à faire voir; et le sujet demande quelque

---

1. Plat., *Men.*, 86$^{b\text{-}c}$.
2. *Id.*, *Phæd.*, 76$^{d\text{-}e}$; — *Rep.*, VI, 507^b-508^d.
3. *Id.*, *Rep.*, VI, 504^c : ἀτελὲς γὰρ οὐδὲν οὐδενὸς μέτρον.

attention : il est peut-être la plus grande des nombreuses difficultés que présente l'interprétation du Platonisme. « Les Pythagoriciens, dit Aristote, enseignent que les êtres sont une imitation des nombres. Platon emploie le mot participation, qui est de lui. Mais que signifie au juste la participation ou l'imitation? c'est un problème qu'ils ont laissé à débattre [1]. »

On peut dire d'abord que les idées sont « séparées » des choses sensibles. Si le terme est d'Aristote, la pensée qu'il éveille est de Platon : elle ressort des preuves sur lesquelles il établit la croyance aux idées.

Toute idée est une ; tandis que les objets sensibles qui forment sa zone d'extension, sont multiples à l'infini. Toute idée est immuable et dans son essence et dans son existence et dans ses propriétés et dans ses modes, si dérivés qu'ils soient : elle exclut de son être jusqu'à la plus légère atteinte du devenir ; tandis que le propre des objets sensibles, c'est de se modifier à chaque instant et même de naître et de périr. Toute idée est parfaite en son genre ; il n'existe, au contraire, dans la nature sensible, que des êtres mélangés et imparfaits. Et dès lors, comment soutenir que l'intelligible est immanent aux données de l'expérience? Ne serait-ce pas affirmer du même coup que ce qui est un par essence peut se fragmenter et comme tel, que l'immuable admet le mouvement, et le parfait, l'imperfection? La transcendance des idées est un corollaire de leur définition.

Il n'est pas même nécessaire de faire ici des inférences. Platon s'est exprimé à ce sujet d'une manière suffisamment formelle. D'après l'*Euthydème*[2], le beau est « à côté » des choses belles. On trouve la même manière de

---

1. *Met.*, A, 6, 987^b, 11-14.
2. 301^a : ... ὅμως δὲ ἕτερα ἔφην αὐτοῦ γε τοῦ καλοῦ· πάρεστι μέντοι ἑκάστῳ αὐτῶν κάλλος τι.

dire dans le *Phédon*. L'égal y possède l'existence en dehors de tous les cas d'égalité[1]; et le sens de ces paroles est précisé par le contexte : les idées et les êtres sensibles sont entre eux comme des objets à la fois semblables et différents, comme l'original et la copie[2]. Selon le *Banquet*[3] et le *Philèbe*[4], les intelligibles sont « purs » et « n'admettent aucun mélange »; il existe même, dans le premier de ces dialogues, une assertion plus explicite : Diotime y déclare que le beau est « avec soi » et qu'il ne peut « être en autre chose »[5]. Le *Timée* reprend la pensée du *Banquet* et l'étend au monde intelligible tout entier. « L'idée, d'après cet ouvrage, n'admet rien du dehors en elle-même et ne réside pas non plus dans quelque autre réalité »[6] : elle n'est ni sujet ni attribut. Tous ces textes ont, si je ne me trompe, un seul et même sens : ils affirment, sous des formes diverses, la transcendance ou « parousie » des idées à l'égard du monde sensible.

Mais cette affirmation a son antithèse. Les idées ne sont pas absolument étrangères à la nature; elle y participe de quelque manière. C'est la théorie du *Banquet*[7] et de la *République*[8], celle aussi du *Phédon* qui lui donne, je crois, son expression la plus vigoureuse et la plus complète. « Si quelqu'un, dit Platon, vient me demander ce qui fait qu'une chose est belle, ou la vivacité de ses couleurs, ou ses formes et d'autres choses semblables, je laisse de côté toutes les raisons [d'ordre physique], qui ne

---

1. 74ᵃ : φαμέν πού τι εἶναι ἴσον, οὐ ξύλον λέγω ξύλῳ οὐδὲ λίθον λίθῳ οὐδ' ἄλλο τι τῶν τοιούτων οὐδέν, ἀλλὰ παρὰ ταῦτα πάντα ἕτερόν τι, αὐτὸ τὸ ἴσον.
2. 72ᵉ-74ᵃ.
3. 211ᵉ : τὸ καλόν,... εἰλικρινές, καθαρόν, ἄμικτον.
4. 59ᶜ.
5. 211ᵇ : οὐδέ που ὂν ἐν ἑτέρῳ τινί,... μεθ' αὐτοῦ μονοειδὲς ἀεὶ ὄν...
6. 52ᵃ; Cf. *Ibid.*, 52ᶜ.
7. 211ᵇ : τὰ δὲ πάντα καλὰ ἐκείνου [τοῦ καλοῦ] μετέχοντα τρόπον τινὰ τοιοῦτον..
8. VI, 510ᵃ; VII, 514ᵃ-517ᶜ.

font que me troubler; et je m'assure à moi-même d'une manière absolue et sans détour, au risque de paraître naïf, que rien ne la rend belle que la présence ou la communication de la Beauté, de quelque façon que cette relation se produise. Car, en cela, je n'affirme rien, sinon que c'est par l'effet de la Beauté que tout objet devient beau. Et cette réponse me paraît la plus sûre pour moi-même et pour les autres : j'espère bien, tant que je m'y tiendrai, ne jamais sortir du vrai[1]. » Ainsi de la bonté, de la sagesse, de la grandeur et de la petitesse, de l'unité, de la dyade et des autres nombres[2]. Rien n'est ce qu'il est que par une sorte de participation à l'idée correspondante[3].

La même solution se retrouve dans le *Philèbe*[4], le *Timée*[5] et jusque dans les *Lois*[6] : si bien qu'il devient absolument impossible de soutenir ou que Platon n'en est pas l'inventeur, ou que, après l'avoir inventée, il a cessé par la suite de s'y tenir.

Voilà donc les vrais termes du problème : les idées sont en dehors de la nature; et cependant il existe une certaine participation de la nature aux idées. Comment cela? que peut être la participation, dans une telle hypothèse?

Impossible d'admettre que les idées ont quelque chose de numériquement commun avec « les êtres soumis à la génération et infinis en nombre »; car alors elles seraient immanentes, et l'on a déjà vu qu'elles ne le sont pas.

---

1. PLAT., *Phæd.*, 100ᶜ⁻ᵉ.
2. *Id., Ibid.*, 101ᵃ⁻ᵈ.
3. *Id., Ibid.*, 100ᶜ : φαίνεται γάρ μοι, εἴ τί ἐστιν ἄλλο καλὸν πλὴν αὐτὸ τὸ καλόν, οὐδὲ δι' ἓν ἄλλο καλὸν εἶναι ἢ διότι μετέχει ἐκείνου τοῦ καλοῦ · καὶ πάντα δὴ οὕτω λέγω.
4. 25ᵇ-26ᶜ (il s'agit du τὸ μικτὸν qui comprend à la fois du πέρας et de l'ἄπειρον).
5. 28ᵃ-29ᵇ, 34ᶜ et sqq.
6. IX, 859ᵉ et sqq. ; V. plus haut, p. 107.

D'ailleurs, Platon lui-même a formellement écarté cette explication. Il se demande, au cours du *Philèbe*, si l'idée existe dans les individus, divisée par parcelles et devenue plusieurs, ou si dans chacun elle est tout entière, bien que hors d'elle-même; et il répond que « l'assertion la plus absurde du monde, c'est qu'une seule et même unité existe à la fois en une et plusieurs choses »[1].

Reste donc la théorie de « l'imitation ». La nature est l'ombre de l'être, la copie de l'intelligible, l'image mobile de l'immobile réalité. Et telle est, de fait, la solution que le *Banquet* renferme à l'état latent[2], qu'exprime le *Phédon*[3], qui éclate dans la *République*, surtout dans le mythe de la caverne[4], que le *Timée* formule derechef et sous cent formes diverses[5].

Mais tout n'est pas là. Les idées ne constituent pas seulement l'exemplaire de la nature; elles en sont aussi la cause finale. Le monde possède une âme qui se diversifie indéfiniment, mais qui conserve toujours, à quelque degré, je ne sais quelle sourde intuition de l'être « achevé » et « bien heureux ». De là, une sorte de désir secret, un amour inextinguible du meilleur qui l'agite du dedans et produit son branle éternel. La nature tend sans relâche à réaliser en elle-même la perfection de l'intelligible[6]. Sur ce point, le maître et le disciple sont d'accord; ils vont la main dans la main.

---

1. 15^b.
2. 211^{b-e}.
3. 72^c-75^c.
4. VII, 514^a et sqq.
5. 28^a : ... ὁ δημιουργὸς πρὸς τὸ κατὰ ταὐτὰ ἔχον βλέπων ἀεί; — *Ibid.*, 29^{a-b}, 48^e, 52^a, 52^c, 92^c. (Je tiens compte du caractère mythique du *Timée* et j'aurai l'occasion d'en parler plus loin; mais, si l'on considère l'ensemble des passages cités ici, l'on ne peut guère leur refuser une portée philosophique.)
6. PLAT., *Banq.*, 207^d : Εἰ τοίνυν, ἔφη, πιστεύεις ἐκείνου εἶναι φύσει τὸν ἔρωτα, οὗ πολλάκις ὡμολογήκαμεν, μὴ θαύμαζε. Ἐνταῦθα γὰρ τὸν αὐτὸν ἐκείνῳ λόγον ἡ θνητὴ φύσις ζητεῖ κατὰ τὸ δυνατὸν ἀεί τε εἶναι καὶ ἀθάνατος. Et cet amour de l'immortalité est allumé et entretenu au sein de la nature par une certaine

Il faut encore aller plus avant. Il n'y a rien ni sur la terre, ni dans le ciel, ni dans l'hyperciel, qui ne soit soumis à la loi du meilleur. Or cette loi demande que, si l'être fait effort vers la perfection, il n'y parvienne pourtant pas tout entier : car alors il ne demeurerait que l'unité absolue ; il n'y aurait qu'un bienheureux. La loi du meilleur demande que, au-dessous de la partie de l'être qui est « achevée », il y en ait une autre où il se fragmente et se dégrade, afin que le bonheur, qui est la fin suprême de toute chose, se multiplie le plus possible. « L'idée du bien », la plus excellente de toutes les idées, exige qu'il y ait une nature : elle est la première des causes efficientes. « Aux dernières limites du monde est l'idée du bien. On l'aperçoit à peine, mais on ne peut l'apercevoir sans conclure qu'elle est en toute chose la cause de tout ce qu'elle a de bon et de beau, que, dans le monde visible, elle produit la lumière et l'astre royal qui la répand[1]. »

On objecte, il est vrai, que le *Sophiste* se prête difficilement à cette interprétation. D'après ce dialogue, il existe une participation entre les idées elles-mêmes[2] ; et certains auteurs concluent qu'il n'y en a pas d'autre. A leur sens, les idées s'unissent, se mélangent, se croisent d'une infinité de manières ; et ce sont ces croisements qui constituent la nature : le monde n'est que de la logique en mouvement. Quand on y regarde de près, l'on s'aperçoit que cette façon d'entendre la participation a quelque chose d'illusoire. L'être du *Sophiste*,

vue du bien et du beau ; — *Phæd.*, 74^d-75^b : πάντα... ἐνδεῖ, βούλεται, ὀρέγεται τοῦ ὅ ἔστιν ἴσον, καὶ αὐτοῦ ἐνδεέστερά ἐστι : ce passage est très remarquable ; — *Politic.*, 269^d : τὸ πᾶν... ζῷον ὂν καὶ φρόνησιν εἰληχὸς ἐκ τοῦ συναρμόσαντος αὐτὸ κατ' ἀρχάς (la φρόνησις a sa règle dans les idées) ; — *Tim.*, 30^{b-c}, 34^b, 92^c.

1. PLAT., *Rep.*, VII, 517^e ; — Cf. *Ibid.*, VI, 505^a.
2. 251^e-252^d, 253^b, 254^b, 255^e (Platon emploie, dans ces passages, les termes μετέχειν, μίξις, σύμμιξις, κοινωνία).

c'est le « tout ». Ce tout contient des genres ; et, parmi ces genres, il en est qui s'accordent, tandis que d'autres s'excluent. Mais Platon ne dit nulle part, dans cet écrit, qu'ils sont immanents aux choses sensibles. Bien plus, il nous fait comprendre assez clairement, à propos de la définition du philosophe, que l'être, qui est le premier genre, a une existence séparée[1] ; car il en parle dans des termes identiques à ceux de la *République*. Et, si le premier genre est séparé, il faut aussi que les autres le soient, vu qu'ils s'y rattachent. Le *Sophiste* lui-même suffit à détruire l'interprétation moniste que l'on essaie d'en tirer.

Il est bon maintenant de résumer les principales conclusions de ce chapitre. Voici, je crois, ce que l'on peut tenir pour établi :

1° Il y a des idées, c'est-à-dire des réalités universelles, immuables et parfaites.

2° Les idées ne sont pas « séparées » les unes des autres ; elles se mélangent et vont, comme par degrés, s'identifier dans « l'idée d'être » : elles aboutissent à l'unité.

3° Les idées ne sont pas non plus « séparées » de la pensée. Dès le jour de leur apparition, l'âme, considérée en elle-même, nous est donnée comme étant de leur famille ; et cette croyance se maintient jusqu'au bout, avec des variantes qui viennent de la diversité des points de vue, mais qui n'en détruisent pas l'identité. Platon a fait une place croissante aux considérations psychologiques, à mesure qu'il s'est avancé en âge ; il n'a jamais donné le pas à la pensée sur les idées. D'après lui, ces deux choses ont toujours procédé l'une et l'autre et au même titre d'un principe supérieur qui est « le bien », et tiré de là toute

---

1. 254a-b ; — V. plus haut, p. 100, 101.

leur réalité : ce sont comme deux courants qui sortent de la même source. Par suite, l'esprit possède les idées et les découvre ; il ne les fait pas. Le conceptualisme des dernières années de Platon est le roman du Platonisme.

4° Par contre, les idées sont « séparées » des choses sensibles, soit à cause de leur unité, soit à cause de leur fixité, soit à cause de leur absolue perfection. C'est ce qui résulte directement ou indirectement de tous les dialogues qui dépassent la période socratique, même de ceux que l'on appelle dialectiques. Il n'existe pas moins une certaine participation de la nature aux idées ; et cette participation consiste en ce que les intelligibles contiennent à la fois le modèle, la cause finale et la première cause efficiente du monde visible.

5° Les idées sont subsistantes ; car chacune d'elles est une détermination essentielle de l'être, un aspect particulier de l'être, ou, si l'on veut, l'être encore inadéquatement aperçu.

6° Platon, vers la fin de sa vie, a dit des idées qu'elles étaient des nombres ; mais ces nombres n'ont jamais été des abstractions mathématiques ; ils ont toujours enveloppé un élément qualitatif : c'est de l'être éternellement arithmétisé.

CHAPITRE IV

LA NATURE

Au-dessous des idées, il y a la nature.

Mais cette autre partie de l'être ne se laisse pas réduire, comme la première, en formules dialectiques. « Ce qui est fixe, immuable et intelligible ne supporte que des raisonnements fixes et immuables, incapables autant que possible d'être réfutés ou ébranlés : il faut qu'ils ne laissent rien à désirer sous ce rapport. Quant à la copie de ce qui est immuable, il convient, par le fait même que c'est une copie, d'en parler d'une manière vraisemblable et analogique : ce que l'essence est à la génération, la vérité l'est à l'opinion. Tu ne seras donc pas étonné, Socrate, si, après que tant d'autres ont disserté de tant de façons sur les dieux et l'origine du tout, je ne réussis pas à donner, touchant le même sujet, des explications absolument concordantes et rigoureuses. Pourvu que mes paroles n'aient pas plus d'invraisemblance que celles des autres, il faudra nous en contenter. Car, moi qui parle et vous qui jugez, nous sommes tous des hommes ; et, par suite, il nous convient en pareille matière de nous borner à des considérations d'ordre mythique [1]. »

Les choses sensibles enveloppent toujours de « l'infini » ; de plus, elles s'écoulent sans cesse et ne présentent que

---

1. Plat., *Tim.*, 29$^{b\text{-}d}$, 48$^{b\text{-}d}$, 59^c, 72$^{d\text{-}e}$.

des rapports variables : elles manquent à la fois d'intelligibilité et de fixité. Par là même, elles n'ont pas l'excellence voulue pour être objet de science ; elles forment une sorte de domaine inférieur, qui est celui de l'opinion et de la conjecture [1].

Il est cependant deux principes auxquels on peut avoir recours, lorsqu'il s'agit de déchiffrer l'énigme de l'univers. Le premier est celui de cause efficiente, grâce auquel on remonte de la nature jusqu'à son auteur pour en descendre ensuite par voie déductive [2]. Le second, et le plus important, est « l'idée » même du « bien ». Le « bien » qui préside à la constitution de « ce qui est toujours et n'a pas de naissance », est aussi la cause ultime et la loi de « ce qui devient toujours et n'est jamais ». Le monde sensible a pour modèle les idées et leur ressemble dans la mesure où le permet son essentielle imperfection : il est le meilleur possible [3]. Et de là une règle d'interprétation dont les conséquences sont infinies.

Ces principes, il est vrai, ne font pas que tout s'éclaire ;

---

1. V. plus haut, p. 50-51. — Certains critiques, tels que Schelling (*Sämmtlich. Werk.*, *Philosophie und Religion*, t. VIe, p. 36-37, éd. Stuttgart et Augsburg, 1856-1862) et Weiss (*Die Idee der Gotheit*, Dresde, 1833), ont prétendu que le *Timée* n'était pas authentique, vu que l'auteur de cet ouvrage est un physicien et que Platon a toujours dédaigné la physique (V. *Phédon*, 96^a et sqq.; *Soph.*, 243^b). Mais je ne vois pas que Platon ait jamais cessé de considérer la physique comme un système d'opinions et de conjectures ; et c'est précisément à ce titre inférieur que le *Timée* en parle : la chose est assez claire. Il n'y a donc aucune contradiction entre la position de ce dialogue à l'égard des physiciens et celle que l'on remarque dans les autres. Bien plus, le *Phédon* veut que tout s'explique scientifiquement à la lumière de la finalité ; le *Timée* est plus réservé : suivant cet écrit, la connaissance de la nature n'est, quoi qu'on fasse, qu'un ensemble d'opinions.

2. PLAT., *Tim.*, 28^a. — On fera plus loin l'analyse de ce principe d'après Platon.

3. PLAT., *Rep.*, VII, 517^{b-c} ; — *Tim.*, 28^a-29^b : ... ὁ μὲν γὰρ κάλλιστος τῶν γεγονότων, ὁ δὲ [πατὴρ τοῦ κόσμου] ἄριστος τῶν αἰτίων (on verra plus loin ce qu'il faut entendre par le Père du Monde)· οὕτω δὴ γεγενημένος πρὸς τὸ λόγῳ καὶ φρονήσει περιληπτὸν καὶ κατὰ ταὐτὰ ἔχον δεδημιούργηται. Τούτων δὲ ὑπαρχόντων αὖ πᾶσα ἀνάγκη τόνδε τὸν κόσμον εἰκόνα τινὸς εἶναι.

ils ne rendent pas la nature intelligible, vu que son essence est de ne pas l'être. Mais ils nous révèlent un vaste système d'approximations, qui, sans acquérir la dignité d'une science, ne laissent pas de nous initier à la beauté de l'univers [1], et deviennent ainsi la source d'utiles et nobles joies [2].

I

Il y a, comme l'a dit Empédocle, quatre corps primitifs : la terre, l'eau, l'air et le feu [3].

Mais ces quatre corps ne sont pas irréductibles les uns aux autres, ainsi que le voulait le philosophe d'Agrigente. « L'eau, à ce qu'il semble, devient, en se congelant, des pierres et de la terre; la terre dissoute et décomposée s'évapore en air; l'air enflammé devient du feu. A son tour, le feu comprimé et éteint redevient de l'air; l'air condensé et épaissi se change en nuages et en brouillard; les nuages, par un accroissement de condensation, s'écoulent en eau; l'eau se transforme derechef en terre et en pierres. Tout cela forme un cercle dont les parties paraissent s'engendrer les unes les autres [4]. »

Il faut donc qu'il existe un principe unique d'où sortent et où retournent toutes les formes que revêt la nature; il faut que tous les phénomènes physiques aient un seul et même « réceptacle », un seul et même sujet [5].

1. C'est ce qui ressort de l'accent général du *Timée*.
2. Plat., *Tim.*, 59ᵉ, 88ᶜ.
3. Id., *Phileb.*, 29ᵃ; — *Tim.*, 32ᵇ, 48ᵇ.
4. Plat., *Tim.*, 49ᶜ. — Un peu plus loin (54ᶜ⁻ᵈ), Platon fait une exception à cette loi. L'eau, l'air et le feu, ayant le même élément originel, à savoir le triangle rectangle scalène dont l'hypothénuse est le double du plus petit côté, se transforment les uns dans les autres. Il en va différemment de la terre, qui a pour élément originel le triangle isoscèle : entre elle et les trois autres corps, aucune transformation n'est possible *in re*; il n'en existe qu'apparemment, au regard des sens.
5. Id., *Ibid.*, 50ᵃ.

De plus, il est nécessaire que ce sujet universel, par le fait qu'il doit recevoir toutes les formes, n'en possède lui-même aucune ; car, s'il en avait une qui lui fût propre, il deviendrait inapte à revêtir les autres. Il n'est donc « ni de la terre, ni de l'air, ni du feu, ni de l'eau, ni rien de ce que ces corps servent à composer, ni aucun des éléments dont ils sont eux-mêmes sortis » ; tout ce qu'on en peut dire, c'est qu'il est « un certain être invisible, amorphe, qui contient toutes choses dans son sein »[1]. « Ceux qui composent des parfums s'appliquent d'abord à priver de toute odeur la liqueur qu'ils veulent parfumer ; et quand on se propose de façonner une substance molle, on commence par effacer toutes ses saillies : on la polit de manière à la rendre le plus unie possible[2]. » C'est là l'image de la matière[3] : il faut que, « pour être apte à recevoir, dans toute son étendue, des copies de tous les êtres éternels », elle perde elle-même toute détermination[4].

Absolument informe en son fond, la matière se meut de toute éternité. Car imaginez, avec le philosophe de Clazomène, qu'il y ait eu d'abord un état de repos absolu, jamais le mouvement n'aurait pu se produire. Antérieurement à la formation du ciel, « la nourrice du monde, humectée et enflammée, recevait déjà les formes de la terre et de l'air, subissait toutes les modifications qui s'y rapportent et apparaissait ainsi sous mille aspects divers[5]. »

---

1. Plat., *Tim.*, 51ᵃ : ... ἀλλ' ἀνόρατον εἶδός τι καὶ ἄμορφον, πανδεχές...
2. *Id., Ibid.*, 50ᵉ.
3. J'emploie ici le terme de « matière » pour la commodité de l'exposition. Platon ne l'a jamais pris en ce sens. Le seul passage de ses écrits où le mot ὕλη ait une signification approchante est la page 54ᵉ du *Philèbe*. Encore est-on loin, dans cet endroit, de l'ὕλη d'Aristote.
4. Plat., *Tim.*, 51ᵃ... Au fond, la théorie du πανδεχὲς de Platon est la même que celle d'Aristote (V. notre *Aristote*, p. 27, note 2).
5. *Id., Ibid.*, 52ᵈ. Que le mouvement, *ut sic*, soit éternel, c'est une conclusion qui ressort également du *Phèdre* (245ᶜ-ᵉ). Si Platon, dans ce passage, affirme l'éternité de l'âme, c'est pour expliquer l'éternité du mouvement. La

Ce mouvement de la matière n'a de son chef ni trêve ni repos. A ne considérer que « le réceptacle » de la nature, tout s'écoule sans cesse, excepté lui-même : de telle sorte que, si le monde n'enferme d'autre principe que celui-là, on ne peut dire d'aucune chose qu'elle a telle ou telle qualité ; car, au moment même où l'on affirme qu'elle est ceci, elle a déjà changé, elle est devenue différente[1]. « Imaginons que l'on fasse prendre toutes les formes possibles à un lingot d'or, et de telle manière qu'il n'y ait aucun arrêt dans leur succession. Si quelqu'un, montrant l'une de ces formes, venait à demander ce qu'elle est, on serait sûr de dire la vérité en répondant que c'est de l'or. Mais on ne pourrait affirmer, comme si cette forme existait réellement, qu'elle est un triangle ou toute autre figure ; vu que cette figure disparaît au moment même où l'on en parle. Si donc l'on répondait pour éviter toute erreur : c'est quelque chose de semblable, il faudrait s'en tenir là. Ainsi du principe qui reçoit tous les corps en lui-même : il convient de le désigner toujours par le même nom ; car il ne change jamais de nature[2]. » Mais, par ailleurs, il varie sans relâche et n'a de permanent que son devenir ; si bien qu'on n'en peut rien affirmer.

De même que le mouvement de la matière ne subit pas d'arrêt, il ne comporte non plus aucune espèce de mesure. Le chaud et le froid, le sec et l'humide, le doux et le fort, le lent et le rapide ne trouvent jamais de « terme », aussi longtemps qu'ils sont abandonnés au caprice de leur mobile essence : tout y croît et décroît indéfiniment, au gré des impulsions extérieures[3]. De là,

question de l'éternité du mouvement se présente sous un autre jour, lorsqu'il s'agit des changements rythmiques, conformes « aux idées et aux nombres » ; et l'on verra plus loin ce qu'il en faut penser.

1. PLAT., *Tim.*, 49ᵈ.
2. *Id., Ibid.*, 50 ᵃ⁻ᶜ.
3. *Id., Phileb.*, 24ᵃ-25ᵃ.

une agitation chaotique, une suite de changements qui n'ont ni raison ni règle. La nourrice du monde se mouvait avant qu'il fût organisé. Mais, « comme elle était soumise à des forces inégales et sans équilibre, elle était sans équilibre elle-même, poussée de tous côtés et irrégulièrement, recevant des corps une impulsion qu'elle leur rendait à son tour ». Les quatre espèces de corps s'entrechoquaient dans son ample sein, comme les grains de blé dans un van[1].

Si le mouvement de la matière est éternel, il faut aussi qu'elle le soit elle-même. Et, si la matière est éternelle, elle ne peut être mue du dehors; car alors elle est première et n'a rien avant elle qui puisse lui communiquer une impulsion. Reste donc qu'elle s'ébranle de l'intérieur; reste qu'elle contienne en soi le principe de son mouvement. Et dire que la matière contient en soi le principe de son mouvement, c'est affirmer du même coup qu'elle a une âme; vu que ce genre de cause est le seul qui se puisse mouvoir de son chef[2]. Mais cette âme, aussi longtemps qu'elle est livrée à ses propres forces et n'a pas trouvé sa loi dans un principe supérieur, réagit d'une manière aveugle aux corps qu'elle meut elle-même et ne fait, par sa spontanéité, qu'en aggraver le désordre[3].

La matière, pourvue d'une âme qui l'agite : voilà donc un principe qu'il faut admettre. Mais il est loin de suffire à l'explication des choses.

La causalité peut déterminer, il est vrai, comme une

---

1. PLAT., *Tim.*, 52^d-53^a.
2. *Id.*, *Phædr.*, 245^{c-o}; — *Lois*, X, 894^b-896^d.
3. *Id.*, *Lois*, X, 896^e. — Il y a deux sortes d'âmes : la bienfaisante (εὐεργέτις) et la mauvaise (ἡ τἀναντία δυναμένη ἐξεργάζεσθαι). La première est celle qui se couronne d'intelligence; la seconde, celle qui en est privée : ψυχὴ... νοῦν μὲν προσλαβοῦσα ἀεὶ θεῖον ὀρθῶς θεὸς οὖσα ὀρθὰ καὶ εὐδαίμονα παιδαγωγεῖ πάντα, ἀνοίᾳ δὲ συγγενομένη πάντα αὖ τἀναντία τούτοις ἀπεργάζεται (*Lois*, 897^b). — Cf. sur l'âme de la matière, notre *Aristote*, p. 22-23.

ébauche d'ordre et d'hétérogénéité. « Les quatre espèces de corps étant mis en mouvement par l'être qui les contenait, et qui était lui-même agité comme un instrument propre à vanner du grain, les parties les plus différentes se séparaient les unes des autres, et les plus semblables tendaient à se réunir : de telle sorte que chacun de ces quatre corps occupait une place distincte, avant que le tout fût formé de leur assemblage[1]. » La causalité produit un commencement de sélection et sort par elle-même du chaos absolu.

Mais s'il n'existait pas d'autre principe d'ordre, la matière n'aurait réalisé que la plus infime partie des combinaisons heureuses qu'enveloppent ses virtualités : le monde serait demeuré dans une effroyable imperfection. Et cependant il faut qu'il réunisse le plus d'être possible en la plus grande harmonie possible : ainsi l'exige, comme on l'a vu, « l'idée » suprême du « bien », celle dont il importe de ne jamais se départir, puisque c'est d'elle que vient toute intelligibilité. L'interprétation de la nature par le recours exclusif à la causalité est contraire d'ailleurs aux données de l'expérience les plus incontestables. Les sphères célestes sont mieux arrondies que celles que l'on fait sur le tour; les mouvements de ces corps immenses et leurs intervalles n'ont rien qui soit livré au hasard : ils paraissent réglés comme au compas[2]. C'est avec une indéfectible régularité que se fait le retour des saisons; l'hiver revient toujours à son heure et l'été à la sienne : ce qui permet à la terre de se réparer dans le repos pour se charger ensuite de fleurs et de fruits. Tout ce qui vit est une merveille d'adaptation : il n'est rien dans l'organisme des animaux, si complexe qu'il soit, qui n'ait son but marqué et n'y par-

---

1. Plat., *Tim.*, 53ᵃ.
2. *Id.*, *Lois*, X, 893ᶜ⁻ᵈ, 897ᵉ-898ᵇ.

vienne en temps opportun[1]. Quoi de plus étonnant, par exemple, que le désir de la génération, cet amour immortel de l'immortalité dans la beauté, que la nature inspire aux individus, afin d'assurer la permanence des espèces[2]! Le monde éclate de mesure, d'harmonie et de proportions bien prises.

Il n'est pas même besoin de recourir, dans le cas donné, à cette série d'observations; c'est assez d'une remarque pour montrer l'insuffisance du mécanisme. Chaque être individuel est un mélange qui renferme à la fois de la terre, de l'eau, de l'air et du feu : chaque être individuel comprend certaines parcelles des quatre corps; il doit donc avoir une force interne qui contrarie leur élan naturel et les retient comme emprisonnées. Que peut être cette force? sinon d'ordre hypermécanique[3].

Une considération plus foncière encore, c'est que la matière, même pourvue d'une âme qui la meut, ne peut exister sans l'addition de quelque autre chose qui la complète. Platon la grossit parfois au point d'en faire une substance qui agit déjà antérieurement à toute finalité. Mais ce n'est là qu'un artifice d'exposition, qui consiste à présenter comme concret ce qui n'est encore qu'un aspect logique du concret. En fait, et lorsqu'on abandonne le langage mythique pour parler celui de la science, la matière n'est plus qu'une abstraction. Le mouvement dont elle se revêt ne souffre ni trêve ni mesure; il n'a donc ni qualité ni quantité définies : il n'existe pas, faute d'être déterminé[4]; et la matière elle-même n'est, de son chef, qu'un être de raison.

Il faut de rigueur que, pour former une nature, la ma-

1. PLAT., *Phileb.*, 26ᵃ⁻ᶜ.
2. *Id.*, *Banq.*, 207ᵃ-208ᵇ.
3. *Id.*, *Phileb.*, 29ᵃ-31ᵃ.
4. *Id.*, *Theæt.*, 183ᵃ⁻ᵇ.

tière s'enrichisse d'une cause « d'arrêt » et « de mesure » qu'elle n'a pas en elle-même; il faut que chaque chose sensible enferme de quelque manière un principe qui proportionne ses parties et qui, par suite, l'harmonise avec elle-même et le reste de l'univers. Toute substance en devenir est un composé de deux éléments essentiels, qui sont « le fini » et « l'infini »[1] : la matière échappe au chaos, la matière se coordonne et devient un monde dans la mesure où elle se tourne vers les idées et reçoit en son indigence leur divine empreinte.

En quoi consiste « le fini », cet autre pôle de « la génération » ? C'est ce qu'il convient de préciser. Et peut-être y faut-il encore plus d'attention que dans l'analyse de l'infini.

D'après le *Timée,* « le fini » est une mesure de l'être qui se ramène presque toujours à une proportion musicale.

Voici comment Dieu fit l'âme du monde, suivant ce dialogue : « De la substance indivisible et toujours la même, et de la substance divisible et corporelle, il composa une troisième espèce de substance, intermédiaire entre la nature du même et celle du divers[2], et l'établit au milieu du divisible et de l'indivisible. De ces trois substances il fit un seul tout, en harmonisant par force la nature intraitable du divers avec le même... Puis, il divisa ce tout en autant de parties qu'il était convenable, et il opéra cette division comme il suit. D'abord, il ôta du tout une partie, puis une seconde partie double de la première, une troisième valant

---

1. PLAT., *Phileb.*, 24ᵃ-26ᵈ : ... Τρίτον φάθι με λέγειν, ἓν τοῦτο τιθέντα τὸ τούτων ἔκγονον ἅπαν, γένεσιν εἰς οὐσίαν ἐκ τῶν μετὰ τοῦ πέρατος ἀπειργασμένων μέτρων.

2. Le contexte montre assez clairement que le même (ταὐτὸν) est l'οὐσία ἀμέριστος... ou l'idée, et que le divers est la matière ou l'infini (V. d'ailleurs, sur ce point, STALLB., VII, 135-136).

une fois et demie la seconde et trois fois la première, une quatrième double de la seconde, une cinquième triple de la troisième, une sixième octuple de la première, une septième valant la première vingt-sept fois. Cela fait, il remplit les intervalles doubles [1] et triples [2], en enlevant au tout d'autres parties qu'il disposa de manière à ce qu'il y eût dans l'intervalle deux moyennes, dont la première surpasse un de ses extrêmes et est surpassée par l'autre d'une même partie de chacun d'eux, et dont la seconde surpasse un de ses extrêmes et est surpassée par l'autre d'un nombre égal. Comme de cette insertion de moyens termes résultaient des intervalles nouveaux tels que chaque nombre valût le précédent augmenté de la moitié, du tiers ou du huitième, il remplit tous les intervalles d'un plus un tiers par des intervalles d'un plus un huitième, laissant de côté dans chaque intervalle d'un plus un tiers une partie telle que le dernier nombre inséré fût au nombre suivant dans le rapport de 256 à 243 [3]. »

Cette espèce de chimie de l'âme contient deux moments dont le premier est une synthèse. Or, dans cette synthèse, il entre d'abord deux substances, puis trois, puis quatre. De plus, l'âme commence par n'y comprendre que deux principes; ensuite, elle en comprend trois : le tout qui résulte du premier mélange, une autre partie du même et une autre partie du divers. Que sont ces nombres, 2, 3, 4 ? ceux qui viennent après l'unité sur les côtés de la pyramide de Macrobe [4].

1. Ceux de la proportion dont la raison est 2.
2. Ceux de la proportion dont la raison est 3.
3. Plat., *Tim.*, 35ᵃ-36ᵇ.
4. Voici cette Pyramide :
Elle représente deux proportions géométriques qui ont l'une et l'autre l'unité comme point de départ, mais dont la première, celle de gauche, a pour raison le nombre 2 et la seconde, celle de droite, le

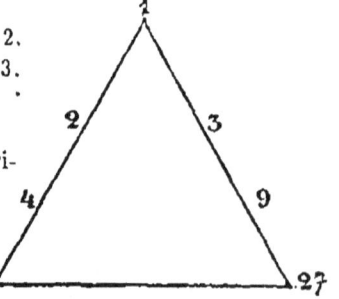

Le second moment de la formation de l'âme est une sorte d'analyse; et cette analyse comprend elle-même deux phases, dont la première est encore conforme à la pyramide indiquée et en épuise à la fois les deux proportions : la première partie enlevée au tout vaut un, la seconde deux, la troisième trois, la quatrième quatre, la cinquième neuf, la sixième huit, et la septième vingt-sept. Or qu'est-ce que ces deux proportions? Le fondement du diagramme musical des Grecs. Seulement, au lieu de partir de l'unité dans la composition de ce diagramme, on commençait par le nombre 384, afin d'éviter l'inconvénient que présentent les fractions; et l'on avait 384 à la place de l'unité, 768 à la place de 2, 1152 à la place de 3 : ainsi du reste [1].

La seconde phase de l'analyse où se continue la formation de l'âme, celle aussi où elle s'achève, comprend les tons et les demi-tons qui doivent s'intercaler entre les chiffres précédents pour constituer une échelle musicale complète [2].

Ainsi l'âme du monde, « qui est supérieure au corps tant en âge qu'en vertu, qui doit rester maîtresse de soi et de la matière », a reçu, comme « mesure » de son être, les lois mêmes de l'harmonie : elle est un heptacorde.

C'est d'après les mêmes règles que le Démiurge divisa le cercle intérieur ou du divers. « Il en fit sept cercles inégaux, avec des intervalles doubles et triples, trois de chaque espèce, et il assigna à ces cercles des mouvements contraires, dont trois de la même vitesse, les quatre autres inégaux, tant entre eux qu'aux trois premiers, mais allant

---

nombre 3. — V., sur cette question, les commentaires de STALLBAUM (VII, 140-146).

1. V. STALLBAUM, VII, 142-146.
2. MÜLLACH, *Frag. phil. græc.*, III, p. 143, Paris, 1881.

tous ensemble harmonieusement [1]. » Les orbites planétaires [2] sont également distancés d'une manière conforme aux proportions musicales : ils forment un autre heptacorde, immense celui-là, et jeté dans les profondeurs du ciel pour le charme des hommes et des dieux.

Pareil est le rapport que soutiennent entre eux les corps primitifs. « Le feu est à l'air comme l'air est à l'eau ; de son côté, l'air est à l'eau comme l'eau à la terre [3]. » Ce qui se traduit en chiffres par la proportion suivante : $1:2 = 2:4 ; 2:4 = 4:8$. C'est une partie de l'octave qui réapparaît [4].

Bien plus, la musique règle jusqu'à la constitution des quatre corps. C'est le triangle qui en forme l'élément originel ; et cette figure est une sorte de monade trinaire : elle a pour « limite » le rapport d'un à trois. En outre, tous les triangles dérivent de deux triangles, qui sont le rectangle isoscèle et le rectangle scalène. Chacune de ces deux espèces de triangles doit passer par un certain nombre de combinaisons pour parvenir à former des solides ; et ces combinaisons sont significatives [5].

La forme de l'eau, celles de l'air et du feu ont comme point de départ le rectangle scalène dont le plus petit côté et l'hypothénuse sont dans le rapport de 1 à 2 [6], et par suite dont le carré du plus petit côté et le carré du plus grand sont dans le rapport de 1 à 3 [7]. Ce point de départ

---

1. Plat., *Tim.*, 36c-d.
2. Que les 7 cercles désignent les orbites planétaires, c'est ce qui est affirmé un peu plus loin (38d) : σώματα δὲ αὐτῶν ἑκάστων [πλανήτων] ποιήσας ὁ θεὸς ἔθηκεν εἰς τὰς περιφοράς, ἃς ἡ θατέρου περίοδος ᾔειν, ἑπτὰ οὔσας ὄντα ἑπτά.
3. *Id., Ibid.*, 32b-c.
4. Stallb., VII, 127.
5. Plat., *Tim.*, 53c-e.
6. *Id., Ibid.*, 54b.
7. *Id., Ibid.* — Soit le triangle rectangle scalène suivant, dont le petit côté *bd* est la moitié de l'hypothénuse *ab* :

une fois donné, il faut arriver au triangle équilatéral, qui est la triade parfaite ; et l'on a deux manières d'y réussir. D'abord, on peut prendre deux rectangles scalènes égaux, tels que celui que l'on vient d'indiquer, et les unir par leur côté moyen : ce qui donne encore le rapport de 1 à 2 [1]. Ou bien, « l'on rapproche deux de ces triangles, de manière que les deux côtés superposés soient la diagonale de la figure formée par ce rapprochement ; et l'on répète trois fois cette opération, en ayant soin que toutes les diagonales et tous les petits côtés se réunissent en un même point qui leur serve de centre commun [2] » : ce qui donne à nouveau le rapport de 1 à 3, si l'on prend pour un tout, comme le veut l'opération, les deux scalènes que l'on a d'abord accouplés.

La forme de la terre a pour figure initiale le rectangle isoscèle. Le Démiurge réunit quatre triangles de cette espèce, les quatre angles droits au centre, et composa de cette manière un tétragone équilatéral, dont il fit la « limite » des particules terrestres [3] : combinaison nouvelle et plus complexe, avec laquelle on monte d'un degré dans l'octave ; le rapport de la partie à ses composés devient ici 1 à 4.

 On a par là même :

$$3\,bd^2 = ad^2 ; \text{ ou : } \frac{bd^2}{ad^2} = \frac{1}{3}.$$

V. sur ce point STALLBAUM, VII, p. 227.

1. Supposez qu'au triangle précédent, *abd*, on ajoute un autre triangle de même espèce et de même dimension, *adc* ; on aura l'équilatéral suivant :

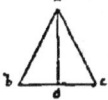 Vu que, *bd* valant la moitié de *ab*, *bdc* lui est égale.

2. PLAT., *Tim.*, 54ᵈ⁻ᵉ.
3. *Id.*, *Ibid.*, 55ᵇ⁻ᶜ.

Voilà, nous semble-t-il, ce qui résulte du *Timée*. La musique est la reine du ciel, et parce qu'elle est d'abord la reine de l'hyperciel. Tout se conforme à ses lois : l'âme du monde, les distances des sphères, la proportion des quatre corps et les figures géométriques qui les informent ; la nature est une lyre vivante qui joue un hymne éternel à la splendeur de l'Être. Et cette doctrine n'apparaît pas ici pour la première fois ; elle hantait l'esprit de Platon bien avant la composition du *Timée :* on en trouve déjà l'idée fondamentale dans la *République*. Au troisième livre de ce long ouvrage, l'auteur parle du rythme et de l'harmonie. Il observe qu'ils constituent le caractère dominant des beaux-arts ; puis il ajoute : « La nature des corps et celle des plantes en sont pleines aussi [1]. » Platon a toujours compris le monde en musicien ; sa pensée à cet égard n'a fait que se préciser avec le temps.

Les notions d'infini et de fini une fois données, on voit mieux les rapports que soutiennent entre eux ces principes essentiels de tout être en devenir.

Puisque les idées ont une existence transcendante, ce ne sont pas elles qui se mêlent aux choses sensibles pour en être la forme ; et l'on peut dire, dans ce sens, que le fini est « séparé » de l'infini. Mais, si les idées ne se mêlent pas aux choses sensibles, elles s'y reflètent de quelque manière : la nature en est une image périssable. Et l'on peut dire, sous cet autre rapport, que le fini est immanent à l'infini.

C'est cette seconde acception qui frappe Aristote et il s'en contente. A quoi servent les idées ? dit-il. Qu'il y ait un Socrate éternel ou qu'il n'y en ait pas, Socrate ne

---

1. 401ᵃ : Ἔστι δέ γέ που πλήρης μὲν γραφικὴ αὐτῶν [ῥυθμοῦ καὶ ἁρμονίας] καὶ πᾶσα ἡ τοιαύτη δημιουργία,... ἔτι δὲ ἡ τῶν σωμάτων φύσις καὶ ἡ τῶν ἄλλων φυτῶν. — V. aussi plus haut, p. 80-82.

demeure pas moins possible; et il ne naîtra pas moins, si par ailleurs il doit naître; car il n'a point pour cause efficiente un acte pur, mais bien une substance qui est, comme lui, sujette à la loi de contrariété : « l'homme engendre l'homme ». C'est assez, pour expliquer les choses, du « fini » qui va de la puissance à l'acte ou de l'acte à la puissance, et que la matière conserve toujours de quelque manière dans ses éternelles virtualités. Le « fini » d'imitation suffit; le modèle est inutile[1].

De plus, le fini, au second sens du mot, n'est pas seulement inhérent à l'infini, d'après la pensée de Platon; mais encore il en procède, comme d'une source éternelle, sous l'influence du désir qu'inspire à l'âme du monde le spectacle de l'intelligible. Le Démiurge plaça dans cette âme « de la substance indivisible et toujours la même »; il l'admit à la contemplation des essences éternelles et parfaites. Puis il l'épandit partout, du milieu jusqu'aux extrémités de l'univers, afin que, sollicitée et réglée par son divin modèle, elle introduisît partout la mesure, l'ordre et la proportion. C'est du dedans que l'infini se détermine et se façonne; c'est du dedans qu'il s'élève à l'excellence du fini.

En troisième lieu, le fini n'exerce pas sur l'infini un empire intégral; il n'obtient à son endroit qu'une moitié de victoire. Son rôle n'est pas d'arrêter le flux des choses sensibles; il ne fait que le régler. La nature est vie et ne peut cesser un seul instant de se mouvoir. Mais, par le fait que le fini intervient, il apporte dans ce cours perpétuel la mesure et la proportion. Il en est à peu près comme d'une fontaine qu'alimente un torrent impétueux et dont les divers orifices bien harmonisés ne donnent pourtant au public que la quantité d'eau convenable.

---

1. Arist., *Met.*, A, 9, 991^b, 3-4; M, 5, 1080^a, 2-3; 1079^b, 27-30; Z, 8, 1033^b, 24-28, 32.

II

Le fini et l'infini : tels sont les principes constitutifs de l'être qui devient. Il faut expliquer maintenant par quelle série de combinaisons le monde en est sorti.

Le monde est fait à l'image des intelligibles : il imite le plus possible leur suprême harmonie. Le divers s'y ramène donc au même, comme en eux : il est unique, comme son divin modèle. Le Démiurge « n'en a fait ni plusieurs ni une quantité infinie; il n'a fait que celui-là, et il n'y en aura pas d'autres »[1]. Par suite, c'est rêver à la manière d'un enfant[2] que d'imaginer, au delà du système cosmique dont nous faisons partie, d'autres étoiles et d'autres planètes, des mondes qui naissent et des mondes qui meurent; cet univers comprend tout ce qui est et tout ce qui peut être. Au delà, il n'existe ni terre, ni eau, ni air, ni feu, ni aucun autre principe d'énergie, ni aucune autre parcelle de matière, si infime qu'elle soit. Au delà, il n'y a rien : c'est la solitude infinie qui commence[3].

En second lieu, le monde est sphérique. Il convenait qu'il eût la forme la plus belle, celle « qui est la plus semblable à elle-même », qui s'éloigne le plus du divers et reproduit avec le moins d'imperfection possible l'intégrale unité des essences. Ainsi le voulait également le rôle du monde à l'égard de ses parties : « la forme la mieux appropriée au vivant qui devait contenir tous les autres vivants, ne pouvait être que celle qui enclôt en elle-même toutes les autres formes[4] ». Pourquoi d'ailleurs

---

1. Plat., *Tim.*, 30ᵉ-31ᵇ, 34ᵇ, 55ᵈ.
2. *Id., Ibid.*, 55ᵈ.
3. *Id., Ibid.*, 32ᶜ-33ᵃ.
4. *Id., Ibid.*, 33ᵇ.

la frontière du monde présenterait-elle un autre aspect? Puisqu'il est unique, il n'a pas besoin d'organes de relation qui fassent saillie à sa surface; car, dans cette hypothèse, il n'existe pas d'êtres en dehors de lui. « Dieu arrondit la surface du tout et la polit avec le plus grand soin, pour plusieurs raisons. Il était inutile au monde d'avoir des yeux et des oreilles, puisqu'il ne restait en dehors rien à voir ni rien à entendre; ou des poumons, puisqu'il n'existait autour de lui aucune espèce d'atmosphère; ou des appareils de nutrition et de digestion, puisqu'il ne se trouvait rien à l'extérieur qui pût être absorbé ou rejeté. Le monde fut fait pour se nourrir de ses propres pertes; et toutes ses affections, toutes ses actions lui viennent de lui-même et y demeurent : car l'auteur du monde estima qu'il vaudrait mieux que son ouvrage se suffît, que d'avoir besoin d'un secours étranger. De même, il ne jugea pas nécessaire de lui faire des mains, vu qu'il n'y avait rien, au delà de ses limites, ni à saisir ni à repousser; ou des pieds ni rien de ce qu'il faut pour la marche[1] », vu qu'il ne restait au dehors aucun espace à parcourir.

De la sphéricité du Tout dérivent deux conclusions importantes : premièrement, le monde est fini; secondement, il ne va nulle part, puisqu'il n'y a pas de lieu vers lequel il puisse aller. Et ces deux conclusions, Aristote les reproduira dans son *Ciel* en les fondant sur des preuves analogues[2].

Mais Platon tire de la même prémisse une autre conséquence que son disciple n'admet pas et qui semble cependant très profonde. Aristote se prononce pour l'idée du haut et du bas et s'escrime à démontrer qu'elle a sa raison d'être dans les choses. Au gré de Platon, le

---

1. PLAT., *Tim.*, 33c-d. — Aristote développe la même considération à propos de l'immobilité des astres (V. notre *Aristote*, p. 130-131).
2. B, 4, 287^a, 11-22: 287^b, 14-20; cf. A, 3, 269^b, 29-31.

haut et le bas ne sont que des apparences. « Il n'est pas juste de croire, dit-il, qu'il y a dans la nature deux lieux qui séparent l'univers en deux parties et sont opposés l'un à l'autre : le bas vers lequel se porte tout ce qui a un corps; le haut vers lequel rien ne s'élève que par violence. » Car, le ciel étant sphérique, c'est exactement de la même manière que les différentes parties de sa circonférence sont opposées à son centre, et son centre aux différentes parties de sa circonférence. Et cette manière consiste uniquement en ce que le milieu et l'une quelconque des extrémités aient toujours la même distance; le haut et le bas n'y sont pour rien. La même assertion peut d'ailleurs s'établir à l'aide d'une hypothèse assez simple. « Imaginez un corps solide placé en équilibre au centre du monde »; « si quelqu'un en fait le tour, il lui arrivera d'appeler le haut ou le bas, à l'extrémité d'un diamètre, ce qu'à l'autre extrémité il avait désigné par le nom contraire[1]. » D'où vient donc que nous attribuons au monde une partie inférieure et une partie supérieure? de ce que les corps légers s'élèvent naturellement au-dessus de notre tête; tandis que les autres, lorsque nous les projetons suivant la verticale, viennent retomber à nos pieds. La notion de haut et de bas n'a de fondement que dans notre nature : elle est anthropomorphique[2].

Puisque le monde n'est pas errant, il ne va ni à gauche ni à droite, ni en avant ni en arrière, ni en haut ni en bas; il n'a gardé, des sept mouvements de l'âme[3], que celui qui convient le mieux à sa forme sphérique, la plus belle de toutes. Il tourne sans cesse sur son axe avec une régularité parfaite; car c'est ce mouvement sur place

---

1. PLAT., *Tim.*, 62ᶜ-63ᵃ.
2. *Id., Ibid.*, 62ᵃ⁻ᵉ; — Cf. *Rep.*, IX, 584ᵈ⁻ᵉ.
3. *Id., Tim.*, 43ᵇ : εἴς τε γὰρ τὸ πρόσθεν καὶ ὄπισθεν καὶ πάλιν εἰς δεξιὰ καὶ ἀριστερὰ κάτω τε καὶ ἄνω...

et d'une vitesse toujours égale qui a le plus de parenté avec le même, qui se rapproche le plus de l'intelligence et de la pensée : c'est ce mouvement qui l'emporte en beauté sur tous les autres[1].

Le divers, qui se manifeste déjà dans la sphère suprême, s'accuse davantage au fur et à mesure qu'on s'en éloigne. Le monde va de l'un au multiple, comme l'être éternel; de plus, à travers ce multiple lui-même, il se dégrade indéfiniment. Il doit être le meilleur possible afin de produire la plus grande somme de bonheur possible; et, pour réaliser cette condition, il faut qu'il développe dans l'unité son maximum de variété[2].

Il existe en tout huit sphères, qui s'emboîtent les unes dans les autres, comme des vases, et sont distancées d'après les intervalles harmoniques[3].

La première de ces sphères, celle qui forme la limite du ciel, tourne de l'est à l'ouest et communique son mouvement aux sept autres. Ces sept autres sphères ont elles-mêmes des mouvements qui leur sont propres et qui se font dans le sens inverse : elles vont de l'ouest à l'est dans le plan de l'écliptique[4], et avec une vitesse d'autant

---

1. Plat., *Tim.*, 34ª.
2. *Id., Ibid.*, 41ᵇ⁻ᶜ.
3. *Id., Ibid.*, 36ᶜ⁻ᵈ, 39ᵇ; — *Rep.*, X, 617ª et sqq. : là, les cercles deviennent des pesons enchâssés dans un même fuseau, qui représente la nécessité.
4. *Id., Ibid.*, 36ᵉ : τὴν μὲν δὴ ταὐτοῦ κατὰ πλευρὰν ἐπὶ δεξιὰ περιήγαγε, τὴν δὲ θατέρου κατὰ διάμετρον ἐπ' ἀριστερά. Que la droite représente l'est et par suite la gauche l'ouest, c'est ce que nous apprennent les *Lois* (VI, 760ᵈ) : τὸ δ' ἐπὶ δεξιὰ γιγνέσθω τὸ πρὸς ἕω. Mais alors il semble que le cercle du même doive aller de l'ouest à l'est et celui du divers de l'est à l'ouest : ce qui est contraire à la vérité. Pour comprendre la pensée de Platon, représentons-nous le cercle P : supposons l'est au point *e* et l'ouest au point *o*. En faisant mouvoir ce cercle suivant la flèche qui longe son côté, on le dirige de gauche à droite, et par conséquent de l'est à l'ouest : tel est le mouvement du même. Et l'on peut expliquer d'une manière analogue le mouvement du divers.

moindre qu'elles sont plus éloignées du centre de l'univers [1].

La première sphère porte les étoiles fixes. Mais ces corps brillants n'y sont pas attachés comme des rubis ; tout en partageant le mouvement de leurs cercles respectifs, ils se meuvent aussi sur eux-mêmes, afin d'imiter le plus possible l'unité et l'identité de l'intelligence qui les domine [2].

Sur les autres sphères s'échelonnent « le Soleil, la Lune et les cinq autres astres que nous appelons planètes ». « La Lune obtint l'orbite le plus proche de la Terre ; le Soleil vint après, ensuite Vénus et l'astre consacré à Mercure dont les vitesses sont égales à celle du soleil, tout en possédant une propriété spéciale : ces trois astres, dans leur course, s'emprisonnent les uns les autres à tour de rôle [3] », en vertu de leurs précessions et de leurs régressions.

De l'opposition du mouvement des étoiles à celui des sept autres globes, résulte l'explication d'un phénomène céleste souvent remarqué. La première sphère tourne en un sens et les sept autres dans le sens contraire, emportant avec elles les corps lumineux qui s'y rattachent ; d'autre part, les sept sphères ont, comme on l'a vu, un mouvement d'autant plus rapide qu'elles sont plus petites. De là vient que les astres errants, qui vont le plus vite, semblent atteints par ceux qui vont le plus lentement, tandis qu'en réalité ce sont eux qui les atteignent [4].

Outre le mouvement qu'ils reçoivent de leurs sphères, les astres intérieurs ont-ils un mouvement de rotation, comme

---

1. Plat., *Tim.*, 39ª ; — *Lois*, X, 893c-d ; — Cf. *Ibid.*, VII, 822ª.
2. *Id.*, *Tim.*, 40ª.
3. *Id.*, *Ibid.*, 38d. — V. Cousin, en traduisant δύναμιν par *mouvement* et καταλαμβάνειν par *atteindre*, a commis deux contre-sens (*loc. cit.*, t. XII, p. 131). Pour comprendre ce passage, il est bon de se reporter à la note de Stallbaum (VII, pp. 163-164).
4. *Id.*, *Tim.*, 39ª. — Le sens de ce passage n'apparaît pas clairement à

les étoiles ? Il y a des raisons de l'affirmer, bien que certains auteurs se prononcent pour l'opinion contraire [1]. Ces astres ont la forme sphérique. Or, si Platon attribue la rotation aux étoiles fixes, c'est précisément parce qu'elles ont cette forme : il lui paraît convenable qu'un animal circulaire et divin se meuve sur son axe, afin d'avoir dans son corps l'image sensible de la pensée qui le dirige du dedans et qui toujours porte sur le même [2]. De plus, Platon parle des planètes immédiatement après avoir établi que les étoiles ont un double mouvement; et voici comment il s'exprime : « Quant aux astres errants et soumis à des conversions, il en est comme nous venons de le dire dans la question précédente [3]. » Ces paroles n'indiquent-elles pas que l'auteur n'établit aucune différence de nature entre les mouvements qui conviennent aux planètes et ceux qui conviennent aux étoiles ?

première vue. Il serait plus net, si, à la place de τῇ δὴ ταὐτοῦ φορᾷ, on lisait τῇ δὴ θατέρου...; car il s'agit évidemment, dans le texte, non de la manière dont s'atteignent les étoiles fixes et les planètes, mais de celle dont les planètes s'atteignent entre elles.

Voici le phénomène en question. Supposez deux planètes a et b, dont la 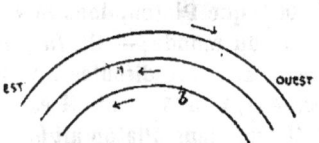 première a un mouvement propre moins rapide, et l'autre un mouvement propre qui l'est plus. Le mouvement apparent de a vaut celui de la sphère céleste moins le sien qui est plus petit; de son côté, le mouvement apparent de b vaut celui de la sphère céleste moins le sien qui est plus grand. Par suite, le mouvement apparent de a est plus rapide que celui de b : c'est a qui semble s'avancer vers b, tandis qu'en réalité c'est le contraire qui se produit.

1. V. Ed. Zeller, *loc. cit.*, p. 812, note 3.
2. Plat., *Tim.*, 40ᵃ⁻ᵇ. — On peut dire, il est vrai, que, d'après Platon, la terre est ronde et que cependant elle ne se meut pas sur son axe. Mais, d'abord, c'est là un point controversé, comme on le verra un peu plus loin. De plus, la terre se trouvant au centre, du moins d'après le *Timée*, il y a des raisons spéciales et conformes aux principes de la cosmogonie platonicienne, pour qu'elle soit immobile.
3. *Id.*, *Ibid.*, 40ᵇ : τὰ δὲ τρεπόμενα καὶ πλάνην τοιαύτην ἴσχοντα, καθάπερ ἐν τοῖς πρόσθεν ἐρρήθη, κατ' ἐκεῖνα γέγονε. Κατ' ἐκεῖνα semble bien se rapporter ici aux ἀπλανῆ τῶν ἄστρων ζῷα : c'est le sens le plus naturel.

« La terre, notre nourrice, est roulée autour de l'axe qui traverse l'univers. » Elle revêt la forme sphérique, comme les astres, et ne subit aucun déplacement [1]. Mais ne se meut-elle pas sur elle-même? C'est une question touchant laquelle Platon ne s'exprime pas en termes décisifs. On n'a guère qu'une phrase du *Timée* pour éclaircir son opinion sur ce point [2]; et cette phrase ne suffit pas. La terre est d'abord présentée comme « roulée » [3] autour de l'axe du monde : ce qui semble vouloir dire qu'elle lui est assujettie de toutes parts et que par là même elle ne se meut pas. Puis, l'auteur ajoute qu'elle est « la gardienne et la productrice du jour et de la nuit » : ce qui fait supposer qu'elle se meut [4]. D'autre part, les historiens ne sont pas d'accord sur l'enseignement de Platon à cet égard. D'après Plutarque, Galien, Proclus, Simplicius et Chalcidius, le fondateur de l'Académie aurait admis l'immobilité de la terre [5]. Aristote en est pour l'interprétation opposée [6].

---

1. PLAT., *Phæd.*, 109ᵃ; — *Tim.*, 40ᵇ⁻ᶜ : γῆν δὲ τροφὸν μὲν ἡμετέραν, εἰλλομένην δὲ περὶ τὸν διὰ παντὸς πόλον τεταμένον φύλακα καὶ δημιουργὸν νυκτός τε καὶ ἡμέρας ἐμηχανήσατο... — Platon a-t-il toujours eu cette manière de voir? On peut le mettre en doute. D'après un passage de la *République* (IX, 584ᵈ⁻ᵉ), le κάτω est la terre et le μέσον un point dont le vulgaire dit que c'est en haut. De plus, Théophraste raconte (PLUT., *Plat. quæst.*, I, 1006) que Platon, dans sa vieillesse, se repentit d'avoir fait de la terre le centre du monde; — Cf. *Id.*, *Vit. Num.*, c. 11 (il est vrai que la valeur de ces textes est discutée : V. ED. ZELLER, *loc. cit.*, p. 808, note 2, et DIELS, *Dox.*, 494, 1, nᵒ 5; mais il est très possible que, sous l'influence croissante des Pythagoriciens, Platon ait fini par incliner vers leur sentiment). — Cf. PLOTIN, *Enn.*, II, 2, 1, éd. Creuzer et Moser, Paris, 1855; EUSEB., *Præp. Ev.*, XV, 8, éd. Migne, Paris, 1857.
2. *Id., Tim.*, 40ᵇ⁻ᶜ.
3. Εἰλλομένην, ou εἰλουμένην, ἰλλομένην (V. STALLBAUM, VII, 171, versions).
4. V. ci-dessus, note 1.
5. PROCL., *Comm. Plat. in Tim.*, 281-283, éd. C. E. CHR. SCHNEIDER, Vratislaw., 1847; — BOECK, *Untersuch. ueber das kosm. syst. d. Plat.*, p. 27, 74-75, Berlin, 1852.
6. *De cœl.*, B, 13, 293ᵇ, 30-32 : ἔνιοι δὲ καὶ κειμένην ἐπὶ τοῦ κέντρου φασὶν αὐτὴν [γῆν] ἴλλεσθαι (var. : καὶ κινεῖσθαι) περὶ τὸν διὰ παντὸς τεταμένον πόλον, ὥσπερ ἐν τῷ Τιμαίῳ γέγραπται; — *Ibid.*, 14, 296ᵃ, 26-27 : οἱ δ' ἐπὶ τοῦ μέσου θέντες ἴλλεσθαι καὶ κινεῖσθαί φασιν περὶ τὸν πόλον μέσον. Ces deux textes se précisent l'un l'autre et suffisent à formuler l'opinion d'Aristote sur le point de la théorie platonicienne en question.

Tel est aussi le sentiment de Diogène de Laërce [1] et de Cicéron qui ne font très probablement que redire le Stagirite [2]. On sait également qu'Héraclide de Pont, disciple de Platon, et le pythagoricien Ecphante soutenaient que notre globe « tourne sur son centre » [3]; et peut-être en cela n'exprimaient-ils pas seulement leur opinion personnelle.

Ces divers motifs s'équilibrent. La seule raison qui puisse incliner l'esprit vers l'hypothèse de l'immobilité, c'est que celle de la rotation ne s'harmonise pas avec le reste de l'astronomie platonicienne : le mouvement diurne y est déjà produit par la sphère des étoiles fixes. Mais, si l'on tient compte de la divergence des témoignages qui précèdent, on sentira sans nul doute que cette autre considération ne constitue guère qu'une probabilité. Il paraît sage d'admettre que la pensée de Platon sur la rotation de la terre a subi certaines variations, ou du moins qu'elle n'a jamais été suffisamment explicite.

Les corps que contient le ciel, ne diffèrent pas seulement au point de vue du site et du mouvement; ils présentent aussi des divergences de nature. C'est de terre que le Démiurge forma la masse centrale, comme l'indique d'ailleurs son nom. Mais « l'espèce » supérieure, « il la composa presque entièrement de feu, afin qu'elle fût plus belle à voir » et qu'elle entourât notre globe comme d'un diadème de lumière [4].

Par contre, ces grands corps obéissent tous au même genre d'impulsion, qui est interne. Ce ne sont pas des masses brutes, comme ces astres dont Démocrite a peuplé ses espaces infinis. Chacun d'eux, y compris la terre, vit

---

1. III, 75, éd. G. Cobet, Paris, 1862.
2. *Acad.*, I, 2, 39, éd. Bouillet, Paris, 1828.
3. Plut., *De placit. pythag.*, III, 13; — V. aussi, pour Heracl. de Pont, *Procl. comment. in Tim.*, p. 281, éd. Schneider.
4. Plat., *Tim.*, 40ᵃ.

de la vie la plus noble et la plus harmonieuse; chacun d'eux possède une âme en commerce éternel avec l'intelligible et éternellement dominée par le charme qu'il exerce : le ciel est plein de dieux [1].

Quand tous les astres eurent reçu la naissance, l'ordonnateur de l'univers leur parla ainsi : « Dieux issus d'un Dieu, vous dont je suis l'auteur et le père,... il reste encore à naître trois races mortelles. Sans elles, le monde serait imparfait; car il ne contiendrait pas en soi toutes les espèces d'animaux, et il doit les contenir pour être parfait. Si je leur donnais moi-même la naissance et la vie, ils seraient semblables aux dieux. Afin donc qu'ils soient mortels et que cet univers soit réellement un tout achevé, appliquez-vous, selon votre nature, à former ces animaux, en imitant la puissance que j'ai déployée moi-même dans votre formation [2]. » La naissance des astres n'épuise pas la richesse de l'être; et par là même, ces corps brillants, si beaux que soient « leurs chœurs de danses », ne suffisent pas à constituer l'univers. Après eux, vient la race humaine qui participe encore de la raison [3]; après la race humaine, les animaux proprement dits qui participent encore du « cœur », ce principe d'émotions et d'élans généreux [4]; après les animaux, les plantes qui n'ont plus que des sensations [5]. C'est alors seulement que se ferme le cycle des générations primitives, parce que c'est alors que la hiérarchie des espèces possibles se trouve entièrement réalisée.

Si variés que soient les corps qui forment l'univers,

---

1. PLAT., *Tim.*, 38^e, 39^e, 40^{a-c}; — *Lois*, X, 886^d, 898^d et sqq.; XII, 966^{d-e} — Cf. *Cratyl.*, 397^{c-d}.
2. *Id.*, *Tim.*, 41^{a-c}.
3. *Id.*, *Ibid.*, 41^d, 42^e et sqq., 69^d-70^a, 73^{c-d}.
4. *Id.*, *Lach.*, 196^d et sqq.
5. *Id.*, *Tim.*, 77^{a-c}.

ils se ramènent tous à quatre genres, comme on l'a déjà vu [1] : la terre, l'eau, l'air et le feu; car l'éther n'existe pas ou n'est que l'air à son plus haut point de fluidité [2]. Chacun de ces genres se compose de particules qui ont une figure spéciale : celles du premier sont cubiques, celles du second octaédriques, celles du troisième icosaédriques et celles du dernier pyramidales [3]. Ces figures elles-mêmes dérivent de deux triangles originels, la première du triangle rectangle isoscèle et les trois autres du triangle rectangle scalène dont l'hypothénuse est double de son petit côté. Elles sont d'ailleurs indivisibles et qualitativement immuables, comme les atomes de Démocrite : c'est là que se rejoignent, dans leurs théories physiques, le mécaniste d'Abdère et le fondateur de l'Académie. De plus, si tels sont les éléments des corps, la loi de l'universelle transformation subit une entorse que Platon d'ailleurs avoue lui-même : l'eau, l'air et le feu peuvent se convertir l'un dans l'autre; mais de la terre aux autres corps, il n'y a pas de passage.

En quoi consistent les triangles originels? Ce n'est pas chose facile à préciser. Probablement, ils ne sont pas de simples abstractions géométriques; Aristote, en cette question, nous semble passer à côté du vrai [4]. On ne peut non plus les comparer « à des feuilles minces d'un métal quel-

---

1. V. p. 120.
2. PLAT., *Tim.*, 58^d; — *Phæd.*, 109$^{b\text{-}c}$. D'ailleurs, tous les éléments corporels se composent, d'après Platon, de triangles rectangles; la cinquième combinaison, au contraire, est le dodécaèdre (*Tim.*, 55^c) qui est formé de pentagones, surfaces indécomposables en triangles rectangles; elle ne peut donc constituer aucun élément (V. ZELLER, *loc. cit.*, p. 800, note 6). — Sur ce point, Platon diffère d'Aristote, pour lequel l'éther est un cinquième élément (V. notre *Aristote*, 124-126).
3. PLAT., *Tim.*, 53^c-55^e.
4. ARIST., *De cœl.*, Γ, 1, 298^b, 33; 7-8, 305^a-307^b; — *De gener. et corr.*, A, 2, 315^b, 30; B, 1, 329^a, 21 et sqq.; — ALEX. APHR., *Quæst. nat.*, II, ιγ', éd. L. Spengel, Monach., 1842.

conque », qui, par leur assemblage, formeraient « un intérieur complètement vide » [1]; car il n'y a pas de vide, d'après Platon. Pour comprendre les triangles originels, il faut se reporter à la notion du « fini », dont elles sont un aspect. Ils apparaissent alors comme des formes irréductibles de la matière; ce sont des moules de nature intelligible, qui demeurent à travers le flux du devenir et lui donnent sa mesure [2].

Quoi qu'il en soit de ce problème ardu, les particules élémentaires des corps demeurent imperceptibles. « Il faut les concevoir dans une telle petitesse, que, quelle que soit l'espèce dont elles relèvent, nous ne pouvons les discerner une à une [3]. » La raison les devine; l'imagination se les représente; les sens ne les atteignent pas. Pour qui sait envisager les choses du point de vue de l'entendement, le monde se compose de rubis dont le dessin varie d'après une loi fixe; c'est comme un palais d'émeraudes tout irisé de lumière et habité par des dieux.

Ce temple de la beauté est éternel : il a toujours existé et il existera toujours, image mouvante mais impérissable de l'immobile vérité. Le monde est le meilleur possible. Or, pour avoir cette excellence, ce n'est pas assez qu'il

1. MARTIN (TH. H.), *Études sur le Timée de Plat.*, p. 241, Paris, 1841.
2. Cette conception résulte de l'idée que Platon se fait du « fini » : c'est toujours une mesure, une proportion de « l'infini » (V. plus haut, p. 126 et sqq.). De plus, Platon, dans le *Ménon*, définit ainsi la figure (76ᵃ) : τοῦτο λέγω, εἰς ὃ τὸ στερεὸν περαίνει, τοῦτ' εἶναι σχῆμα. Ici, la figure n'est que la limite du solide, ce qu'Aristote appellera sa forme. Or jamais Platon n'a dit qu'il ait abandonné cette manière de voir; tout au contraire, il n'a fait que la développer dans le *Philèbe*, en analysant le πέρας et l'ἄπειρον. C'est aussi ce que nous révèle le *Timée* à propos de la formation de l'âme; et l'on ne voit pas que les expressions qu'emploie ce dialogue au sujet de la composition des corps, soient de nature à formuler une doctrine nouvelle.

La figure est donc la limite de la matière. Or quel en est le principe? L'âme elle-même : c'est l'âme qui la construit du dedans; la matière ne fait qu'en rendre accessible aux sens l'invisible dessin.

3. PLAT, *Tim.*, 56ᵇ⁻ᶜ.

épuise le réalisable; il doit encore emplir le passé et l'avenir, comme il emplit le présent. La durée infinie de la nature dérive de « l'idée du bien », au même titre que sa variété et son eurythmie. En outre, le mouvement de la matière est éternel : on l'a déjà établi plus haut. Mais, si le mouvement de la matière est éternel, il faut aussi que celui du cosmos le soit : la conséquence paraît inévitable. Qu'est-ce, en effet, que ce premier mouvement? Vu qu'il ne comporte de lui-même ni trêve ni limite, il n'a jamais ni d'intensité ni de qualité fixes; et, par suite, il n'est de son chef qu'une abstraction et ne peut devenir réel qu'en acquérant du « fini »[1]. Entre l'origine du devenir chaotique et celle du devenir « bien ordonné », il ne s'écoule pas de temps véritable; il n'y a qu'un instant logique[2]. On arrive à la même conclusion en considérant le monde de son point de vue intérieur. S'il y a quelque chose d'éternel, c'est l'âme qui le façonne et le conserve du dedans[3]. Or cette « âme royale », le mouvement ne l'abandonne jamais[4]; il fait partie de son essence : de telle sorte qu'il est également essentiel à l'univers lui-même[5]. Bien plus, l'éternité du mouve-

---

1. PLAT., *Theæt.*, 183ᵃ⁻ᶜ. — V. plus haut, p. 125.
2. Il est vrai que Platon dit, dans le *Timée* (38ᵇ), que le temps a commencé avec l'organisation du cosmos. Mais il s'agit, dans ce passage, d'un aspect de l'acte en vertu duquel le monde s'est formé, c'est-à-dire d'une partie du devenir qui échappe totalement à notre expérience, voire même à notre pensée. Or, dans les cas de ce genre, Platon traduit en langue humaine ce qui est de soi-même intraduisible : il a recours au mythe, suivant la règle indiquée plus haut (p. 52-55). Les paroles du *Timée* que l'on vient de citer, ne peuvent pas plus se prendre à la lettre que l'histoire de la « marmite » où le Démiurge forma l'âme du monde. Ainsi l'entendaient d'ailleurs Speusippe, Xénocrate et Crantor (V. plus loin, p. 145, 352-353).
3. PLAT., *Phæd.*, 106ᵈ : ὁ δέ γε θεός, οἶμαι, ἔφη ὁ Σωκράτης, καὶ αὐτὸ τὸ τῆς ζωῆς εἶδος, καὶ εἴ τι ἄλλο ἀθάνατόν ἐστι, παρὰ πάντων ὁμολογηθείη μηδέποτε ἀπόλλυσθαι; — *Phædr.*, 245ᵈ : ἀρχὴ δὲ ἀγένητον; — *Phileb.*, 30ᵃ⁻ᶜ; — *Lois*, X, 894ᵇ-896ᶜ.
4. *Id.*, *Phædr.*, 245ᶜ : μόνον δὴ τὸ αὑτὸ κινοῦν, ἅτε οὐκ ἀπολεῖπον ἑαυτό, οὔ ποτε λήγει κινούμενον
5. *Id.*, *Phileb.*, 30ᵃ⁻ᶜ; — *Lois*, X, 896ᵇ : ψυχὴ... γενομένη γε ἀρχὴ κινήσεως.

ment « mesuré » est, au regard de Platon, une sorte de fait métaphysique qu'il faut mettre à la base de toute philosophie : la question, d'après lui, n'est pas de le discuter, mais de l'interpréter ; et s'il tient l'âme pour exempte de naissance et de mort, c'est précisément parce que ce fait ne lui paraît plus explicable dès qu'on vient à la concevoir autrement[1].

De quelque côté que l'on envisage le monde, que l'on considère son modèle divin, sa matière, son âme ou son perpétuel écoulement, c'est toujours l'éternité qui se met en vue et s'affirme comme l'un de ses traits essentiels : elle lui vient de l'éternité même de ses principes[2].

Comment cette durée infinie est-elle possible dans un système dont toutes les parties deviennent et dont la plupart sont soumises à la loi de la naissance et de la mort? c'est son organisation elle-même qui l'assure : il en porte dans sa nature mobile la cause immédiate. Le monde est « solitaire » ; il n'y a donc rien en dehors de lui,

---

1. PLAT., *Phæd.*, 72^{b-d} ; — *Phædr.*, 245^{c-e}. Que l'on médite ces deux passages ; et l'on verra qu'il s'agit, dans l'un et l'autre, d'expliquer l'éternité du mouvement réel, c'est-à-dire eurythmique, par l'éternité de l'âme.

2. Telle est l'opinion que nous inspire une lecture attentive et continue de Platon. Mais les avis n'en sont pas moins partagés sur ce point; et il est bon de les indiquer. D'après Aristote (*Phys.*, Θ, 1, 251^b, 14-19; *De Cœl.*, A, 10, 280^a, 28-32; *Ibid.*, Γ, 2, 300^b, 16-18; *Met.*, Λ, 6, 1071^b, 31-37), qui ne manque aucune occasion d'élever une chicane à l'endroit de son maître, Platon aurait cru à un commencement du monde. Et c'est de cette manière qu'ont pensé la plupart des disciples du Stagirite, y compris Théophraste (*Frag.* 28, éd. Wimmer, Paris, 1846). Au contraire, Speusippe, Xénocrate, Crantor ont enseigné, en croyant se conformer à la doctrine de Platon, que le monde est éternel (ARIST., *De Cœl.*, A, 10, 279^b, 32 et sqq. ; Plut., *An. procr.*, 3, 1013^a ; *Sch. in Arist.*, 488^b, 15-22, 489^a, 6-9). Ainsi de la plupart des Platoniciens pythagorisants et des néo-platoniciens. De nos jours, A. FOUILLÉE (*La phil. de Plat.*, I, p. 542 et sqq., Paris, 1869), BRANDIS (*loc. cit.*, II, 356, 365), SUSEMIHL (*loc. cit.*, II, 329), BAEUMKER (*Das Problem der Materie*, p. 142-151, Munster, 1890), ED. ZELLER (*loc. cit.*, 792, note 1) se sont prononcés pour l'interprétation de l'école platonicienne ; UEBERWEG (*Rhein. Mus.*, IX, p. 76, anm., 40) et MARTIN (*loc. cit.*, II, 181-182) se rangent du côté des Aristotéliciens.

qui puisse influer sur sa marche et contribuer à sa ruine[1]. De plus, les substances qui le composent, sont arrangées de manière à ce qu'il gagne toujours d'un côté ce qu'il perd de l'autre[2] ; et voici comment ce fait s'explique.

« Le cercle de l'univers, qui enveloppe tous les genres et qui, par la nature de sa forme sphérique, aspire à se concentrer en lui-même, resserre tous les corps au point qu'il n'y reste aucune place vide[3] ». Sous l'influence de cette pression, les petits triangles pénètrent dans les grands et les dissocient ou sont assimilés par eux[4] ; de là vient que les corps se transforment les uns dans les autres : l'eau en air, l'air en feu, le feu en air et l'air en eau.

D'autre part, ces agrégations et désagrégations, une fois commencées, ne peuvent avoir de fin. Non seulement il n'y a pas de vide ; mais encore chaque corps s'efforce, sous l'action de l'idée du meilleur, de s'unir à son semblable[5] : chaque corps a une région spéciale vers laquelle il se meut spontanément et qui est son lieu naturel[6]. Ces deux conditions données, supposez qu'il se produise une certaine quantité d'air, il se fait par là même un accroissement de pression dans toute la masse qui lui est homogène. Par là même aussi, cette masse entre dans un contact plus intime avec le feu, de telle sorte qu'une partie de ses bulles supérieures s'élève à l'état igné. De son côté, le feu, devenu plus dense et ne pouvant dépasser la sphère extérieure, se comporte de même à l'égard de

---

1. Plat., *Tim.*, 32ᶜ-33ᵃ.
2. *Id., Ibid.*, 33ᶜ⁻ᵈ : αὐτὸ γὰρ ἑαυτῷ τροφὴν τὴν ἑαυτοῦ φθίσιν παρέχον...
3. *Id., Ibid.*, 58ᵃ, 79ᵇ, 80ᶜ.
4. *Id., Ibid.*, 56ᵃ⁻ᵇ, 57ᵇ, 57ᶜ⁻ᵈ, 58ᶜ⁻ᵉ.
5. *Id., Ibid.*, 63ᵉ : c'est à cette loi de la tendance vers la semblable que Platon ramène la pesanteur.
6. *Id., Ibid.*, 57ᶜ, 58ᶜ, 63ᵈ⁻ᵉ, 79ᵈ⁻ᵉ.

l'air, qui se comporte de même à l'égard de l'eau[1]. Il en est « comme du mouvement d'une roue »[2].

C'est ainsi « que la diversité des choses ne cesse de se produire, et qu'elle cause maintenant et causera toujours le mouvement perpétuel des corps »[3]. Quant à la génération des âmes, elle suit une loi analogue, mais qui se fonde sur un autre principe. Comme les individus sont mortels, la nature leur a donné l'inextinguible amour de la reproduction, qui assure l'immortalité des espèces[4]; et cette loi est disposée de telle sorte que, à la place d'une âme qui disparaît, il en naisse toujours une autre : la vie produit la mort et la mort la vie[5].

Grâce à cet équilibre instable, le monde ne risque pas de glisser insensiblement vers le repos absolu et de s'endormir comme un autre Endymion[6]. La vie et le mouvement y représentent toujours la même somme, aussi bien que l'être lui-même; et la nature réalise son vœu qui est de persévérer à l'infini dans la beauté.

III

Il y a comme à la base de la nature trois faits généraux dont il convient de parler à part : je veux dire le mouvement, le temps et le lieu.

Platon n'essaie pas, ainsi qu'Aristote, de donner une dé-

---

1. PLAT., *Tim.*, 57ᵃ, 57ᵉ-58ᵉ.
2. *Id., Ibid.*, 79ᵃ-80ᵉ. Platon étend la loi qu'il formule ici à une foule de phénomènes, à la respiration, à la déglutition, aux ventouses, aux météores, etc.; et cette loi ressemble de très près à l'hypothèse dont se servait Descartes pour expliquer la pesanteur de l'air.
3. *Id., Ibid.*, 58ᵉ.
4. *Id., Banq.*, 207ᵈ-208ᵇ.
5. *Id., Phæd.*, 70ᵉ-72ᵉ.
6. *Id., Ibid.*, 72ᵈ.

finition scientifique du mouvement ; il se borne, comme Descartes le fera plus tard, à la notion qu'en a le commun des hommes. Par contre, il fournit différentes classifications des formes qu'il peut revêtir.

D'après le *Théétète*, il y en a trois espèces : la rotation [1], le déplacement [2] et l'altération [3].

Dans les *Lois*, cette liste s'augmente d'une façon considérable. Platon y compte jusqu'à dix sortes de mouvements : la rotation, le déplacement, l'union, la séparation [4], l'accroissement, la diminution [5], la naissance, la mort [6], le mouvement reçu, et le mouvement spontané, que l'âme s'imprime à elle-même [7]. Et cette liste déjà longue s'élèverait au nombre de seize, si l'on y ajoutait les six mouvements psychologiques dont parle le *Timée* et qui se font en avant, en arrière, à droite, à gauche, en bas ou en haut [8]. Mais, pour peu que l'on cherche la logique de cette énumération, on voit qu'elle se ramène à six genres : le mouvement local, qui comprend la rotation et le déplacement ; l'accroissement, la diminution, la naissance, la mort et le mouvement spontané. Bien plus, si l'on voulait pousser l'exactitude jusqu'au bout, il faudrait, comme l'a fait Astius, ne distinguer que deux genres de changements : le mouvement psychologique, qui est le premier en date et en excellence, et le mouvement physique, dont tous les autres ne sont que des espèces.

Il y a déjà dans cette manière de voir les éléments et même les termes de la classification aristotélicienne [9]. Mais

---

1. Περιφορά.
2. Φορά.
3. Ἀλλοίωσις (181ᶜ⁻ᵈ).
4. Σύγκρισίς τε καὶ διάκρισις.
5. Αὔξησις καὶ φθίσις.
6. Γένεσις καὶ φθορά.
7. Ὑφ' ἑτέρου..., τὴν δὲ ἑαυτὴν κινοῦσαν.
8. Plat., *Lois*, X, 893ᶜ-894ᶜ ; — *Tim.*, 34ᵃ, 43ᵇ.
9. Notre *Arist.*, p. 99-100.

le Stagirite exclura le mouvement[1] de l'âme, il distinguera le mouvement du changement[2]; et surtout, il rétablira l'altération à titre de transformation qualitative. D'après Platon, il existe des éléments matériels qui sont irréductibles, comme chez les atomistes; et tous les corps résultent de l'union ou de la séparation de ces éléments[3] : l'ἀλλοίωσις elle-même est purement quantitative. Aristote se la représentera comme le passage d'une forme à une autre.

Le mouvement a pour conditions le temps et l'espace; et, bien que Platon n'ait systématisé ni l'une ni l'autre de ces deux choses, il est bon cependant de recueillir la notion sommaire qu'il s'en est faite.

Le temps diffère essentiellement de l'éternité : celle-ci est immobile; celui-là s'écoule perpétuellement. Par suite, l'éternité ne comporte pas de division et n'admet ni jeunesse ni vieillesse; elle est : voilà tout ce qu'on peut en affirmer. Le temps, au contraire, comprend trois formes : le passé, le présent et l'avenir. Et de ces trois formes, il n'en est aucune à laquelle le mot d'être convienne rigoureusement; pour parler avec exactitude, il faut dire de la première qu'elle a été, de la seconde qu'elle sera et de la troisième qu'elle devient [4].

Puisque le propre du temps est de s'écouler sans cesse, on ne peut le concevoir que comme un mouvement[5]. De plus, comme il ne va jamais ni plus lentement ni plus vite,

---

1. Κίνησις.
2. Μεταβολή.
3. PLAT., *Lois*, X, 894ᵃ, 897ᵃ : ... κινήσεις τῶν σωμάτων ἄγουσι πάντα εἰς αὔξησιν καὶ φθίσιν καὶ διάκρισιν καὶ σύγκρισιν καὶ τούτοις ἑπομένας θερμότητας, ψύξεις, βαρύτητας, κουφότητας, σκληρὸν καὶ μαλακόν, λευκὸν καὶ μέλαν, αὐστηρὸν καὶ γλυκύ; — V. plus haut, p. 142-143.
4. *Id.*, *Tim.*, 37ᵃ-38ᵇ.
5. *Id.*, *Ibid.*, 38ᵃ : τὸ δὲ ἦν τό τ' ἔσται περὶ τὴν ἐν χρόνῳ γένεσιν ἰοῦσαν πρέπει λέγεσθαι· κινήσεις γάρ ἐστον...

ce mouvement doit être régulier. D'autre part, le temps n'a ni commencement ni fin, vu qu'il est parallèle à la nature; et, par suite, il faut que ce mouvement, tout en différant de l'éternité, lui équivaille de quelque manière et l'emplisse de son devenir. Que peut donc être le temps? la rotation de la sphère céleste; car il n'y a que ce mouvement qui réponde à l'idée que l'on s'en fait par la réflexion. « Dieu, par la manière dont il ordonna le ciel, fit de l'éternité qui repose dans l'unité cette image éternelle et harmonieusement mobile que nous appelons le temps [1]. »

Mais le mouvement de la sphère n'a ni point de départ ni point d'arrêt et garde toujours la même vitesse : il est d'une homogénéité absolue; et, par là même, il faut une mesure à l'aide de laquelle on le puisse compter. Cette mesure nous est fournie par le cours des planètes, surtout par ceux du soleil et de la lune, que le Démiurge « alluma dans le ciel pour l'emplir de lumière et faire participer à la science du nombre les êtres vivants qui en sont capables ». « Ainsi naquirent le jour et la nuit »; « ensuite le mois, après que la lune eut, dans son circuit, atteint le soleil »; enfin, l'année ordinaire, « après que le soleil eut terminé sa carrière » [2]. « Quant à l'année parfaite, elle est accomplie, lorsque les huit révolutions sont retournées à leur point de départ [3]. Chateaubriand

---

1. PLAT., *Tim.*, 37^{d-e}, 38^{b-c}. — C'est ainsi qu'Aristote entend la pensée de Platon (*Phys.*, Δ, 10, 218^a, 33 et sqq.).

2. *Id.*, *Tim.*, 38^{c-d}, 39^{b-d}.

3. *Id.*, *Ibid.*, 39^d. — On a fait sur le nombre d'années ordinaires que comprend l'année parfaite (ὁ τέλεος ἐνιαυτός) des calculs à l'indéfini, qui ne me semblent pas fournir un résultat bien fondé. V. STALLBAUM, VII, p. 168; ED. ZELLER, *loc. cit.*, p. 811, note 4. Les passages de Platon sur lesquels on s'appuie en cette matière sont les suivants : *Rep.*, VIII, 546^b; *Ibid.*, X, 615^a, 621^d; *Phædr.*, 248^{c-e}, 249^b. Comme on l'a vu plus haut, Schleiermacher s'est arrêté pendant douze ans au premier de ces passages, sans réussir à en donner une interprétation satisfaisante. Les autres sont d'ordre mythique; et, dans le mythe, Platon en prend à son aise avec les chiffres. Est-il bien

a dit du soleil qu'il est « le balancier des siècles ». Platon applique à tous les astres errants la pensée qu'incarne cette grande image.

Il n'y a « rien dans le ciel ou sur la terre » qui n'ait un corps; et, par suite, il n'y a rien dans le ciel ou sur la terre qui ne se situe quelque part : à chaque chose « qui prend naissance », il faut un lieu (τόπος).

L'ensemble des lieux existants et possibles s'appelle l'espace (χώρα); et l'espace ne peut être autre chose que le « réceptacle » universel, ou « la nourrice du monde » : l'espace, c'est la matière. Le sujet des êtres en devenir est aussi le « théâtre » où ils se coordonnent et se meuvent [1].

Comment faut-il prendre cette définition? Platon ne l'a pas indiqué. Mais peut-être a-t-il voulu dire que la matière, envisagée comme principe d'extension, fait que les corps se situent les uns par les autres et qu'ainsi l'espace formel est l'ensemble de leurs rapports.

Quoi qu'il en soit, puisque l'espace s'identifie de quelque façon avec la matière, il est à la fois éternel et fini. De plus, comme il n'y a pas de vide dans le monde, l'espace n'admet pas de rupture; il forme un tout continu, et, par suite, il est un dans son immensité.

prouvé d'ailleurs qu'il y ait une seule de ces références qui se rapporte à « l'année parfaite »?

1. On a beaucoup discuté sur la nature de l'espace d'après Platon. L'opinion que l'on adopte ici ne s'en fonde pas moins, et d'une manière formelle, sur les paroles de Platon lui-même. A la page 48ᵉ, il ramène à trois les principes dont il a besoin pour expliquer le monde : l'idée ou le modèle, la nature ou la copie, et le sujet universel ou la matière. Même réduction trinaire à la page 50ᶜ⁻ᵈ. A la page 52ᵃ⁻ᵇ, il énumère à nouveau les trois principes; et, au troisième rang, c'est la χώρα qu'il nomme à la place de la matière, en lui donnant d'ailleurs les mêmes caractères qu'à la matière elle-même. C'est donc bien que, dans sa pensée, l'ὑποδοχή et l'ἕδρα ou χώρα ne font qu'une seule chose. On trouve la même interprétation dans Aristote (*Phys.*, Δ, 2, 209ᵇ. 11-13, 22-30).

Ainsi se présente la physique platonicienne. La méthode en est originale : la science, l'opinion et la légende s'y donnent la main, comme les trois Grâces. De plus, elle comprend des éléments d'origine très diverse, dont la présence montre que le génie procède surtout par voie d'unification. L'idée de l'écoulement perpétuel est d'Héraclite ; les « quatre corps » sont empruntés à Empédocle ; et leurs éléments indivisibles rappellent Démocrite, à l'égard duquel Platon a pourtant exercé sa fine ironie. L'animisme, partout débordant, est dans la tradition socratique, qui se rattache elle-même à Anaxagore, puis aux vieux physiciens. Des Pythagoriciens, principalemen de Philolaüs, procèdent les idées de « fini » et « d'infini », la pensée de réduire tous les phénomènes naturels aux proportions musicales et les lois mêmes de cette réduction.

Mais ces éléments de provenance si différente, Platon les harmonise à l'aide d'une notion supérieure qui les domine tous : il en fait une synthèse où chacun d'eux se transforme et prend un autre sens. Au « flux » d'Héraclite s'ajoute un principe qui en fixe à la fois la qualité et la quantité ; les quatre corps deviennent des composés qui se font et se défont ; les atomes de Démocrite revêtent la transparence et la régularité du cristal ; et, sous l'effort d'une puissante analyse, la théorie de l'âme acquiert une ampleur et une profondeur toute nouvelle. C'est avec la même liberté que Platon s'inspire des Pythagoriciens. Il n'admet pas, avec Philolaüs, que l'Éther soit un cinquième corps ; et il fonde la théorie géométrique des éléments corporels sur un autre principe qui est le triangle rectangle [1]. Il est probable aussi qu'il a

---

[1] V. plus haut, p. 142 ; et il revendique son originalité sur ce point : νῦν γὰρ οὐδείς πω γένεσιν αὐτῶν [πυρὸς ὕδατός τε καὶ ἀέρος καὶ γῆς] μεμήνυχεν, ἀλλ' ὡς εἰδόσι πῦρ ὅ τί ποτε ἐστι καὶ ἕκαστον αὐτῶν λέγομεν ἀρχὰς αὐτὰ τιθέμενοι στοιχεῖα τοῦ παντός (48ᵇ).

poussé beaucoup plus loin que les Pythagoriciens de son temps, l'hypothèse d'après laquelle les lois de la nature ne sont autre chose que les lois mêmes de l'harmonie. A cet égard, ce que l'on donne comme une imitation, se trouve assez souvent d'être une invention de l'imitateur.

La Physique de Platon est son œuvre au sens plein du mot. Et comme il lui a fallu s'emplir les yeux de la lumière divine de l'Attique, du bleu de son ciel et de ses mers! avec quel regard d'artiste il a dû contempler la blancheur virginale de ses marbres et la magie des couleurs qu'y produisent les rayons du soleil, pour arriver à cette conception apollinienne de la nature qui fait de notre monde « un spectacle de bienheureux »!

CHAPITRE V

DIEU

Il y a des intelligibles, c'est-à-dire un monde de réalités absolues, qui sont autant de déterminations immuables de l'être et dont la cause interne est « l'idée du bien ».

Au-dessous des intelligibles, il y a la nature qui en est l'image sensible, où tout naît pour mourir et dont chaque partie se compose elle-même d' « infini » et de « fini ».

Entre ces deux termes, intervient une sorte d'âme cosmique où se manifeste l'idéal éternel des choses, qui s'éprend pour lui d'un amour indéfectible et qui, sous l'influence de cet attrait supérieur, produit le branle harmonieux de l'univers.

Ainsi se résument les deux chapitres précédents ; et ils semblent constituer par eux-mêmes toute une « philosophie première » : ils semblent suffire à l'explication rationnelle du monde.

Platon, cependant, ne paraît pas s'en tenir là : il parle d'un autre principe auquel il donne le nom de « Dieu » ; et ce principe occupe dans sa pensée une place prépondérante : il aime à le rappeler, il s'y complaît. Il en fait tour à tour l'auteur et le père du monde, l'exemplaire vivant de la sainteté, le fondement de l'éducation et comme la clef de voûte de l'édifice social.

C'est là, pour ainsi dire, l'âme de sa philosophie, partout présente et partout active, même lorsqu'il n'en parle pas ; et plus son génie se développe avec les années, plus il y met d'importance, plus il en entretient ses lecteurs. Θεός, tel est le mot par lequel commencent les *Lois* ; et ce mot revient sans cesse au cours de ce long et poétique dialogue : il en est comme le motif dominant[1].

Qu'est-ce donc que Dieu, d'après Platon ?

I

S'il fallait prendre le *Timée* à la lettre, Dieu serait un être extérieur au monde, et peut-être aux intelligibles eux-mêmes : il nous apparaît dans cet ouvrage comme un artiste qui se tourne vers les « idées », les choisit pour modèle et façonne à leur ressemblance et la na-

---

1. Voici les principaux passages où Platon parle, non de tel dieu particulier, mais de Dieu (θεός ou ὁ θεός) : *Apolog.*, 42ᵃ ; — *Crit.*, 54ᵉ ; — *Gorg.*, 507ᵉ, 512ᵉ ; — *Banq.*, 202ᵉ, 203ᵃ ; — *Phæd.*, 62ᶜ, 62ᵈ, 67ᵃ, 95ᵇ, 106ᵈ ; — *Rep.*, II, 379ᵃ-383ᶜ (dans ce passage, les expressions θεός et ὁ θεός reviennent à plusieurs reprises et avec le même sens : ce qui éclaire singulièrement la terminologie de Platon en matière de théologie) ; — *Ibid.*, VI, 507ᵉ ; VII, 530ᵃ ; X, 597ᵃ⁻ᵈ (en cet endroit, les expressions θεός et ὁ θεός sont employées quatre fois et encore dans le même sens, comme plus haut) ; — *Phædr.*, 246ᵈ, 247ᵈ, 248ᶜ, 274ᵇ, 278ᵈ ; — *Theæt.*, 176ᵃ et sqq. ; — *Soph.*, 265ᵇ (le mot θεός revient ici à trois reprises sans article) ; — *Ibid.*, 266ᵇ ; — *Politic.*, 269ᵃ-275ᵃ (θεός est derechef l'équivalent de ὁ θεός) ; — *Phileb.*, 30ᵈ (le mot Διός est évidemment l'équivalent de θεοῦ) ; — *Tim.*, 29ᵉ-30ᵃ, 30ᶜ, 30ᵈ, 32ᵇ, 34ᵇ, 34ᶜ, 38ᵈ, 46ᵃ, 46ᵉ, 47ᵇ, 47ᵉ, 68ᵈ, 71ᵉ, 72ᵃ, 73ᵇ, 74ᵃ, 75ᶜ, 78ᵇ, 90ᵃ, 92ᵃ ; — *Lois*, I, 624ᵃ ; IV, 713ᵈ ; IV, 715ᵉ ; IV, 716ᶜ ; IV, 716ᵈ ; IV, 717ᵃ ; VII, 803ᵉ ; VII, 818ᵇ ; VIII, 835ᶜ ; X, 897ᵇ ; X, 901ᵃ ; X, 902ᵉ ; X, 903ᵃ ; X, 905ᵉ ; XI, 919ᵈ ; XII, 968ᶜ ; — *Criti.*, 121ᵇ : θεὸς δὲ ὁ θεῶν Ζεύς... — Nous ne parlerons pas des cas où le mot θεός entre dans une locution telle que celle-ci : ἐὰν θεὸς ἐτέλῃ (*Phæd.*, 69ᵈ).

M. P. Bovet a fait (*loc. cit.*, p. 49 et 147) un travail analogue, en se plaçant à un autre point de vue : il constate les différents cas auxquels le mot θεός est employé au singulier, au duel et au pluriel dans les dialogues moyens, puis dans ceux de la dernière période. Ensuite, il essaie, par voie éliminative, de discerner les passages où il est question, non des dieux ou de tel dieu, mais de Dieu. Ce travail est à consulter.

ture et son âme[1]. Mais le *Timée* est un dialogue qu'il faut savoir entendre. Si son langage est scientifique lorsqu'il s'agit des « idées », il devient mythique quand il est question du devenir[2]; et, par suite, il serait illégitime de lui prêter un sens rigoureux dans les passages qui traitent de l'action créatrice du Démiurge, de la façon dont il compose l'âme et les différentes parties de l'univers. Platon, d'ailleurs, nous en prévient d'une manière assez formelle; c'est ce qu'il veut faire comprendre lorsqu'il nous dit « qu'il est difficile de trouver l'auteur et le Père du Monde[3] ». Le Père du Monde, considéré comme tel, est une cause efficiente : il agit; il pénètre par là dans la zone du devenir. Et le devenir ne se réduit pas en formules dialectiques; c'est le domaine de la vraisemblance[4].

La justesse d'une telle interprétation s'impose encore avec plus de force, lorsqu'on regarde au mode d'exposition du *Timée*. Le Démiurge s'empare d'une sorte de marmite; il y jette les éléments qui doivent servir à la composition de l'âme universelle. C'est là qu'il les mélange et les sépare pour les mélanger à nouveau : si bien qu'en suivant les phases de cette singulière liturgie, on pense malgré soi aux sorcières de Shakespeare[5]. Plus loin, le Démiurge, après avoir formé les astres, les réunit autour de sa personne auguste, comme le fait le Jupiter de l'Iliade à l'égard des autres dieux de l'Olympe. Puis, il leur adresse un discours et leur remet une partie de « l'essence éternelle », en leur recommandant d'y joindre une partie de « l'essence périssable » afin de for-

---

1. 28ᵃ : ... ὁ δημιουργὸς πρὸς τὸ κατὰ ταὐτὰ ἔχον βλέπων ἀεί, τοιούτῳ τινὶ προσχρώμενος παραδείγματι...
2. V. plus haut, p. 52-55.
3. *Tim.*, 28ᶜ.
4. V. plus haut, p. 50-51.
5. *Tim.*, 41ᵈ.

mer ainsi les autres animaux[1]. Sur l'ordre du « dieu des « dieux », les astres, de leur côté, prennent le principe « immortel de l'animal mortel », empruntent au monde « des parties de feu, de terre, d'eau et d'air », assemblent ces divers éléments avec des chevilles, y disposent les cercles de l'essence éternelle et construisent de cette sorte les corps particuliers[2]. Évidemment, il n'y a là que des fictions symboliques : ce sont là des mythes dont Platon se sert à la manière des poètes, pour exprimer ce qu'il regarde comme intraduisible en termes réels.

On peut même définir assez nettement jusqu'où va le mythisme du *Timée* touchant le rapport métaphysique du Démiurge et de la nature. Platon, dans ce dialogue, distingue trois espèces d'âmes humaines : l'une qui siège dans la tête, « comme dans une acropole » ; l'autre qui réside dans la poitrine ; la troisième qui se situe au-dessous du diaphragme[3]. Et cependant, on le sait par ailleurs et de la façon la plus expresse : ces trois âmes ne sont pas montées « comme des chevaux de bois » ; en réalité, elles vont se souder en un seul principe et ne font qu'un[4]. Platon, dans ce cas, met des distinctions radicales où la nature n'a fait que des distinctions de modes. Il y a quelque chose d'analogue en la manière dont le *Timée* nous présente les relations du Démiurge avec l'âme du monde, de l'âme du monde avec celle des astres, de celle des astres avec les âmes particulières. Conformément au procédé dominant de cette œuvre, Platon y grossit les diverses dégradations de l'être psychologique jusqu'à les convertir en autant de substances : il imagine des âmes

---

1. PLAT., *Tim.*, 41ᵈ-42ᵉ.
2. *Ibid.*, 42ᵉ-43ᵃ.
3. *Ibid.*, 69ᶜ-70ᵃ.
4. PLAT., *Théæt.*, 184ᵈ ; — *Lois*, I, 644ᶜ.

où n'existent en fait que les différentes déterminations d'un seul et même principe de vie.

Il semble donc bien que, à tout considérer, le Démiurge du *Timée* se rattache de quelque manière à l'âme de la nature. On est d'autant plus fondé à le croire, que la même doctrine se retrouve dans le *Philèbe* et les *Lois*. Platon était déjà très vieux quand il écrivit le *Philèbe*, et les *Lois* sont contemporaines du *Timée* lui-même[1]. Il serait assez étrange que le fondateur de l'Académie eût donné dans ce dernier dialogue une conception de la divinité foncièrement opposée à celle des deux autres.

Supposé d'ailleurs que Dieu soit un être radicalement distinct du monde intelligible ou du monde sensible, il en résulte une conséquence insoutenable. L'unité : voilà le but que Platon se propose d'atteindre et vers lequel convergent tous ses efforts ; voilà le terme où le conduit fatalement la nature même de sa méthode, dont le propre est d'identifier le logique au réel : d'après sa manière perpétuelle de raisonner, il ne peut y avoir qu'un être au fond des choses, par le fait même qu'il n'y a qu'une notion de l'être[2]. Cette unité n'existe plus, elle se trouve entièrement détruite, si Dieu est transcendant soit aux intelligibles soit à l'âme de la nature ; dans l'un et l'autre cas, le dualisme métaphysique est le dernier mot du Platonisme.

Une seconde opinion consiste à dire que, aux yeux de Platon, Dieu est l'idée même du Bien. Ainsi pensent Ed. Zeller[3] et nombre d'autres auteurs. Mais lorsqu'on regarde aux preuves de cette affirmation, l'on ne tarde pas à s'apercevoir qu'elles procèdent d'une critique assez superficielle.

---

1. V. plus haut, p. 30 et sqq.
2. V. plus haut, p. 87-94.
3. *Loc. cit.*, p. 712.

On allègue d'abord les livres VI et VII de la *République*. Et d'après ces livres, il est vrai, l'idée du bien nous apparaît comme « la partie la plus brillante de l'être [1] »; elle se situe au-dessus de la science et de la vérité, au-dessus des essences elles-mêmes [2]; « elle est la cause de tout ce qu'il y a de bon et de beau » : c'est elle « qui, dans le monde invisible, produit la vérité et l'intelligence ; c'est elle aussi « qui, dans le monde visible, produit la lumière et l'astre dont elle émane » [3]. Mais on ne voit nulle part, dans ces passages, que l'idée du Bien soit identifiée avec Dieu. Platon ne le dit pas; il ne le fait pas entendre non plus; et l'on n'est point fondé à le conclure des termes qu'il emploie : ce serait pervertir sa pensée. Sans doute, d'après sa doctrine, le Bien ne produit pas seulement les essences; il concourt aussi à la génération des existences : il est la cause exemplaire de la nature. On peut même dire en un sens qu'il est la première et la plus profonde de ses causes efficientes. Car rien n'existe que par le Bien : l'être, ses déterminations immuables et le devenir lui-même ne sont qu'en vertu d'une exigence dynamique de l'idée du meilleur [4]. C'est là une pensée dont il faut se pénétrer une bonne fois pour toutes, si l'on veut entendre la métaphysique des « intelligibles ». Mais l'on se hâte plus que de mesure, quand on infère de cette double causalité du Bien qu'il est Dieu lui-même. Dieu, d'après Platon, est toujours et partout l'organisateur du monde et celui qui lui conserve son éternelle jeunesse; c'est la cause immédiate de la nature, le principe auquel est directement suspendue la chaîne des mouvements cosmiques; et ce principe, il le représente comme un être qui « se meut

---

1. VII, 518 .
2. VI, 507ᵉ-509ᵇ.
3. VII, 517ᵇ⁻ᶜ.
4. V. plus haut, p. 115.

lui-même ». On ne trouve rien de pareil dans l'idée du Bien : non seulement Platon la conçoit comme éternelle; mais il veut qu'elle soit essentiellement fixe, entièrement inaccessible à tout changement. C'est un point fondamental, où sa pensée ne souffre aucune espèce de compromis. Il y a même une contradiction dans l'interprétation que l'on fait des textes précités. Si Dieu est le Bien, il s'ensuit qu'il est « au-dessus de la science », qu'il n'enveloppe pas la pensée : il devient une simple forme, une forme brute. Or, à coup sûr, rien n'est moins platonicien qu'une semblable conception.

On allègue aussi quelques phrases du *Timée* en faveur du même sentiment. Voici comment Platon s'exprime, dans ce dialogue, à l'endroit où il aborde le problème de la matière : « Deux espèces nous ont suffi dans ce qui précède : l'une intelligible et toujours la même, qui est le modèle; l'autre engendrée et visible, qui est la copie de la première... Mais la suite du discours semble nous contraindre à introduire un nouveau terme, difficile et obscur. Et quelle puissance naturelle lui attribuerons-nous? Celle surtout d'être le réceptacle et comme la nourrice de la génération[1]. » Puis, il ajoute un peu plus loin : « Maintenant donc, il faut reconnaître trois genres : ce qui est produit, ce en quoi il est produit et ce d'où il provient par ressemblance (τὸ δ' ὅθεν ἀφομοιούμενον φύεται τὸ γιγνόμενον). Nous pouvons comparer à la mère ce qui reçoit, au père ce qui fait et au fils la nature intermédiaire[2]. » On veut que le mot ὅθεν indique ici la cause efficiente, le mot ἀφομοιούμενον la cause exemplaire; et qu'en conséquence les deux ne fassent qu'un : ce que l'on donne d'ailleurs comme confirmé par la

---

1. 48ᵉ-49ᵃ.
2. 50ᵈ : ἐν δ' οὖν τῷ παρόντι χρὴ γένη διανοηθῆναι τριττά, τὸ μὲν γιγνόμενον τὸ δ' ἐν ᾧ γίγνεται, τὸ δ' ὅθεν ἀφομοιούμενον φύεται τὸ γιγνόμενον.

comparaison qui suit. Mais on n'observe pas, sans doute, que le premier de ces passages vise uniquement la cause exemplaire ; et que, par suite, il doit en aller de même pour le second, qui ne fait que le résumer. La phrase en litige pourrait se traduire avec exactitude : « ... et ce d'où dérive l'être produit, en tant qu'image ». On ne remarque pas non plus que la comparaison dont se sert l'auteur est trop imprécise pour éclaircir sa pensée : c'est une de ces images où se complaît sa fantaisie et qu'il ne faut jamais prendre au pied de la lettre. Je crois même que l'on se trompe un peu sur l'économie du *Timée*, en affirmant que les paroles indiquées supposent une certaine identification de l'idée du Bien avec Dieu. Voici, me semble-t-il, comment Platon procède au cours de ce dialogue. Il observe d'abord que le monde postule l'existence d'un Démiurge. Ensuite, il se demande comment le Démiurge l'a fait. Cette seconde question une fois posée, il croit découvrir que l'univers a dû se former à la ressemblance de l'intelligible ; et de là deux espèces d'êtres : le Modèle et la Copie. Puis, comme la nature est un devenir, il admet qu'elle contient de « l'infini » ; de là un troisième principe, qui est la Matière. Dans une énumération de ce genre, la cause efficiente n'a pas à paraître. Il n'est pas question d'elle ; il ne s'agit plus que de son idéal et de son œuvre : il ne s'agit plus que de son objet. Platon n'en parle donc pas, et parce que ce n'est pas le lieu d'en parler.

Tout n'est pas là cependant. On se fonde aussi, pour établir l'identité de Dieu et du Bien, sur un certain nombre de témoignages extérieurs aux œuvres de Platon, mais que recommandent à la fois leur provenance et leur ancienneté : Aristote, Speusippe, Théophraste, Aristoxène auraient admis à l'unisson que, au gré du fondateur de l'Académie, Dieu et le Bien sont une seule et même chose.

Mais ici, comme plus haut, il est visible qu'en recourant à ces témoignages, on pèche par défaut de précision. Ils peuvent se diviser en deux catégories : les uns identifient l'unité suprême et le Bien, mais non le Bien et Dieu [1] ; les autres ont un sens trop vague pour fonder une interprétation quelconque [2].

D'où vient donc que l'on a si longtemps défendu l'opinion d'après laquelle Platon unifierait le Bien et Dieu? M. A. Fouillée nous donne le mot de l'énigme. « Si le Bien n'est pas Dieu, dit-il, il est donc plus que Dieu ! Car, pour Platon, il n'y a rien au-dessus du Bien, et le Bien lui-même semble supérieur à tout le reste, même à la vérité, même à la beauté, même à l'essence et à l'intelli-

---

1. Tel est le sens des textes suivants : τῶν δὲ τὰς ἀκινήτους οὐσίας εἶναι λεγόντων οἱ μέν φασιν αὐτὸ τὸ ἓν τὸ ἀγαθὸν αὐτὸ εἶναι· οὐσίαν μέντοι τὸ ἓν αὐτοῦ ᾤοντο εἶναι μάλιστα (ARIST., *Met.*, N, 4, 1091ᵇ, 13-15); — Τούτων οἱ μέν, ὥσπερ ὁ Πλάτων καὶ Βροντῖνος ὁ Πυθαγόρειος, φασὶν ὅτι τ' ἀγαθὸν αὐτὸ τὸ ἓν ἐστι... (Ps. ALEXAND., *Sch.*, 828ᵃ, 24-25 : ces paroles sont le commentaire du texte précédent); — Πιθανώτερον δ' ἐοίκασιν οἱ Πυθαγόρειοι λέγειν περὶ αὐτοῦ [τοῦ ἀγαθοῦ], τιθέντες ἐν τῇ τῶν ἀγαθῶν συστοιχίᾳ τὸ ἕν· οἷς δὴ καὶ Σπεύσιππος ἐπακολουθῆσαι δοκεῖ (ARIST., *Eth. nic.*, A, 4, 1096ᵇ, 5-7 : Aristote reproche à Platon d'avoir identifié l'un et le Bien et lui préfère la théorie pythagoricienne sur ce point); — Καθάπερ Ἀριστοτέλης ἀεὶ διηγεῖτο, τοὺς πλείστους τῶν ἀκουσάντων παρὰ Πλάτωνος τὴν περὶ τἀγαθοῦ ἀκρόασιν παθεῖν· προσιέναι μὲν γὰρ, ἕκαστον ὑπολαμβάνοντα λήψεσθαί τι τῶν νομιζομένων ἀνθρωπίνων ἀγαθῶν· ὅτε δὲ φανείησαν οἱ λόγοι περὶ μαθημάτων καὶ ἀριθμῶν καὶ γεωμετρίας καὶ ἀστρολογίας, καὶ τὸ πέρας, ὅτι ἀγαθόν ἐστιν ἕν, παντελῶς, οἶμαι, παράδοξόν τι ἐφαίνετο αὐτοῖς (ARISTOX., *Harm.*, II, p. 30, 10-27).

2. C'est le cas des textes qui suivent : φανερὸν δ' ἐκ τῶν εἰρημένων ὅτι δυοῖν αἰτίαιν μόνον κέχρηται [Πλάτων], τῇ τε τοῦ τί ἐστι καὶ τῇ κατὰ τὴν ὕλην (ARIST., *Met.*, A, 6, 988ᵃ, 8. Ces paroles paraissent claires; mais le malheur veut qu'Aristote ait d'autres paroles où l'âme, le τὸ ἑαυτὸ κινοῦν, est explicitement donnée comme une troisième cause à laquelle Platon avait recours : telles sont celles qu'on lit à la page 1071ᵇ de la *Mét.*, 37 et sqq. : Πλάτωνί γε οἷόν τε λέγειν ἣν οἴεται ἐνίοτε ἀρχὴν εἶναι, τὸ ἑαυτὸ κινοῦν); — δυὸ τὰς ἀρχὰς βούλεται ποιεῖν, τὸ μὲν ὑποκείμενον ὡς ὕλην ὃ προσαγορεύει πανδεχές, τὸ δ' ὡς αἴτιον καὶ κινοῦν, ὃ περιάπτει τῇ τοῦ θεοῦ καὶ τῇ τἀγαθοῦ δυνάμει (THÉOPHRAST. apud SIMPL., *Frag.* 48); — Σπεύσιππος [θεὸν ἀπεφήνατο] τὸν νοῦν, οὔτε τῷ ἑνὶ οὔτε τῷ ἀγαθῷ τὸν αὐτόν, ἰδιοφυῆ δέ (STOB., *Ecl.*, I, 29 [58], éd. Gaisford, Oxonii, 1850; outre que ces paroles sont loin d'être précises, il n'est pas prouvé, comme le veut KRISCHE dans ses *Forschung.* (I, 256), que Speusippe cherchait par ce point de sa doctrine à se distinguer de Platon).

gence. Qu on cherche donc un nom plus auguste encore que celui de Dieu pour le donner au Bien[1]. » Voilà le secret. On est parti de cette idée traditionnelle, d'après laquelle Dieu ne peut être que le souverain Bien ; et l'on a pris pour conclusion ce qu'il fallait démontrer.

Si Dieu n'est ni en dehors de l'Être, ni sa partie suprême, ne faut-il pas le chercher dans celle de ses déterminations qui est la plus dominante et la plus générale après l'idée du Bien, à savoir la Pensée ? L'être n'est pas brut : au sein des intelligibles se développe une perception qui les pénètre tous et se pénètre elle-même. Cette sorte de vision éternelle, essentiellement fixe et à qui rien n'échappe, ne serait-ce pas Dieu ?

On le dirait, d'après un passage du *Phèdre*. « Il est juste, observe Platon dans ce dialogue, que la pensée du philosophe ait seule des ailes ; car par sa mémoire il est toujours, autant que possible, avec les choses dont la présence à Dieu fait qu'il est Dieu[2]. » L'indéfectible possession de l'intelligible : voilà, d'après ces paroles, ce qui constituerait l'essence du vrai Jupiter. Et pourtant, cette interprétation ne paraît pas encore tout à fait juste. La Pensée est sans doute un aspect de Dieu; mais ce n'en est qu'un aspect. Il suffit, pour l'établir, de rappeler l'une des considérations que nous avons faites à propos du Bien. La Pensée, c'est l'Idée de la pensée ; elle est donc intégralement immuable. Or Dieu, dans les œuvres de Platon, nous apparaît comme le premier moteur ; et, à ce titre, il faut « qu'il se meuve lui-même ».

---

1. *Loc. cit.*, t. I, p. 475.
2. 249°. Ce texte a des variantes dont la principale donne θεῖος, au lieu de θεός. Le sens n'en est pas changé (STALLB., *loc. cit.*, vol. IV, sect. I, 94). D'autre part, l'idée qu'il exprime montre assez par elle-même que la préposition πρὸς ne désigne pas ici « un voisinage dans l'espace », mais bien le commerce de la pensée avec son objet.

Dieu, d'après Platon, est déjà dans le devenir, au moins par un côté.

Il convient donc de poursuivre notre enquête; et le moyen de le faire avec bonheur, c'est d'observer les modifications qu'a subies l'idée de Dieu à travers la série des dialogues.

Platon a toujours parlé de Dieu comme un croyant. C'est par ce nom que se termine l'*Apologie*[1]; et cette finale est significative. Il réapparaît dans la dernière phrase du *Criton*[2], dont il représente d'ailleurs l'idée fondamentale[3]. Il est cité au moins deux fois dans le *Gorgias*[4], et à plusieurs reprises vers la fin du *Banquet*, où il désigne « le sage » par opposition aux hommes qui ne peuvent être que des « amants de la sagesse »[5]. On le trouve plus souvent encore au cours du *Phédon*, et comme entouré d'une vénération croissante[6]. On peut même dire que la pensée de Dieu rayonne, ainsi qu'un soleil, à travers cet ouvrage : elle le domine et le pénètre tout entier. Dieu, d'après ce dialogue, a placé l'homme dans la vie, comme dans « un poste » qu'il nous défend d'abandonner; il prend soin de nous; il est notre ami, dans la mesure

---

1. 42ᵃ : ὁπότεροι δὲ ἡμῶν ἔρχονται ἐπὶ ἄμεινον πρᾶγμα, ἄδηλον παντὶ πλὴν ἢ τῷ θεῷ.
2. 54ᵉ : ἔα τοίνυν, ὦ Κρίτων, καὶ πράττωμεν ταύτῃ, ἐπειδὴ ταύτῃ ὁ θεὸς ὑφηγεῖται.
3. 51ᵃ⁻ᶜ : les lois de la cité apparaissent, dans ce passage, comme entourées d'une auréole divine : c'est une impiété que de s'y soustraire.
4. 507ᵉ : οὔτε γὰρ ἂν ἄλλῳ ἀνθρώπῳ προσφιλὴς ἂν εἴη ὁ τοιοῦτος [βίος] οὔτε θεῷ; — 512ᵉ.
5. 202ᵉ : καὶ γὰρ πᾶν τὸ δαιμόνιον μεταξύ ἐστι θεοῦ τε καὶ θνητοῦ; — 203ᵃ : θεὸς δὲ ἀνθρώπῳ οὐ μίγνυται (il y a déjà, dans cette idée, un germe de la théorie alexandrine); — 204ᵃ : il est vrai que, en cet endroit, Platon dit θεοί et non θεός; mais on verra plus loin que ces deux termes éveillent la même idée de fond.
6. 62ᶜ, 62ᵈ, 67ᵃ, 69ᵈ, 80ᵈ, 95ᵈ, 106ᵈ : ὁ δέ γε θεός, οἶμαι, ἔφη ὁ Σωκράτης,... παρὰ πάντων ἂν ὁμολογηθείη μηδέποτε ἀπόλλυσθαι.

même où nous aimons le bien [1]; et, quand l'âme du philosophe est délivrée de son corps, c'est auprès de ce « Dieu bon et sage » qu'elle va passer l'éternité [2].

Au second livre de la *République* surgit l'idée de la causalité divine : Dieu nous est représenté comme la cause de tout bien, tandis que, par contre, il ne peut être la cause d'aucun mal [3]. Dans les sixième et septième livres du même dialogue, cette idée nouvelle se précise : Dieu devient déjà « le Démiurge », qui « a fait nos sens [4] » et « ordonné le ciel [5] ». Vers la fin du *Sophiste*, ce qualitatif réapparaît, et avec un sens plus explicite et plus net : il y est défini et formellement appliqué à Dieu. « Eh! donc, dit l'Étranger, tous les êtres vivants mortels, les végétaux qui croissent, soit d'une racine, soit d'une semence, à la surface de la terre, les corps inanimés fusibles et non fusibles contenus dans son sein, où trouver la cause qui les a fait passer du non-être à l'être, si Dieu n'en est pas le Démiurge [6]? Nous en tiendrons-nous à la doctrine et au langage d'un grand nombre...? — Quelle doctrine? — Que la nature engendre ces choses d'une manière spontanée et sans le secours de l'intelligence. Dirons-nous, au contraire, qu'elles procèdent de la raison et d'une science divine, qu'elles viennent de Dieu? — J'avoue qu'il m'arrive souvent, et peut-être à cause de mon âge, d'osciller entre ces deux opinions; mais à présent que je t'observe et que je te soupçonne de croire que tout cela est l'œuvre d'un Dieu, je me déciderai aussi

---

1. 62^{b-d}.
2. 80^d : ... Παρὰ τὸν ἀγαθὸν καὶ φρόνιμον θεόν...
3. 379^{b-c}.
4. 507^c : ... τὸν τῶν αἰσθήσεων δημιουργόν...
5. 530^a : Τὸν τῷ ὄντι δὴ ἀστρονομικόν, ἦν δ' ἐγώ, ὄντα οὐκ οἴει ταὐτὸν πείσεσθαι εἰς τὰς τῶν ἄστρων φοράς; ἀποβλέποντα; νομιεῖν μέν, ὡς οἷόν τε κάλλιστα τὰ τοιαῦτα ἔργα [Δαιδάλου] συστήσασθαι, οὕτω ξυνεστάναι τῷ τοῦ οὐρανοῦ δημιουργῷ αὐτόν τε καὶ τὰ ἐν αὐτῷ...
6. Θεοῦ δημιουργοῦντος.

dans ce sens. — Fort bien, Théétète [1]. » Dieu reçoit aussi le nom de démiurge dans le mythe du *Politique* [2]; et ce nom y prend deux sens qui se complètent l'un l'autre : il désigne à la fois l'auteur de l'univers [3] et son gouverneur [4].

Mais en quoi consiste le « Démiurge »? Ce sont le *Philèbe* et les *Lois* qui nous l'apprennent, bien qu'avec certaines variantes dont il n'y a pas à tenir compte pour le moment. D'après le premier de ces dialogues, rien ne relève du hasard ni au ciel ni sur la terre; sous les âmes individuelles, il existe dans le monde « une âme royale », dirigée par « une intelligence également royale », qui a tout organisé, qui gouverne tout, qui préside aux mouvements célestes et conduit le chœur des années, des saisons et des mois [5]. Le même fond de doctrine revient dans les *Lois*, au dixième livre [6]. Là encore, il s'agit d'une âme soumise à l'empire de la pensée et par suite à l'idée du meilleur, qui a produit et maintient avec une vigueur inflexible la beauté de l'univers. Qu'est-ce que cette âme? « Le Démiurge » lui-même, puisqu'elle en a les fonctions distinctives. On n'a pas d'ailleurs à se perdre en conjectures sur ce point; le langage de Platon à cet égard est assez formel pour dissiper tous les doutes. Il dit à diverses reprises que l'âme du monde, en tant qu'elle trouve sa mesure dans l'intelligence, est « Dieu » [7];

---

1. 265^{c-d}; — Cf. *ibid.*, 266^b.
2. 270^a : παρὰ τοῦ δημιουργοῦ.
3. 269^d : παρὰ τοῦ γεννήσαντος.
4. 272^e : τοῦ παντὸς ὁ μὲν κυβερνήτης.
5. 26^e-30^e.
6. 891^e-899^b.
7. *Lois*, X, 897^b : ... ψυχὴ... νοῦν μὲν προσλαβοῦσα ἀεὶ θεῖον ὀρθῶς θεὸς οὖσα ὀρθὰ καὶ εὐδαίμονα παιδαγωγεῖ πάντα : ce texte a des variantes, mais qui n'en altèrent pas le sens fondamental (Voir Stallb., XII, 178); — *Lois*, X, 899^b : ... τίνα ἄλλον λόγον ἐροῦμεν ἢ τὸν αὐτὸν τοῦτον, ὡς ἐπειδὴ ψυχὴ μὲν ἢ ψυχαὶ πάντων τούτων αἴτιαι ἐφάνησαν, ἀγαθαὶ δὲ πᾶσαν ἀρετήν, θεοὺς αὐτὰς εἶναι φήσο-

il l'appelle aussi « notre roi »[1], le « maître du ciel et de la terre »[2], le grand « joueur de dés »[3], le vrai « Zeus »[4] : autant de dénominations dont chacune suffit à l'identifier avec le « Démiurge ». Au dixième livre des *Lois*, cette identification est encore plus explicite. Il s'agit, en cet endroit, de prouver l'existence de Dieu ; et la réponse de Platon, c'est que Dieu n'est autre chose que « l'âme bonne », celle que dirige la pensée.

Maintenant, nous sommes à même de formuler la vraie réponse au problème posé. D'après Platon, il existe une âme mondiale dont la partie supérieure, indéfectiblement dominée par la vue indéfectible du bien, a formé la nature et lui conserve à travers les âges son immortelle eurythmie : cette partie achevée de l'âme mondiale, voilà Dieu. Nous sommes à même aussi de voir comment s'est modifiée, avec le temps, cette notion fondamentale. Il ne s'y est pas produit de rupture ; elle est allée de l'implicite à l'explicite, comme un germe : elle a suivi la loi du développement continu, toujours plus riche et plus précise, mais aussi toujours identique à elle-même. On peut remarquer également que cette notion, qui ne se complète qu'à la fin, rejaillit sur les dialogues antérieurs et les éclaire par places d'une lumière nouvelle. C'est déjà de Dieu qu'il s'agit dans ce passage célèbre du *Phédon* où Socrate s'enthousiasme pour la découverte d'Anaxagore et pense avec lui qu'il doit y avoir une intelligence au

μεν... (Nous ne prenons ici de ce texte que l'identité qu'il établit entre l'idée de la divinité et celle de l'âme qui obéit au νοῦς).

1. PLAT., *Lois*, X, 904ᵃ : ἡμῶν ὁ βασιλεύς.
2. *Phileb.*, 28ᵉ : ... νοῦς ἐστι βασιλεὺς ἡμῖν οὐρανοῦ τε καὶ γῆς. D'autre part, le νοῦς ne va pas sans âme : σοφία μὴν καὶ νοῦς ἄνευ ψυχῆς οὐκ ἄν ποτε γενοίσθην (*Ibid.*, 30ᵉ).
3. *Lois*, X, 903ᵈ : ... οὐδὲν ἄλλο ἔργον τῷ πεττευτῇ...
4. *Phileb.*, 30ᵈ : οὐκοῦν ἐν μὲν τῇ τοῦ Διὸς ἐρεῖς φύσει βασιλικὴν μὲν ψυχήν βασιλικὸν δὲ νοῦν ἐγγίγνεσθαι διὰ τὴν τῆς αἰτίας δύναμιν...

fond des choses[1]; c'est aussi de Dieu que nous entretient le *Phèdre* dans cette page où l'âme nous apparaît comme la cause éternelle de l'éternel mouvement[2]. On trouve là les deux principes qui doivent, en se réunissant, former la définition du « Père » de la nature, du Zeus de la philosophie ; et il n'est pas douteux que Platon en ait eu conscience, au moment même où il faisait de ces principes une exposition séparée.

II

De la notion de Dieu découlent ses divers attributs.

Dieu sait tout. Rien n'échappe à sa vue ni au ciel ni sur la terre : il enveloppe de son regard les contours et les profondeurs de l'intelligible[3], puisqu'il en est l'éternelle pensée ; il a aussi sa manière de connaître le monde[4], dont il est comme l'architecte intérieur. Sa science est adéquate à la réalité. C'est pourquoi l'on peut dire qu'il est le seul « vrai sage » ; car, tandis que nous cherchons la vérité, il la possède tout entière et du chef de sa perfection[5].

Par le fait que Dieu jouit de la plénitude de la science, il suit infailliblement la loi du meilleur. Il est donc souverainement saint; et, du même coup, il est à la fois souverainement juste et bon[6]. Mais cette bonté n'est pas ce que pense le vulgaire. On ne la séduit point avec des sorti-

---

1. 97ᶜ-98ᵇ.
2. 245ᶜ⁻ᵉ.
3. PLAT., *Phædr.*, 247ᵈ, 248ᵃ⁻ᶜ, 249ᶜ; — *Tim.*, 28ᵃ.
4. *Id.*, *Lois*, X, 901ᵈ.
5. *Id.*, *Banq.*, 204ᵃ : θεῶν οὐδεὶς φιλοσοφεῖ οὐδ' ἐπιθυμεῖ σοφὸς γενέσθαι · ἔστι γάρ; — *Phædr.*, 278ᵈ : τὸ μὲν σοφόν, ὦ Φαῖδρε, καλεῖν ἔμοιγε μέγα εἶναι δοκεῖ καὶ θεῷ μόνῳ πρέπειν. — Platon confère aux dieux la plupart des attributs qu'il met en Dieu : ces deux derniers textes sont un exemple de cette manière, qui s'éclaircira d'ailleurs dans la suite de ce travail.
6. *Id.*, *Cratyl.*, 403ᶜ; — *Phæd.*, 62ᵃ-63ᶜ, 80ᵈ; — *Rep.*, II, 379ᵃ⁻ᶜ; III, 408ᵉ; X, 612ᵉ; — *Lois*, 901ᵉ; — *Tim.*, 29ᵃ⁻ᵇ, 29ᵉ.

lèges; on ne la corrompt pas non plus avec des sacrifices, des prières et des larmes. « Dieu, suivant l'ancienne tradition[1], est le commencement, le milieu et la fin de tous les êtres; il marche toujours en ligne droite, conformément à sa nature, en même temps qu'il circule à travers le monde. La justice le suit toujours, vengeresse des infractions faites à la loi divine[2]. » Quoi que nous puissions entreprendre pour gagner « le gouverneur du grand Tout » à nos propres intérêts, il ne sort jamais de sa loi qui est de pourvoir au bien de l'ensemble, il ne commet jamais de faiblesse. Sa bonté est inflexible comme la raison qui lui sert de mesure[3].

Dieu peut tout : la preuve en est dans son ouvrage. Il a fait le monde et le gouverne[4]; or le monde atteint la limite du possible : il est unique comme son modèle, et renferme en son unité le maximum d'être dans le maximum d'harmonie.

Bien que partout présent et partout vainqueur, Dieu demeure inaccessible à nos sens : il n'a point de couleur ni de figure. Sa puissance n'est que l'efficience de sa science infinie et de son indéfectible amour du bien; et ces deux attributs sont eux-mêmes invisibles par nature[5].

Au spectacle de ses perfections Dieu trouve un bonheur inaltérable. Il n'éprouve pas de plaisir; car le plaisir a la douleur pour compagne; et la douleur qui envahit la terre, ne pénètre pas au séjour des immortels. Mais il voit et se voit; et de cette double contemplation jaillit une joie pure et sereine comme la pensée, immuable aussi comme elle, qui l'emplit tout entier[6].

1. La tradition orphique (V. STALLB., *Lois*, vol. X, p. 433-435).
2. PLAT., *Lois*, IV, 715°-716ª.
3. *Id., Ibid.*, X, 905ᵈ-907°.
4. *Id., Ibid.*, X, 901ᵈ; — Cf. *Rep.*, II, 382° (la toute-puissance de Dieu est supposée en cet endroit).
5. *Id., Tim.*, 46ᵈ; — Cf. *Phædr.*, 246ᵇ⁻ᵈ.
6. *Id., Banq.*, 202ᶜ⁻ᵈ : λέγε γάρ μοι, οὐ πάντας θεοὺς φῂς εὐδαίμονας εἶναι καὶ

Ces attributs qui constituent son essence, Dieu les possède toujours au même degré : ils n'ont point commencé et ne sauraient avoir de fin; ils ne peuvent subir non plus ni accroissement ni diminution [1]. « L'idée du bien », qui du dedans façonne « l'être véritable », exige aussi que le monde soit le meilleur possible; et, par suite, qu'il s'étende le plus possible à travers la durée : « l'idée du bien » veut que le monde soit éternel [2]. Il faut donc du même coup que sa cause immédiate le soit; or cette cause, c'est Dieu [3]. De plus, comment la nature de Dieu pourrait-elle changer? Ce n'est pas en vertu de « l'idée du bien » dont il procède, vu que cette idée est entièrement immuable. Il faudrait donc qu'il se changeât lui-même. Mais dans quel sens? Ce ne saurait être en mieux, « vu qu'il ne lui manque aucune perfection »; et l'on ne peut supposer davantage que ce soit en pis; « car aucun vivant, quel qu'il soit, homme ou dieu, ne prend de son propre vouloir une forme inférieure à la sienne » [4]. Le fond de l'être est le désir d'être; et ce désir a d'autant plus de force, il abdique d'autant moins que le sujet où il se développe a plus d'excellence et de bonheur [5].

Mais l'immutabilité de nature n'entraîne pas nécessairement l'immutabilité d'action : c'est ici le lieu de le rappeler. Dieu, en tant que pensée des intelligibles, est toujours identique à lui-même; du moins l'est-il dans le sens

καλούς; ἢ τολμήσαις ἄν τινα μὴ φάναι καλόν τε καὶ εὐδαίμονα θεῶν εἶναι; — μὰ δί' οὐκ ἔγωγ' ἔφην; — *Phædr.*, 247ᵃ, 250ᵇ⁻ᶜ; — *Phileb.*, 22ᶜ, 33ᵇ⁻ᶜ; — *Lois*, VII, 792ᵈ.

1. PLAT., *Phæd.*, 80ᵃ⁻ᵇ, 106ᵈ : ὁ δέ γε θεός, οἶμαι, ἔφη ὁ Σωκράτης, καὶ αὐτὸ τὸ ζωῆς εἶδος,... παρὰ πάντων ἂν ὁμολογηθείη μηδέποτε ἀπόλλυσθαι; — *Phædr.*, 246ᵈ; — *Tim.*, 34ᵃ⁻ᵇ (l'éternité de Dieu est d'ailleurs supposée par tout ce dialogue).
2. V. plus haut, p. 143-144.
3. V. ci-dessus, p. 159, 165-168.
4. PLAT., *Rep.*, II, 380ᶜ-381ᶜ.
5. Spinoza reprendra cette idée et en fera la base de toute sa philosophie; c'est aussi de là que partira Schopenhauer.

et la mesure où le sont les intelligibles. Quant à l'âme, par laquelle il se rapporte au monde, il en va différemment. Le monde est un devenir; il se meut sans trêve ni repos : c'est là son trait spécifique. Or la série régressive des mouvements ne saurait aller à l'indéfini, il lui faut un premier terme : Platon l'a vu avant Aristote. D'autre part, ce premier terme, étant lui-même en mouvement, ne peut s'expliquer par l'immuable; il ne devient intelligible qu'à la lumière d'un principe qui « se meut de lui-même »[1]. Et ce principe, comme on l'a pu voir, c'est encore Dieu. Il est donc nécessaire que, si l'activité de Dieu est immuable d'un côté, elle soit mobile de l'autre; il est nécessaire que, si sa pensée est un acte, sa spontanéité possède un fond de puissance qui produit sans cesse des effets nouveaux et ne s'épuise jamais : c'est comme une flamme intelligente qui pénètre l'univers et porte partout avec elle le mouvement et la vie; le feu dont parle Héraclite, en demeure l'image la plus frappante de ressemblance. On peut avancer encore dans cette voie. Dieu connaît le monde, dont il est « le Père » et « le Monarque » : il le pénètre tout entier de son regard scrutateur. Ne faut-il donc pas que la pensée qu'il en a suive pour ainsi dire les contours mobiles de son objet et varie avec lui? Platon, il est vrai, ne nous a rien laissé d'explicite sur cet aspect de sa théologie; mais il me semble qu'elle mène tout droit à cette conclusion. Et pourquoi n'y aurait-il pas un fond de vérité dans cette manière de voir? Pourquoi la liberté, qui enveloppe essentiellement de la puissance, ne serait-elle pas le moyen terme de l'être et du devenir? Est-il donc si bien établi que l'acte et la perfection ne font qu'un sur toute la ligne?

Le Dieu qui a formé le monde, est-il unique d'après

---

1. PLAT., *Lois*, X, 893^b-895^e; — Cf. *Phædr*., 245^c-246^a.

Platon? On a des raisons solides de le conclure. C'est ce qui résulte de l'esprit du *Philèbe* et du dixième livre des *Lois;* c'est ce que le *Timée* suppose plus nettement encore. Ce dialogue nous représente le « Père du Monde » comme l'auteur des dieux, et les dieux eux-mêmes comme les auteurs des âmes particulières : ce qui indique assez clairement que tout se ramène à l'unité d'une seule et même cause. Platon a d'ailleurs sur ce sujet des expressions significatives : à son sens, Dieu est « celui qui a engendré le monde », « le gouverneur du Tout » et « notre roi »[1]; vers la fin du *Critias,* il l'appelle « le Zeus des dieux[2] ». Et cette manière de dire est parfaitement conforme aux idées dominantes de sa cosmologie. D'après lui, le monde est unique ; d'autre part, il doit être aussi le meilleur possible. Or, qu'y a-t-il de meilleur pour un tout? C'est de n'avoir qu'un chef. « La polyarchie n'est pas bonne, écrira plus tard Aristote en se servant des paroles d'Homère ; qu'il n'y ait qu'un gouverneur[3]. » Cette formule traduit aussi la pensée de Platon.

La notion de Dieu que l'on a formulée, nous permet également de déterminer les relations qu'il soutient soit avec les « idées », soit avec le monde.

En tant que pensée, Dieu procède du « bien » parallèlement aux « idées » : à cet égard, il en est, ainsi qu'elles, l'effet direct et immanent. Comme âme, il procède à la fois de la pensée elle-même et des « idées »[4]. C'est donc

---

1. V. plus haut, p. 167.
2. 121ᵇ : θεὸς δὲ ὁ θεῶν Ζεύς...
3. ARIST., *Met.,* Λ, 10, 1076ᵃ, 3-4.
4. On a cru voir dans cette théorie une sorte d'ébauche des « processions divines », telles que le catholicisme les entend ; et d'aucuns en ont conclu que Platon avait dû visiter la Judée et prendre connaissance du livre de la *Sagesse.* Mais le malheur veut que cet ouvrage soit postérieur de deux siècles et demi à la *République :* de telle sorte que, s'il y a eu influence, elle s'est produite de Platon à la sainte Écriture, non de la sainte Écriture à

un être « inférieur et dérivé », suivant l'expression de M. V. Brochard[1] ; il tient d'un principe supérieur et son existence et ses attributs et la règle éternelle de ses actions. Mais il ne faudrait exagérer ni cette infériorité ni cette dépendance. Le « bien » est la forme des « idées » ; à leur tour, les « idées » et la Pensée ne font qu'un ; et l'âme divine elle-même n'est que l'activité de la Pensée. Toutes ces choses ne sont que les aspects divers de la souveraine perfection : de telle sorte qu'il a suffi aux théologiens catholiques de faire une coupure radicale entre l'être et le devenir proprement dit, pour christianiser le Dieu du philosophe grec : supposez la création ; et « le Démiurge » devient la cause des causes, la substance éternelle et parfaite.

La seconde question est plus complexe : elle comprend les rapports de Dieu avec les âmes particulières, avec les corps et l'ensemble des choses.

D'après le *Philèbe,* il existe une âme cosmique dont les âmes particulières procèdent par voie d'émanation ; et cette doctrine n'a été rapportée ni dans le dixième livre des *Lois* où Platon n'en parle pas, ni dans le *Timée* qui ne peut s'entendre au sens didactique en pareil sujet. Il y aurait donc une sorte d'identité fondamentale entre Dieu et les âmes particulières : Dieu serait le principe psychologique pris à son plus haut point de développe-

---

Platon. Un fait, c'est que les Pères de l'Église ont utilisé les ouvrages du Philosophe grec en vue d'en tirer une explication de la Trinité ; mais les analogies qu'ils ont découvertes sont beaucoup moins profondes qu'on ne le pense, comme l'a montré un vieil auteur du xviie siècle, qui n'a point donné son nom (V. *Le Platonisme dévoilé ou Essai touchant le verbe platonicien,* Cologne, Pierre Marteau, 1700). — Consulter aussi sur ce sujet A. FOUILLÉE, *loc. cit.,* 1, p. 342-362 ; ED. ZELLER, *loc. cit.,* p. 935, note 1 ; MARTIN, *loc. cit.,* II, 50-63 ; BRANDIS, *loc. cit.,* II[a], 330 ; UEBERWEG, *Grundr. der Geschichte der Philosophie,* p. 156, Berlin, 1886 (l'auteur fournit les documents relatifs à la question des rapports du Platonisme avec la pensée chrétienne).

1. *Revue de mét. et de mor.,* 1900, p. 614 ; *Les mythes dans la philosophie de Platon, Année philosophique,* 1900.

ment, devenu pensée pure et par là même amour indéfectible du bien ; les âmes particulières formeraient une série de dégradations du même principe, dégradations produites directement par les résistances de « l'infini », indirectement par l'idée du meilleur qui veut le plus de multiplicité possible dans l'unité. Et, s'il en est ainsi, l'on comprend la possibilité de l'inspiration, à laquelle Platon croit comme presque tous les anciens[1] ; il peut se produire, à travers les profondeurs de l'âme mondiale, certaines communications des âmes individuelles avec Dieu, qui possède la science de l'avenir comme celle du présent[2].

Immanent de quelque manière aux âmes individuelles, Dieu l'est-il aussi à la matière cosmique ? En d'autres termes, lui est-il continu, ou simplement contigu ? Sur ce point, Platon n'a pas de textes directs et formels[3]. Dans le *Philèbe*, il se borne à signaler le rapport que soutient « l'âme royale » soit avec l'intelligence soit avec les autres âmes ; au dixième livre des *Lois*, il pose

---

1. PLAT., *Men.*, 99ᶜ-100ᶜ ; — *Phædr.*, 244ᵃ-245ᵃ ; — *Tim.*, 71ᵈ-72ᵇ ; — Cf. *Banq.*, 201ᵈ, 203ᵃ.
2. Spinoza avait une manière approchante d'expliquer la divination : à son sens, nous sommes toujours obscurément avertis de notre mort ; et nous pouvons l'être aussi de la mort des autres, dont nous portons pour ainsi dire l'âme dans notre âme (*Lettres*. 17, VAN VLOTEN, II, 246, La Haye, 1895 ; P. L. COUCHOUD, *Benoît de Spinoza*, p. 42, Alcan, Paris, 1902 (*Collection des Grands Philosophes*).
3. On trouve dans le *Phèdre* (246ᶜ⁻ᵈ) le passage suivant : ἀθάνατον δὲ οὐδ' ἐξ ἑνὸς λόγου λελογισμένου, ἀλλὰ πλάττομεν οὔτε ἰδόντες οὔθ' ἱκανῶς νοήσαντες θεόν, ἀθάνατόν τι ζῷον, ἔχον μὲν ψυχήν, ἔχον δὲ σῶμα, τὸν ἀεὶ δὲ χρόνον ταῦτα ξυμπεφυκότα. Mais, comme l'observe STALLB. (vol. IV, sect. I, p. 81), le sens de ce texte est loin d'être clair. Le langage de Platon est-il mythique en cet endroit, ou didactique ? On ne le discerne pas avec netteté : le mot πλάττομεν paraît même indiquer que le premier de ces deux sens est le vrai ; d'autant que cette expression vient en opposition avec les deux formes de la connaissance rationnelle, à savoir l'intuition (ἰδόντες) et la déduction (οὐδ' ἐξ ἑνὸς λόγου λελογισμένου... νοήσαντες θεόν). De plus, la nature de l'union en vertu de laquelle Dieu est éternellement lié à un corps, ne se trouve pas définie.

la question sans la résoudre ; et le *Timée,* en un tel problème, ne peut guère avoir qu'un sens mythique, suivant ce que l'on a dit un peu plus haut[1]. Le seul moyen d'éclaircir le sujet, c'est de recourir à l'idée que Platon se fait de l'union de l'âme humaine avec son corps : d'après lui, la mort est la séparation de ces deux termes ; et la vie elle-même doit consister principalement à préparer ce divorce final. Il serait bien étonnant que cette indépendance à laquelle notre âme peut s'élever, Dieu ne l'eût pas par essence; c'est librement, sans doute, qu'il « circule »[2] à travers la matière immense pour lui communiquer le mouvement et l'harmonie qu'elle n'a point d'elle-même.

Supérieur à toute espèce d'indigence, Dieu n'a pu faire le monde que par amour. « Il était bon ; et celui qui est bon, n'a aucune sorte d'envie : voilà pourquoi il a voulu que toutes choses fussent, autant que possible, semblables à lui-même. Quiconque, instruit par des hommes sages, admettra ceci comme la raison principale de l'origine et de la formation de l'univers, sera dans le vrai[3]. »

C'est aussi par amour que Dieu gouverne le monde ; et la loi qu'il suit dans la direction de son œuvre, est encore la même, à savoir l'idée du meilleur : sa providence s'étend de l'ensemble jusqu'aux plus infimes détails, mais sans cesser jamais de subordonner la partie à l'intérêt du Tout.

« Toi-même, chétif mortel, si petit que tu sois, tu entres pour quelque chose dans l'ordre général et tu t'y rapportes sans relâche. Mais tu ne vois pas que toute

---

1. A la page 30ᵇ, on trouve dans ce dialogue les paroles suivantes, qui se rapportent à l'âme du monde : ... τόνδε νοῦν μὲν ἐν ψυχῇ, ψυχὴν δὲ ἐν σώματι ξυνιστὰς τὸ πᾶν ξυνετεκταίνετο. Mais ce texte ne précise pas non plus la nature de l'union que soutiennent le mental et le physique au sein du tout.

2. Plat., *Lois,* IV, 716ᵃ : ... περιπορευόμενος...

3. *Id., Tim.,* 29ᵉ-30ᵃ.

génération se fait en vue du tout, afin qu'il vive d'une vie heureuse; que l'univers n'existe pas pour toi, mais que tu existes toi-même pour l'univers... Et si tu murmures, c'est faute de savoir comment ton bien propre se rapporte à toi-même et au tout, suivant les lois du devenir universel[1]. » Ainsi va le monde sous la main du grand chorège : chacun n'y reçoit pas la place la plus désirable en elle-même; mais chacun y tient celle qui convient le mieux à l'harmonie de l'ensemble; et, par suite, tout s'y ramène au niveau de la raison, même la souffrance, vu qu'il est éminemment rationnel de souffrir pour la cause de l'ordre.

Mais pourquoi la douleur? Pourquoi les passions fécondes en tristesses? Pourquoi l'erreur, le vice et la méchanceté? Pourquoi le triomphe de l'injustice? Le monde ne serait-il pas meilleur, ne serait-il pas plus rationnel encore, si tous ces maux ne se mettaient partout en vue et sous toutes les formes? D'où peut venir, s'il y a un Dieu, que les choses se passent, et principalement dans la vie morale, comme s'il n'y en avait pas? « O mon fils, tu te jettes dans l'impiété » pour n'avoir encore qu'une idée inadéquate des choses[2]. « Dieu est bon »; « et du bien ne peut sortir que le bien » : « Dieu n'est la cause d'aucun mal »[3]. Le mal, quels que soient sa nature et son degré, n'est qu'un manque d'être : c'est une privation qui tient aux infirmités de la matière. Notre âme provient de l'union d'un principe immortel avec un principe mortel et avec le corps. Lorsque cette union s'accomplit, « les cercles de l'âme, comme plongés dans un grand fleuve, ne se laissèrent pas emporter par le cou-

---

1. Plat., *Lois*, X, 899^d-904^c; — Cf. *Gorg.*, 479$^{b\text{-}c}$; — *Rep.*, II, 379^a-380^a.
2. *Id.*, *Ibid.*, 899^d-900^c.
3. *Id.*, *Rep.*, II, 379$^{b\text{-}c}$.

rant, mais ne purent non plus le dominer, tantôt entraînés, tantôt entraînant à leur tour : de telle sorte que l'animal tout entier était agité sans ordre ni mesure, au gré du hasard, par les six mouvements [de l'âme] »... Ces troubles « arrêtèrent entièrement par leur tendance contraire le mouvement du même, l'empêchèrent de poursuivre et de terminer sa course, et introduisirent le désordre dans le mouvement du divers[1] ». De là nos méprises et nos ignorances ; de là nos passions et nos vices : ce qui produit la plupart des hontes et des infortunes dont la terre est affligée. La matière brute elle-même ne se laisse pas entièrement réduire aux lois de l'harmonie ; il y reste des inachèvements qui se font sentir jusque dans la forme et le cours des astres. Et de ces anomalies résulte un certain défaut d'adaptation entre l'homme et son milieu qui est une autre source d'inévitables souffrances[2]. Les indigences de « l'infini », voilà d'où vient le mal. Encore n'en sont-elles que la cause obvie et directe ; il a sa raison de fond dans le principe même de l'être. Il faut que le monde soit parfait. Or il ne peut atteindre sa perfection qu'à condition de réaliser dans son unité le plus de variété possible. Le monde ne se conçoit que comme une série infinie de dégradations infimes : ce qui suppose la matière. Le mal a sa racine dans le Bien[3]. « Il ne cessera pas, ô Théodore ; car c'est impossible. Le bien aura toujours son contraire : ainsi le veut la nécessité. Sans doute, le mal ne siégera jamais parmi les dieux ; mais cette nature mortelle et cette région de l'univers, il les enveloppera toujours[4]. » Le meilleur

---

1. PLAT., *Tim.*, 43ᵃ⁻ᵈ.
2. V. plus haut, p. 76-77.
3. V. plus haut p. 136. C'est la pensée qu'a reprise Leibniz. Puisque l'Idée du meilleur préside à l'être, ses anéantissements n'ont qu'une limite, celle où le mal commence à l'emporter sur le bien.
4. PLAT., *Thext.*, 176ᵃ.

est à ce prix. Que le sage se console d'ailleurs. Pour lui, tout finit toujours par se changer en bien[1]. Dieu ne saurait avoir le dessous dans la lutte : au dernier terme, la finalité l'emporte, et la justice s'accomplit.

III

C'est encore la définition de Dieu qui nous permet de comprendre l'attitude de Platon à l'égard des dieux.

Les astres fixes et les planètes sont des dieux[2]. Ainsi de la terre ; elle est même « le premier et le plus ancien de ceux qui ont pris naissance à l'intérieur du ciel »[3].

Platon parle aussi des divinités de la mythologie grecque ; et il a sa manière d'en tirer parti. D'après le mythe du *Phèdre,* « Vesta reste seule dans le palais des immortels ; mais les onze autres grandes divinités marchent chacune à la tête d'une tribu, dans le rang qui leur a été assigné ». Et c'est Jupiter, « le chef suprême », qui « s'avance le premier, conduisant son char ailé, ordonnant et gouvernant toutes choses ». Un peu plus loin, ces mêmes dieux nous apparaissent comme ayant marqué l'empreinte de leurs caractères distinctifs sur les âmes qui composaient leur cortège. « Ceux qui ont suivi Jupiter, veulent trouver une âme jupitérienne dans leurs amants » ; « ceux qui ont voyagé à la suite de Junon, recherchent dans un jeune homme une âme royale ». Ainsi de ceux que présidaient Apollon et les autres dieux[4].

---

1. PLAT., *Rep.*, X, 613ᵃ : οὕτως ἄρα ὑποληπτέον περὶ τοῦ δικαίου ἀνδρός, ἐάν τ' ἐν πενίᾳ γίγνηται, ἐάν τε ἐν νόσοις ἤ τινι ἄλλῳ τῶν δοκούντων κακῶν, ὡς τούτῳ ταῦτα εἰς ἀγαθόν τι τελευτήσει ζῶντι ἢ καὶ ἀποθανόντι ; — *Lois,* IV, 715ᶜ-716ᵇ.

2. *Id., Rep.,* VI, 508ᵃ ; — *Lois,* VII, 820ᶜ-822ᶜ ; — *Ibid.,* X, 898ᵈ-899ᵈ ; — *Tim.,* 40 ᵃ⁻ᵈ.

3. *Id., Tim.,* 40ᶜ.

4. *Id., Phædr.,* 252ᶜ-253ᶜ.

Vers le milieu du *Politique*, Platon nous raconte que le premier âge du monde se divise en deux périodes : celle du gouvernement de Chronos, puis celle du gouvernement de Jupiter [1]. Le même mythe reparaît sous une autre forme au IV° livre des *Lois* [2]. Au VIII° livre de ce dernier dialogue, Platon veut que « chaque jour un des corps de magistrature offre un sacrifice à quelque dieu ou à quelque génie » ; « qu'il y ait douze fêtes en l'honneur des douze divinités qui donnent leur nom à chaque tribu » ; et « que l'on prenne bien garde de ne pas confondre le culte des dieux souterrains avec celui des dieux célestes » [3]. Et « voici », nous est-il dit dans le *Timée*, « la généalogie de ces immortels », s'il faut en croire ceux qui les regardent comme leurs ancêtres : « Du Ciel et de la Terre naquirent l'Océan et Thétis, qui engendrèrent Phorcys, Saturne, Rhéa et plusieurs autres. De Saturne et de Rhéa sont descendus Jupiter, Junon et tous les dieux qu'on leur donne pour frères, et enfin toute leur postérité [4]. » On voit aussi, dans le *Critias*, que Neptune, auquel était échue l'Atlantide, épousa Clito, la fille d'un mortel, et que « .cinq fois son épouse le rendit père de deux jumeaux » [5].

« Tout est donc plein de dieux [6]. » Le monothéisme, pour Platon, se double de polythéisme. Mais comment ? Où se trouve le moyen terme dans lequel se concilient deux conceptions en apparence si divergentes ? A cette question, les historiens ont fait des réponses assez diverses. Voici la solution qui me semble la plus conforme à ce que l'on a vu plus haut.

1. 269ª et sqq.
2. 713ᵇ et sqq.
3. 828ᵃ⁻ᵈ ; — Cf. *Ibid*., IV, 717ᵃ⁻ᵇ.
4. 40ᵉ-41ᵃ.
5. 113ᶜ⁻ᵒ.
6. PLAT., *Lois*, X, 899ᵇ.

Les astres, y compris la terre, ne sont pas autre chose que « l'âme royale », en tant qu'elle réussit, dans son effort vers le Bien, à donner à ces corps une forme éternelle et parfaite [1] : c'est Dieu lui-même devenu visible. Là se trouve sans doute la raison pour laquelle il arrive si souvent à Platon de dire indifféremment *Dieu* ou *les dieux* [2]. A son sens, le premier de ces mots désigne la cause organisatrice du monde; et le second, les formes immortelles que cette cause revêt : ce qui est encore elle. C'est d'ailleurs cette façon de parler que l'on retrouve chez les stoïciens, dont la théologie dérive de Platon peut-être plus encore que d'Aristote [3]. Pour eux aussi, les expressions *Dieu* et *les dieux* signifient au fond la même chose considérée sous des aspects divers.

Tout autre est le sens que Platon attribue aux divinités mythologiques. En réalité, ce ne sont pour lui que des fictions. Il le fait assez voir par la liberté presque aristophanesque dont il use à leur endroit [4]; il le montre également par la fine ironie avec laquelle il en parle lui-même. « Quant aux autres dieux, dit-il dans le *Timée* après avoir expliqué la naissance des astres, savoir et raconter leur génération est une besogne qui nous dépasse. Il faut s'en rapporter aux récits des anciens; puisqu'ils sont descendus des immortels suivant leur dire, ils connaissent sans doute leurs ancêtres. Comment d'ailleurs ne pas croire aux enfants des dieux! Leurs récits, il est vrai, ne paraissent pas très fondés ni même vraisemblables; mais, comme

---

1. PLAT., *Lois*, X, 897^b, 899^b.
2. *Id.*, *Gorg.*, 507^e-508^a; — *Banq.*, 202^e-203^a; — Cf. *Ibid.*, 203^e-204^a; — *Phæd.*, 62^{b-d}, 80^d-81^a, 106^d; — *Rep.*, II, 381^c; — *Lois*, IV, 716^e, 717^a; — *Tim.*, 74^c.
3. Cic., *De nat. deor.*, particulièrement II, XIII et sqq.
4. PLAT., *Banq.*, 190^e et sqq. (Toutefois, il ne faudrait pas exagérer ici la portée des paroles du *Banquet* relatives aux dieux de la mythologie. Elles sont tirées du discours d'Aristophane. Or il est très probable que ce discours est une critique où Platon venge Socrate de la comédie des *Nuées*); — *Phædr.*, 259e; — *Polit.*, 272e.

ils prétendent raconter l'histoire de leur propre famille, le meilleur est de se rendre, comme le veut d'ailleurs la coutume[1]. » La raillerie reparaît dans le *Critias;* et, bien que moins directe, elle n'en a pas moins de portée. « Autrefois, écrit Platon, les dieux se partageaient la terre entière, mais sans querelle. Car comment supposer que les dieux aient ignoré ce qui convient à chacun d'eux, ou que, sachant ce qui revenait aux autres, ils aient entrepris de le conquérir par la violence [2]? » N'eussent-ils pas du même coup cessé d'être des dieux [3]?

Il ne convient pas cependant de détruire l'Olympe par sa base. Le peuple n'a pas la vue assez forte pour contempler la vérité à découvert. Il veut des symboles qui l'incarnent et la lui rendent sensible; et le meilleur, autant du moins qu'on le peut, est de lui conserver ceux dont il a pris une longue habitude. Il faut, au point de vue social, sauver les dieux des poètes, mais à condition de les purifier.

Les dieux ne mentent pas; ils ne se vengent pas; ils ne commettent ni parricide ni adultère; ils ne se marient pas non plus avec les filles des mortels. C'est une erreur aussi de croire qu'ils se déguisent en hommes et descendent au milieu de nous pour être utiles à leurs amis ou triompher de leurs ennemis. Hésiode et Homère ont profané le ciel d'indignes légendes. La Sainteté trône au séjour des bienheureux, accompagnée de la Toute-Puissance qui est son ministre; et les dieux sont trop grands pour revêtir la forme humaine : ils demeurent fixés à jamais dans l'immutabilité de leur essence très pure [4].

---

1. *Tim.*, 40^{d-e}.
2. *Criti.*, 109^b.
3. PLAT., *Lois*, XII, 941^b.
4. *Id.*, *Banq.*, 202^c, 203^e, 204^a; — *Rep.*, II, 379^a-383^c; III, 389^a et sqq.; X, 612^e-613^a; — *Phædr.*, 246^{d-e} : τὸ δὲ θεῖον καλόν, σοφόν, ἀγαθὸν καὶ πᾶν ὅ τι τοιοῦτον; — *Ibid.*, 247^d; — *Theæt.*, 151^d : ... οὐδεὶς θεὸ ςδύσνους ἀνθρώποις; — *Lois*, IV, 713^b et sqq., 716^c-717^b; X, 886^{c-e}; XII, 941^b; — *Criti.*, 109^b.

Voilà l'idée qu'il faut faire prévaloir sur la tradition corrompue; voilà ce qu'il est nécessaire d'implanter dans les esprits, si l'on ne veut que la divinité, qui est « l'amie du bien », ne devienne la protectrice permanente du mal. Cette réforme une fois opérée, on peut introduire les dieux olympiens, sinon dans la cité idéale, du moins dans celle dont l'organisation est appropriée à la faiblesse des hommes; ils sont encore un moyen de délivrer la foule de ses misérables passions.

IV

Au-dessous des dieux et au-dessus des hommes, il y a des « démons ». Ces « démons » ont en partage la sagesse et la bonté [1]. Chacun de nous a le sien qu'il a choisi avant de venir en ce monde, qui l'accompagne pendant sa vie et l'introduit, après la mort, dans le séjour de l'Hadès [2]. D'après le mythe du *Politique,* ils avaient sous le règne de Chronos la garde des animaux; et ces « divins pasteurs » remplissaient si bien leur tâche que toute trace de férocité avait disparu de la terre et qu'il ne se produisait dans leurs troupeaux ni guerre ni querelle d'aucune espèce [3]. Dans le mythe du IV⁰ livre des *Lois,* qui n'est qu'une variante du premier, ce sont les démons eux-mêmes qui gouvernent les hommes [4]. Il est d'ailleurs resté quelque chose de cet âge d'or : « les contrées les plus favorables à la vertu sont celles où règne je ne sais quel souffle divin et qui sont échues aux démons les plus bienveillants [5]. » Quelles que soient les vicissitudes par les-

---

1. PLAT., *Crat.*, 397ᵈ-398ᵇ; — Cf. *Apol.*, 27ᵇ⁻ᵉ; *Rep.*, III, 389ᵃ.
2. *Id., Rep.* X, 617ᵉ, 620ᵈ⁻ᵉ; — *Phæd.*, 107ᵈ⁻ᵉ; — *Lois*, X, 903ᵇ.
3. 271ᵈ⁻ᵉ.
4. 713ᵈ⁻ᵉ.
5. PLAT., *Lois,* 747ᵉ.

quelles ils aient passé au cours de l'histoire du monde, ces génies bienfaisants ont toujours exercé la même fonction principale : c'est par eux que nous communiquons avec la divinité, et à l'état de veille, et dans le sommeil : ils sont les intermédiaires de Dieu et des hommes [1]. Aussi faut-il leur faire une place d'honneur dans la cité : on leur doit des sacrifices [2].

Qu'y a-t-il de philosophique en cette description? Platon lui-même prend soin de nous le faire entendre dans une page célèbre du *Timée*. Le « démon » réside en chacun de nous et constitue le principe le plus noble de notre nature; c'est la partie divine de notre âme : c'est notre raison elle-même [3]. Par suite, c'est également, et au sens plein du mot, l'homme où la raison, à force de méditer les choses immortelles, a définitivement établi le règne de la justice [4]. Ainsi le mythisme domine partout dans cet ordre de matière; mais aussi n'est-il vain nulle part : partout il garde quelque valeur réelle.

On peut voir maintenant à quoi se résume la philosophie première de Platon.

Il a recours à trois principes pour expliquer l'ensemble des choses : une cause exemplaire qui est le « fini », ou, si l'on veut, le monde des idées; une cause matérielle qui est « l'infini »; une cause efficiente directe qui est l'âme du monde et qu'il appelle Dieu. La dernière de ces causes façonne la seconde à l'image de la première; de là résulte l'harmonieuse et mobile nature. Mais tout n'est pas expliqué par ces trois principes; et, en conséquence, rien ne l'est. D'où vient que l'être revêt un en-

---

1. Plat., *Banq.*, 202^d-203^b; — *Phædr.*, 247^a, 259^{b-d}.
2. *Id., Rep.*, VII, 540^c; — *Lois*, IV, 717^b.
3. *Tim.*, 90^{a-c}.
4. *Id., Rep.*, VII, 540^e.

semble de déterminations éternelles et parfaites? Pourquoi se prolonge-t-il en une « âme royale », qui n'a déjà plus la même excellence? Pourquoi cette âme elle-même compose-t-elle le monde de manière à ce qu'il ait le plus de diversité possible dans son unité? Ce qui fait éclore le mal sous toutes ses formes. Voilà ce qu'il faut dire en fin de compte; et Platon l'a vu : c'est pour répondre à ce problème fondamental qu'il introduit son « idée du bien ». « D'où vient, dit Bossuet, que quelque chose est et qu'il ne se peut pas faire que le rien soit, si ce n'est parce que l'être vaut mieux que le rien[1]...? » Telle est la pensée qu'a eue Platon tout le premier et que l'évêque de Meaux ne fait que redire en sa belle langue. Le bien est l'ultime raison de l'être et de ses modalités : s'il existe, si la perfection s'épanouit à son sommet, s'il se dégrade ensuite en se multipliant, c'est qu'ainsi l'exige l'idée du meilleur. Et du moment que l'on voit les choses sous un tel jour, le bien n'apparaît plus seulement comme une cause exemplaire; il préside à toutes les déterminations de l'être : il est la première et la plus élevée des causes efficientes. Par là, Platon touche d'assez près à Hégel.

Par ailleurs, il est encore plus près d'Aristote, qui lui a pris le meilleur de sa substance. Il existe, il est vrai, des différences notables entre ces deux philosophes, même au point de vue où nous sommes placés ici. Platon tient pour « séparés » et la pensée et les intelligibles. Au regard d'Aristote, il n'y a plus que la pensée qui le soit; les intelligibles deviennent des « puissances » de la matière. De plus, pour Platon, l'âme du monde est « Dieu » lui-même. D'après Aristote, elle n'est plus que « quelque chose de divin »; il la conçoit en outre comme identique

---

1. *Élévations à Dieu...*, I, p. 323, éd. Charp., Paris.

à la nature : elle en est la forme éternelle. Du maître au disciple, on fait un pas gigantesque vers la philosophie de l'immanence, vers le stoïcisme[1].

Mais l'un et l'autre n'ont accordé aux causes mécaniques qu'une place secondaire; l'un et l'autre nous ont donné du finalisme[2]. Et ce finalisme, ils l'entendent au fond de la même manière. D'après Aristote, il y a dans la nature une sorte d'intuition du bien qui s'y traduit par un amour inextinguible du meilleur : de là le branle cosmique, le mouvement et la beauté de l'univers; tout s'y produit par l'effet du charme vainqueur qui s'attache à la connaissance de l'être parfait. Telle est aussi l'idée de Platon. Pour Platon également, il y a partout dans les choses une certaine perception du bien. L'âme du monde le voit; l'âme de l'homme l'entrevoit; la vie, au-dessous de lui, en tressaille : et cette vision détermine un désir de l'ordre d'où dérivent l'harmonie et l'eurythmie des choses. « Tous les êtres sensibles aspirent vers le bien[3] »; c'est par là « qu'il est la cause de tout ce qu'il y a de bon et de beau[4] » dans la nature.

En outre, Platon, comme Aristote[5], en est pour l'unicité de la substance, et plus encore; son monisme présente un aspect plus rigoureux. D'après l'idée directrice de sa méthode, le logique et le réel s'identifient. Or il n'y a qu'une notion de l'être, à son sens; il faut donc aussi qu'il n'y ait, sous la diversité des choses, qu'un seul et même être.

---

1. V. notre article sur *Le naturalisme aristotélicien* (Archiv für Geschichte der Philosophie, XVI. Band. 4. Heft. 1903).
2. Plat., *Phæd.*, 99ª-100ª; — *Soph.*, 243ᵇ; — *Phileb.*, 26ᶜ-30ᵈ; — *Lois*, X, 889ᵇ et sqq. (Il s'agit en cet endroit de la substitution du finalisme au mécanisme); — *Tim.*, 46ᶜ⁻ᵈ, 48ᵃ, 68ᶜ-69ᵃ.
3. *Id.*, *Phæd.*, 75ᵇ (dans le texte, il ne s'agit que de l'Égal; mais l'Égal est un aspect du Bien). — Voir plus haut, p. 132.
4. *Id.*, *Rep.*, VII, 517ᵉ.
5. V. *Aristote*, p. 137-138.

CHAPITRE VI

L'AME HUMAINE

De l'âme du monde procède une hiérarchie d'autres âmes qui va de l'homme jusqu'au silex. Tout vit de quelque manière; ou, du moins, tout enveloppe un principe de vie, même le grain de sable qui s'agite au gré du vent. Il ne sent pas encore, ainsi que fait la plante; mais il contient comme un germe endormi de sensation qui s'éveillera dès qu'une rencontre heureuse aura réalisé les conditions nécessaires à son développement[1].

Parmi ces âmes particulières, il n'en est qu'une dont Platon ait parlé longuement et pour elle-même : c'est celle de l'homme. Ainsi le voulait l'excellence qu'il aimait à lui reconnaître; ainsi le voulait surtout le but moral de son œuvre.

I

Notre âme se révèle à nous dans ses modes; mais ces modes ne s'expliquent pas par eux-mêmes : ils postulent des virtualités dont ils sont les déterminations et qui s'en

---

1. PLAT., *Tim.*, 77ᵃ⁻ᶜ. — Platon ne dit pas dans ce passage que la vie s'étend au delà des plantes; mais la chose résulte de la manière dont est faite l'âme de la nature (*Tim.*, 35ᵃ-37ᵃ) : elle pénètre tout, bien qu'à des degrés divers de développement.

distinguent[1]. « Supposé que, après avoir pris à la chasse des animaux sauvages, des ramiers ou quelque autre espèce semblable, on les élève dans un colombier qu'on aurait chez soi. Nous pourrons dire à certains égards qu'on a toujours ces ramiers, parce qu'on en est le possesseur. — Oui. — Et à d'autres égards qu'on n'en a aucun ; mais que, comme on les tient renfermés dans une enceinte dont on est le maître, on a le pouvoir de les prendre[2]... — Fort bien. » C'est d'une façon analogue qu'il faut entendre les modes de l'âme. Autre est le fait de les « tenir » en quelque sorte sous le regard de notre pensée ; autre notre aptitude naturelle soit à les produire soit à les éprouver. Et de ces deux états, le premier suppose le second ; car rien n'existe qui n'ait préexisté d'une certaine manière.

Il faut qu'il y ait dans notre âme des « puissances » par où elle « fait tout ce qu'elle fait » et subit tout ce qu'elle subit[3].

D'autre part, ces puissances ne se distinguent pas par la forme psychologique de leurs actes, mais par le terme où elles s'appliquent : « Celles-là sont identiques qui ont le même objet et opèrent les mêmes effets ; celles-là sont différentes dont les objets et les effets sont différents[4]. »

En se plaçant à ce point de vue, on s'aperçoit que l'âme comprend trois puissances principales : « une partie rationnelle », qui porte sur le vrai, c'est-à-dire sur les

---

1. Plat., *Rep.*, V, 477c. — Platon emploie, comme le fait Aristote, le mot δύναμις.
2. *Id.*, *Theæt.*, 197b-d.
3. *Id.*, *Rep.*, V, 477c : φήσομεν δυνάμεις εἶναι γένος τι τῶν ὄντων, αἷς δὴ καὶ ἡμεῖς δυνάμεθα ἃ δυνάμεθα, καὶ ἄλλο πᾶν ὅ τί περ ἂν δύνηται, οἷον λέγω ὄψιν καὶ ἀκοὴν τῶν δυνάμεων εἶναι, εἰ ἄρα μανθάνεις ὃ βούλομαι λέγειν τὸ εἶδος; — *Theæt.*, 156a : τῆς δὲ κινήσεως δύο εἴδη, πλήθει μὲν ἄπειρον ἑκάτερον, δύναμιν δὲ τὸ μὲν ποιεῖν ἔχον, τὸ δὲ πάσχειν (c'est à Protagoras que Socrate prête cette distinction ; mais on voit par l'esprit du dialogue qu'il la fait sienne).
4. *Id.*, *Rep.*, V, 477c.

choses en tant qu'elles sont ou ne sont pas; le « cœur », qui est un désir inné de l'ordre moral ou bien pratique, mais qui, étant irréfléchi de sa nature, peut manquer de mesure ou d'à propos; le « goût des plaisirs » physiques, tels que ceux du manger, du boire et de la reproduction [1].

A son tour, « la partie rationnelle [2] » se divise en deux puissances secondaires, dont la première est le facteur de la science; et la seconde, le facteur de l'opinion [3]. Ces deux puissances elles-mêmes supposent l'une et l'autre la sensibilité, considérée comme aptitude à percevoir les données empiriques; elles y trouvent leur point de départ commun. A « la partie rationnelle » se rattache également le pouvoir de délibérer sur « le meilleur et le pire », ce que Platon appelle déjà τὸ βουλευτικόν. Car délibérer, c'est chercher le pour et le contre, c'est peser des motifs : délibérer, c'est « syllogiser » [4].

De son côté, « le cœur [5] » peut revêtir deux formes. Tantôt il se porte directement vers « le bien et le beau »; tantôt il lutte contre les obstacles qui s'opposent à leur réalisation [6] : il est concupiscible ou irascible, comme on le dira plus tard d'une façon plus didactique.

---

1. Plat., *Rep.*, IV, 436ᵃ, 439ᵉ-441ᵉ; VI, 504ᵃ; IX, 571ᵈ-572ᵃ, 580ᵉ-581ᵇ; 588ᶜ-589ᶜ (mythe de l'homme, du lion et du monstre aux cent têtes); — *Phædr.*, 246ᵃ⁻ᵇ (les coursiers et le cocher); 253ᵈ⁻ᵉ (description des coursiers); 237ᵈ⁻ᵉ (ici la division est binaire; mais il est probable que l'ἐπιθυμία est entendue au sens large et comprend implicitement le θυμός).

2. Τὸ λόγον ἔχον, τὸ λογιστικόν.

3. Plat., *Rep.*, V, 477ᵈ⁻ᵉ : Δεῦρο δὴ πάλιν, ἦν δ' ἐγώ, ὦ ἄριστε. Ἐπιστήμην πότερον δύναμίν τινα φῂς εἶναι αὐτήν, ἢ εἰς τί γένος τίθης; Εἰς τοῦτο, ἔφη, πασῶν γε δυνάμεων ἐρρωμενεστάτην· τί δέ; δόξαν εἰς δύναμιν ἢ εἰς ἄλλο εἶδος οἴσομεν; Οὐδαμῶς, ἔφη· ᾧ γὰρ δοξάζειν δυνάμεθα, οὐκ ἄλλο τι ἢ δόξα ἐστίν.

4. *Id., Ibid.*, IV, 439ᶜ⁻ᵈ, 441ᵃ; — *Lois*, I, 644ᵈ : ἐπὶ δὲ πᾶσι τούτοις λογισμός, ὃ τί ποτ' αὐτῶν ἄμεινον ἢ χεῖρον; V, 734ᵉ : ἡμῖν δὲ ἡ βούλησις τῆς αἱρέσεως τῶν βίων οὐχ' ἵνα τὸ λυπηρὸν ὑπερβάλλῃ; IX, 867ᵃ⁻ᶜ.

5. Ὁ θυμός, τὸ θυμοειδές.

6. Plat., *Rep.*, IV, 439ᵉ-440ᵈ; IX, 572ᵃ, 581ᵇ : εἰ οὖν φιλόνεικον αὐτὸ καὶ φιλότιμον προσαγορεύομεν, ἦ ἐμμελῶς ἂν ἔχοι; ἐμμελέστατα μὲν οὖν.

Quant au « goût de la jouissance »[1], on ne le peut désigner que par ses modalités dominantes, tant il est ondoyant et divers : c'est « un monstre garni de têtes » et « capable de les faire naître et de les changer à son gré »[2].

Les émotions ne requièrent pas une puissance à part. Ce sont des « épiphénomènes » qui résultent des facultés précédentes et ne sont que le stade ultime de leurs opérations : les actions et les passions notables de l'âme se traduisent toutes en plaisir ou en douleur, en joie ou en tristesse[3].

Platon n'est pas arrivé dès l'abord à cette classification trinaire. C'est au quatrième livre de la *République* qu'il l'énonce pour la première fois en termes formels. L'auteur de la *Grande morale* observe que Platon divisait « l'âme en parties rationnelle et irrationnelle »[4]. De fait, il s'en est tenu très longtemps à cette manière de voir toute socratique.

De plus, cette classification une fois trouvée, il a modifié l'importance respective des éléments qu'elle contient. « Chacun, dit-il dans le premier livre des *Lois*, porte au dedans de soi-même deux conseillers opposés l'un à l'autre et dépourvus de sagesse, qu'on appelle le plaisir et la douleur... Il faut ajouter le pressentiment du plaisir et de la douleur à venir, auquel on donne le nom commun d'attente : l'attente de la douleur se nomme proprement crainte, et celle du plaisir, espérance[5]. » Ici, ce n'est plus, comme tout à l'heure, l'aspect appétitif qui domine; mais bien l'aspect émotif. Ailleurs, dans la suite du même

---

1. Ἐπιθυμία, τὸ ἐπιθυμητικόν.
2. Plat., *Rep.*, IX, 580°, 588° et sqq.; — *Phædr.*, 237ᵈ-238ᵇ.
3. *Id.*, *Phileb.*, 53ᵃ et sqq.
4. A, 1, 1182ᵃ, 24-25 : Πλάτων διείλετο τὴν ψυχὴν εἴς τε τὸ λόγον ἔχον καὶ εἰς τὸ ἄλογον ὀρθῶς...
5. 644ᶜ⁻ᵈ. — V. aussi sur ce point, dans Lutoslawski (*loc. cit.*, p. 506), des remarques fort justes.

ouvrage [1] et au cours du *Timée* [2], le plaisir et la douleur se présentent sur le même plan que le désir. Platon semble avoir senti d'une manière de plus en plus forte le rôle prépondérant que joue l'affectivité dans notre existence morale : l'expérience lui a donné l'impression vive de l'empire qu'exerce sur nous cette énergie profonde et mobile.

Malgré ces retouches, il n'a pas réussi à constituer une classification tout à fait rationnelle des facultés de notre âme ; et peut-être était-ce chose difficile, vu le principe dont il est parti. « Les puissances, dit-il, se distinguent par leurs objets. » Mais alors il faut que « le cœur » et « la partie rationnelle » s'identifient, au moins par un côté. Car l'un porte exclusivement sur le bien pratique, et l'autre partiellement, puisqu'on raisonne sur « le meilleur et le pire » comme sur la vérité purement spéculative. Aristote sera plus heureux en se plaçant au point de vue des formes que revêt notre activité psychologique ; il pourra, sans se contredire, relier « le vouloir » à « la partie rationnelle » et « la partie rationnelle » elle-même à « la pensée » [3].

Il est vrai que Platon ne semble pas ajouter une importance souveraine à ces questions d'ordre périphérique ; c'est du moins ce que l'on pense naturellement, à voir la manière infiniment mobile dont il en parle [4]. Il se préoccupe avant tout de la chose qu'il veut mettre en lumière ; le rôle du cadre logique qu'elle comporte est de s'y ajuster : ce qui le rend souple comme la vie.

La sensation est un phénomène mixte : il y faut un

---

1. IX, 864ᵇ : ἡδονῆς δ' αὖ καὶ ἐπιθυμιῶν τὸ δεύτερον.
2. 77ᵇ : αἰσθήσεως δὲ ἡδείας καὶ ἀλγεινῆς μετὰ ἐπιθυμιῶν.
3. *Eth. Nic.*, Z, 2, 1139ᵃ, 3-15. — V. notre *Arist.*, p. 151-154.
4. Comparer, par ex., le livre Iᵉʳ des *Lois* (644ᶜ⁻ᵈ) et le livre IXᵉ du même ouvrage (864ᵇ); et l'on pourra voir que, si la division trinaire est maintenue, le θυμός et l'ἐπιθυμία ne sont pas loin de s'embrouiller. — Cf. *Tim.*, 42ᵃ⁻ᵇ.

certain concours de l'âme et du corps [1]. Mais ce concours, Platon a sa manière à lui de l'entendre, qui ne prépare en rien l'interprétation aristotélicienne. Si l'on sent à travers le corps, ce n'est point par lui; car il n'est de son chef qu'un système d'éléments bruts et demeure toujours tel, quoi que l'on fasse. L'âme seule peut connaître; et, par suite, l'âme seule est capable de sentir [2]. Imaginez d'ailleurs que l'on voie réellement par l'œil, que l'on entende par l'ouïe et qu'il en soit de même pour les autres sensations : chacune d'elles va rester isolée dans l'organe qui l'éprouve; et l'on n'aura plus aucun moyen d'expliquer comment nous pouvons les comparer les unes aux autres, la couleur par exemple au son ou le son à l'odeur. De telles opérations supposent un principe unique qui saisisse d'une même vue toutes les qualités sensibles. Or que peut être ce principe? sinon l'âme[3]. L'organisme ici n'a qu'un rôle, qui est de transmettre le choc subi. « Lorsqu'un corps facile à mouvoir reçoit une impression même légère, chaque partie la communique circulairement aux parties voisines en respectant sa nature, jusqu'à ce que le mouvement parvenu à l'intelligence l'avertisse de la puissance de l'agent » : c'est ce qui a lieu pour les organes sensoriels, principalement « pour la vue et l'ouïe », où « le feu et l'air ont une très grande influence ». « Au contraire, les corps plus stables, ne produisant aucune transmission circulaire, concentrent l'affection dans la partie affectée »; « alors l'animal entier reste immobile » et la sensation ne se produit pas : « c'est ce qui arrive pour les os, les cheveux,

---

1. PLAT., *Phæd.*, 79ᶜ : τοῦτο γάρ ἐστι τὸ διὰ τοῦ σώματος, τὸ δι' αἰσθήσεως σκοπεῖν τι; *Ibid.*, 99ᵉ; — *Phileb.*, 33ᵈ-34ᵃ : ... τὸ δὲ ἐν ἑνὶ πάθει τὴν ψυχὴν καὶ τὸ σῶμα κοινῇ γιγνόμενον κοινῇ καὶ κινεῖσθαι, ταύτην δ' αὖ τὴν κίνησιν ὀνομάζων αἴσθησιν οὐκ ἀπὸ τρόπου φθέγγοι' ἄν. — Ἀληθέστατα λέγεις.
2. *Id.*, *Phæd.*, 79ᶜ; — *Theæt.*, 184ᵉ; en ce passage, les sens sont regardés comme τὰ δι' ὧν ἕκαστα αἰσθανόμεθα..., μᾶλλον ἢ οἷς; — *Tim.*, 64ᵃ-ᶜ.
3. *Id.*, *Theæt.*, 184ᶜ-185ᵉ; — Cf. *Rep.*, I, 352ᵉ.

et les autres parties du corps qui contiennent surtout de la terre »[1].

L'organisme n'est que le milieu par où cheminent les ébranlements destinés à produire la sensation. Mais ce milieu n'est pas homogène; il comprend toujours des corps simples de plusieurs espèces. Et la question se pose de savoir si l'impression qu'il reçoit de l'extérieur se fait du semblable au semblable, ou du semblable au divers. Platon se prononce pour le premier terme de cette alternative : il admet sur ce point la pensée d'Empédocle, tout en l'adaptant aux principes de sa physique. A son gré, c'est par le feu que l'on connaît le feu, et par l'air que l'on connaît l'air; ainsi des deux autres corps simples. La vision, par exemple, est due à la rencontre de la lumière que projette l'œil avec celle qui vient du dehors : la première pénètre la seconde, s'y mêle de manière à ne faire avec elle qu'un tout physique, revêt ainsi la forme même de l'objet éclairé; et l'âme voit[2]. Platon ne s'exprime pas aussi nettement au sujet des autres organes sensoriels. Son interprétation n'en demeure pas moins générale[3]; et l'on en discerne assez facilement la raison. Il faut que l'image reste spécifiquement la même de la chose qui l'envoie jusqu'à l'organe qui la reçoit, et dans l'intérieur aussi de cet organe[4]. Or cette identité de nature ne se maintient qu'en tant que le semblable affecte le semblable; car, en tant qu'il affecte le divers, c'est l'image du divers lui-même qu'il tend à produire. L'air, par exemple, ne

---

1. Plat., *Tim.*, 64ᵃ⁻ᶜ.
2. *Id.*, *Tim.*, 45ᵇ⁻ᵈ.
3. *Id.*, *Ibid.*, 36ᵉ-37ᶜ (bien que ce passage fasse, par ses détails, le désespoir des interprètes, il s'en dégage au moins une idée de fond, à savoir qu'on connaît le semblable par le semblable : c'est ce que symbolise l'adaptation des cercles).
4. C'est ce que suppose, en particulier, le passage du *Timée* sur la vue qui va de la page 45ᵇ à la page 46ᶜ, et le passage sur les divers sens qui vient plus loin (64ᵃ-68ᵈ).

donne sous le choc de l'air que des ondulations sonores; mais, lorsque par sa violence il enlève du sol les grains de sable qui le recouvrent, il exerce une action tout autre : il détermine dans la terre les phénomènes qui conviennent à la terre elle-même, et rien que ceux-là.

Les images qui affectent nos organes sensoriels, sont d'ordre purement mécanique : elles se forment toutes par voie « d'agrégation ou de séparation »[1]. L'impression tactile est un ébranlement périphérique qui se transmet à l'âme par les éléments mobiles du corps, tels que le feu, l'air et l'eau[2]. La sensation de chaleur est due aux déchirures que les « pointes » du feu produisent en nos organes par leur mouvement rapide; et la sensation de froid, à la « compression de l'humeur liquide qui est en nous », par « les objets humides qui environnent notre corps »[3]. Le son est une vibration de l'air qui se communique à l'ouïe et se propage, par le sang, du cerveau jusqu'au foie[4]. L'image visuelle tient, comme on a pu le voir, à la rencontre de la lumière de l'œil avec celle qui enveloppe les objets; et la gamme des couleurs n'est elle-même qu'une modulation de ce phénomène. « Ce qui dilate la vue est blanc, et ce qui produit l'effet contraire est noir »; lorsque le blanc « se mêle à l'humeur qui est contenue dans l'œil », il prend la couleur du sang et devient rouge : du blanc, du rouge et du noir dérivent à leur tour toutes les autres couleurs soit par voie de mélange soit par variation d'intensité[5]. Les phénomènes de l'odorat ont pour cause la vapeur, qui n'est elle-même qu'une réduction de l'air en eau ou de l'eau

---

1. Plat., *Tim.*, 65ᵉ : ... διὰ συγκρίσεών τέ τινων καὶ διακρίσεων.
2. *Id., Ibid.*, 64 ᵇ⁻ᶜ.
3. *Id., Ibid.*, 61ᵈ-62ᶜ.
4. *Id., Ibid.*, 67ᵇ⁻ᶜ.
5. *Id., Tim.*, 67ᶜ-68ᵈ.

en air, c'est-à-dire une dissolution [1]; et toutes les affections gustatives s'expliquent par le contact de la langue avec des corps mous, rudes ou polis[2]. Bref, il n'y a rien, dans nos impressions organiques, qui ne soit addition, soustraction, frottement ou pression : tout s'y ramène au mouvement ; si bien que, en ce point, c'est Démocrite qui triomphe, ce philosophe pourtant si dédaigné.

Il triomphe également et par là même sur un autre point. Les images des objets n'apparaissent pas à notre âme comme elles sont dans nos organes : la lumière, telle qu'elle se manifeste à nous, n'est point du mouvement ; ce n'est pas non plus sous l'aspect d'un mouvement que nous arrivent les sons, les sensations du goût et de l'odorat, voire même celles du tact. Ces « ébranlements » dont parle Platon, notre sensibilité ne les connaît pas; elle n'en saisit qu'une traduction psychologique où la quantité fait place à la qualité. Il y a donc, pour le chef de l'Académie, une différence profonde et même radicale entre la représentation phénoménale et la représentation dialectique du monde. Or cette différence, cette opposition des apparences à la réalité, c'est ce que Démocrite admettait déjà et d'une manière analogue. En cela, le défenseur de la finalité marche encore sur les traces du mécaniste.

Si, au lieu d'envisager les sensations du côté du sujet qui les éprouve ou du côté de leur objet, on vient à considérer le but qui constitue leur raison d'être, on y discerne deux destinations très différentes. Le goût, l'odorat et le tact sont uniquement appropriés soit à la conservation de l'individu, soit à celle de l'espèce. Cette fonction subalterne qu'exige la nécessité, se double, dans les deux autres sens, d'une fonction supérieure qui en fait

---

1. PLAT., *Tim.*, 66ᵈ-67ᵃ.
2. *Id., Ibid.*, 65ᵉ-66ᵉ.

des organes de luxe et amis de la sagesse. Les Muses nous ont donné l'harmonie « pour nous aider à régler sur elle et soumettre à ses lois les mouvements désordonnés de notre âme »; et c'est « en vue de l'harmonie que l'ouïe a reçu la faculté de saisir les sons musicaux »[1]. D'autre part, la vue est le sens de la Beauté, le seul qui puisse en saisir le reflet à travers la mobilité des formes éphémères. Il faut y reconnaître aussi « le principe de la philosophie elle-même, le plus noble présent qu'ait jamais fait et que soit capable de faire au genre humain la munificence des dieux ». Car c'est grâce à cet organe que nous pouvons contempler « les astres, le soleil et le ciel », calculer la durée du jour et de la nuit, compter les révolutions des mois et des années, acquérir la notion du nombre et du temps : c'est par cet organe que nous sommes à même d'étudier la nature de l'univers »[2].

Les sensations ne s'évanouissent pas entièrement avec l'action de l'objet qui les produit; il en reste des traces intérieures[3]. Il y a dans l'âme comme des « tablettes de cire » sur lesquelles les données de l'expérience viennent s'imprimer en caractères plus ou moins durables; et ces caractères peuvent s'éclairer à nouveau soit d'une manière spontanée, soit sous l'influence de la réflexion[4]. De là proviennent nos songes, plus rares dans le sommeil profond, plus nombreux lorsqu'il n'est que léger : ils ne sont que le retour d'images déjà vécues et plus ou moins modifiées par le flux incessant de la vie[5]. De là procède aussi la mémoire sensible, et par elle une partie

---

1. PLAT., *Tim.*, 47^{c-e}.
2. *Id.*, *Ibid.*, 47^{a-c}. — Aristote développe la même idée à plusieurs reprises (*Aristote*, p. 158).
3. PLAT., *Phileb.*, 34^b : Σωτηρίαν τοίνυν αἰσθήσεως τὴν μνήμην λέγων ὀρθῶς ἄν τις λέγοι κατά γε τὴν ἐμὴν δόξαν; — Cf. *Lois*, XII, 964^c : ...παραδιδόναι μὲν τὰς αἰσθήσεις ταῖς μνήμαις; — Cf. *Tim.*, 26^b.
4. *Id.*, *Theæt.*, 191^{c-e}. — Cf. *Ibid.*, 197^{b-e} (le colombier).
5. *Id.*, *Tim.*, 45^e-46^a.

de la mémoire intellectuelle : vu que les idées s'éveillent en nous sous le choc des images[1]. Tout souvenir empirique est la reviviscence d'une sensation passée qu'évoque un état présent soit par voie de ressemblance, soit par voie d'opposition; et tout souvenir empirique évoque à son tour un certain nombre d'intelligibles, en vertu de ces deux lois simultanément appliquées[2]. A la persistance des impressions senties se rattachent également les phénomènes d'imagination. Mais l'imagination ne se borne pas, comme la mémoire, à reproduire le passé; elle en transforme les couleurs, les contours et les proportions[3] : elle crée. C'est « un artiste », tandis que la mémoire n'est « qu'un livre », ou, si l'on veut, un « simple écrivain »[4].

Tous ces faits de réapparition se lient aux impressions organiques qui leur répondent : ils y tiennent comme les sensations elles-mêmes dont ils sont les reliquats. Néanmoins, c'est dans l'âme qu'ils résident; c'est là également qu'ils trouvent leurs conditions de persistance et de retour. « Quand la cire qu'on a dans l'âme est pro-

---

1. Plat., *Phæd.*, 73ᶜ⁻ᵉ.
2. *Id.*, *Phæd.*, 74ᵃ : ...ξυμβαίνει τὴν ἀνάμνησιν εἶναι μὲν ἀφ' ὁμοίων, εἶναι δὲ καὶ ἀπ' ἀνομοίων; Ξυμβαίνει. — Dans le *Philèbe* (34ᵇ⁻ᶜ), Platon établit entre la μνήμη et l'ἀνάμνησις une différence qui a mis les interprètes à la torture (V. Stallb., vol. IX, sect. II, p. 212). Voici, nous semble-t-il, la pensée qu'il développe : il cherche les divers sens que l'on donne communément aux termes de μνήμη et d'ἀνάμνησις; et il trouve que, de quelque manière qu'on les emploie, ils signifient toujours une action purement psychologique, ἄνευ τοῦ σώματος, τῆς ψυχῆς ἐν ἑαυτῇ.
3. *Id.*, *Phileb.*, 39ᵇ-40ᵇ (L'imagination nous est présentée, dans ce passage, comme faisant sur les données de la mémoire sensible des fictions qui cessent de correspondre à la réalité).
4. *Id.*, *Ibid.*, 38ᵉ-39ᶜ. — Entre ce passage du *Philèbe* et un passage du *Sophiste* (263ᵈ-264ᵇ), il y a une variante assez curieuse. D'après le premier de ces dialogues, imaginer, c'est travailler sur les données de la mémoire sensible, qui se composent à la fois d'images et d'opinions : ce qui peut donner lieu à l'erreur. Imaginer, d'après le *Sophiste*, c'est formuler des opinions. Ces deux manières de dire se peuvent concilier. Dans le premier cas, l'imagination est considérée en son ensemble; dans le second, relativement à l'une de ses fonctions, qui est de faire des synthèses.

fonde, en grande quantité, lisse et convenablement pétrie, les objets qui entrent par les sens... y laissent des traces distinctes, d'une profondeur suffisante et qui se conservent longtemps. » Mais si la cire est trop molle, on apprend facilement et l'on oublie de même ; est-elle trop dure au contraire, alors l'empreinte des objets manque de netteté[1].

Considérée dans son ensemble, cette théorie de la connaissance sensible est assez incomplète, comme chacun le peut voir. Platon n'y parle ni de la projection des images, ni de l'hallucination, ni même de la distinction de la veille et du sommeil sur laquelle Protagoras a cependant éveillé son attention[2]. Il n'aborde pas non plus le problème de la reconnaissance si profondément étudié par Aristote ; et ses vues sur l'imagination demeurent imprécises. Son effort n'en accuse pas moins un progrès génial sur tous ses devanciers.

L'opinion[3] est « un discours que l'âme se tient à elle-même sur les objets qu'elle considère » : c'est un jugement[4].

Par suite, elle contient trois éléments essentiels : un « nom »[5], un « verbe »[6], et un lien qui rattache ces deux termes l'un à l'autre[7]. Par suite également, elle peut revêtir deux « qualités » ou formes[8] opposées : elle est tantôt vraie, tantôt fausse[9].

---

1. PLAT., *Theæt.*, 194ᵃ-195ᵃ.
2. *Id., Ibid.*, 158ᵇ et sqq. Il semble néanmoins sentir la difficulté.
3. Δόξα.
4. PLAT., *Theæt.*, 189ᵉ-190ᵃ.
5. Ὄνομα.
6. Ῥῆμα.
7. PLAT., *Soph.*, 262ᵃ⁻ᵈ (ce passage, où Platon analyse le jugement, est digne de remarque : il annonce le Περὶ ἑρμενείας, et probablement sous l'influence d'Aristote lui-même).
8. Ποιότης ; — Cf. *Cratyl.*, 431ᵇ⁻ᶜ.
9. PLAT., *Soph.*, 262ᵉ-263ᵈ, 263ᵉ.

En outre, l'opinion présuppose, et toujours à titre de jugement, un certain « dialogue de l'âme avec elle-même ». « Il me semble, en effet, que l'âme, quand elle pense, ne fait autre chose que dialoguer, interrogeant et répondant, affirmant et niant; et que, quand elle se décide, que cette décision se fasse plus ou moins promptement, quand elle sort du doute et qu'elle se prononce, c'est cela que nous appelons juger[1]. »

Lorsque l'opinion s'exprime extérieurement, lorsqu'elle passe de l'âme « aux lèvres avec des sons articulés », elle change de nom et s'appelle plus proprement le « discours »[2].

Dire de l'opinion qu'elle est un jugement, c'est en désigner le genre, non l'espèce. Il faut donc chercher sa marque différentielle. Elle lui vient de l'objet sur lequel elle porte. Entre « l'être plein et le pur non-être », il y a des choses qui naissent et meurent, dont l'existence elle-même est un écoulement perpétuel et dont on a le droit par conséquent d'affirmer à la fois qu'elles sont et ne sont pas[3]. Entre l'être plein et le pur non-être, s'interpose le devenir : et voilà l'objet de l'opinion[4]; voilà du même coup ce qui lui donne une place à part dans la hiérarchie de nos discours.

Le devenir enveloppe « de l'infini »; il n'existe qu'à cette condition. Et, par suite, il ne livre jamais tout son pourquoi; il conserve, quoi qu'on tente, un fonds d'inintel-

---

1. PLAT., *Theæt.*, 190ᵃ; — *Soph.*, 263ᵉ, 264ᵃ.
2. *Id.*, *Theæt.*, 190ᵃ; — *Soph.*, 263ᵉ-264ᵃ. Dans ce dernier passage, le λόγος désigne, comme ailleurs, le jugement exprimé au dehors, c'est-à-dire la proposition. Mais il s'y glisse une variante sur la διάνοια : elle paraît comme signifiant toute espèce de jugements, quel que soit leur objet. Dans les livres VIᵉ et VIIᵉ de la *Rép.*, ce terme a un sens moins large; là, il ne porte point sur le τὸ γιγνόμενον, mais uniquement sur le τὸ ὂν ὄντως.
3. *Id.*, *Banq.*, 202ᵃ, 203ᵉ-204ᵃ; — *Rep.*, V, 476ᵈ et sqq.
4. *Id.*, *Rep.*, VII, 534ᵃ : καὶ δόξαν μὲν περὶ γένεσιν, νόησιν δὲ περὶ οὐσίαν; — *Tim.*, 29ᶜ.

ligibilité. De plus, le devenir s'écoule sans cesse ; et, par suite, les rapports que soutiennent ses éléments, varient toujours : ils n'ont pas de permanence. De là deux corollaires relatifs à la nature de l'opinion et qui en révèlent l'infirmité[1]. Elle est essentiellement changeable et du côté du sujet qui la formule et du côté de son objet : elle ressemble à ces statues de Dédale qui se mouvaient sans relâche aussi longtemps qu'on ne les avait pas attachées[2]. Et précisément, parce qu'elle est changeable de sa nature, elle peut revêtir des formes opposées ; elle peut devenir fausse[3]. « Tu conviens qu'il arrive souvent qu'un homme, pour avoir vu de loin un objet peu distinct, veut juger de ce qu'il voit? — J'en conviens. — Alors, cet homme se dira peut-être à lui-même : Quoi? Qu'y a-t-il là-bas, près du rocher, qui paraît debout sous un arbre? Ne te semble-t-il pas qu'on se tient ce langage à soi-même, en voyant certains objets? — Oui. — Ensuite, cet homme, répondant à sa pensée, ne pourrait-il pas se dire : c'est un homme, jugeant ainsi à l'aventure? — Certainement. — Puis, venant à passer auprès, ne pourrait-il pas constater que l'objet aperçu est l'ouvrage de quelques bergers? — Sans contredit[4]. »

Du fait même que l'opinion ne se fonde pas sur des raisons rigoureuses et distinctes, elle ne s'élève jamais jusqu'à la certitude. Mais elle peut s'en rapprocher indéfiniment, comme le polygone du cercle où il est inscrit ; et, à ce titre, elle est susceptible de deux formes principales qui sont la croyance[5] et la conjecture[6]. Entre la première

---

1. V. plus haut, p. 50-51.
2. PLAT., *Men.*, 97ᶜ-98ᵇ.
3. *Id.*, *Gorg.*, 454ᶜ⁻ᵉ ; — *Men.*, 97ᵉ-98ᵇ ; — *Theæt.*, 187ᵃ et sqq. ; — *Soph.*, 262ᵉ-263ᵈ ; — *Phileb.*, 38ᵇ et sqq.
4. *Phileb.*, 38ᶜ⁻ᵈ.
5. Πίστις.
6. Εἰκασία.

qui peut aller jusqu'à la persuasion, et la seconde qui est une simple vraisemblance, s'échelonnent d'ailleurs un nombre incalculable de degrés[1].

Le domaine de l'opinion est immense, puisqu'elle a, par définition, le devenir pour objet. Elle enveloppe à la fois dans sa zone : la stratégie, la nautique, la gymnastique et la médecine; l'inspiration esthétique[2]; la pratique des beaux-arts; les mathématiques et la politique appliquées[3]; la connaissance des phénomènes et des lois de la nature[4]. Tout ce qui contient de « l'infini » est de son ressort, et dans la mesure où il en contient. Vaste est l'empire de l'irrationnel dans la doctrine du plus grand des rationalistes.

Au-dessus de la sensation et de l'opinion, s'élève un nouvel ordre de connaissance, qui est « la science » proprement dite[5].

Protagoras, il est vrai, a prétendu que la science se ramène à la sensation[6]. Et son système est assez impor-

---

1. V. sur cet alinéa : *Gorg.*, 454ᶜ⁻ᵉ, où Platon distingue la μάθησις et la πίστις; — *Rep.*, VI, 511ᵈ; VII, 533ᵉ-534ᵃ.

2. L'inspiration esthétique est une sorte d'enthousiasme : le sujet qui l'éprouve ne connaît clairement ni d'où elle vient ni quel est l'enchaînement des représentations par lesquelles elle se traduit; il est, sous son influence, comme le « canal » par où s'échappe une coulée d'images et d'idées qui le dépassent. De plus, l'inspiration esthétique est inférieure par son objet à la simple opinion. Car elle ne porte pas même sur le devenir naturel, elle n'en est que l'imitation; et de ce chef elle se meut au troisième degré au-dessous de l'être (*Apol.*, 22ᵇ; — *Men.*, 99ᵈ; — *Rep.*, X, 597ᵇ-602ᵃ; — *Io*, 533ᵈ et sqq.; — *Lois*, IV, 719ᶜ⁻ᵈ). Ce n'est pas que l'art ne puisse gagner en conscience (*Phèdre*, 270ᵃ-271ᵃ), à la lumière de la dialectique. Mais cette lumière, il ne l'a que d'emprunt et ne la reçoit que dans une certaine mesure.

3. PLAT., *Rep.*, VII, 521ᵉ-531ᵈ; — *Phileb.*, 55ᵈ-59ᵃ; — Cf. *Gorg.*, 462ᶜ (la théorique en usage est regardée ici comme une « sorte d'expérience », ἐμπειρίαν γέ τινα).

4. *Id.*, *Phileb.*, 59ᵃ⁻ᶜ; — c'est en ce sens qu'est comprise aussi la philosophie de la nature qu'expose le *Timée*.

5. Ἐπιστήμη.

6. PLAT., *Theæt.*, 151ᵉ : οὐκ ἄλλο τί ἐστιν ἐπιστήμη ἢ αἴσθησις.

tant pour mériter une critique. Mais il contient une erreur de fond, qui se trahit de toutes parts lorsqu'on le soumet à l'examen.

Ce sophiste a entrepris de « bannir du langage le mot être ». D'après sa doctrine, la pensée n'est pas; il n'y a que des sensations. Ces sensations elles-mêmes ne supposent ni sujet ni puissances dont elles sortent pour y rentrer ensuite; il n'existe que des visions, des auditions et des apparences de chaleur : il n'existe que des phénomènes sensibles. De plus, ces phénomènes n'ont absolument rien de fixe. Ils fuient sans cesse sous l'influence du tourbillon universel; si bien que l'on ne peut jamais dire d'aucun d'entre eux : il est ceci ou cela. Car au moment même où nous essayons de le dénommer, il est déjà devenu quelque autre chose[1].

Le premier inconvénient de cette doctrine est de mettre son auteur en contradiction avec lui-même, et de deux manières à la fois. Si tout se ramène à la sensation, elle devient son propre critère. Et, alors, il ne suffit pas d'affirmer que « l'homme est la mesure de toutes choses »; il faut en dire autant du cynocéphale et du pourceau, car on convient d'ordinaire que ces animaux sont des êtres sensibles. Protagoras cependant s'est gardé « d'un début si magnifique », et pour une bonne raison sans doute : « il eût donné à entendre que, tandis que nous l'admirons comme un dieu pour sa sagesse, il n'est pas plus intelligent qu'une grenouille gyrine »[2]. De plus, s'il n'y a que des sensations, toutes les opinions se valent : elles sont toutes également vraies. Et, par suite, il faut que les contradictoires le soient aussi; car c'est un fait manifeste : il arrive sans cesse que, sur le même point, les

---

1. PLAT., *Theæt.*, 151ᵉ-161ᵇ; — Cf. *Cratyl.*, 385ᵉ-386ᵉ; — V. aussi *Socrate*, p. 26 (*Collection des Grands Philosophes*).
2. PLAT., *Theæt.*, 161ᵉ-162ᵃ.

hommes soutiennent le pour et le contre avec une égale ardeur. Cette conséquence qui vient tout droit de son système, Protagoras se refuse à l'admettre : il condamne les autres philosophies au nom de « sa vérité », tant il demeure convaincu qu'elle est la seule vraie ! Et là se trouve apparemment le motif pour lequel il fait payer ses leçons si cher[1].

Chose plus grave, Protagoras se met en contradiction avec les données les plus indéniables de l'expérience intime. Il ne suffit pas, pour entendre une langue, de percevoir par l'ouïe ou la vue les signes dont elle se compose[2]. On ne connaît pas non plus ce que c'est qu'un objet par le fait même que l'on en a la sensation visuelle; autrement, comme il ne tient qu'à nous de fermer un œil en laissant l'autre ouvert, il pourrait nous arriver au même instant de savoir et de ne pas savoir une même chose : ce qui est plus qu'étrange[3]. Derrière chaque sensation s'éveille une énergie d'un autre ordre, et sans laquelle tout demeure à jamais incompris. La même énergie apparaît encore, et avec plus de relief, dans la perception des rapports qui s'établissent entre les qualités sensibles. Nous les comparons toutes entre elles, quel que soit l'organe dont elles dépendent. Et, grâce à cette mise en présence, nous n'y discernons pas seulement des traits de similitude et de disparité ; mais encore nous nous élevons jusqu'aux concepts du même et de l'autre, du semblable et du dissemblable, de l'être, de l'un et du plusieurs. Où se passent donc de telles opérations? Ne leur faut-il pas un principe commun, un principe qui déborde chaque sensation, et qui par là même les déborde toutes[4]? C'est ce

---

1. PLAT., *Theæt.*, 170ᵃ-171ᵇ, 161ᵈ-ᵉ.
2. *Id., Ibid.*, 163ᵇ-ᶜ.
3. *Id.*, 165ᵇ-ᵈ.
4. *Id., Ibid.*, 184ᶜ-186ᵃ.

que l'on voit d'ailleurs sous un autre jour, en passant de l'objet de la connaissance à la connaissance elle-même. Si la science et la sensation ne font qu'un, il faudra dire que « l'on peut savoir d'une manière aiguë et d'une manière obtuse, de près et de loin, fortement et faiblement » ; puisque la sensation elle-même admet ces diverses conditions. Et ce sont là autant de pièges dont il serait difficile de sortir, si l'on avait affaire à un disputeur habile. Car l'intellection ne comporte pas de degrés, elle est ou n'est pas ; les questions d'espace et d'intensité lui restent étrangères [1].

Mais c'est aux conséquences du Protagorisme qu'il faut regarder surtout, si l'on en veut sentir le vice radical. Ce système est la négation de la politique et de la morale, pourtant si nécessaires au triomphe de la justice et par là même au bonheur de l'homme ; car la sensation se borne au présent, et la politique et la morale enveloppent essentiellement l'avenir [2]. C'est la négation de la science elle-même, et cela pour deux raisons également foncières. La science vit de fixité ; il n'y en a pas d'après le Protagorisme. La science suppose le principe de contradiction ; et le Protagorisme l'ébranle par la racine, comme on l'a déjà vu [3]. C'est la négation de la mémoire et par là même de la responsabilité ; vu que le souvenir postule l'identité du sujet qui se souvient et que, suivant la théorie de l'écoulement universel, chacun de nous est toujours en passe de devenir un autre [4]. Bien plus, Protagoras ne réussit pas même à sauver les deux phénomènes qui constituent la base fragile de sa philosophie : elle est aussi la négation de la sensation et du mouvement, qu'il considère pourtant comme inattaquables. Si tout se meut sans cesse et sous

---

1. Plat., *Theæt.*, 165ᵈ.
2. *Id., Ibid.*, 177ᶜ-179ᵇ ; — Cf. *Cratyl.*, 386ᵃ⁻ᵈ.
3. *Id., Theæt.*, 170ᵃ⁻ᵉ.
4. *Id., Ibid.*, 163ᵈ-164ᵇ.

tous les rapports, si, par exemple, ce n'est pas seulement la chose blanche qui s'écoule, mais encore la blancheur, les objets n'ont jamais ni qualité ni quantité fixes : ils n'en ont par là même d'aucune sorte; et la perception, de quelque nature qu'elle soit, devient chose impossible. Si tout se meut sans cesse et sous tous les rapports, le mouvement ne prend jamais ni vitesse, ni sens, ni direction déterminés : il n'existe pas non plus, et parce qu'il ne saurait exister[1]. Protagoras fait plus que « bannir l'être ». En bannissant l'être, il supprime le phénomène du même coup; son système aboutit, par le relativisme, au nihilisme absolu. Il peut dire aussi bien que Gorgias : « rien n'est »[2].

Si la science n'est pas la sensation, elle n'est pas l'opinion non plus. Car, de quelque côté que l'on prenne l'opinion et si bien qu'on l'affine, il n'en sortira jamais que ce qu'elle contient; or, comme elle porte uniquement sur le devenir, elle ne contient et ne peut contenir que des sensations[3].

Mais c'est là un point qu'il convient de mettre dans une lumière plus vive par une comparaison directe des caractères de l'opinion elle-même avec ceux de la science.

Du moment que l'opinion a pour objet la génération, elle garde toujours du confus; la science n'admet aucun mélange d'ombre et de lumière : elle est pure ou n'est pas.

Du moment que les termes de l'opinion renferment de « l'infini », ils ont de « l'inachevé »; et, par suite, les rapports qu'ils fondent sont toujours inexacts par quelque endroit. La science ne comporte que des proportions ri-

---

1. PLAT., *Theæt.*, 181ᶜ-183ᶜ.
2. SEXT., *Adv. Math.*, VII, 66 et sqq.; — *De Melisso*, 5, 979ᵃ, 21 et sqq.
3. PLAT., *Rep.*, VI, 510ᵃ : ... ὡς τὸ δοξαστὸν πρὸς τὸ γνωστόν, οὕτω τὸ ὁμοιωθὲν πρὸς τὸ ᾧ ὡμοιώθη.

goureuses, telles que celles de la mathématique et de la musique formelles.

Les termes de l'opinion sont variables. Il faut donc que leurs relations le soient aussi ; et, si telle est leur nature, elles ne peuvent jamais acquérir qu'une généralité relative. La science, au contraire, enveloppe tous les temps et tous les lieux ; son extension ne souffre pas de limite : elle est universelle. Et, pour avoir cette excellence elle-même, elle requiert des synthèses éternellement fixes, fondées à leur tour sur des objets qui le sont également.

Par le fait même que l'opinion renferme essentiellement du variable et de l'indistinct, elle présente toujours quelque danger d'erreur. Par le fait même que la science se fonde sur des liaisons nécessaires et clairement perçues, on peut dire qu'elle est infaillible de sa nature.

Qui dit opinion, dit à la fois mélange, imprécision, contingence et relativité. Qui dit science, groupe autour d'un seul mot les idées d'intuition pure, de proportions parfaites, d'éternité et d'infaillibilité [1].

1. Il est curieux de voir par quels degrés Platon s'est élevé à cette distinction si nette de la science et de l'opinion. Dans le *Criton,* il discerne des opinions bonnes et des opinions mauvaises ; il n'établit encore aucune différence entre l'opinion elle-même et la science (46ᵇ-47ᵈ, 48ᵃ). Dans le *Lachès,* il affirme déjà que la science (ἐπιστήμη) est indépendante du temps (198ᵈ⁻ᵉ). Au cours du *Gorgias* (482ᵃ), il déclare que l'objet de la philosophie est toujours identique à lui-même ; et l'on y voit apparaître (454ᶜ⁻ᵉ) une distinction entre la πίστις et la μάθησις. Cette distinction s'accentue dans le *Ménon* (97ᵃ-98ᵇ), où la science est représentée comme fondée sur des liens immuables, et par là même comme infaillible. Le *Banquet* la reprend en y ajoutant une idée nouvelle : l'opinion, d'après ce dialogue, est un milieu entre la σοφία et l'ἀμαθία, comme les démons entre Dieu et l'homme (202ᵃ ; 203ᶜ-204ᵃ). Au Vᵉ livre de la *République* (476ᵈ et sqq.), la science a pour objet le παντελῶς ὄν ; et l'objet de l'opinion elle-même est un intermédiaire entre cet être achevé et le non-être ou néant. A partir de ce passage, la théorie platonicienne de la science est constituée et se maintient jusqu'au bout.

Ce n'est pas cependant que le langage de Platon soit toujours rigoureux à cet égard. Il emploie parfois le mot δόξα au lieu du mot ἐπιστήμη (V. par ex., *Phædr.,* 237ᵈ⁻ᵉ ; *Politic.,* 309ᶜ ; *Lois,* II, 653ᵃ) ; et la réciproque se produit aussi, bien que moins souvent (*Phileb.,* 55ᵈ). Mais ces variantes, familières à l'auteur, ne jettent aucun doute sur sa pensée.

Qu'est-ce donc que la science? la connaissance de l'être qui n'a plus « d'infini », de l'être achevé. Celui-là seul est pleinement intelligible, et parce qu'il est pleinement[1]. Celui-là seul est entièrement eurythmisé, éternellement identique à lui-même, et se traduit en propositions rigoureuses, invariables, valables pour toutes les portions de l'espace et du temps[2]. Celui-là seul, en vertu de sa pureté absolue et de sa fixité, peut fonder une connaissance qui ne se dément jamais. Celui-là seul est objet de science[3].

Par suite, la science ne saurait avoir d'autre sujet ni d'autre agent que l'intelligence elle-même. Car l'être achevé, « l'être réel », échappe essentiellement aux prises de la sensibilité; il n'a de rapport qu'à la pensée, qui est née de lui, avec lui et sans jamais en sortir. Le sensible nous arrive par le corps; et c'est vers le corps qu'il nous faut regarder pour le percevoir. Les données de l'opinion sont déjà dans l'âme; mais, puisqu'elles se composent de sensations plus ou moins modifiées, elles ont aussi dans l'organisme leur premier point de départ. L'objet de la science ne vient que de l'âme : elle le découvre dans ses profondeurs et l'en tire par cette partie supérieure de sa nature qui est la pensée[4]. Construire la science, c'est se conquérir soi-même et réaliser ainsi son propre idéal.

L'âme, une fois l'être donné, n'en acquiert pas d'un coup la connaissance adéquate; elle s'y élève par deux degrés principaux. D'abord, elle se sert d'images, non comme objet, mais à titre de moyen : elle les emploie, ainsi que font les mathématiciens, pour éveiller en elle-même les idées correspondantes et se diriger dans ses

---

1. *Plat.*, *Rep.*, V, 477ᵃ : τὸ μὲν παντελῶς ὂν παντελῶς γνωστόν.
2. *Id., ibid.*, VII, 521ᵉ et sqq.
3. *Id., Rep.*, VII, 533ᵇ-534ᵃ : δόξαν μὲν περὶ γένεσιν, νόησιν δὲ περὶ οὐσίαν.
4. *Id., Banq.*, 212ᵃ; — *Phæd.*, 65ᵉ-66ᵃ, 79ᵃ; — *Rep.*, VI, 507ᶜ, 510ᵇ et sqq.; VII, 529ᵇ; — V. plus haut, p. 97.

analyses : cette première opération s'appelle du nom de « connaissance raisonnée ». Puis, au bout d'un certain temps de méditation, l'âme devenue suffisamment maîtresse d'elle-même, se dégage de tout concours empirique, s'enferme dans son concept et ne le considère plus qu'à l'état pur : cette seconde opération est « la pensée » proprement dite [1].

En procédant de cette sorte, l'âme obtient deux résultats successifs et qui se complètent l'un l'autre. Elle discerne dans chaque idée le genre prochain dont elle relève et le caractère ou la série de caractères qui, en la distinguant de tout le reste, constitue sa note spécifique. Puis, elle rassemble ces éléments comme en un faisceau et forme ainsi des définitions : ce qui est déjà une partie notable de la science [2]. En second lieu, l'âme observe assez vite que, tandis que certains genres et certaines espèces s'excluent mutuellement, il en est d'autres, au contraire, qui sous leurs différences cachent un fond commun. Et de là une perspective nouvelle d'où l'on voit

---

1. La première de ces opérations s'appelle διάνοια, et la seconde νόησις (Rep., VI, 511^{d-e}). Il n'y a pas de mots français qui traduisent exactement ces deux termes pris dans leur sens platonicien. — Au livre VIIe de la Rep. (534^a), s'introduit une variante : là, c'est du mot ἐπιστήμη que Platon se sert pour désigner la νόησις ; et la νόησις, de son côté, signifie à la fois les deux formes de la pensée que l'on vient de voir, c'est-à-dire l'ensemble de la science. Ces nuances verbales ne changent rien à la chose. Dans le Théétète (189e) et vers la fin du Sophiste (263e), le terme de διάνοια prend lui-même un sens beaucoup plus large que celui de la République : il devient le synonyme du λόγος intérieur ou jugement. Affaire de point de vue : Platon a besoin de ce mot pour dire ce qu'il veut dire en cet endroit ; et il l'emploie, parce qu'il n'en a pas d'autre qui aille mieux.

2. D'aucuns ont contesté que Platon ait donné une notion précise de la définition. Il est vrai que, dans sa langue, les mots γένος et εἶδος alternent assez souvent pour désigner la même chose. Mais vers la fin du Théétète (208^b-209e), il n'en détermine pas moins et d'une façon nette les deux éléments essentiels de la définition, à savoir le genre et la différence spécifique. Il revient à cette question dans le Politique, en faisant observer (262^b) qu'il faut avoir grand soin de distinguer la différence spécifique des différences accidentelles (V. d'ailleurs plus haut, p. 44-45).

poindre le terme désiré, qui est l'absolu lui-même. Car ces espèces et ces genres forment une sorte de hiérarchie où la part de l'identité devient de plus en plus grande à mesure qu'on y monte, jusqu'à ce que l'on rencontre l'être qui est partout et, dans l'être, le Bien qui est la cause suprême de tout [1].

Il y a donc trois formes dominantes de la connaissance : la sensation, qui a pour objet le devenir; l'opinion, qui est une synthèse de sensations vives ou remémorées; la science, qui porte sur l'être proprement dit.

Ces formes de la connaissance supposent toutes deux principes fondamentaux, qui sont celui de contradiction et celui de raison suffisante.

Platon formule déjà le premier de ces principes dans l'*Euthydème* : « Il est impossible, dit-il en ce dialogue, qu'une chose soit et ne soit pas [2]. » Il le précise, vers la fin du *Phédon*, par l'addition de l'idée de temps [3]. Il le précise derechef, au IVᵉ livre de la *République*, en parlant du mouvement et du repos : ces deux états, remarque-t-il en cet endroit, ne se contredisent que s'ils sont envisagés sous le même rapport [4]. Enfin, dans le *Sophiste*, il distingue la contradictoire de son contraire [5]. Grâce à ces diverses observations, la définition quelque peu implicite qu'il a donnée tout d'abord, livre ses éléments essentiels et devient rigoureuse.

En outre, il défend ce même principe contre les sophistes de son temps. De deux contradictoires, disaient les disciples de Protagoras, il y en a toujours une où l'on

---

1. V. plus haut, p. 45-47, 92-94.
2. 293ᵈ.
3. 102ᶜ-103ᵃ. Tout l'argument que développe Platon en cet endroit, est fondé d'ailleurs sur ce principe.
4. 436ᶜ⁻ᵉ.
5. 257ᵇ⁻ᶜ.

doit affirmer ce qui n'est pas. Or c'est chose impossible; car on ne saurait penser le néant, on ne pense que ce qui est. Et, par suite, le principe de contradiction ne signifie rien [1].

Platon ne supporte pas cette façon de jouer avec les idées; il relève le gant, et à la manière dont Aristote le fera lui-même un peu plus tard [2]. Le principe de contradiction est inattaquable, précisément parce qu'il est indémontrable; il faut y voir un de ces faits premiers que leur évidence met au-dessus de toute preuve, et donc au-dessus de toute objection [3]. On se fortifie dans cette conviction inébranlable par nature, en regardant aux conséquences où l'on arrive, lorsqu'on vient à la nier. Si une même chose peut être et ne pas être au même instant, toutes les opinions se valent, et la vérité ne se distingue plus de l'erreur; toutes nos règles d'action sont également légitimes, et le bien et le mal se confondent. Supprimer le principe de contradiction, c'est tout détruire; et par là même, c'est réduire sa propre pensée au néant : car alors on ne peut plus rien affirmer qu'un autre n'ait le droit de nier. L'attitude du sceptique qui va jusqu'à ce point extrême, c'est l'éternel silence [4].

Le principe de contradiction domine tout, mais d'une manière négative : c'est la condition logique de la réalité. Il en va différemment de celui de raison; son influence est positive et d'ordre dynamique. De plus, il revêt des aspects divers. Considéré par rapport à l'être immuable dont il explique les déterminations, il n'a qu'une forme.

---

1. *Euthyd.*, 284 a-c, 285 e-286 e.
2. *Met.*, Γ, 3, 1005 b, 19-4; 1009 a, 5; — Cf. *Ibid.*, 995 b, 91-10; 996 b, 29-30; 1061 b, 36.
3. *Phæd.*, 102 d-103 c : l'impossibilité pour les contraires de s'identifier jamais est donnée là comme un fait rationnel, le plus indéniable de tous; et avec quel accent de certitude!
4. *Euthyd.*, 286 d-288 a.

Considéré par rapport au devenir, il en prend deux, qui sont le principe de causalité et celui de finalité.

Le premier consiste en ce que tout mouvement ait une cause [1]; le second, en ce que tout mouvement aille vers un but [2].

La cause et l'effet diffèrent par essence; et cependant ces deux termes sont nécessairement liés l'un à l'autre [3]. On en peut dire autant du mouvement et de son but, à cette différence près que la nécessité du lien final contient quelque chose de moins strict que celle du lien causal : celle-ci a la rigueur et la rigidité d'une conséquence mathématique; celle-là est d'ordre moral [4]. Platon, il faut le dire, n'insiste pas sur cette distinction. Il ne la fait pas moins; et son idée deviendra plus tard le principe de la réplique de Leibniz à Spinoza.

Ainsi se gradue et se développe la connaissance humaine. Or, si prudent que l'on soit, l'erreur s'y glisse de toutes parts, et presque jusqu'à son sommet : c'est en droit seulement, non en fait, que la science est intégralement infaillible.

Les sens, la vue principalement [5], sont des sources permanentes d'illusions; sans cesse ils nous inclinent à porter sur les choses des jugements qui n'ont de réalité

---

1. Plat., *Soph.*, 265ᵇ : ... δύναμιν, ἥτις ἂν αἰτία γίγνηται τοῖς μὴ πρότερον οὖσιν ὕστερον γίγνεσθαι; — *Phileb.*, 26ᵉ : ὅρα γάρ, εἴ σοι δοκεῖ ἀναγκαῖον εἶναι πάντα τὰ γιγνόμενα διά τινα αἰτίαν γίγνεσθαι. — Ἔμοιγε; — *Tim.*, 28ᵃ : πᾶν δὲ αὖ τὸ γιγνόμενον ὑπ' αἰτίου τινὸς ἐξ ἀνάγκης γίγνεσθαι.

2. *Id.*, *Phæd.*, 97ᵇ-98ᵇ; — *Tim.*, 28ᵃ⁻ᵉ, 46ᵈ⁻ᵉ, 48ᵃ, 68ᵉ-69ᵃ.

3. *Id.*, *Hipp. maj.*, 296ᵉ-297ᵃ (V. dans l'index bibliographique quelques remarques sur l'authenticité de ce dialogue); — *Phileb.*, 27ᵃ.

4. *Id.*, *Tim.*, 48ᵃ : Platon, en cet endroit, distingue nettement le τὸ δι' ἀνάγκης γιγνόμενον, ou simplement le τὸ ἀναγκαῖον, du τὸ ὑπὸ πειθοῦς ἔμφρονος ξυνιστάμενον; et l'on sent que ces deux termes n'éveillent pas en son esprit le même mode d'action; — 68ᵉ-69ᵃ : même distinction.

5. *Id.*, *Rep.*, X, 602ᶜ-603ᵃ.

qu'en nous : si bien qu'une grande partie de l'œuvre du sage consiste à se racheter de leur piperie [1].

On se trompe aussi dans la comparaison des sensations aux souvenirs. « Imaginez, [Théétète et Théodore], qu'ayant vos signalements empreints comme avec un cachet sur ces tablettes de cire [qui sont dans l'âme] et vous apercevant tous deux de loin sans vous distinguer suffisamment, je m'efforce d'appliquer l'image de l'un et de l'autre à la vision qui lui est propre ; imaginez ensuite que, venant à me tromper comme ceux qui mettent la chaussure d'un pied à l'autre, je rapporte la vision de l'un et de l'autre au signalement qui lui est étranger... : alors, on se méprend et l'on porte un jugement faux [2]. »

On se trompe dans la synthèse des concepts mathématiques. « Penses-tu que l'on examine parfois en soi-même cinq et sept, je ne dis pas cinq hommes et sept hommes, ni rien de semblable, mais les nombres cinq et sept eux-mêmes?... Et crois-tu que l'on ne puisse juger faux à leur sujet? N'arrive-t-il pas que, réfléchissant sur ces deux nombres, se parlant à soi-même et se demandant combien ils font, l'un dit avec conviction qu'ils font onze, et l'autre qu'ils font douze ?... — Par Jupiter, plusieurs croient qu'ils font onze ; et l'on se trompera bien davantage encore, si l'on examine un nombre plus considérable [3]... »

On se trompe dans la formation des idées elles-mêmes. « Que dire de l'image de la justice et en général de toutes les vertus? N'y a-t-il pas beaucoup de gens qui, ne sachant point ce que c'est, s'en forment une opinion » plus ou moins mensongère, « qu'ils imitent de leur mieux dans leurs discours et leurs actions [4]? »

---

1. Plat., *Phæd.*, 83a-e.
2. *Id.*, *Theæt.*, 193c-d.
3. *Id.*, *Ibid.*, 196a-b.
4. *Id.*, *Soph.*, 267c.

L'erreur cependant ne saurait tout envahir; il existe au plus haut de la pensée une zone qui lui demeure inaccessible. « Souviens-toi si jamais tu t'es dit à toi-même que le beau est le laid, ou l'injuste le juste. En un mot, vois si jamais tu as entrepris de te persuader qu'une chose est une autre ; ou si, tout au contraire, tu n'as jamais osé, même en dormant, te dire que certainement l'impair est le pair, ou quelque autre chose semblable? — Non jamais [1]. » Il y a dans notre esprit un certain nombre d'intuitions, et par là même de principes, qui sont si simples et si fortement éclairés que nous devenons incapables de nous tromper à leur sujet.

L'empire de l'erreur est donc grand. Et comment peut-il en être ainsi? Qu'est-ce donc que l'erreur?

De prime abord, elle paraît absolument impossible. Avoir une opinion fausse consiste à penser ce qui n'est pas; penser ce qui n'est pas consiste à le voir. Et comment comprendre un tel phénomène[2]? « Il y a là un abîme de difficultés et dans tous les temps, autrefois comme aujourd'hui[3]. » Pour que l'on puisse voir le non-être, il faut qu'il soit encore de quelque manière. « Or voici, mon enfant, ce que le grand Parménide nous affirmait jadis quand nous étions à ton âge, et au commencement et à la fin de ses discours, en prose et en vers :

> Jamais tu ne comprendras que le non-être soit :
> éloigne ton esprit de cette recherche [4]. »

Il n'y a donc que des erreurs apparentes, il n'y a que des erreurs nominales. C'est la conclusion qu'ont tirée les mé-

---

1. Plat., Theæt., 190b-c.
2. Id., Euthyd., 284a-c; — Cratyl., 429c-d; — Theæt., 188e-189b, 200a-c; — Soph., 237a-239, 240b-241d.
3. Id., Soph., 236e.
4. Id., Ibid., 237a.

gariques¹ et les disciples de Protagoras² ; c'est ce qu'ont redit et redisent les sophistes de toute nuance. Et, si étrange que soit leur assertion, l'on ne voit pas encore au juste ce qu'il convient de leur répondre. Il faut remettre à l'examen le problème de l'erreur.

Porter un jugement faux, « c'est se dire à soi-même que telle chose est telle autre » : c'est se méprendre. Or on ne se méprend pas, si les deux termes à comparer sont totalement inconnus; car alors tout travail de la pensée est encore impossible. On ne se méprend pas non plus si, des deux termes à comparer, l'un est totalement inconnu. On ne se méprend pas davantage, lorsque les deux termes à comparer sont adéquatement connus; la complète lumière chasse toute possibilité de mécompte. En un mot, pas de méprise dans la pleine connaissance, ni dans la pleine ignorance. L'erreur ne trouve place qu'en l'état intermédiaire, qui est une sorte de demi-savoir³.

Voilà une première approximation. Mais la difficulté de fond n'est pas levée par là; elle reparait tout entière. Se méprendre, c'est établir un rapport qui n'est pas; l'établir, c'est le percevoir; et quel moyen de percevoir le rien⁴?

« Pour nous défendre, [ô Théétète], il nous faut peser la maxime de notre père Parménide et montrer de quelque manière que le non-être existe à certains égards et qu'à certains égards aussi l'être n'est pas⁵. »

---

1. Plat., *Soph.*, 237ᵃ-239ᵃ. — V. sur ce point Stallb., vol. VIII, sect. II, p. 131.
2. *Id.*, *Euthyd.*, 286ᶜ; — *Theæt.*, 167ᵃ⁻ᵇ.
3. *Id.*, *Alcib.* I, 116ᶜ-118ᵃ : ἐπειδὴ δὲ οὔθ' οἱ εἰδότες οὔθ' οἱ τῶν μὴ εἰδότων μὴ εἰδότες ὅτι οὐκ ἴσασιν, ἢ ἄλλοι λείπονται ἢ οἱ μὴ εἰδότες, οἰόμενοι δ' ἰδέναι; — οὐκ, ἀλλ' οὗτοι; — *Theæt.*, 188ᵃ⁻ᶜ, 190ᶜ⁻ᵈ, 192ᵈ-193ᵈ.
4. *Id.*, *Soph.*, 240ᵈ-241ᵃ.
5. *Id.*, *Soph.*, 241ᵈ : Τὸν τοῦ πατρὸς Παρμενίδου λόγον ἀναγκαῖον ἡμῖν ἀμυ-

On ne peut dire, avec l'école d'Elée, que l'être soit entièrement un ; on ne peut dire non plus qu'il soit entièrement multiple, comme le veulent les atomistes. La vérité se trouve dans la synthèse de ces deux opinions : l'être est un et multiple à la fois. Par suite, les genres participent tous à l'être ; mais, par un autre côté, ils se limitent mutuellement et se distinguent entre eux. Et de là découle une conséquence suggestive. Chaque chose est ; mais, en même temps, il y a « mille choses » qu'elle n'est pas. Par exemple, le mouvement existe, mais il n'est pas le repos ; le grand existe, mais il n'est ni le petit ni l'égal ; le beau possède son essence à lui, mais il n'enveloppe pas celle du « non-beau ». A côté du « même », il y a toujours « l'autre », qui est ce que le même n'est pas et que l'on peut de ce chef regarder comme son non-être. Ce non-être qui n'est tel qu'en vertu d'un rapport et demeure réel en soi, constitue un intermédiaire entre l'être et le rien ; et là se trouve la réponse si longtemps cherchée. L'erreur ne porte pas sur le néant, comme on a pris l'habitude de le croire ; elle consiste simplement à dire du même ce qui n'est ni lui ni de lui, à dire du même « l'autre » ou son non-être ; et ce non-être n'est pas absolu ; il existe encore à certains égards[1]. Soit, par exemple, ce discours : « Théétète est assis » ; puis, cet autre : « Théétète vole ». Le premier est vrai, tandis que le second est faux. « Et le vrai, Théétète, dit ce qui est sur ton compte. — Précisément. — Le faux dit autre chose que ce qui est. — Oui. — Il dit comme étant ce qui n'est pas. — A peu près. — C'est-à-dire autre chose que ce qui est sur ton compte. Car nous avons dit qu'il y a pour

νομένοις ἔσται βασανίζειν, καὶ βιάζεσθαι τό τε μὴ ὂν ὡς ἔστι κατά τι καὶ τὸ ὂν αὖ πάλιν ὡς οὐκ ἔστι πῃ.

1. PLAT., *Soph.*, 257ᵃ-259ᵉ.

chaque chose beaucoup d'être et beaucoup de non-être[1]. »

A mon sens, cette sinueuse et subtile discussion n'éclaircit rien. Le rapport du même à l'autre est une *exclusion* qui a son fondement dans la réalité, qui existe. De cette exclusion nous faisons, par l'erreur, un rapport d'*union* qui est contraire à la nature des choses, qui n'existe pas. Dès lors comment pouvons-nous le percevoir? La question revient tout entière. C'est Protagoras et Cratyle qui gardent le dessus; et il ne pouvait en être autrement. Le problème de l'erreur n'a pas de solution purement intellectualiste; on n'y répond qu'en faisant intervenir un principe d'ordre moral. Platon parle, dans le *Sophiste*, d'une certaine méchanceté de l'âme qui lui vient de ses passions et qu'il appelle sa « maladie »[2]. Au troisième livre des *Lois,* il exprime à nouveau la même idée et d'une manière plus précise. « La pire des ignorances », dit-il, « c'est de haïr les choses bonnes et belles, au lieu de les aimer ». Et plus loin, il ajoute : « c'est la révolte de l'âme contre la science, le jugement et la raison, ses maîtres naturels [3] ». Si Platon se fût aidé de semblables considérations pour résoudre le problème de l'erreur, il est probable qu'il en aurait donné une solution moins incomplète. Aristote, en cette matière, a été plus heureux que son maître, tout en profitant de ses vues [4].

La connaissance et le vouloir sont, d'après Platon, intimement liés l'une à l'autre.

Il a toujours enseigné que « la méchanceté n'est pas volontaire » : il l'a dit dès le début et l'a redit jusqu'au

---

1. PLAT., *Soph.*, 263^{a-d}.
2. 228^{a-e}.
3. 689^{a-b}.
4. V. notre *Arist.*, p. 226-231.

bout [1]. C'est encore de cet adage socratique qu'il part, au neuvième livre des *Lois*, pour savoir comment il convient de graduer les peines. D'après ce passage, le vulgaire se trompe en distinguant des fautes volontaires et des fautes involontaires. Tous nos manquements, graves ou légers, sont de la seconde espèce. Il n'y a que des fautes délibérées et indélibérées; et c'est sur leur degré de délibération qu'il faut mesurer le châtiment [2].

Pourquoi cette constance d'attitude? Platon a toujours pensé que la science est en morale d'une efficacité souveraine. Il lui a toujours paru qu'elle nous révèle dans le bien notre propre bien; que personne, à moins d'être fou, ne fuit son intérêt; et que, par suite, « l'intelligence suffit à défendre l'homme contre toute espèce d'attaque ». Il n'a jamais cessé de croire à ces paroles du *Protagoras* : « La science est faite pour commander à l'homme; quiconque a la connaissance du bien et du mal, ne peut être vaincu par quoi que ce soit [3]. » Non point que cette connaissance triomphe toujours d'un coup, quand elle pénètre dans une âme; car elle s'y heurte le plus souvent à des habitudes qu'il faut dissoudre; mais elle a par elle-même de quoi triompher avec le temps. Si donc l'homme tombe dans l'intempérance et l'injustice, s'il devient mauvais, c'est qu'il ignore. Or l'ignorance est contraignante par nature [4]; vu que l'on ne saurait vouloir ce que l'on ne sait pas. L'homme fait le mal malgré lui.

1. *Lach.*, 194ᵈ; — *Apol.*, 25ᵉ-26ᵃ; — *Protag.*, 345ᵉ : ἐγὼ γὰρ σχεδόν τι οἶμαι τοῦτο, ὅτι οὐδεὶς τῶν σοφῶν ἀνδρῶν ἡγεῖται οὐδένα ἀνθρώπων ἑκόντα ἐξαμαρτάνειν, οὐδὲ αἰσχρά τε καὶ κακὰ ἑκόντα ἐργάζεσθαι, ἀλλ' εὖ ἴσασιν, ὅτι πάντες οἱ τὰ αἰσχρὰ καὶ κακὰ ποιοῦντες ἄκοντες ποιοῦσι; — *Rep.*, III, 413ᵃ; — *Soph.*, 228ᶜ; — *Lois*, V, 731ᶜ : τὰ δὲ αὖ τῶν ὅσοι ἀδικοῦσι μέν, ἰατὰ δέ, γιγνώσκειν χρὴ πρῶτον μέν, ὅτι πᾶς ὁ ἄδικος οὐχ' ἑκὼν ἄδικος; — *Tim.*, 86ᵉ : κακὸς μὲν γὰρ ἑκὼν οὐδείς...

2. 860ᵈ-869ᵉ.

3. 352ᶜ.

4. Plat., *Rep.*, III, 413ᵃ⁻ᶜ. — Aristote, sur ce point, est très supérieur à son maître (V. notre *Arist.*, p. 281).

Il existe une autre raison du même fait, dont Platon semble avoir toujours eu quelque sentiment et qu'il précise de plus en plus à mesure que l'âge aiguise son esprit : c'est une sorte de méchanceté que nous inspire la passion du plaisir et qui peut aller jusqu'à la haine du bien, voire même jusqu'à la démence. Ce vice subtil autant que vivace est signalé dans le *Sophiste* [1]; le troisième livre des *Lois* en précise la notion [2]; et le *Timée*, tout en montrant à quel point de prédominance il peut s'élever, indique deux de ses causes. « La plupart des reproches que l'on fait aux hommes sur leur intempérance dans les plaisirs, dit Platon vers la fin de ce dialogue, manquent de fondement réel; on les suppose volontairement vicieux, et personne n'est tel de son gré. On le devient par suite d'une mauvaise disposition du corps ou d'une mauvaise éducation [3]. » Mais ce n'est pas à dire que « la méchanceté » influe directement sur le vouloir. Elle n'influe sur ce pouvoir de délibération qu'en obnubilant la pensée; car il n'y a, dans le fond, qu'une maladie de l'âme, qui est « l'ignorance ». Platon garde jusqu'à la fin sa croyance en l'hégémonie du savoir [4].

Y a-t-il dans cette théorie une sorte de déterminisme? Plusieurs historiens, et non des moindres, l'ont prétendu [5].

---

1. 228ᶜ-229ᵃ.
2. 689ᵃ.
3. 86ᵇ⁻ᶜ.
4. Plat., *Lois*, V, 731ᶜ; — *Tim.*, 86ᵇ : νόσον μὲν δὴ ψυχῆς ἄνοιαν ξυγχωρητέον, δύο δ' ἀνοίας γένη, τὸ μὲν μανίαν, τὸ δὲ ἀμαθίαν. Πᾶν οὖν ὅ τι πάσχων τις πάθος ὁπότερον αὐτῶν ἴσχει, νόσον προσρητέον. Dans le *Sophiste* (228ᶜ-229ᵃ), Platon s'exprime d'une manière un peu différente : la πονηρία y prend le nom de νόσος; et l'ἄγνοια ou ἀμαθία, le nom de αἶσχος; c'est une variante qui ne change rien à la pensée en question.
5. V. Gomperz, *loc. cit.*, p. 496, p. 522; Tobias Wildauer, *Psychologie des Willens bei Socrates Plato und Aristoteles*, II, 213-243, Insbruck, 1877; Martin, *loc. cit.*, II, 361 et sqq. — Ed. Zeller nous semble avoir vu plus juste en maintenant que Platon admettait le libre arbitre (*loc. cit.*, p. 851-855). — M. A. Fouillée (*loc. cit.*, I, p. 380-424) défend l'opinion intermédiaire : à son sens, Platon aurait admis, au moins à partir de la pé-

Mais peut-être n'ont-ils pas envisagé tous les aspects d'un problème d'ailleurs très complexe. En définitive, Platon n'affirme que deux choses qui sont les suivantes : premièrement, nous ne sommes pas libres à l'égard de ce que nous ignorons ; secondement, la science pleine, une fois donnée, exerce une influence efficace, qui nous met à l'abri de toute défaillance. La première de ces deux propositions n'est combattue par personne. Quant à la seconde, elle revêt une forme beaucoup trop implicite, pour que l'on y puisse fonder une conclusion soit en faveur du déterminisme soit en faveur de la doctrine opposée. Tout dépend de la manière dont la volonté se comporte à l'égard de ses motifs : il s'agit de savoir si, le bien une fois connu, elle se trouve nécessitée ou simplement sollicitée, suivant les heureuses formules de Leibniz. Or on accordera, je l'espère, que Platon, n'a rien dit de décisif sur ce problème de psychologie aiguë. Il se sert perpétuellement d'expressions telles que celles-ci : « volontaire », « involontairement »[1]. Et ces termes ne tranchent rien ; la question reste de définir si le volontaire est ou n'est pas libre. La même imprécision se manifeste de nouveau, lorsqu'on envisage le sujet sous l'angle opposé. Au-dessous de la science parfaite qui est celle du sage, il y a la demi-science, qui se gradue elle-même à l'infini ; celui qui ne possède que cette connaissance relative, n'est-il pas libre dans une certaine mesure à l'égard des objets qui la constituent? C'est encore un point sur lequel le langage de Platon laisse l'esprit du lecteur en suspens.

La conclusion qui résulte des textes, c'est que ce grand maître en idéologie n'a vu qu'imparfaitement le problème

---

riode dite socratique, que, « si la science du bien est invincible, l'opinion du bien ne l'est pas ».

1. Ἑκών, ἄκων, ἑκουσίως, ἀκουσίως, etc. V. sur ce point les passages cités, p. 216, notes 1 et 2.

du franc arbitre et ne lui a pas donné de solution proprement psychologique [1].

Si maintenant l'on regarde à ses tendances, on trouvera peut-être qu'il est plutôt favorable au système indéterministe. Il dit à différentes reprises que les âmes choisissent elles-mêmes leur genre de vie [2]; il ajoute « qu'elles portent en elles le principe de leurs changements » [3], que « la vertu n'a pas de maître » [4] et que celui-là manque de noblesse « qui, au lieu de s'imputer ses propres fautes, en rejette la responsabilité sur autrui » [5]. Il affirme, dans le *Timée*, que les âmes dégénérées ont un certain pouvoir de reconquérir leur première splendeur [6]. Or j'avoue bien qu'il faut se garder de prendre ces paroles au pied de la lettre. Mais on ne peut pas non plus les tenir pour de simples fictions; car elles ont leur raison d'être dans la théologie même du fondateur de l'Académie : elles tendent toutes vers un but unique, qui est de sauvegarder la bonté et la sainteté de Dieu. Le langage de Platon à cet égard ne laisse aucun doute [7].

« Le cœur » est du parti de la pensée et du vouloir [8].
Il milite en nous pour la tempérance, et parce qu'elle a le charme de l'ordre; ardent et implacable dans la vengeance, il nous rend capables, au contraire, de « souffrir la faim, la soif ou tout autre tourment du même genre »,

---

1. Wildauer le reconnaît lui-même (*loc. cit.*, II, 214).
2. *Rep.*, X, 617°; — *Lois*, V, 734° : ἡμῖν δὲ ἡ βούλησις τῆς αἱρέσεως τῶν βίων οὐχ ἵνα τὸ λυπηρὸν ὑπερβάλλῃ; — *Ibid.*, X, 904°; — *Tim.*, 42ᵈ⁻ᵉ.
3. *Lois*, 904° : μεταβάλλει μὲν τοίνυν πάνθ' ὅσα μέτοχά ἐστι ψυχῆς, ἐν ἑαυτοῖς κεκτημένα τὴν τῆς μεταβολῆς αἰτίαν.
4. *Rep.*, X, 617° : ἀρετὴ δὲ ἀδέσποτον.
5. *Lois*, V, 727ᵇ⁻ᶜ.
6. *Tim.*, 42ᵃ⁻ᵈ; — Cf. d'ailleurs le mythe du *Phèdre*, au sens duquel les âmes tombent par la faute du coursier qui n'a pas été bien formé (247ᵇ).
7. PLAT., *Rep.*, II, 379ᵇ⁻ᶜ; X, 617° : αἰτία ἑλομένου· θεὸς ἀναίτιος; — *Lois*, X, 904ᵃ⁻ᶜ; — *Tim.*, 42ᵈ⁻ᵉ; — Cf. plus haut, p. 168-169.
8. *Id.*, *Rep.*, IV, 440°.

lorsqu'il s'agit de subir le châtiment que nous avons mérité [1]; il se passionne pour la domination et la gloire [2]; c'est lui qui fait la meilleure part de la vaillance du soldat, au milieu des fatigues et des périls de la guerre [3]. Il est l'amour spontané de toutes les actions belles et bonnes ; et, par suite, il est également l'horreur instinctive de toutes les actions laides et mauvaises. Lorsque nous cédons à l'enchantement du plaisir, il proteste au nom de l'honneur et suscite en nous comme une heureuse dissension [4]. Ainsi de tous nos autres manquements aux règles de la sagesse. « On m'a dit, [mon cher Glaucon], une chose que je crois vraie. Léonce, fils d'Aglaion, revenant un jour du Pirée, le long de la partie extérieure du mur septentrional, s'aperçut qu'il y avait des cadavres étendus sur le lieu des supplices. Il éprouva tout à la fois le désir de s'en approcher et un sentiment de répulsion qui lui faisait détourner les regards. Il résista d'abord et se cacha le visage. Mais enfin, vaincu par la violence de son désir, il courut vers les morts ; et ouvrant de grands yeux, il s'écria : Hé bien, malheureux, emplissez-vous d'un si beau spectacle. — J'ai ouï raconter ce trait. — C'est une preuve que le cœur s'oppose aux désirs des sens » [5] et « se fait en nous l'auxiliaire de la raison » [6].

Bien qu'auxiliaire de la raison, le cœur n'est pas préservé de tout écart. L'intelligence seule « tend sans cesse et entièrement à connaître la vérité partout où elle est » [7]. Le chien s'irrite parfois à outrance ; il lui arrive même d'aboyer contre des amis. Besoin s'impose de le

---

1. PLAT., *Rep.*, IV, 440^{a-d}.
2. *Id., Ibid.*, IX, 581^a.
3. *Id., Ibid.*, IV, 440^{d-e}.
4. *Id., Ibid.*, IV, 440^{a-b}.
5. *Id., Ibid.*, IV, 439^e-440^a.
6. *Id., Ibid.*, IV, 440^b : ξύμμαχος τῷ λόγῳ.
7. *Id., Ibid.*, IX, 581^b.

rappeler au calme soit par la douceur soit par un peu de contrainte ; il gagne alors son gîte, tout en grommelant. Ainsi des diverses manifestations du cœur : il leur faut une règle qu'elles ne trouvent que dans la pensée [1].

« Le goût du plaisir » ne tire aucun souci de la raison ; il est brutal et court tout droit à son objet : c'est le coursier « tortueux, de formes irrégulières et charnues, à tête massive et courte encolure, camus, de couleur noire, aux yeux glauques et veinés de sang, compagnon de la violence et de la vanité, aux oreilles velues et sourdes ». Aussi ne se laisse-t-il pas conduire par de simples conseils ; il y faut le fouet et l'aiguillon [2].

De plus, le goût du plaisir revêt les aspects les plus variés. Lorsqu'il a pour objet la bonne chère, il constitue la gourmandise ; lorsqu'il s'exerce sur la boisson, « chacun sait de quelle épithète on flétrit celui qu'il domine » ; s'il est suscité par la « seule beauté corporelle », « il prend son nom de sa force même et s'appelle l'amour ». Chacune de ces formes peut à son tour se différencier indéfiniment [3] ; et, quand on les considère dans leur ensemble, on aperçoit à leur suite la soif du luxe et celle de la richesse qui, de leur côté, comportent l'une et l'autre des modes divers [4]. Le goût du plaisir défie toute classification : c'est l'hydre de Lerne [5].

L'intensité du désir sensible n'est pas moins variable que sa qualité. L'amour, en particulier, est d'une violence qui peut aller jusqu'à la folie. « Celui dont la moelle contient une grande abondance de spermes, comme un

---

1. PLAT., *Rep.*, IV, 440ᶜ-441ᵃ ; IX, 586ᶜ-ᵈ ; — Cf. *Phèdre*, les deux coursiers (246ᵃ-ᵇ, 253ᶜ-ᵉ).
2. *Id.*, *Phædr.*, 253ᵉ.
3. *Id.*, *Ibid.*, 238ᵃ-ᶜ ; — *Rep.*, IX, 580ᵈ.
4. *Id.*, *Rep.*, IX, 580ᵉ-581ᵃ.
5. *Id.*, *Ibid.*, 588ᶜ.

arbre qui porte trop de fruits, éprouve à chaque instant de grandes douleurs et d'indicibles plaisirs dans ses passions et dans leurs effets, insensé pendant presque toute sa vie à cause des jouissances et des peines excessives qu'il ressent [1] ». « La partie animale » est plus « féroce » encore pendant le demi-sommeil, « lorsqu'on l'a excitée par le vin et la bonne chère ». « Elle ose tout alors, comme si elle avait secoué et rejeté toute honte et toute retenue. L'inceste avec une mère ne l'arrête pas; elle ne distingue ni dieu, ni homme, ni bête; aucun meurtre, aucun aliment ne lui fait horreur. Il n'est point d'infamie, point d'extravagance dont elle ne soit capable [2] ».

Cette intensité du plaisir sensible ne tient pas seulement à ce qu'il est « infini [3] » par nature; elle résulte aussi de son intime union avec l'organisme. « Le goût effréné des jouissances de l'amour provient de ce que la semence se répand dans le corps à travers les os avec trop d'abondance et produit ainsi une maladie de l'âme [4] » : il dépend d'un état physiologique. On n'en peut dire autant des autres formes que revêt le goût du plaisir, à cette différence près qu'elles ne s'élèvent pas d'ordinaire au même degré de violence. Ce genre de passions a d'ailleurs une autre cause. Il s'accroît très vite par l'exercice et prend à la longue une prédominance qui rend toute résistance impossible : nous finissons par en devenir les esclaves; et l'un des principaux soucis de l'éducateur doit être d'éviter ce funeste résultat [5].

Que le désir relève de la pensée ou des sens, qu'il

1. PLAT., *Tim.*, 86^{c-d}.
2. *Id.*, *Rep.*, IX, 571^{c-d}. — Montaigne a une pensée analogue (*Ap. de Raimond de Sebond*, I, p. 537, éd. Garnier, Paris).
3. *Id.*, *Gorg.*, 493^{a}-494^{c}; — *Lois*, V, 736^{o}; VIII, 831^{c-e}; IX, 870^{a}.
4. *Id.*, *Tim.*, 86^{d}.
5. *Id.*, *Ibid.*, 86^{e}-87^{b}.

s'appelle amour du bien ou goût du plaisir, il se meut nécessairement vers une fin[1]. Mais cette fin n'est pas toujours explicitement connue. Il y a des appétitions qui s'exercent d'abord en l'absence de toute image; on éprouve le besoin de boire avant de savoir ce que l'on boira, on aime avant d'avoir découvert l'objet de son amour. Et ces appétitions sourdes sont primordiales : elles constituent le fond de la vie[2].

Quand nos désirs s'accompagnent d'une image, ils n'y trouvent pas leur fin proprement dite; vu que l'on ne désire plus ce que l'on possède déjà. Par suite, ce n'est jamais sur une sensation actuellement donnée que portent nos convoitises; mais sur les états faibles qu'elle éveille en nous et dont la réalisation nous paraît avantageuse ou nuisible [3]. Le désir est une « opinion » qui regarde l'avenir : c'est « une attente ». Si cette attente se rapporte à quelque bien, il s'appelle l'espoir; si elle se rapporte à quelque mal, il prend le nom de crainte [4]. De ces deux phénomènes, qui ont eux-mêmes leur racine dans le désir, résulte à son tour l'ensemble complexe, mobile et multiforme des passions qui agitent l'âme humaine.

On sent partout, dans ce que l'on a vu jusqu'ici, comme l'approche du plaisir; et sa présence s'accuse de plus en plus, à mesure que l'on va de la « raison » au « cœur » et du « cœur » aux appétits sensibles. Il est donc temps

---

1. Plat., Banq., 201ᵈ-205ᵃ (il s'agit de l'analyse de l'ἔρως); — Phileb., 35ᵇ : ὅ γ' ἐπιθυμῶν τινος ἐπιθυμεῖ.
2. Id., Banq., discours d'Aristophane (l'homme y apparaît comme aimant dans la femme, et sans le savoir, la moitié de lui-même, violemment séparée de son tout par la hache de Jupiter); — Rep., IV, 437ᵇ-439ᵇ; — Phædr., 249ᵈ et sqq. — Cette vue sur les désirs sourds est très profonde.
3. Id., Phileb., 34ᵈ-35ᵈ.
4. Id., Lois., I, 644ᶜ⁻ᵈ.

d'examiner à son tour cette autre forme de notre activité morale.

Pour Platon, comme pour Aristote, le plaisir est inférieur à la substance, inférieur aux facultés, inférieur à l'acte lui-même; c'est une sorte d'épiphénomène qui s'y ajoute par surcroît [1]. Le maître, à cet égard, va même plus loin que le disciple : dans sa haine persistante pour le plaisir, il en fait parfois une espèce de « non-être » [2].

Mais cet épiphénomène qui constitue l'essence du plaisir, Platon ne l'entend pas à la façon d'Aristote; il le place dans le devenir et le conçoit comme « une génération » [3], comme « un mouvement » [4]. Pour Aristote, au contraire, le plaisir est « l'achèvement d'un acte »; c'est un « terme » et partant quelque chose de fixe [5].

Du fait que le plaisir est un « mouvement », il ne peut avoir sa mesure en lui-même. Abandonné à l'indigence de sa nature, il croît et décroît sans trêve ni limite, comme le lent et le rapide, le doux et le fort, le chaud et le froid; il enveloppe essentiellement « du plus et du moins » : c'est à la catégorie de « l'infini » qu'il faut le rattacher [6].

Au plaisir s'oppose la douleur. D'après Platon, elle en

---

1. Plat., *Phileb.*, 53°-54ª.
2. Φαινόμενον, ἀλλ' οὐκ ὄν (*Rep.*, IX, 584ª; — *Phileb.*, 42°).
3. Plat., *Phileb.*, 53° et sqq. : ἀεὶ γένεσίς ἐστιν, οὐσία δὲ οὐκ ἔστι τὸ παράπαν ἡδονῆς...
4. *Id.*, *Rep.*, IX, 584ª : καὶ μὴν τό γε ἡδὺ ἐν ψυχῇ γιγνόμενον καὶ τὸ λυπηρὸν κίνησίς τις ἀμφοτέρω ἐστόν· ἢ οὔ; — Ναί.
5. V. notre *Arist.*, pp. 288, 295-296, 300. Aristote, il est vrai, dit dans la *Rhétorique* (A, 11, 1369ᵇ, 33-34), que le plaisir est un mouvement, κίνησίν τινα τῆς ψυχῆς; mais cette expression ne change rien au fond de sa pensée tant de fois formulée. Il s'en sert, parce que, dans le cas donné, il n'a pas besoin d'une plus grande précision. C'est ainsi que, au premier livre de la *Morale à Nicomaque* (13, 1102ª, 23-28), il se contente de la division binaire des facultés de l'âme adoptée par Socrate, puis par Platon durant un certain temps. « Préciser davantage, dit-il, est peut-être chose inutile à la question ».
6. Plat., *Phileb.*, 27°-28ª.

est « le contraire »[1]; et l'on comprend cette manière de dire dans sa théorie. Entre le plaisir et la douleur, il place un intermédiaire qui est un état neutre ou d'indifférence[2]. Ces deux émotions sont donc deux espèces du même genre qui présentent la plus grande opposition possible : ce qui est la marque de la contrariété. Socrate, dans le *Phédon*, détermine assez bien ce rapport, quoiqu'en un langage de forme mythique : « Dieu, dit-il, voulut un jour réconcilier ces deux ennemis; et, comme il ne le pouvait, il les attacha par la tête[3]. »

Infini de sa nature, le plaisir est du même chef infiniment mobile et varié[4]; il ressemble par là au désir sensible avec lequel il soutient d'ailleurs un rapport d'union particulièrement intime. Aussi n'est-il pas aisé de discerner toutes les formes qu'il peut revêtir : c'est une sorte de Protée. Il faut cependant, pour en parler avec une certaine exactitude, s'y choisir quelques points de repère; et voici comment il convient de prendre la question.

Si l'on se place au point de vue de la cause, on distingue trois sortes de plaisirs : ceux qui sont produits par un ébranlement corporel; ceux qui viennent à la fois de l'âme et du corps; et ceux qui viennent de l'âme seulement[5]. Si l'on se met sous l'aspect des besoins de l'exis-

---

1. Plat., *Phæd.*, 60ᵇ : on pourrait croire que Platon ne fait ici qu'exprimer l'opinion populaire... Πέφυκε [τὸ ἡδύ], dit-il, πρὸς τὸ δοκοῦν ἐναντίον εἶναι ; mais, outre que le reste du passage tend à préciser sa pensée, il l'exprime à nouveau, et d'une façon dialectique, dans la *Rep.* (IX, 583ᶜ) et dans le *Philèbe* (55ᵃ).
2. *Id.*, *Phileb.*, 32ᶜ-33ᶜ, 42ᵈ-43ᵈ; — *Tim.*, 64ᵈ : τὸ δὲ ἠρέμα καὶ κατὰ σμικρὸν ἀναίσθητον.
3. *Id.*, *Phæd.*, 60ᶜ.
4. *Id.*, *Phileb.*, 12ᶜ-13ᵈ.
5. *Id.*, *Ibid.*, 46ᶜ, 46ᶜ-47ᵇ, 47ᶜ-ᵉ, 50ᵈ; — Cf. *Phædr.*, 258ᵉ. Cette classification est loin d'être unique dans le *Philèbe* : il en contient plusieurs; et chacune d'elles y prend du relief ou s'efface suivant le besoin du moment. Nous choisissons pour règle celle qui nous paraît la plus commode, comme le faisait Platon lui-même.

tence, c'est-à-dire de la fin, on obtient une classification binaire : il y a d'une part les plaisirs nécessaires, tels que ceux de boire et de manger; de l'autre, les plaisirs superflus, tels que ceux du luxe, des honneurs et de la gloire [1].

De ces deux classifications, la seconde n'intéresse guère que l'éthique. L'autre, au contraire, bien qu'également inspirée par une intention morale, prend une portée principalement psychologique; et, partant, c'est celle-là que l'on va suivre, en l'appliquant d'abord aux plaisirs imparfaits, puis à ceux qui n'admettent plus d'imperfection.

Tous les mouvements corporels ne se terminent pas par une sensation; ils ne produisent cet effet que lorsqu'ils ont une certaine force, proportionnelle d'ailleurs à la mobilité de l'organe affecté. A leur tour, toutes les sensations ne s'épanouissent pas en émotion; il leur faut, pour acquérir cette modalité, le choc d'un ébranlement notable [2]. La sensation requiert, dans sa cause, un degré appréciable d'intensité; et l'émotion, un degré de plus. D'autre part, l'ébranlement notable qui produit ce dernier phénomène, peut avoir deux résultats différents, suivant qu'il est conforme ou contraire à la nature : dans le premier cas, il détermine le plaisir; et dans le second, la douleur [3].

Ainsi, bien que les jouissances corporelles soient « infinies » de leur chef et ne contiennent par elles-mêmes que de la quantité, elles trouvent déjà dans leurs antécédents physiques comme un commencement de mesure et de proportion : elles participent de l'harmonie qui règne dans leur cause et prennent de la sorte un caractère qualitatif. Platon s'éloigne d'Aristippe, tout en s'inspirant de sa doctrine. A son tour, Aristote s'éloignera de Platon

---

1. PLAT., *Rep.*, VIII, 558^d-559^d; IX, 571^a et sqq.; — *Phileb.*, 62^e.
2. *Id., Phileb.*, 43$^{b\text{-}c}$; — *Tim.*, 64$^{a\text{-}d}$.
3. *Id., Phileb.*, 31^b-32^b, 32^e, 42^d; — *Tim.*, 64^d-65^b, 81^e.

sur un autre aspect du problème; il regardera le plaisir comme inhérent à toute sensation, quel que puisse être son degré d'intensité.

Si des conditions du plaisir corporel, on passe à sa nature intime, c'est de toutes parts et sous toutes les formes qu'il accuse son essentielle infirmité.

Le plaisir corporel est une « naissance ». Or tout ce qui naît périt et sans cesse; tout ce qui périt se dissout dans la même mesure; et la dissolution, c'est la douleur[1]. « Singulière chose, mes amis, que ce que les hommes appellent plaisir! comme il a d'étranges rapports avec la souffrance que l'on tient pour son contraire! » « A peine l'un est-il venu, que l'on voit apparaître son compagnon[2]. » Ainsi le veut pourtant l'inévitable réalité; et les dieux eux-mêmes n'y peuvent rien.

Non seulement les plaisirs corporels appellent la douleur; mais aussi la plupart d'entre eux l'enveloppent : elle les compénètre, elle fait partie de leur essence. Le plaisir de manger disparaît, dès qu'on n'a plus faim; et celui de boire, dès que l'on n'a plus soif; ainsi des jouissances de l'amour elles-mêmes, dès que la nature s'est délivrée du sentiment de réplétion qui les provoque et les attise. Tous ces plaisirs décroissent proportionnellement au besoin qu'ils tendent à supprimer et s'évanouissent avec lui : ce ne sont que des apaisements de souffrance; ce ne sont que des cessations de douleur[3]. Antisthènes peut être considéré comme « un devin » : appliquée aux plaisirs d'ordre physique, sa doctrine demeure vraie aux trois quarts[4]. Encore n'a-t-il pas épuisé le principe dont il est parti : à certains égards, « ses oracles » sont plus

---

1. Plat., *Phileb.*, 55ᵃ.
2. *Id.*, *Phæd.*, 60ᵇ⁻ᶜ.
3. *Id.*, *Gorg.*, 495ᵉ-497ᵈ; — *Phileb.*, 46ᶜ⁻ᵈ.
4. *Id.*, *Phileb.*, 44ᶜ⁻ᵉ.

fondés en raison qu'il ne le pense. Outre que les plaisirs du corps peuvent acquérir une violence où l'être s'engouffre tout entier et qui se traduit d'elle-même par d'indicibles douleurs, ils croissent en intensité à mesure que les personnes qui les ressentent se trouvent dans un état plus maladif : c'est dans la fièvre, la guérison de la gale par la friction et les excès de l'intempérant qu'ils acquièrent le plus de véhémence; car alors plus vif est le besoin, et plus vive aussi par là même la jouissance qui s'attache à son apaisement. Le plaisir, en ces rencontres, peut « jeter l'homme dans un état de stupeur et lui arracher de grands cris comme à un furieux »; « il va jusqu'à lui faire dire de lui-même et faire dire aux autres qu'il se meurt en quelque sorte au milieu de ces voluptés[1] ». C'est d'une « mauvaise disposition » que résultent les plus grands plaisirs corporels : ce genre d'émotions se repaît principalement de désordre; il faut donc qu'il ait lui-même quelque chose de désordonné et de pervers[1].

Dire que les plaisirs du corps sont susceptibles d'acquérir une telle intensité, c'est affirmer qu'ils peuvent dépasser la valeur de leur cause, c'est affirmer qu'ils peuvent devenir partiellement irréels. Cette irréalité s'accuse encore d'une manière plus sensible en certains cas; elle y devient radicale. Entre les ébranlements notables qui provoquent le plaisir et les ébranlements plus notables qui provoquent la douleur, se situe un troisième état. Dans ce troisième état, l'écoulement universel persiste et continue à se traduire en nous par une série de changements, mais qui sont trop faibles pour se terminer en émotion : entre le plaisir et la douleur, il y a une situation neutre ou d'apathie[2]. Or d'aucuns pensent qu'ils jouissent

---

1. PLAT., *Phileb.*, 45^a-47^b.
2. M. BROCHARD écrit dans le *Journal des savants* (mars 1904, p. 163-

dans ces conditions moyennes; et, s'ils le pensent, il faut qu'il en soit ainsi. D'aucuns se figurent qu'ils jouissent physiquement, alors qu'il n'y a plus en eux aucune cause de jouissance physique; il n'est même rien qui leur semble plus doux : ils y mettent leur bonheur. Qu'est-ce à dire? Sinon que leurs plaisirs sont absolument faux, irréels de tous points[1].

Les plaisirs qui tiennent à la fois du corps et de l'âme sont « mélangés », comme ceux qui ne proviennent que du corps. Généralement, ils ont pour point de départ un certain vide organique, tel que celui que suppose la faim ou la soif; et ce vide produit le besoin, qui est une forme de la douleur. A son tour, la douleur ressentie provoque le désir de la supprimer par la satisfaction; de là une anticipation du plaisir à goûter qui est elle-même un plaisir. Mais le désir ne trouve pas toujours la voie libre; il rencontre parfois des obstacles à sa réalisation. Et alors le phénomène se complique à nouveau : l'âme éprouve une sorte d'inquiétude qui est de la tristesse. Rien de « pur » dans la plupart des plaisirs purement organiques; rien de pur non plus dans les plaisirs communs. « De la fontaine de miel » coulent à la fois « le doux et l'amer », étrangement fondus l'un dans l'autre[2].

Les plaisirs communs sont également susceptibles de devenir irréels, comme ceux du corps, bien qu'à un degré moindre. Après avoir pris faim et soif en chassant au sanglier, on peut s'attendre à trouver une table bien

---

164) : « ... Platon s'accorde encore avec Aristippe pour nier qu'entre le plaisir et la douleur il y ait place pour un troisième état, qui serait celui de l'indifférence ou le repos, ἡσυχία... ». L'éminent historien se trompe assurément. On n'a, pour s'en rendre compte, qu'à lire attentivement ce que nous disons ici du plaisir et de la douleur, particulièrement dans cette page et aux pages 225, 226, 233; on s'en convaincra plus encore, si l'on a soin de comparer les textes où se fonde notre interprétation.

1. PLAT., *Rep.*, IX, 583^b-585^a; — *Phileb.*, 42^c-45^a.
2. *Id.*, *Phileb.*, 32^c-36^c.

garnie, lorsqu'en fait il n'y a rien de pareil. On a une opinion fausse; et de cette opinion découle un plaisir qui l'est aussi par voie de conséquence[1]. Supposé même qu'il existe un rendez-vous de chasse, l'imagination peut grandir de son chef la jouissance que l'on éprouve tout naturellement à se le représenter : elle le peut indéfiniment, vu que le propre de l'émotion est de n'avoir aucune limite. Et de là une autre sorte de plaisir qui dépasse le réel et qui, dans la mesure où il le dépasse, est lui-même irréel[2].

Nombre de plaisirs purement psychologiques présentent un caractère analogue. Nous nous faisons à nous-mêmes des opinions fausses de la domination, de la gloire, voire même de la vertu; puis, ces illusions de la fantaisie deviennent l'objet de nos complaisances. Et, quand nous sommes assez heureux pour ne pas nous tromper sur la valeur de ces biens, il nous arrive encore de les aimer à l'excès, de les poursuivre avec une intensité passionnelle que la sagesse réprouve et qui répand le désordre de tous côtés, en nous comme autour de nous[3].

Ces plaisirs de l'âme, où nous nous pipons de la sorte, sont aussi mêlés de douleur; « l'irréel » et « l'impur » y vont toujours de pair, comme s'ils étaient rivés l'un à l'autre par une chaîne de diamant. La colère et la vengeance nous sont « plus douces que le miel qui coule du rayon »; et cependant notre âme y ressent comme une pointe d'amertume. Le drame, cette image de la vie humaine, nous fait jouir et pleurer à la fois. Nous rions, à la comédie, de l'ignorance où sont nos semblables de leurs propres travers; et, sous ce rire, se déguise un fond de tristesse qui se développe au fur et à mesure que nous

---

1. Plat., *Phileb.*, 36ᵉ-41ᵃ.
2. *Id., Ibid.*, 41ᵃ-44ᵇ.
3. *Id., Rep.*, IX, 586ᶜ⁻ᵈ; — *Phileb.*, 40ᵉ.

devenons moins irréfléchis. Car se moquer d'une imperfection, si petite qu'elle soit, c'est encore se complaire dans le mal; c'est céder à l'envie, cet instinct qui fait l'hiver du cœur. Désirs et craintes, amours et désespoirs, zèle et jalousie : autant de choses qui s'entrecroisent et d'où résulte cette singulière alliance de joies et de tristesses, de triomphes et d'angoisses qui constitue la trame de notre existence [1].

Les charmes d'ici-bas ne sont-ils donc que des douleurs enveloppées de plaisir et des plaisirs enveloppés de douleur? La misère de notre condition ne peut aller à cette extrémité. En considérant la vie sous un autre jour, on y voit poindre un genre supérieur d'émotions.

Il y a des plaisirs « sans mélange », même dans la zone des sens. Tels sont ceux que nous procurent les parfums [2], les belles couleurs, la grâce des formes et la magie des sons. Ces jouissances-là ne supposent aucun besoin et ne laissent après elles ni regret ni douleur [3]. Antisthènes, à cet égard, est allé trop loin : il a fait la nature moins bonne qu'elle n'est.

Il y a des plaisirs « sans mélange » ni « fausseté » dans les sciences d'ordre purement spéculatif. La connaissance des nombres et des figures « séparées », celle des proportions parfaites que le sage sait découvrir par delà le charme physique des sensations musicales [4], la

---

1. PLAT., *Phileb.*, 47^d-50^e.
2. *Id.*, *Rep.*, IX, 584^b; — Cf. *Hipp. maj.*, 297^e-298^a, 303^{d-e}.
3. *Id.*, *Phileb.*, 51^{a-e}.
4. *Id.*, *Rep.*, VII, 530^e-531^c; — Cf. *Phileb.*, 56^a (il ne s'agit ici que de la musique appliquée). — Il n'y avait pour Platon, comme pour les autres Grecs, que deux sortes de musique : celle qui, s'adressant aux sens, n'est qu'une caresse de l'ouïe; et celle qui s'adresse à la pensée, en y provoquant la claire vue des proportions mathématiques sur lesquelles se fonde cette science. La musique, de nos jours, a pris une troisième forme : elle tend à susciter en nous une sorte « d'autre nous-même », qui sommeille au fond de notre être sous l'amas des habitudes « créées par la routine de l'existence »; son but est

dialectique surtout, cette reine de la pensée, qui se meut uniquement dans l'absolu, sont autant de sources de joies toujours pures, toujours réglées sur leur objet, d'où la souffrance et le mensonge sont éternellement bannis[1]. Pourquoi ? Parce que il n'y a que « du réel » dans la cause qui les suscite ; et nous touchons ici à l'idée qui commande toute la théorie platonicienne du plaisir.

Plus l'être s'élève, plus il tend à se distinguer de tout ce qui n'est pas lui, plus il devient « pur » : il ne reste que du blanc dans le Blanc[2], de la vertu dans la Vertu et du beau dans le Beau. De même, plus l'être s'élève, plus il tend à combler en lui toute espèce de manque, plus il devient « réel ». D'autre part, à mesure que l'être gagne en pureté et en réalité, il se traduit davantage en plaisirs qui présentent les mêmes caractères[3]. Mais à quoi se réduit la pureté de l'être ? à sa réalité elle-même : elle n'en est qu'un autre nom. Car devenir pleinement réel, c'est recevoir à fond la forme du Bien ; et recevoir à fond la forme du Bien, c'est supprimer en soi-même toute espèce de mélange en y supprimant toute puissance, c'est se distinguer entièrement de « l'autre ». Voilà, nous semble-t-il, le fond du sujet ; et dès lors on voit surgir en pleine lumière une idée qui se déguise sans cesse à travers les méandres des dialogues. Il n'y a, d'après Platon, que deux espèces de plaisirs : ceux qui sont réels et ceux qui ne le sont pas. C'est la grande distinction de l'être et du devenir qui reparaît, partout dominatrice et toujours féconde.

---

de traduire cet inconnu, non en définitions, mais en émotions. Ainsi ont fait Wagner et César Franck (V. Abbé Lafontaine, *Le plaisir d'après Platon et Aristote*, p. 141, Alcan, Paris, 1902 ; Spenlé, *Novalis*, p. 159-169, Paris, 1903).

1. Plat., *Phileb.*, 52ª-53ᶜ, 55ᵈ-59ᵈ.
2. Id., *Ibid.*, 53ᵃ⁻ᶜ.
3. Id., *Rep.*, IX, 585ª-586ᶜ ; — *Phileb.*, 52ᶜ-53ᶜ, 58ª-59ᵈ.

Du même principe découle une autre conséquence qu'il importe aussi d'indiquer. Plus l'être devient réel, plus il tend vers la « fixité »; et plus l'être tend vers la fixité, plus le plaisir qui s'y rattache échappe lui-même aux conditions de l'écoulement universel, s'élève au-dessus de la loi des contraires et se soustrait à la douleur. Au terme de cette ascension, il n'y a plus que le repos de l'acte d'où découle une joie pleine qui est elle-même en repos. Et voilà le bonheur des « dieux » : c'est un milieu entre deux extrêmes qui n'existent plus ni l'un ni l'autre; la perfection du « réel » les a supprimés [1].

II

L'âme humaine s'épanouit en facultés diverses; mais il ne faut pas conclure de là qu'elle ressemble aux « chevaux de bois ». Elle se ramène à l'unité par le fond de son être : c'est le même principe qui sent et se souvient, qui désire, raisonne et délibère en chacun de nous [2]. Et ce principe est hyperorganique; il est immatériel et par là même inaccessible à nos organes sensoriels : ni la pensée, ni le vice et la vertu, ni la sensation elle-même ne tombent sous les prises de la perception extérieure [3]. La tradition populaire veut, il est vrai, que les âmes des morts se montrent parfois aux vivants sous forme de fantômes [4]. Mais c'est là une croyance que l'on ne peut entendre au sens rigoureux; elle n'a qu'une valeur mythique : sa signification se réduit à symboliser les rela-

---

1. PLAT., *Phileb.*, 22^c, 33^{b-c}.
2. *Id.*, *Theæt.*, 184^c-186^b; — *Lois*, I, 644^c : οὐκοῦν ἕνα μὲν ἡμῶν ἕκαστον αὐτὸν τιθῶμεν; — Ναί.
3. *Id.*, *Soph.*, 245^e-247^c; — *Phæd.*, 78^c-79^c.
4. *Id.*, *Phæd.*, 81^{c-d}; — *Lois*, IX, 865^{d-e}.

tions de justice et de sympathie qui s'établissent entre cette vie et celle de l'au-delà [1].

Dire que l'âme relève du genre des choses immatérielles, c'est manquer encore de précision ; il faut ajouter qu'elle est indivisible. Mais ce dernier caractère, Platon le démontre d'une façon qui ne ressemble que de loin à celle des modernes. Il n'a pas la prétention d'établir que la pensée, prise en elle-même et de vue directe, nous apparaît comme absolument simple ; ce procédé tout psychologique ne viendra que longtemps après lui. Il choisit pour point de départ l'analogie que l'âme soutient avec les « idées » : il se fonde sur sa métaphysique ; et tel est à peu près son raisonnement. Se diviser, c'est changer ; se diviser, c'est passer du possible à l'acte. Or les idées, étant par nature intégralement « finies », ne contiennent plus aucun germe de possibilité. Elles excluent donc tout changement et par suite toute espèce de division. Elles sont indécomposables, elles sont essentiellement simples [2]; et, du même coup, notre âme doit l'être aussi de quelque manière, car elle est de leur famille [3]. Sans doute, elle ne leur ressemble pas de tous points ; du milieu de la boue qui la compénètre, elle ne voit qu'imparfaitement la vérité et la beauté. Mais au fond, considérée en son essence, elle est pleine et brillante comme l'intelligible dont elle constitue l'aspect intérieur : si bien que, pour le conquérir entièrement, elle n'a pas besoin de se développer, mais seulement de se purifier [4].

La pensée n'est pas le tout de notre être mental. Au

---

1. A moins que, comme l'indique le passage du *Phédon* cité ci-dessus (référence 4), l'âme n'ait gardé une sorte d'enveloppe physique à cause de son amour des plaisirs corporels : ce qui pourrait être.
2. Même raisonnement dans Arist., à propos de l'indivisibilité du premier moteur ; V. *Met.*, Λ, 7, 1073^a, 11 : ἀλλὰ μὴν καὶ ὅτι ἀπαθὲς καὶ ἀναλλοίωτον.
3. Plat., *Phæd.*, 78°-79°.
4. *Id.*, *Rep.*, X, 611^b-612^a; — *Phædr.*, 249^b-250^a.

regard de Platon, il ne suffit pas que l'âme du monde « se meuve d'elle-même »; il faut aussi qu'elle soit dans la nécessité de se mouvoir. Car, autrement, elle pourrait cesser d'agir à un moment donné; et le mouvement s'arrêterait dans la nature : ce qui paraît impossible. L'éternité du devenir suppose que l'âme du monde se meut à la fois d'elle-même et par essence[1]. Or c'est de cette âme originelle que procède la nôtre : elle en est comme une étincelle amortie[2]. Elle doit donc être de même espèce : son essence aussi doit consister à « se mouvoir d'elle-même ». Il y a dans notre pensée un acte qui ne change pas; mais, par delà ce point fixe, se révèle un principe qui devient sans cesse et de soi : c'est ce qui constitue le trait différentiel de toute âme et par là même de celle des hommes.

Notre âme soutient avec le corps des rapports intimes ; elle n'y réside pas « comme un pilote en son navire ». Ce serait une erreur aussi de penser qu'elle est seulement unie à certaines parties de l'organisme, telles que la tête qui contient la pensée, la poitrine qu'habite le désir spontané du bien, et le ventre où s'agite la plèbe des appétitions sensibles[3]. Ces organes ne sont que les zones principales où s'exerce son action. A vrai dire, l'âme est répandue avec les « cercles » dans le corps tout entier : elle s'y trouve « clouée », mêlée, « entrelacée »; l'union est totale[4]. Aussi se traduit-elle par une influence profonde du physique sur le mental et du mental sur le physique.

« Le corps est pour l'âme la cause d'une quantité de maux. Par exemple, quand les humeurs des pituites ai-

---

1. PLAT., *Phædr.*, 245°-246ª ; — *Lois*, X, 894°-896ª.
2. *Id.*, *Phileb.*, 29ª-30ᵈ ; — V. plus haut, p. 166.
3. *Id.*, *Tim.*, 44ᵈ, 69ᵈ-70ª, 70ᵈ, 73°-ᵈ.
4. *Id.*, *Phædr.*, 246°-ᵈ ; — *Tim.*, 42°-43ª ; — ARIST., *De an.*, A, 3, 406ᵇ, 25 et sqq.

gres et salées, et toutes les humeurs amères et bilieuses qui errent par le corps, sont retenues à l'intérieur et mêlent leurs émanations aux mouvements de l'âme, elles lui donnent des maladies de toute sorte, plus ou moins graves et plus ou moins nombreuses. Portées vers les trois séjours de l'âme, quel que soit celui dans lequel elles tombent, elles s'y traduisent sous mille formes diverses, par la tristesse et le chagrin, l'audace et la peur, l'oubli et la stupidité[1]. » Même en son état normal, le corps est un obstacle perpétuel « à la santé de l'âme », qui consiste dans la possession de la sagesse. Il a des appâts séducteurs et des besoins tyranniques qui la détournent de « l'Être » pour ne lui laisser en pâture que de vaines et funestes « apparences »; il l'opprime de son poids, l'entrave dans son essor et l'empêche ainsi de se conquérir elle-même : c'est une caverne « où nous sommes enchaînés par les jambes et par le cou[2] ».

L'âme, de son côté, peut produire dans le corps toute espèce de troubles. « Lorsqu'elle lui est supérieure en énergie, elle y provoque une agitation intérieure qui l'emplit de maladies. Se livre-t-elle avec ardeur à ses études et recherches, elle le consume; s'engage-t-elle dans les discussions et les combats de paroles en public ou en particulier, avec ces luttes et ces controverses, elle l'embrase et le dissout, occasionne des catarrhes et trompe la plupart de ceux qu'on appelle des médecins, en leur donnant le change sur les causes de ces phénomènes[3]. »

Il peut y avoir une médecine de l'esprit par le corps et une médecine du corps par l'esprit. Et Platon l'a re-

---

1. PLAT., *Tim.*, 86ᵉ-87ᵃ.
2. *Id.*, *Rep.*, VII, 514ᵃ-518ᵇ; — Cf. *Phæd.*, 65ᵃ-66ᵈ, 79ᶜ, 83ᵃ, 83ᵈ, 99ᶜ; — — *Phædr.*, 250ᵃ⁻ᵇ, 250ᵈ; — *Tim.*, 43ᵃ et sqq., 86ᵇ-87ᵇ.
3. *Id.*, *Tim.*, 87ᵉ-88ᵃ.

marqué. Bien plus, il s'est rendu compte de l'importance pratique de ces deux idées et les a introduites l'une et l'autre dans son système d'éducation [1].

Quoique intimement liée à l'organisme, l'âme s'en distingue entièrement : elle y est entrée et doit en sortir de toutes pièces. Aussi n'y a-t-il rien, pour Platon, de ce qu'on appellera plus tard « le composé humain ». L'homme, c'est le principe qui sent, veut et raisonne ; c'est l'âme et rien que cela [2]. Quant à l'organisme, il n'y faut voir qu'un instrument. « Même dans cette vie, ce qui constitue chacun de nous n'est pas autre chose que l'âme. Le corps nous accompagne comme une image ; et c'est avec raison que l'on donne le nom de simulacres aux restes des défunts[3]. »

Depuis combien de temps y a-t-il sur la terre des âmes douées d'intelligence qui habitent une maison de chair et de sang ? « il n'est pas aisé de le dire ». Si « le genre humain n'a pas toujours existé », il faut croire du moins « que son origine va se perdre dans l'infini »[4]. Et depuis le moment de son apparition, il a été détruit maintes fois par des déluges, des maladies et d'autres accidents semblables, auxquels n'échappait qu'un très petit nombre d'hommes. Mille fois les arts et la philosophie ont été inventés ; mille fois ils ont péri pour être inventés à nouveau. Il est incalculable, le nombre des catastrophes par lesquelles a passé notre globe au cours de tant de siè-

---

1. PLAT., *Tim.*, 88ᵇ-90ᵃ. — Cette idée a pris de nos jours une importance toute spéciale, grâce aux données d'une observation plus précise. V. par ex. : Dʳ FLEURY, *Introduction à la médecine de l'esprit*, Alcan, Paris, 1897.
2. PLAT., *Alcib.* I, 129ᵇ-130ᵉ ; — *Phæd.*, 115ᶜ⁻ᵒ.
3. *Id.*, *Lois*, XII, 959ᵃ⁻ᵈ.
4. Si Platon suivait sa pensée jusqu'au bout, il devrait dire que le genre humain est éternel comme le mouvement lui-même ; car ainsi le veut l'idée du meilleur, qui fonde toute sa philosophie ; mais les *Lois*, il ne faut pas l'oublier, s'adressent au grand nombre.

cles[1]. On en a pour indices « le déluge » de Deucalion[2] et cette transformation lente qui a fait de l'Attique, « autrefois si féconde », « une sorte de squelette aride »[3].

III

Notre âme est plus qu'immortelle; elle a l'éternité en partage : c'est une des thèses cardinales de Platon. Il a composé le *Phédon*, l'un de ses plus beaux dialogues, pour en établir le bien-fondé; et il y revient sans cesse, surtout vers la fin de sa vie, comme à un objet qui le préoccupe. Il l'a considérée de tant d'aspects divers que l'on se sent embarrassé, lorsqu'on veut faire de sa pensée à ce sujet une esquisse méthodique. On peut cependant ramener à trois chefs les preuves principales qu'il a fournies de la vie future : il considère l'âme en elle-même, puis son rapport avec le monde moral et son rapport avec le monde physique.

Platon essaie déjà de faire voir dans le *Ménon* que, en interrogeant un esclave sur la géométrie, on peut la tirer tout entière de son intelligence inculte, pourvu que l'on procède avec ordre dans ses questions; et il conclut de là que l'on sait avant d'avoir appris et que par suite notre âme possède déjà la science antérieurement à son existence actuelle[4]. Au cours du *Phédon*, il reprend la même idée en la considérant sous un autre jour. « La sensation, dit-il, s'éveille en nous avec la vie »; et du fait que nous sentons, nous avons comme par contre-coup une certaine vision de l'intelligible : nous connaissons

---

1. Plat., *Lois*, III, 676ª-678ᵉ; VI, 781ᶜ-782ᵇ; — *Tim.*, 20ᵉ-21ª, 22ᵇ⁻ᶜ; — *Criti.*, 108ᵉ-109ª, 109ᵈ.
2. V. Stallbaum, vol. X, 254.
3. Plat., *Criti.*, 110ᵉ-111ᶜ.
4. 81ª-86ᶜ; — Cf. *Phæd.*, 72ᵉ-73ᵇ.

l'Égalité, dès que nous percevons des objets égaux; et la Beauté, dès qu'il nous est donné de voir des choses belles. La science jaillit donc du fond de notre être avec notre première pulsation; et si elle en jaillit de la sorte, c'est qu'elle s'y trouvait déjà, c'est que l'âme où elle réside existait auparavant. Son passage en notre corps n'est que l'une de ses nombreuses pérégrinations[1].

Mais cet aperçu demeure vague, aussi longtemps que l'on n'a pas déterminé davantage le rapport que l'âme soutient avec les idées. Il faut, pour lui donner la précision voulue, démontrer que l'âme est liée à l'intelligible au point d'en avoir toujours quelque intuition. Et cela, Platon le sent; c'est la raison pour laquelle il dit à diverses reprises, en développant la preuve de la réminiscence : « la science est de notre foyer »[2], « la science est chez nous »[3], « la science est nôtre »[4]. Mais la preuve de cette idée fondamentale, il ne la fournit pas à cet endroit; on ne la trouve que dans la suite du *Phédon*[5] et dans le dixième livre de la *République*[6].

Le moyen de connaître la nature de l'âme n'est pas « de la considérer dans l'état de dégradation où la mettent son union avec le corps et d'autres maux »; « il faut la contempler des yeux de l'esprit, telle qu'elle est en elle-même, dégagée de tout ce qui lui est étranger »; il faut envisager « la partie la plus réelle de son être ». Or, pour qui la prend de ce biais, elle n'est plus ni l'harmonie du corps ni une substance qui se peut dissoudre; c'est un principe éternel. L'âme, en effet, peut connaître

---

1. *Phæd.*, 73ᵇ-78ᵇ.
2. *Ibid.*, 75ᵉ : ... οἰκείαν ἐπιστήμην...
3. *Ibid.*, 73ᵃ : αὐτοῖς ἐπιστήμη ἐνοῦσα.
4. *Ibid.*, 76ᵉ : [οὐσίαν] ἡμετέραν οὖσαν...
5. 78ᵇ-79ᶜ.
6. 611ᵇ-612ᵃ. — Cette pensée est déjà en germe dans le *Premier Alcibiade* (133ᶜ); elle reparaît dans le *Phèdre* sous forme mythique (246ᵈ et sqq.) et dans le *Tim.*, particulièrement à la page 90ᵃ⁻ᶜ.

l'intelligible; et, par conséquent, il faut qu'elle s'identifie avec lui de quelque manière. Elle existe en acte comme lui et au même titre : elle existe en acte de toute éternité et pour jamais. Il s'y cache une pensée qui n'a point d'origine et ne peut non plus prendre fin, quelle que soit la longueur du cortège des siècles. Si elle nous apparaît sous un autre jour, c'est que son essence se trouve comme voilée à nos propres regards « par la vase dont elle se nourrit » et « la couche épaisse de sable » qui la recouvre. Il en est comme de ce « Glaucus », dont le corps tout entouré « de coquillages, d'herbes marines et de cailloux », ressemblait plutôt « à celui d'un monstre qu'à celui d'un homme, tel qu'il était auparavant »[1].

Pensée par l'un de ses aspects, l'âme est aussi, comme on l'a vu plus haut, un être dont le caractère spécifique consiste « à se mouvoir de lui-même »[2]. Ce caractère, elle le possède au même titre que l'âme du monde dont elle n'est qu'une détermination partielle. Par suite, il ne faut pas le considérer comme une chose que l'on puisse séparer de son essence; c'est son essence elle-même. Et de là résulte une preuve nouvelle et que Platon tient pour aussi rigoureuse que la première. Dire que l'essence de notre âme consiste à « se mouvoir soi-même », c'est affirmer qu'elle consiste à posséder la vie. Elle l'a donc toujours eue et l'aura toujours; car les essences ne sont sujettes ni à la naissance ni à la mort[3]. « O Cebès,

---

1. Plat., *Phæd.*, 78^c-79^c; — *Phædr.*, 249^d-250^d; — *Rep.*, X, 611^a-612^a; — Cf. plus haut, p. 234.
2. V. ci-dessus, p. 235.
3. Plat., *Phæd.*, 100^b-107^b; — *Phædr.*, 245^c-246^a; — *Philèbe*, 29^a-30^d. Il faut comparer ces trois passages pour voir toute la pensée de Platon. Dans le *Phédon*, il affirme bien, et avec beaucoup de force, que la vie est de l'essence de l'âme; mais il ne le démontre pas, et son argument demeure incomplet. Dans le *Phèdre*, à l'endroit indiqué, l'âme devient un τὸ ἑαυτὸ κινοῦν; et la notion de la vie se précise. Mais on se demande encore s'il faut réellement appliquer cette définition aux âmes particulières, bien que

s'il y a quelque chose d'immortel et d'impérissable, ce doit être l'âme; et nous existerons réellement dans l'Hadès[1]. »

Nous existerons dans l'Hadès : c'est également ce que nous révèle, non plus l'analyse des principes constitutifs de l'âme, mais le but naturel où elle tend tout entière. L'âme est faite pour le bonheur; et par suite elle est faite pour la science où le bonheur a sa source : elle ne croît et ne s'eurythmise, elle ne s'achève elle-même que dans la mesure où elle la possède. Or cette possession ne peut être complète en cette vie. Si bien que le sage s'y prenne et quelque effort qu'il fasse, il en sera toujours empêché, sinon par les séductions sensibles auxquelles il peut mettre un terme, du moins par ce mélange intime du physique et du mental qui s'est produit en nous. On ne sait qu'autant que l'âme, se recueillant au dedans d'elle-même, entre par la pensée pure en contact avec l'intelligible pur; et cette condition n'est jamais entièrement réalisée, aussi longtemps que nous habitons la « caverne ». Il faut que « Dieu lui-même nous délivre ». C'est alors seulement que l'âme peut devenir adulte; c'est alors que commence la vraie vie. Ou l'Hadès existe, ou les jours que nous passons ici-bas n'ont plus aucun sens[2].

---

l'on ait déjà quelque raison de le faire. Le *Philèbe* jette sur ce point une clarté décisive. Là, il ne reste plus de doute : au fond, l'âme du monde et les âmes individuelles sont une même chose; et l'on peut étendre aux secondes ce qui fait l'essence de la première.

1. PLAT., *Phæd.*, 107ª. — Au Xᵉ livre de la *Rep.* (608ᵉ-611ª), Platon donne une autre preuve de l'immortalité de l'âme humaine, qui se fonde également sur sa nature. A son sens, rien ne meurt que de la maladie qui lui est propre. Or l'injustice est une maladie propre à notre âme; et chacun sait trop qu'elle n'en meurt pas. C'est donc qu'elle ne peut mourir. Nous omettons cet argument dans notre exposé; car il semble ne tenir que de loin aux idées fondamentales de la philosophie platonicienne. Platon « convertit tout en armes », quand il s'agit de la vie future, tant il a peur que cette base de sa cité ne vienne à s'ébranler.

2. PLAT., *Phæd.*, 64ᵉ-69ᵉ.

La même conclusion s'impose lorsqu'on regarde aux exigences de l'éthique. Il faut qu'il y ait une sanction dans l'au-delà : car il serait étrange que le sage eût définitivement le dessous dans sa lutte généreuse pour le bien ; il serait étrange que la vie se terminât par la consécration de l'iniquité. Le spectacle du mal qui s'accomplit sur la terre nous pousse invinciblement à croire en un royaume de la justice où s'achève l'ordre moral, cette harmonie suprême des choses[1]. Il faut aussi qu'il y ait une sanction dans l'au-delà, parce qu'autrement la vie humaine deviendrait impossible. La méchanceté a déjà trop d'empire parmi nous ; elle en a tant que les justes eux-mêmes se sentent parfois ébranlés dans leurs convictions, à la vue de ses triomphes insolents[2]. Supposé que l'on n'ait plus à craindre « la justice inévitable des dieux », elle ne peut qu'augmenter encore son audace et produire à la longue le plus irrémédiable des désordres. La croyance en l'immortalité est comme la clef de voûte de tout édifice social[3].

L'éternité même de la nature ne devient intelligible qu'autant que les âmes sont impérissables. L'idée du « meilleur » veut qu'il se soit produit dès l'origine la plus grande quantité d'âmes possible ; et cette quantité est invariable, fixe à jamais : vu que la cause qui l'explique, étant immuable, a toujours la même énergie et par suite la même efficace. En vertu du principe suprême qui préside au façonnement de l'être, le nombre des âmes est essentiellement limité[4]. Imaginez dès lors que

1. PLAT., *Rep.*, X, 613^{a-b} ; — *Theæt.*, 176^{c-e} ; — *Lois*, IV, 715^{e}-716^{b} ; XII, 959^{a-c}.
2. *Id.*, *Rep.*, II, 357^{b}-362^{c} ; — *Lois*, X, 899^{d}-900^{d}.
3. *Id.*, *Phæd.*, 107^{c-d} ; — *Lois*, X, 885^{b}, 887^{b-c} (Platon parle, dans ces deux passages des *Lois*, de la croyance en Dieu ; mais, pour Platon, si la croyance en Dieu est si nécessaire, c'est qu'elle fonde la foi en une justice éternelle et inévitable) ; — *Ibid.*, X, 905^{a-c}.
4. *Id.*, *Rep.*, X, 611^{a}. La raison que Platon donne ici de la fixité du

tout se dissolve avec l'organisme, leur nombre diminuera de plus en plus à mesure que les individus disparaîtront. Un moment se produira où il se trouvera épuisé; et la nature s'endormira pour toujours, comme un autre Endymion. Or cela, c'est impossible. La vie ne s'éteindra jamais dans le monde : ainsi le veut encore « l'idée du Bien »[1]. Pour expliquer la nature, il faut supposer que de la mort naît son contraire, qui est la vie[2]; il faut supposer que l'âme se retrouve de l'autre côté du détroit.

C'est de toutes parts que l'existence de la vie future se met en vue à l'horizon de notre pensée. Et cette vie n'est pas impersonnelle, comme celle de « l'intelligence poétique » d'Aristote; l'homme y garde son individualité. L'âme ne sort point de l'organisme comme à l'état de mutilation, vu que la mort n'est qu'une délivrance; elle s'en dégage tout entière, emportant avec elle ses souvenirs, ses passions et sa force dialectique[3]. Et l'âme, c'est ce qui constitue notre personnalité; l'âme, c'est nous-même[4]. On peut observer, il est vrai, qu'une telle manière de voir s'accorde mal avec ce principe idéologique d'après lequel les choses sont unes dans la mesure où elles se ressemblent : suivant ce principe, en effet, il devrait y avoir un même fond de pensée pour toutes les intelligences, y compris celle de Dieu. Mais, si Platon obéit aux exigences de la logique, il ne respecte pas moins celles de la morale; et, dès lors, il n'y a rien d'étrange à ce que, en pourvoyant aux secondes, il ne pense pas

---

nombre des âmes, n'est pas celle dont nous nous servons pour établir ce argument; elle y constituerait un cercle vicieux. Nous prenons du texte l'assertion qu'il contient, non sa preuve.

1. Plat., *Phæd.*, 72^{b-c}.
2. *Id., Ibid.*, 70^c-72^a.
3. *Id., Gorg.*, 524^{a-c}; — *Phæd.*, 64^e; — *Lois*, XII, 959^a.
4. V. plus haut, p. 237.

toujours aux premières. Lorsque ses paroles sont formelles et traduisent une opinion constante, le meilleur est de s'y tenir, sans se soucier outre mesure des contradictions que l'on y peut trouver en les comparant à l'ensemble de son système.

En quoi consistent les sanctions de la vie future? C'est un problème où les difficultés surabondent; le mythe et la dialectique y sont tellement mêlés l'un à l'autre que l'on ne sait comment en faire le départ. Voici cependant le fond de doctrine qui paraît se dégager des passages multiples et multiformes où Platon a parlé de ce sujet.

Les âmes partent pour l'Hadès avec le degré de valeur morale qu'elles avaient en quittant leur corps; et ce degré de valeur est si personnel et tellement fixe que nul ne peut ni l'augmenter ni l'amoindrir : il n'y a plus qu'à rendre raison du passé[1]. Une fois arrivées dans le séjour des enfers, les âmes se rendent d'elles-mêmes vers ce qui leur ressemble et se font ainsi leur propre sort[2]. Celles des sages gagnent la société des dieux avec lesquels elles doivent passer l'éternité[3]. Celles au contraire des tyrans et des autres criminels incorrigibles se dirigent vers les méchants de même ordre, attirées vers eux par le charme de leur dépravation; et c'est là, dans ce milieu de corruption radicale, qu'elles vivront à jamais, éternellement malheureuses, éternellement incapables de rompre avec la perversité qui fait leur malheur[4].

---

1. PLAT., *Phæd.*, 107^d; — *Lois*, XII, 959$^{b\text{-}c}$.
2. *Id.*, *Phæd.*, 80^d-81^e; — *Rep.*, X, 613$^{a\text{-}b}$; — *Lois*, IV, 716$^{c\text{-}d}$; V, 728$^{a\text{-}c}$; X, 904$^{c\text{-}e}$; — *Tim.*, 90$^{b\text{-}c}$.
3. *Id.*, *Gorg.*, 526^c; — *Phæd.*, 81^a, 114^c. — D'après le *Phèdre* (249$^{a\text{-}b}$), le sort du sage lui-même n'est définitivement fixé dans la félicité qu'au bout de trois mille ans d'épreuve; encore faut-il que, pendant ce temps, il soutienne trois fois de suite la vie dont il a déjà donné l'exemple. Platon devient plus austère en vieillissant. — Cf. *Cratyl.*, 403^a-404^b.
4. *Id.*, *Gorg.*, 525$^{c\text{-}e}$; — *Phæd.*, 113e; — *Rep.*, X, 615$^{c\text{-}e}$.

Quant aux âmes qui peuvent encore guérir de leurs vices, elles s'en vont vers les groupes des trépassés qui ont eu le même genre de vie et commis les mêmes fautes ou les mêmes crimes : celles des politiques s'unissent aux politiques, celles des devins aux devins et celles des débauchés à ceux que séduisaient jadis les plaisirs de « la Vénus terrestre ». Mais leur épreuve n'est que temporaire. Au bout d'un certain stage dont la longueur est encore fixée par « l'idée du meilleur » partout dominatrice, elles peuvent s'incarner derechef[1] ; et cette permission d'un sage destin suffit à provoquer leur exode. Emportées par le désir d'habiter un corps, elles choisissent alors le mode de vie qui s'adapte le mieux à leurs dispositions[2].

Ainsi, rien ne se fait par violence, même dans le séjour de la justice éternelle, sinon peut-être la détermination du temps qu'il y faut passer. On a vu que, d'après Platon, la connaissance se fonde sur l'union du semblable au semblable. Cette loi gouverne également le monde des volontés : ce qui rend sur la terre les âmes bonnes ou mauvaises, ce qui marque leur place dans l'Hadès, ce qui provoque leur retour à la vie, c'est une sorte de sympathie du même pour le même : en recherchant ce qui leur est pareil, elles se créent de leur propre élan toute leur destinée.

Mais alors à quoi se réduisent les châtiments de l'Au-delà ? Y a-t-il donc de la souffrance dans la sympathie? Oui, réplique Platon, lorsqu'elle va vers le mal, et dans la

---

1. Plat., *Gorg.*, 525ᵉ-526ᵇ ; — *Phæd.*, 114ᵃ⁻ᵇ ; — *Rep.*, X, 614ᵒ-615ᵃ ; — *Phædr.*, 249ᵃ⁻ᵇ ; — *Theæt.*, 177ᵃ. — Évidemment, Platon, dans les passages d'ordre mythique que l'on vient de citer, introduit bien des variantes ; mais son idée de fond demeure toujours : κακοὶ κακοῖς συνόντες. Du moins, va-t-elle se dégageant de plus en plus.

2. *Id.*, *Phæd.*, 81ᵇ-82ᵇ ; — *Rep.*, X, 617ᵉ-618ᵒ ; — *Phædr.*, 249ᵇ ; — *Lois*, X, 904ᶜ ; — *Tim.*, 42ᵇ⁻ᵉ.

mesure où elle y va. « Il existe deux modèles dans la nature, ô mon ami : l'un divin et bienheureux, l'autre sans Dieu et misérable. » La récompense du juste consiste à se rapprocher du premier; et la peine du méchant à se rapprocher du second. Car, à mesure qu'on s'élève vers le divin, on a plus d'être dans l'harmonie et par là même de félicité; à mesure, au contraire, que l'on s'en éloigne, on descend par sa propre dégradation vers l'abîme du malheur. Et moins on y réfléchit, moins on le sait, plus on est à plaindre ; le comble du châtiment est de n'en avoir aucune conscience[1].

Assurément, grande est cette conception de la nature des sanctions morales; et le sens qu'elles ont ne le paraît pas moins. Elles ne contiennent rien de vindicatif ou d'expiatoire. Bien qu'établies sur le passé, elles ne regardent que l'avenir; leur unique but est de guérir, en évoquant la réflexion chez le patient ou les témoins de sa souffrance : elles ne sont qu'un *sursum* vers le meilleur. « Quiconque subit une peine raisonnable y trouve naturellement quelque profit moral, ou bien il sert d'exemple aux autres, que la vue de son supplice effraie et rend meilleurs. » Et ce dernier cas est celui des criminels incurables : « Le châtiment qu'ils endurent ne leur est d'aucune utilité, puisqu'ils sont incapables de guérison; mais il est utile à ceux qui le voient » ou le connaissent de quelque autre manière[2]. L'enfer lui-même, dans ce qu'il a de plus terrible et de plus irrévocable, ne peut porter contre les crimes déjà commis; « car ce qui est fait est fait »[3]. Sa cause finale réside tout entière dans la conservation morale et l'amélioration du genre humain.

1. Plat., *Théæt.*, 176^e-177^a; — *Lois*, V, 728^{a-c}; X, 904^e-905^c; — *Tim.*, 90^{a-c}.
2. *Id.*, *Gorg.*, 478^d-479^a, 504^e, 525^{a-d}; — *Rep.*, I, 337^d; IX, 591^b; — *Lois*, V, 730^{d-e}; IX, 854^{d-e}; 862^{d-e}; XI, 934^{a-b}; — *Criti.*, 106^b.
3. *Id.*, *Lois*, XI, 934^{a-b}.

Les âmes, au cours de l'éternité, subissent en leur vie terrestre des alternatives de grandeur et décadence.

Le monde, à l'origine, sortit des mains du Démiurge tout rayonnant de science et de justice, de grâce et de bonheur. Mais cette perfection des premiers âges ne pouvait durer à l'infini. La cause en est « dans le principe matériel, enfant de la primitive nature », et qui était plein de confusion avant de recevoir l'empreinte de l'intelligible. Peu à peu le désordre réapparut; il grandit avec le temps; et, sur la fin, il acquit de telles proportions qu'il n'y eut plus sur la terre que « très peu de bien mêlé à beaucoup de mal ». Alors, le grand architecte intervint derechef et, rajustant son œuvre, « l'affranchit de la vieillesse et de la mort »[1]. Voilà ce qui semble avoir eu lieu. Et ce qui s'est déjà produit, se reproduira sans doute dans la suite infinie des siècles ; car la matière, qui en est la cause, gardera toujours sa tendance native à « s'abîmer dans la dissemblance »[2]. La nature est soumise, avec tout ce qu'elle enferme de vivant, à la loi de la veille et du sommeil. Et, quand elle s'est endormie au point que l'idée du meilleur cesse d'y dominer, Dieu par un travail intérieur y ramène l'ordre et lui rend sa jeunesse. La prédominance du bien ne se maintient dans le monde que par une série de rédemptions.

Telle est la théorie platonicienne de la vie future. Elle complète les vues de Socrate[3]; elle les précise et les affer-

---

1. PLAT., *Polit.*, 273ᵃ⁻ᶜ; — *Lois*, IV, 713ᵇ-714ᵃ. — Cf. *Phileb.*, 16ᶜ, et plus haut, p. 52-55.
2. PLAT., *Polit.*, 273ᵈ; — Cf. *Theæt.*, 176ᵃ⁻ᵇ. Le *Timée* aussi nous donne la même idée de la matière, sur laquelle Platon fonde ici la nécessité où se trouve le Démiurge de donner par intervalles une impulsion nouvelle au balancier de son horloge.
3. V. notre *Socrate*, p. 223-235.

mit, en remontant à des principes plus élevés. L'eschatologie de Platon dérive en effet tout entière de la notion qu'il s'est faite des intelligibles, de la pensée, de l'âme cosmique et de « l'élément matériel » : elle procède tout entière de sa métaphysique générale, qui se ramène elle-même à la déduction de « l'idée du Bien ». Sous ce rapport, la philosophie de Platon est frappante d'unité organique autant que de profondeur. Ce n'est pas qu'il résolve avec une égale assurance les diverses parties du problème de l'immortalité. Même sur les points essentiels et qui lui sont le plus à cœur, son dogmatisme a parfois de singulières réserves. « En pareille matière, dit-il dans le *Phédon*, il est impossible, ou du moins très difficile d'arriver à l'évidence... Parmi les raisonnements humains, il convient de choisir le meilleur et le plus solide et de s'y risquer comme sur une nacelle pour faire la traversée de la vie. » « La chose, écrit-il vers la fin du même dialogue, vaut la peine qu'on se hasarde d'y croire : c'est un beau risque, c'est une espérance dont il faut comme s'enchanter soi-même [1]. » Ce grand génie a senti ce que sa thèse enveloppait de mystère : il s'est rendu compte que sa démonstration devait présenter des lacunes; et l'homme en lui a rabattu le philosophe.

---

1. Plat., *Phæd.*, 85o-d, 114d. — Cf. *Ibid.*, 63°, 63°.

CHAPITRE VII

LE BIEN MORAL

« Voyons, Socrate, reprit Diotime : que désire celui qui aime les bonnes choses? — Il désire se les approprier. — Et s'il se les approprie, que lui en adviendra-t-il ? — Cette fois, lui dis-je, la question me semble plus aisée : il sera heureux. — Bien ; car c'est par la possession des bonnes choses que les heureux sont heureux; et il n'est plus besoin de demander en outre pourquoi celui qui veut être heureux veut l'être : tout est fini, je pense, par ta réponse. — Tu dis vrai, Diotime [1]. »

« Le grand et industrieux amour du bonheur [2] », voilà ce qui constitue le fond de notre nature et nous meut sans trêve ni repos, voilà ce qui fait le levier unique et toujours tendu de notre activité tout entière. Nous voulons être heureux, nous ne voulons que cela et le reste pour cela ; car, au delà de ce terme, nous ne voyons plus rien qui nous manque et puisse être l'objet d'un désir. Le bonheur est pour nous la fin qui ne se rapporte plus à aucune autre, c'est le but suprême de notre existence [3].

Mais où convient-il de placer le bonheur?

---

1. Plat., *Banq.*, 204ᵉ-205ᵃ.
2. *Id., Ibid.*, 205ᵈ : ὁ μέγιστός τε καὶ δολερὸς ἔρως.
3. *Id., Protag.*, 358ᵇ; — *Gorg.*, 467ᶜ-468ᵉ; — *Men.*, 77ᶜ-78ᵇ. — *Euthyd.*, 278ᵉ-282ᵃ ; — *Banq.*, 205ᵃ, 205ᵈ, 206ᵃ ; — *Rep.*, VI, 505ᵃ-506ᵃ. — *Phileb.*, 20ᵈ; — *Lois*, V, 728ᶜ-ᵉ.

Il ne consiste pas à cueillir au hasard le plaisir qui se présente. Car ce plaisir n'enveloppe par lui-même ni les jouissances du passé, ni celles que nous ménage l'avenir : en se limitant au présent, il nous réduit « à l'état de poumon marin » et nous prive ainsi de presque toutes les joies dont la nature humaine peut devenir la source[1]. Loin d'être parfait et de se suffire à lui-même, le plaisir du moment n'est qu'une goutte dans l'océan du bien. De plus, que nous apporte-t-il sous ses traits séducteurs? N'est-ce pas une de ces douleurs perfides qui prennent le masque de la joie[2]? Et quand il ne serait pas de nature à se traduire en amertume, n'y a-t-il pas, dans les circonstances mêmes où nous le goûtons, des inconvénients plus ou moins graves dont nous gémirons par la suite[3]? C'est ce qu'il ne saurait nous apprendre de son chef; sa qualité et ses effets ne se révèlent qu'à la réflexion[4].

Le bonheur est une chose à la fois plus délicate et plus complexe; il procède de l'art, non du hasard. Il ne s'épanouit qu'à la faveur d'une sorte de « métrique » qui porte sur le passé et l'avenir aussi bien que sur le présent : c'est une synthèse harmonieuse de plaisirs où l'ensemble de la vie trouve son maximum de jouissances[5].

Cette synthèse n'admet les plaisirs de « l'appétit sensible » que dans la mesure où le demandent un noble maintien de la vie et la conservation de l'espèce[6]. Car, en ceux-là,

---

1. Plat., *Phileb.*, 21ᵃ⁻ᵈ, 60ᶜ⁻ᵉ. — Cf. *Rep.*, VI, 505ᵃ⁻ᶜ.
2. V. plus haut, p. 227-228.
3. Plat., *Protag.*, 353ᶜ-355ᵃ; — *Rep.*, VI, 505ᶜ; — *Phileb.*, 63ᵈ; — *Tim.*, 86ᶜ. — Il se fait à travers cette série de dialogues un progrès d'austérité : Platon y devient de moins en moins hédoniste. D'après le *Protag.*, le bien est le plaisir et le mal la douleur. A partir du *Gorgias* (495ᵉ et sqq.), Platon distingue des plaisirs mauvais; et cette distinction, une fois découverte, ne fait que s'accentuer dans la suite.
4. *Id.*, *Phileb.*, 63ᶜ.
5. *Id.*, *Protag.*, 357ᵃ⁻ᵇ.
6. *Id.*, *Phileb.*, 62ᶜ.

c'est manifestement la douleur qui l'emporte : elle en jaillit sous toutes les formes. Outre qu'ils ne sont pour la plupart que des « cessations de souffrances », ils acquièrent une intensité qui trouble la raison et nous livre à la merci des choses; ils finissent même avec le temps par détruire la source dont ils émanent : à leur suite s'avancent les maladies et la mort [1]. Plus grande est la part qu'il convient de faire aux plaisirs du « cœur »; ils sont à la fois moins mélangés et moins fougueux. Mais ils relèvent encore du genre de « l'infini » [2]; et, à ce titre, il leur faut une mesure et un à-propos qu'ils ne trouvent point en eux-mêmes. On ne peut les introduire qu'en les ramenant aux proportions voulues pour qu'il n'en naisse plus aucun trouble [3]. Quant aux plaisirs qui nous viennent des arts et des opinions vraies, quant à ceux surtout de cette science royale qui a pour objet l'être éternel et achevé, ils n'admettent jamais ni mélange ni excès d'aucun genre : c'est le vin des immortels, c'est de l'ambroisie. Il faut les faire couler à plein bord de leur source divine « et les laisser tous se rassembler dans le sein de la très poétique vallée d'Homère [4] ».

Ainsi s'évaluent les joies humaines; et dès lors la notion du bonheur se précise en s'élevant : c'est une hiérarchie de plaisirs où chacun d'eux se classe d'après son degré d'eurythmie et de pureté.

De quelles causes procède cette diversité de plaisirs? La santé du corps, la vigueur et la beauté physiques y sont pour quelque chose; la fortune, les honneurs et l'amitié concourent également à leur éclosion. Mais ces biens sont d'ordre inférieur : ils n'ont qu'une valeur conditionnelle et toute relative. Nous pouvons en abuser et

---

1. PLAT., *Phileb.*, 63^{d-e}; — V. plus haut, p. 227-228.
2. V. plus haut, p. 230-231.
3. PLAT., *Rep.*, IX, 586^d; — *Phileb.*, 63^e.
4. PLAT., *Phileb.*, 63^a-64^a, 66^c.

les faire servir soit à notre propre malheur soit à celui des autres. Même réduits à leur légitime emploi, ils n'ont pas assez de réalité pour emplir l'âme et s'y traduisent en jouissances incomplètes où se glissent la douleur et l'inquiétude [1]. Il faut aux « biens humains » un principe qui, par une sorte de réduction à l'harmonie, détermine le meilleur usage que l'on en peut faire ; et ce principe est la « sagesse ». Il faut à l'apaisement de notre âme des plaisirs qui n'aient plus rien que de « fini » et par là même de pur ; et ces plaisirs d'ordre supérieur, c'est encore la sagesse qui les donne : ils en sortent tout droit, comme la fleur de sa tige. C'est la sagesse qui construit l'idéal du bonheur ; c'est elle aussi qui le réalise ; et, en le réalisant, elle y met ce qu'il contient de plus exquis, à savoir ces joies pleines qui jaillissent de ses divines clartés [2].

Il y a donc entre le bonheur et la sagesse une sorte d'identité radicale ; du moins, ces deux choses sont-elles naturellement, indissolublement liées. Et là se trouve l'une des idées fondamentales de la philosophie de Platon. Il l'affirme dès le début ; il s'y confirme avec l'âge et la formule à toute occasion ; il achève sa longue carrière en la proclamant plus haut que jamais. « Mon cher Clinias, dit-il dans les *Lois*, la chose me paraît aussi claire que l'existence de l'île de Crète ; et, si j'étais législateur, je ne négligerais rien pour forcer les poètes et tous mes concitoyens à tenir le même langage. J'infligerais les châtiments les plus sévères à quiconque oserait dire qu'il y a des méchants qui vivent heureux... Allons plus loin, ô les meilleurs des hommes, au nom de Jupiter et d'Apollon. Consultons ces mêmes dieux qui sont vos législateurs... S'ils

---

1. V. plus haut, p. 229-230.
2. PLAT., *Men.*, $78^b\text{-}79^b$, $87^d\text{-}89^a$; — *Euthyd.*, $279^a\text{-}281^c$; — *Rep.*, IV, 441^e, 442^e ; — *Lois*, I, $631^e\text{-}632^d$; III, $696^b\text{-}697^c$; V, $726^a\text{-}729^c$; IX, 870^b.

nous disent que la vie la plus heureuse est celle qui a le plaisir en partage, il faudra soutenir que cette réponse est absurde [1]. »

Si grand que soit le prix de la sagesse, elle n'est pas encore le dernier mot de la question ; besoin s'impose de monter à nouveau pour en trouver la solution complète. La sagesse a pour règle la vérité. La vérité, à son tour, n'est que de l'être adéquatement « mesuré » ; de telle sorte qu'elle s'identifie avec le beau. De son côté, le beau n'est tel que par « la mesure » éternelle et parfaite dont il porte l'empreinte, c'est-à-dire par « l'idée même du bien » [2]. Nous touchons derechef à cette cime brillante « d'où viennent toutes les choses belles et bonnes ». Nous y sommes arrivés par la spéculation pure et par la physique ; la morale nous y mène à son tour : c'est le sommet où se rencontrent toutes les avenues de la pensée.

Voilà jusqu'où nous conduit la logique des émotions ; et de là dérive une troisième approximation de la nature du bonheur.

Santé, beauté et tempérance ; noble emploi de la richesse, de la puissance et de la gloire ; possession de la sagesse et vue claire des intelligibles : autant de sources de jouissance, mais qui sont inégales en valeur ; longue théorie de biens divers où l'on s'élève sans cesse de « l'infini » au « fini » jusqu'à ce que « la mesure » triomphe entièrement et réalise du même coup la plénitude de l'être. Le bonheur est une hiérarchie de plaisirs où chacun d'eux se classe d'après son degré de réalité.

On peut préciser encore en regardant au contenu de la sagesse. Elle est la connaissance du bien ; et, par cette

---

1. II, 662^{b-d} ; — Cf. *Crit.*, 47^{b}-48^{b} ; — *Protag.*, 352^{c-o}. — *Gorg.*, 506^{c}-507^{c} ; — *Men.*, 77^{c}-79^{b} ; — *Banq.*, 210^{a}-212^{a} ; — *Rep.*, I, 349^{b}-354^{a} ; — *Ibid.*, IX, 579^{c}-588^{a} (ce passage est très important) ; — *Phileb.*, 21^{a}-22^{b}, 27^{c-d} ; — *Lois*, II, 660^{d-o} ; V, 732^{e}-734^{c} ; VIII, 829^{a}.

2. Plat., *Phileb.*, 64^{d}-65^{a}, 65^{a}-66^{c} ; — Cf. *Banq.*, 210^{e}-212^{a}.

connaissance, elle devient la réduction de toutes nos énergies à la mesure de l'ordre. Elle enferme donc tout ce qu'il y a de « fini », c'est-à-dire de réel dans le bonheur. Par suite, le juste peut être heureux même dans la pauvreté ; il peut l'être jusque dans la douleur, aussi longtemps qu'il y conserve la maîtrise de soi [1]. Le bonheur habite le temple de l'âme : considéré dans son essence, il se ramène à la joie du bien.

En outre, puisque cette joie ne doit avoir aucun manque, puisqu'elle est comme la rive où s'apaisent tous nos désirs [2], il faut qu'elle déborde les frontières de la vie présente ; car, autrement, il s'y mêlerait de la tristesse et nous désirerions encore quelque chose. Le bonheur n'est possible qu'à condition de durer toujours. C'est la joie immortelle du bien [3].

Comment cette joie se rapporte-t-elle à sa cause ? L'être a-t-il une excellence intrinsèque ? Ou bien ne vaut-il que par la jouissance qui en émane ? C'est une question dont la réponse se trouve dans le *Philèbe*. « Supposez, dit Socrate dans ce dialogue, que quelqu'un possède toute la sagesse, l'intelligence, la science et la mémoire que l'on peut avoir ; mais qu'il ne ressente aucun plaisir, ni petit ni grand, ni pareillement aucune douleur ; qu'il n'éprouve absolument aucune émotion de cette nature. Voudrait-il de ce genre de vie ? — Cet état, Socrate, ne me paraît pas plus digne d'envie que le premier [la vie de plaisir] ; et je ne crois pas qu'il paraisse jamais tel à personne. — ... C'est donc une chose évidente que le bien ne réside pas plus dans l'un que dans l'autre [4]. »

---

1. Plat., *Rep.*, II, 387ᵉ : Ἀλλὰ μὴν καὶ τόδε λέγομεν, ὡς ὁ τοιοῦτος [ὁ ἐπιεικὴς ἀνήρ] μάλιστα αὐτὸς αὑτῷ αὐτάρκης πρὸς τὸ εὖ ζῆν καὶ διαφερόντως τῶν ἄλλων ἥκιστα ἑτέρου προσδεῖται.
2. *Id.*, *Phileb.*, 20ᵈ, 22ᵇ, 60ᶜ.
3. *Id.*, *Banq.*, 206ᵃ.
4. *Id.*, *Phileb.*, 21ᵉ-22ᵇ, 60ᵉ-61ᵃ.

L'être n'a de bonté morale que parce qu'il est source de joie et dans la mesure où il l'est. Bien plus, il n'existe au fond que pour cela. Il ne trouve sa raison dernière que dans l'idée du meilleur ; et le meilleur est qu'il enveloppe le plus d'ordre possible afin de produire le plus de bonheur possible [1]. Nous retrouvons ici une pensée que l'on a déjà rencontrée plus haut : le moralisme est le fond du Platonisme.

I

En définissant le bonheur, nous avons dû parler de la sagesse ; et nommer la sagesse, c'est soulever la question de la vertu.

Que la vertu soit une science, Platon l'a toujours enseigné, comme Socrate lui-même [2]. C'est une idée de fond qui se maintient chez lui d'un bout à l'autre de sa carrière et qui vient de sa croyance inaltérable en l'hégémonie de la raison [3].

---

1. C'est ce qui ressort principalement du *Timée.* V. plus haut, p. 119. — On ne peut objecter à cette interprétation le passage du *Philèbe* où le plaisir nous est représenté comme une γένεσις et par conséquent comme un moyen (53ᵉ et sqq.); car il ne s'agit en cet endroit que des plaisirs qui ont un contraire, c'est-à-dire des plaisirs du corps : le contexte l'indique suffisamment. Or il est bien vrai que ces plaisirs sont faits pour la conservation de l'être. Mais l'être, de son côté, est fait pour produire la fleur exquise du bonheur. — Cf. *Protag.*, 358^{b-c} ; — *Gorg.*, 477^{a-c} ; — *Men.*, 87^{d}-88^{a} ; — *Lois*, III, 696^{e}-697^{c}. Sur la valeur morale de l'être, Platon n'a pas plus varié que sur l'identité fondamentale de la sagesse et du bonheur.

2. V. notre *Socrate*, p. 153-162.

3. PLAT., *Charmid.*, 161^{b}-174^{d} : la discussion du τὰ ἑαυτοῦ πράττειν s'élève par degrés jusqu'à cette conclusion que la vertu est la science du bien ; reste à déterminer ce que c'est que le bien ; et Platon se réserve de le faire ultérieurement ; — *Protag.*, 329^{d}-352^{b} : toutes les vertus impliquent la science, c'est là leur trait commun ; — *Gorg.*, 460^{a-c} : qui sait la justice la pratique; — *Men.*, 87^{d}-89^{a} : ἀρετή = φρόνησις = ἐπιστήμ ; — *Phæd.*, 69^{a-b} : ξυλλήβδην ἀληθὴς ἀρετή... μετὰ φρονήσεως ou ἐπιτήμη;η (Platon emploie ces deux mots indifféremment) ; séparée de la science, la vertu n'est plus qu'un simulacre, σκιαγραφία τις..., καὶ τῷ ὄντι ἀνδραποδώδης τε καὶ οὐδὲν ὑγιὲς οὐδ' ἀληθὲς ἔχουσα ; — *Rep.*, I, 351^{a} : ... σοφία τε καὶ ἀρετή ἐστι δικαιοσύνη; — *Lois*, I, 644^{d}-645^{b} ; — Cf. plus haut, p. 253, note 1.

Mais cette définition socratique, Platon l'adoucit de deux manières.

Au-dessous de la vertu parfaite, qui consiste dans la science, il admet à partir du *Ménon* une sorte de vertu commune qui n'est qu'une opinion vraie[1]; et cette concession faite à l'expérience joue par la suite un rôle important dans sa morale et sa conception politique. D'après la *République*, c'est à cette vertu de second ordre que tout le monde doit d'abord s'exercer afin de faire taire les passions qui empêchent l'âme de se tourner vers « l'idée du bien »[2]; c'est à cette vertu que doit s'en tenir la classe des guerriers[3] : car il n'existe qu'un très petit nombre d'hommes qui aient les aptitudes voulues pour faire de la dialectique avec fruit[4]. Les *Lois* vont encore plus loin. Sans doute, là comme ailleurs, le désir de Platon est que les chefs de la cité connaissent la raison des choses et s'élèvent ainsi jusqu'à la science du Bien; mais, vu la médiocrité du commun des hommes, il n'ose pas l'exiger; et, par suite, il se borne à demander, même pour « le conseil nocturne », la simple vertu d'opinion[5].

La seconde différence introduite par Platon concerne l'élément passionnel de la vertu. La partie irrationnelle de l'âme comprend des données naturelles qui peuvent être réglées par la raison, mais qui ne s'y ramènent pas[6]. Bien plus, ces données ne sont pas les mêmes chez tous les hommes; elles varient indéfiniment avec les individus. Il n'existe qu'un petit nombre d'âmes qui soient aptes à la dialectique; il y a des esprits obtus et des mémoires ou-

---

1. Plat., *Men.*, 97$^{b\text{-}c}$.
2. *Id., Rep.*, VII, 518^d-519^c.
3. *Id., Ibid.*, II, 376^e — III, 386^a-412^a : cette éducation se réduit à la musique et à la gymnastique habilement mêlées l'une à l'autre.
4. *Id., Rep.*, VII, 519^c et sqq.
5. XII, 963^a-fin. V. plus haut, p. 107-108.
6. *Id., Lach.*, 196^d-197$^{a\text{-}b}$; — *Men.*, 89$^{a\text{-}c}$; — *Lois*, IV, 710^a.

blieuses. Certains tempéraments sont enclins à la violence, d'autres à la douceur, d'autres à la volupté. Et, suivant qu'on a telle ou telle nature, on est plus ou moins fait pour acquérir cette science du bien qui constitue la vertu proprement dite [1]. C'est sur ces divergences natives que Platon fonde sa distinction des citoyens en trois classes : la classe d'or, celle d'argent et celle d'airain [2].

Il y a plusieurs sortes de vertus [3]; et Platon n'a pas toujours eu la même manière de les diviser. Il en distingue d'abord cinq espèces, comme le faisait déjà Socrate d'après les *Mémorables* [4] : la science ou sagesse, la piété, la tempérance, la justice et la vaillance. C'est la classification que l'on trouve dans le *Protagoras* [5]; c'est également celle du *Gorgias* [6]. Dans l'*Euthydème*, la piété cesse de compter à titre de vertu spéciale; et l'on n'a plus qu'une division quaternaire [7], qui est définitive. Elle se re-

---

1. PLAT., *Rep.*, II, 375ᵇ-376ᶜ; III, 410ᶜ⁻ᵉ; IV, 428ᵈ-429ᵃ; V, 474ᶜ-476ᵈ; VI, 484ᵃ-487ᵃ, 490ᵃ-492ᵈ; VII, 519ᶜ-521ᵇ; — *Phædr.*, 249ᵈ-250ᶜ; — *Theæt.*, 191ᵈ⁻ᵉ, 194ᶜ-195ᵃ; — *Soph.*, 228ᵃ-229ᵃ; — *Politic.*, 306ᵃ et sqq., 309ᶜ : ἀνδρεία ψυχή..., τὸ τῆς κοσμίας φύσεως ; 310ᵃ⁻ᵉ : οἱ μέν που κόσμιοι... Διότι πέφυκεν ἀνδρεία τε ἐν πολλαῖς γενέσεσιν ἄμικτος γεννωμένη σώφρονι φύσει κατὰ μὲν ἀρχὰς ἀκμάζειν ῥώμῃ, τελευτῶσα δὲ ἐξανθεῖν παντάπασι μανίαις; — *Lois*, III, 696ᵇ⁻ᵈ; — *Tim.*, 86ᵇ-87ᵇ. Cette idée que l'on trouve en germe dans le *Lachès* (196ᵈ-197ᵇ) ne fait que se développer avec le temps : Platon croit de plus en plus à la puissance de l'automate. — Cf. plus haut, *Méthode*, p. 57-61.
2. PLAT., *Rep.*, III, 415ᵃ.
3. *Id.*, *Lach.*, 190ᶜ⁻ᵈ, 198ᵃ.
4. On y cite 4 vertus (IV, 6) : l'εὐσεβεία, la δικαιοσύνη, l'ἀνδρεία, la σοφία qui prend ailleurs (III, 9, 4) le nom de σωφροσύνη, comme parfois dans Platon lui-même. Quant à la tempérance, on en trouve l'analyse au l. IV, c. 5, 8-9; elle porte le nom d'ἐγκράτεια.
5. 330ᵇ : οὐδὲν ἄρα ἐστὶ τῶν τῆς ἀρετῆς μορίων ἄλλο οἷον ἐπιστήμη, οὐδ' οἷον δικαιοσύνη, οὐδ' οἷον ἀνδρεία, οὐδ' οἷον σωφροσύνη οὐδ' οἷον ὁσιότης.
6. 506ᵈ-507ᶜ. — Dans l'*Euthyphron* (12ᵈ), la piété est une partie de la justice.
7. 279ᵃ⁻ᶜ : σωφροσύνη, δικαιοσύνη, ἀνδρεία, σοφία ου ἐπιστήμη.

produit en effet, au cours du *Phédon*[1], de la *République*[2] et des *Lois*[3] : Platon la maintient jusqu'à la fin.

Cette classification des vertus se fonde sur celle des facultés de l'âme qui est trinaire[4], comme on l'a dit plus haut. Et ce fait est digne de remarque : il ne nous indique pas seulement le point de vue auquel s'est mis Platon pour distinguer les vertus; il nous permet aussi de mieux discerner en quoi consiste chacune d'elles et de quelle manière elles se commandent les unes les autres.

Directement, la sagesse[5] est la science de cette coordination de plaisirs dont nous avons parlé et qui constitue le bonheur. Mais cette coordination ne s'explique pas d'elle-même; pour en trouver la mesure et la raison, il faut remonter de la pensée à la vérité, puis de la vérité jusqu'à « l'idée du bien ». Par suite, la sagesse n'est pas seulement une connaissance d'ordre pratique, comme le veut Aristote[6]; elle englobe tout le domaine de la spéculation : c'est la science elle-même[7].

1. 69^{b-c}.
2. IV, 427^{c} et sqq.; VI, 504^{a}.
3. I, 631^{a-d}; XII, 963^{c}-965^{e}.
4. Plat., *Rep.*, IV, 435^{b}-444^{a}; VI, 504^{a} : μνημονεύεις μέν που, ἦν δ' ἐγώ, ὅτι τριττὰ εἴδη ψυχῆς διαστησάμενοι ξυνεβιβάζομεν δικαιοσύνης τε πέρι καὶ σωφροσύνης καὶ ἀνδρείας καὶ σοφίας ὃ ἕκαστον εἴη.
5. Cette vertu prend, à travers les dialogues, toute une série de noms qui ne laisse pas d'être un peu gênante. Platon l'appelle d'abord ἐπιστήμη : c'est la désignation fondamentale. Il l'appelle aussi σωφροσύνη : elle porte ce nom dans le *Charmide* dont elle est l'objet, dans le 1er *Alcib.* (133^{c}), dans le *Protag.* (332^{a}-333^{b}), dans le *Gorg.* (507^{a}-507^{e}), les *Lois* (III, 696^{b-e}, IV; 710^{a}). C'est également la σοφία (*Protag.*, 330^{a}, 332^{a}-333^{b}; *Euthyd.*, 279^{c}-281^{e}; *Banq.*, 202^{a}; *Rep.*, IV, 427^{c}-428^{c}). C'est enfin la φρόνησις; et il ne faudrait point croire, avec certains historiens, que cette appellation ne soit venue que sur le tard : Platon l'a employée dès le commencement. Voir sur ce point : *Alcib.* I, 133^{c}, où l'on trouve à la fois les termes φρονεῖν φρόνησις et σωφροσύνη (on peut élever un doute sur φρόνησις : car le texte dont il fait partie n'est pas bien établi; mais le verbe de ce substantif, φρονεῖν, demeure); — *Men.*, 88^{a}-89^{a}; — *Phæd.*, 69^{b-c}, 79^{d}; — *Rep.*, IV, 433^{b}; — *Lois*, I, 631^{c-d}; — *Tim.*, 90^{b-c}.
6. Arist., *Eth. nic.*, Z, 2, 1139^{a}, 1-15; *Ibid.*, 3, 1139^{b}, 14-18; *Ibid.*, 7, 1141^{a}, 16-20; 1141^{b}, 2-22.
7. Plat., *Alcib.* I, 133^{c}; — *Euthyd.*, 279^{a}-281^{e}; — *Banq.*, 202^{a}; — *Rep.*,

Le courage est la réduction du « cœur » aux proportions voulues par l'idéal du bonheur ; et la tempérance, la réduction de « l'appétit sensible » aux proportions voulues par le même idéal.

Considérées en elles-mêmes, ces deux dernières définitions sont nettes : elles indiquent que le courage consiste à savoir souffrir et s'exposer au péril, dans la mesure où il le faut, comme il le faut[1] ; et la tempérance à ne faire des plaisirs corporels que l'usage nécessaire. Platon, cependant, ne semble pas avoir clairement distingué les zones respectives de ces deux vertus : sa pensée, à ce sujet, présente de singulières incohérences.

Au premier livre des *Lois,* le courage ne consiste plus seulement à surmonter la douleur et la crainte, mais encore à résister au charme du plaisir[2] ; et par là même il empiète sur le domaine de la tempérance. La réciproque est vraie d'ailleurs : la tempérance use de représailles. Platon nous dit bien, dans le *Phédon,* que le propre de cette vertu est de maîtriser les plaisirs qui se rattachent à « l'appétit sensible »[3] ; mais il nous avertit en même temps qu'il prend ce terme dans son sens vulgaire[4]. D'autre part, suivant le livre III° de la *République,* la tempérance enveloppe, avec la maîtrise des jouissances physiques, l'obéissance aux chefs de la cité[5] : ce qui la fait partiellement dépendre du « cœur » et par « le cœur » du cou-

---

VI, 505ᵈ-506ᵃ ; VII, 514ᵃ-518ᶜ ; — *Phædr.*, 239ᵇ : φθονερὸν δὴ [τὸν ἐραστὴν] ἀνάγκη εἶναι, καὶ πολλῶν μὲν ἄλλων συνουσιῶν ἀπείργοντα καὶ ὠφελίμων, ὅθεν ἂν μάλιστ' ἀνὴρ γίγνοιτο, μεγάλης αἴτιον εἶναι βλάβης, μεγίστης δὲ τῆς ὅθεν ἂν φρονιμώτατος εἴη. Τοῦτο δὲ ἡ θεία φιλοσοφία τυγχάνει ὄν...; — V. plus haut, p. 253.

1. *Lach.*, 190ᵈ-198ᵃ ; — *Rep.*, IV, 429ᵃ-430ᶜ.
2. 632-635.
3. 68ᵉ : τὸ περὶ τὰς ἐπιθυμίας μὴ ἐπτοῆσθαι, ἀλλ' ὀλιγώρως ἔχειν καὶ κοσμίως.
4. Ἡ σωφροσύνη, ἣν καὶ οἱ πολλοὶ ὀνομάζουσι σωφροσύνην,...
5. 389ᵉ : σωφροσύνης δὲ ὡς πλήθει οὐ τὰ τοιάδε μέγιστα, ἀρχόντων μὲν ὑπηκόους εἶναι, αὐτοὺς δὲ ἄρχοντας τῶν περὶ πότους καὶ ἀφροδίσια καὶ περὶ ἐδωδὰς ἡδονῶν; — ἔμοιγε δοκεῖ.

rage. Dans le livre IV⁰ du même dialogue, Platon semble débuter par une définition qui limite la tempérance aux plaisirs du corps [1]; mais on s'aperçoit bien vite qu'il n'y a là qu'une illusion. D'après la suite du texte, la tempérance relève de la partie inférieure de l'âme prise en bloc, c'est-à-dire de ce principe « irrationnel » qui contient le « cœur » aussi bien que « le désir sensible » [2]. C'est ce qui permet à Platon d'affirmer que la tempérance est l'harmonie de l'âme et de la cité; car, en ramenant à la mesure du bien ces deux puissances inférieures, elle y ramène aussi l'individu tout entier et par l'individu les classes sociales elles-mêmes [3].

Le concept de courage et celui de tempérance ne sont qu'imparfaitement délimités dans l'esprit de Platon : il y reste des entrecroisements illégitimes [4]. Pour avoir, en cette matière, des notions rigoureusement distinctes, il faut attendre la venue d'Aristote [5].

Reste la quatrième vertu, à savoir la justice. Et comment faut-il l'entendre? A quoi la rattacher, vu que l'âme n'enferme que trois puissances et que chacune d'elles a déjà la vertu qui lui est propre? Nous faudra-t-il « faire une battue, comme des chasseurs, prenant bien garde que la justice ne nous échappe par quelque issue et ne disparaisse à nos yeux »? — Non, « mon cher Glaucon »; « ce serait nous rendre aussi dignes de risée que ceux qui cherchent quelquefois ce qu'ils ont dans la main ». La justice « est ici même » et comme emprisonnée dans

---

1. 430ᵉ : κόσμος πού τις, ἦν δ' ἐγώ, ἡ σωφροσύνη ἐστὶ καὶ ἡδονῶν τινων καὶ ἐπιθυμιῶν ἐγκράτεια...
2. 430ᵉ-431ᵉ
3. *Ibid.*, 430ᵉ, 431ᵉ-432ᵇ.
4. Ed. ZELLER (*loc. cit.*, p. 883-884) a essayé de trouver un ordre logique à la classification platonicienne des vertus; on peut douter qu'il y ait réussi et pour les raisons que nous venons de donner.
5. V. notre *Arist.*, p. 317.

« les trois vertus que nous avons découvertes »[1]. Affirmer que l'âme possède la sagesse, le courage et la tempérance, c'est dire que « chacune de ses parties remplit sa fonction sans se mêler de celle des autres »; c'est dire du même coup que tout s'y ramène à l'ordre, qu'elle est en pleine harmonie, comme un bel instrument. Et cette harmonie intérieure, voilà précisément ce qui constitue la justice[2]. La définition vaut pour l'individu; elle vaut également pour l'État. Car dans l'État, comme dans l'âme, il y a trois parties : la classe des magistrats qui correspond à l'intelligence, celle des guerriers qui correspond au « cœur » et celle des mercenaires qui représente le « désir sensible ». Et, quand chacune de ces trois classes « remplit son devoir sans s'occuper de celui des autres », le tout lui-même se trouve eurythmisé, le tout possède cette harmonie intégrale d'où résultent à la fois le respect de l'ordre et le bonheur : l'État est juste[3].

De là dérive une conséquence qui rejaillit en lumière sur les deux premiers livres de la *République*. La justice vulgaire, celle qui consiste à ne pas causer de dommage sans raison, n'est qu'un aspect de la vraie justice. Supposez un homme qui ait mis les trois parties de son âme « en parfait accord » : il ne lui arrivera pas de « détourner à son profit un dépôt d'or ou d'argent »; il sera « également incapable de piller les temples, de dérober, de trahir ses amis ou sa patrie »; « l'adultère, le manque de respect envers les parents et de piété envers les dieux sont encore des fautes qu'il commettra moins que personne »[4].

Une autre conséquence de la même idée se rapporte à l'extension de la justice. Puisque cette vertu se ramène à

---

1. PLAT., *Rep.*, IV, 432ᵇ⁻ᵉ.
2. *Id., Ibid.*, 433ᵃ-434ᵉ, 441ᶜ-444ᵉ; — Cf. *Crit.*, 47ᵉ-48ᵃ; — *Gorg.*, 503ᵈ-504ᵉ, 506ᶜ-507ᶜ; — *Rep.*, II, 352ᵉ-354ᵃ.
3. *Id., Rep.*, IV, 433ᵃ-434ᶜ.
4. *Id., Ibid.*, 442ᵉ-443ᵇ.

l'harmonie de l'âme, elle est aussi l'ordre parfait : elle est bonne de tous points. Or du bien ne peut résulter aucun mal. La justice s'applique aux ennemis comme aux amis, aux étrangers comme aux concitoyens ; elle ignore la vengeance et n'a d'autres frontières que celles du monde : elle est universelle comme la vérité. « L'homme juste est bon. — Assurément. — Ce n'est donc pas le propre de l'homme juste de faire du mal ni à son ami ni à qui que ce soit, mais de son contraire, c'est-à-dire de l'homme injuste. — Je crois, Socrate, que tu as parfaitement raison. — Si donc quelqu'un dit qu'il est juste de rendre à chacun ce qu'on lui doit, et s'il entend par là que l'homme juste doit du mal à ses ennemis comme il doit du bien à ses amis, ce langage n'est pas celui d'un sage ;... car il n'est jamais juste de faire du mal à personne[1]. » « Aimez vos ennemis », est-il dit dans le sermon sur la montagne[2]. Platon sentait déjà ce qu'il y a de profondeur et de sérénité dans cette parole de Jésus.

Cette définition de la justice en révèle également le prix souverain : elle est la source immédiate du bonheur aussi bien pour l'État lui-même que pour l'individu[3] ; et de là les deux thèses que Platon a soutenues avec tant d'éclat sur l'infériorité du bourreau à l'égard de sa victime et sur la beauté du châtiment.

« L'homme que l'on fait mourir injustement, est malheureux et digne de pitié » ; mais il l'est infiniment « moins que l'auteur de sa mort : « car le plus grand des maux consiste à commettre l'injustice[4] ». « Archélaüs n'avait aucun droit au trône qu'il occupe » : c'est par une série de meurtres qu'il s'est emparé du pouvoir. Il a

---

1. Plat., *Rep.*, I, 335ᵃ⁻ᵉ ; — *Crit.*, 49ᵃ⁻ᵉ.
2. S. Matth., V, 44.
3. Plat., *Gorg.*, 506ᵉ-507ᵉ ; — *Rep.*, II, 352ᵉ-354ᵃ ; IV, 445ᵃ⁻ᵇ.
4. *Id.*, *Gorg.*, 469ᵇ et sqq. — Cf. *Apol.*, 30ᶜ⁻ᵈ.

fait égorger son oncle et son cousin après les avoir enivrés l'un et l'autre; il s'est débarrassé de son frère, fils légitime de Perdiccas,. en le jetant au fond d'un puits. Et le souvenir de ces crimes affreux ne torture point sa conscience; « il n'en conçoit nul repentir »[1]. « C'est donc le plus malheureux des Macédoniens »; il l'est d'autant plus qu'il a fini par perdre jusqu'au sentiment de son propre malheur. En chaque chose, en effet, la raison est le dernier juge, celui que ne peuvent infirmer ni les suffrages de la foule, ni l'autorité des témoins ni l'éloquence des orateurs[2]. Or, en la question dont il s'agit, la plus humaine et la plus vitale de toutes, la raison rend toujours dans la même clarté le même verdict : la justice, c'est l'ordre et par suite le bonheur; l'injustice, c'est le désordre et par suite le malheur[3].

Quand on a transgressé la justice, le meilleur est d'y rentrer par le châtiment. « Les criminels sont malheureux de toutes manières »; « ils le sont encore davantage », « si leurs crimes demeurent impunis »; ils le sont moins, s'ils reçoivent des hommes ou des dieux la juste punition de leurs fautes[4]. « Comment dis-tu? Quoi! un homme que l'on surprend dans quelque forfait, comme celui d'aspirer à la tyrannie, qu'on met ensuite sur la roue, qu'on déchire, auquel on brûle les yeux; qui, après avoir souffert des tourments sans nombre ni mesure soit en sa personne soit en celle de sa femme et de ses enfants, est enfin cloué sur un gibet ou enduit de poix, pour être brûlé vif: cet homme sera plus heureux que si, échappant à ces supplices, il devient tyran et passe sa vie entière maître dans sa ville, libre de faire ce qui lui plaît, envié à la fois et

---

1. PLAT., *Gorg.*, 470ᵈ-471ᵈ.
2. *Id., Ibid.*, 471ᵈ-472ᵈ.
3. V. plus haut, p. 261.
4. PLAT., *Gorg.*, 472ᵉ.

comblé de félicitations par ses concitoyens et par les étrangers ? » — « Il sera plus malheureux, Polus, s'il échappe au châtiment et s'empare de la tyrannie[1]. »

« La justice est belle ; et, par suite, il faut que l'action d'infliger une juste peine le soit aussi, vu qu'elle tient elle-même de la justice. Mais, si l'action d'infliger une juste peine est belle, l'état du patient qui la subit ne peut pas non plus ne point l'être : le châtiment participe de la beauté[2]. D'autre part, affirmer que le châtiment participe de la beauté, revient à dire qu'il est bon et du même coup qu'il est utile. Car ces trois choses ne se séparent pas ; elles ne font qu'un, et de par l'idée qui préside à l'univers[3]. Le châtiment se traduit toujours en nous par quelque profit, aussi longtemps du moins que nous sommes à même de le comprendre ; et ce profit est assez visible de sa nature. En intéressant notre sensibilité au respect du bien, la peine subie provoque dans notre âme un surplus de réflexion et nous rapproche ainsi de l'idéal de l'ordre : le châtiment tend à nous guérir du pire des maux, qui est la méchanceté[4].

---

1. Plat., *Gorg.*, 473^{b-e}.
2. *Id., Ibid.*, 476^{c-e} ; — *Lois*, IX, 859^c-860^a.
3. V. *Hipp. maj.* Il résulte de ce dialogue principalement éliminatif que le beau est le bien et le bien l'utile (295^c-297^d). C'est Socrate lui-même qui suggère cette définition, la 6^e et la dernière du dialogue (295^c). Il n'y voit qu'une difficulté, à savoir que le beau, étant la cause (τὸ ποιοῦν) du bien, ne saurait s'identifier avec lui (296^e-297^c, 303^e-304^a) ; et cette difficulté, que Socrate laisse ici en suspens pour embarrasser son sophiste, n'est pas si profonde que l'on n'en puisse déjà entrevoir la réponse : la suite des idées y conduit par voie d'élimination. Le beau est fait de proportion ; par là il devient l'utile, c. d. le bien : la cause formelle du beau est aussi et du même coup la cause formelle du bien, grâce à la mesure qu'il enferme. C'est, à l'état implicite, l'idée qui se développera plus tard aux VIe et VIIe livres de la *République*, au cours du *Politique* et du *Philèbe* : dans ces dialogues, Platon distinguera le bien par excellence, le τὸ μέτρον ou τὸ πέρας, qui « produit toutes les choses belles et bonnes ». — *Gorg.*, 474^c-475^a ; — *Rep.*, X, 601^d ; — *Theæt.*, 185^c ; — *Politic.*, 283^d-284^c ; — *Phileb.*, 20^c-22^c ; — *Lois*, III, 696^c ; — *Tim.*, 87^c : πᾶν δὴ τὸ ἀγαθὸν καλόν, τὸ δὲ καλὸν οὐκ ἄμετρον ; — Cf. ci-dessus p. 254-255.
4. *Id., Gorg.*, 477^a-479^e ; — Cf. plus haut, p. 253.

Au point de vue social, il y a deux sortes de justices « qui se ressemblent pour le nom, mais qui sont très différentes pour la chose ». L'une consiste à traiter les citoyens comme des unités abstraites et par là même à les armer tous de droits politiques rigoureusement égaux : c'est la justice arithmétique. L'autre « donne plus à celui qui est plus grand, moins à celui qui est moindre, à l'un et à l'autre dans la mesure de sa valeur; proportionnant ainsi les honneurs au mérite, elle confère les plus importants à ceux qui ont plus de vertu et d'éducation, les moindres à ceux qui sont inférieurs sous ce rapport, et à tous selon la raison » : c'est ce qu'on peut appeler la justice géométrique. De ces deux formes de la justice, la seconde seule est digne de son nom, vu que seule elle rend à chacun ce qui lui est dû. Il n'y a qu'elle aussi dont les effets soient vraiment salutaires. Les États ne se conservent et ne fleurissent que dans la mesure où l'on en tient compte. L'univers lui doit « son nom de Cosmos » : c'est elle qui, par la ressemblance dans l'inégalité, y fait éclore la sympathie, ce principe essentiel d'accord, de mesure et de beauté[1]. Quant à la première espèce de justice, on est contraint de lui faire sa part, « pour éviter les séditions » d'une foule incapable d'entendre son propre bien. Mais elle n'est par nature qu'un principe de désordre; et, quand elle règne toute seule, « il ne reste qu'à prier les dieux et la bonne fortune de diriger les décisions du sort vers ce qu'il y a de plus juste »[2].

On pressent déjà que les quatre vertus cardinales ne se présentent pas sur le même plan. De fait, elles forment

---

1. Voir, dans le *Banquet*, le développement de cette pensée (discours d'Éryximaque, 186ª et sqq.
2. PLAT., *Gorg.*, 508ª; — *Lois*, V, 744^{b-c}; VI, 756e-758ª. — Même théorie dans Aristote, exposée d'une façon plus technique, mais non plus forte (V. notre *Aristote*, p. 324, notes 1, 2, 3).

comme « un chœur » divin que préside la science ou sagesse. C'est la sagesse qui nous indique la mesure à laquelle il convient de ramener « le cœur » et « l'appétit » pour obtenir le plus d'ordre et de bonheur possible. Et, cette mesure une fois définie, c'est aussi la sagesse qui nous révèle que notre intérêt véritable consiste à l'ériger en loi et qui du même coup l'introduit dans notre activité comme un principe dominateur. Cette vertu toute faite de lumière est la forme du courage et de la tempérance; et, par suite, elle est aussi la forme de la justice[1].

Ainsi s'éclaire la question de l'unité des vertus, que Platon a posée à différentes reprises, et jusques dans les *Lois*[2]. Cette question, il la résout en définitive d'une manière toute socratique. Les vertus ne sont point isolées les unes des autres : elles ont un caractère commun. Et ce caractère ne vient pas de leurs sujets qui sont essentiellement multiples; il réside dans la science qui est leur cause formelle à toutes.

Platon élève encore plus haut l'hégémonie de la sagesse, tant sa confiance en la raison est pleine et surabondante! Il y a des gens auxquels tout réussit comme par miracle; et l'on dit qu'ils ont une bonne étoile. Il y en a d'autres, au contraire, qui font échouer tout ce qu'ils touchent, si bien qu'ils prennent leurs mesures; et l'on dit que leur étoile est mauvaise. Rien de plus curieux que cette série de coïncidences qui nous vaut la fortune et les honneurs ou nous refoule impitoyablement dans l'obscurité, suivant qu'elle est heureuse ou malheureuse. Ce fait qu'on appelle la chance, les Grecs l'avaient remarqué de bonne heure et s'escrimaient à le rendre intelligible. D'après l'*Euthydème*, le propre de la sagesse est de tout pénétrer,

---

1. V. plus haut, p. 252, note 2.
2. PLAT., *Protag.*, 329e et sqq.; — *Men.*, 71^d et sqq.; — *Politic.*, 306$^{a\text{-}c}$; — *Lois*, XII, 963e-965e.

de démêler toutes les causes et de tout convertir à son profit; et, par conséquent, la « bonne chance » s'identifie avec elle[1]. Plus tard, Platon apporte un tempérament à cette doctrine. D'après les *Lois*, l'homme n'obtient pas par lui-même la pleine anticipation de l'avenir; la sagesse est difficile. Mais les dieux prévoient pour ceux qui les aiment, et les conduisent du dedans[2] : l'inspiration, en ce qui concerne l'*Eutychie*[3], se substitue à la sagesse de l'homme. Et la solution s'élève sans changer au fond; l'inspiration, considérée dans sa cause, c'est encore plus la science ou la sagesse.

A la justice s'ajoute l'amitié : chez les Grecs, ces deux choses allaient de pair et se complétaient l'une l'autre.

Entendue au sens large, l'amitié est une sorte de bienveillance naturelle qui rattache les individus entre eux et les unit à la divinité. C'est de cette bienveillance que voulaient parler les sages, lorsqu'ils disaient que « le ciel et la terre, les dieux et les hommes sont reliés par des rapports de ressemblance et de sympathie »[4]. Tous les êtres ont la même vie, bien qu'à des degrés divers; tous ils suivent la même loi fondamentale, qui est celle du meilleur. De là résulte comme un sentiment de fraternité qui est aussi vaste que le monde.

Entendue au sens strict, l'amitié s'oppose à l'amour sensuel : c'est une affection entre deux personnes qui « se fonde sur la vertu ». Celui qu'inspire un tel sentiment ne regarde plus qu'à l'âme de l'objet aimé. Il le respecte

---

1. 279ᶜ-280ᵇ : ... ἡ σοφία δήπου, ἦν δ' ἐγώ, εὐτυχία ἐστί.
2. III, 690ᶜ; — Cf. *Phædr.*, 244ᵃ⁻ᵉ; — *Phileb.*, 40ᵇ; — V. aussi sur ce point notre *Arist.*, p. 371, note 1.
3. Il n'y a pas de terme français qui corresponde rigoureusement à l'εὐτυχία des Grecs.
4. Plat., *Gorg.*, 507ᵉ-508ᵃ, 510ᵇ; — *Banq.*, 186ᵃ-188ᵉ (discours d'Erymaque); — *Lois*, VI, 756ᵉ-757ᵃ.

et « le révère à l'égal d'un Dieu » ; son désir le plus ardent est de le voir grandir en tempérance, en magnanimité, en sagesse. C'est là le spectacle inaccessible aux sens qui le ravit ; et il y trouve lui-même un surplus d'énergie morale : il en devient plus fort lorsqu'il s'agit d'accomplir des actions belles et bonnes[1].

L'amitié suppose toujours une certaine égalité ; elle ne s'établit qu'entre les personnes qui ont quelque chose de commun ; c'est la raison pour laquelle il n'y en a pas des dieux au méchant ni du tyran à ses sujets. On peut dire aussi qu'elle tend à l'égalité absolue comme à son idéal, vu que l'ami parfait est « un autre nous-même » ; cependant elle ne la requiert pas : l'amitié, ainsi que la justice, admet l'égalité géométrique[2].

Mais ces choses-là ont été dites par Socrate d'une manière plus ou moins explicite[3] et traitées par Aristote avec une finesse supérieure d'analyse[4]. L'amitié, telle que Platon l'entend, a deux traits spéciaux qu'il convient de signaler.

D'abord, il y fait intervenir sa théorie de la réminiscence. « La beauté était toute brillante lorsque, mêlées au chœur bienheureux, nos âmes, à la suite de Jupiter comme les autres à la suite des autres immortels, contemplaient le plus divin des spectacles et célébraient ce que l'on peut appeler le plus saint de tous les mystères : jouissant encore de notre perfection naturelle et ignorant les maux de l'avenir, il nous était donné alors

---

1. PLAT.; *Banq.*, 180ᵉ-185ᵉ (discours de Pausanias), 208ᵉ-209ᵉ ; — *Rep.*, III, 403ᵃ⁻ᶜ ; V, 468ᵇ ; — *Phædr.*, 238ᵉ-242ᵃ, 245ᵇ, 249ᵈ-252ᵉ ; — *Lois*, VIII, 837ᵃ⁻ᵈ.

2. *Id.*, *Gorg.*, 507ᵉ-508ᵇ, 510ᵇ : φίλος μοι δοκεῖ ἕκαστος ἑκάστῳ εἶναι ὡς οἷόν τε μάλιστα, ὅνπερ οἱ παλαιοί τε καὶ σοφοὶ λέγουσιν, ὁ ὅμοιος τῷ ὁμοίῳ ; — *Lois*, IV, 720ᶜ⁻ᵉ ; VI, 756ᵉ-757ᵈ ; VIII, 837ᵃ.

3. V. notre *Socrate*, pp. 181-185.

4. V. notre *Aristote*, pp. 324-330.

de nous initier aux réalités parfaites, simples, pleines de béatitude et de calme qui se déroulaient à nos yeux dans la pureté de leur lumière, non moins purs nous-mêmes et libres de ce tombeau qu'on appelle le corps et que nous traînons avec nous comme l'huître traîne la prison qui l'enveloppe [1]. » « En apercevant la beauté sur la terre », celles des âmes humaines « qui sont encore pleines de ces merveilles », « se rappellent la beauté véritable, « prennent des ailes et brûlent de s'envoler vers elle » [2]. Un ami, c'est un dieu tombé qui trouve en son ami le souvenir des cieux.

L'amitié revêt aussi, dans Platon, un caractère tout particulier de tendresse et d'intime douceur : c'est comme l'aube matinale des affections chrétiennes. Au moins peut-on dire qu'elle nous apparaît, sous cet aspect, en certains endroits. Qui n'a pas remarqué cette scène du *Phédon*, que nous représente Phédon lui-même?« J'étais assis à sa droite, à côté du lit, sur un petit siège; et lui, il était assis plus haut que moi. Me passant donc la main sur la tête, et prenant mes cheveux qui tombaient sur mes épaules (c'était sa coutume de jouer avec mes cheveux en toute occasion) : Demain, dit-il, ô Phédon, tu feras couper cette belle chevelure ; n'est-ce pas [3] ? » Le trait est court; mais il semble significatif : on ne trouve rien de pareil chez Aristote.

L'amitié joue un rôle important dans la morale et la politique platonicienne.

Depuis longtemps déjà, l'amour unisexuel sévissait dans la Grèce entière [4]. Platon a vivement senti ce que cette

---

1. Plat., *Phædr.*, 250^{b-c}.
2. *Id., Ibid.*, 249^{d-e}.
3. *Id., Phæd.*, 89^{b}.
4. *Id., Banq.*, 182^{a-d}; — *Rep.*, III, 403^{a-b}; — *Phædr.*, 230^{c}-234^{c} (discours de Lysias), 237^{c}-241^{d} (1er discours de Socrate), 250^{a-b}, 250^{c}-251^{a}; —

passion renferme de honteux, de contraire à la nature et de fatal au développement des vertus. Il faut défendre, dit-il, « de détruire de dessein prémédité l'espèce humaine » : il faut obtenir « qu'on ne jette plus parmi les pierres et les rochers une semence qui ne peut y prendre racine », et que « l'on n'ait avec les femmes aucun commerce dont la génération ne soit le but »[1].

Pour opérer une réforme si profonde et dont la difficulté lui semble surhumaine[2], il invente d'abord des procédés de nature restrictive. On fera l'instruction des citoyens de manière à déterminer un courant d'opinion publique qui exclue l'amour unisexuel au même titre que l'inceste et l'adultère[3]; « on affaiblira, autant qu'il est possible, la force de la volupté, en détournant ailleurs par la fatigue physique ce qui la nourrit et l'entretient »[4]. Puis, la loi, venant à l'appui de l'éducation, « déclarera que l'honnêteté veut que l'on se cache pour faire de telles actions et qu'il est infâme de les commettre au grand jour »[5].

Mais comprimer ne suffit pas, quand il s'agit d'inclinations de cette violence et si fortement enracinées par l'habitude ; il faut encore trouver un objet qui les satisfasse en les purifiant. Et, ici, chacun songe à la famille où l'homme s'apprivoise de lui-même et convertit sa fougue en noble affection. Platon n'a point cette idée qui nous paraît aujourd'hui si naturelle. La femme ne lui semble pas faite pour régner sur le cœur de l'homme; il croit que son vrai rôle est de donner des enfants à l'État et de

---

Lois, I, 636^{b-e}; VIII, 835^b-836^c; — V. dans Gomperz (*loc. cit.*, p. 306-308) l'historique de l'amour chez les Grecs.

1. Plat., *Lois*, VIII, 838^e-839^b ; — Cf. *Ibid.*, IV, 720^e.
2. *Id.*, VIII, 835^c : θεοῦ μὲν μάλιστα ἔργον.
3. *Id.*, *Ibid.*, 838^a-841^a.
4. *Id.*, *Ibid.*, 841^a.
5. *Id.*, *Ibid.*, 841^{a-b}.

le défendre, quand il le faut, l'arme au poing [1]. Transformer l'amour en amitié : voilà, pour lui, l'unique moyen d'apaiser ses fureurs et par là même de rendre à la nature ses droits, à l'homme sa dignité, à la société la vigueur physique et morale dont elle a besoin [2].

II

Il y a, dans Platon, quelques points de morale spéciale qu'il est intéressant de relever.

« Le mensonge est également détesté des hommes et des dieux »; personne ne veut être dupé [3]. Le fourbe trouve d'ailleurs son châtiment dans son propre défaut; il n'a « pas d'amis » : le temps le fait connaître à la longue » et il « se prépare pour la mauvaise saison de la vie, vers la fin de ses jours, une solitude affreuse » [4]. Le mensonge est funeste au trompeur comme au trompé. Il y a cependant des cas où l'on peut y recourir. Il est permis par exemple de s'en servir contre des ennemis, ou même envers un ami que la fureur ou la démence porterait à quelque mauvaise action » [5]. En définitive, on ne doit la vérité qu'à celui qui a le droit de la savoir.

La vie est comme « un poste » où les dieux nous ont placés [6]. On est donc tenu de ne pas se l'ôter à soi-même. Mais cette loi ne peut être absolue. Le suicide se légitime dans une certaine mesure, lorsqu'on s'y trouve réduit par « quelque malheur affreux et inévitable », ou « par un opprobre qui ne se puisse ni supporter ni réparer » [7].

1. V. plus loin, p. 312-313.
2. V. plus haut, p. 267-268.
3. Plat., *Rep.*, II, 382b-d.
4. *Id.*, *Lois,* V, 730°.
5. *Id.*, *Rep.*, II, 382°; III, 389b-d.
6. *Id.*, *Phæd.*, 62b-c.
7. *Id.*, *Lois,* IX, 873c-d.

Au V⁰ livre des *Lois* se trouve tout un ensemble de maximes qui rappellent les grands moralistes du xvII⁰ siècle. Nous en détachons quelques-unes afin d'inspirer au lecteur le désir d'aller à l'original :

« Nous devons accorder à notre âme la première place dans notre estime après les dieux » ; « et l'estime est un bien céleste » qui « n'a d'autre mesure que la vertu [1]. »

« Ce n'est point des monceaux d'or, mais un grand fond de pudeur qu'il faut laisser à ses enfants [2]. »

« Le plus grand mal de l'homme est un défaut qu'on apporte en naissant, que tout le monde se pardonne et dont personne ne songe à se défaire : je veux parler de ce qu'on appelle l'amour-propre. Il est naturel, nous dit-on, il est légitime et même nécessaire. Il n'en devient pas moins, grâce à ses excès, la cause de tous nos errements; car l'amant s'aveugle sur ce qu'il aime [3]. »

« La vraie manière de se faire des amis est de relever et d'estimer les services qu'on reçoit des autres plus qu'ils ne les estiment eux-mêmes, et de rabaisser les services qu'on leur rend au-dessous du prix qu'ils y mettent [4]. »

« Il faut savoir allier beaucoup de douceur à une grande force d'âme [5]. »

« Il faut s'abstenir de tout excès dans les ris et dans les larmes [6]. »

« Le plaisir, la peine, le désir, voilà presque toute l'humanité [7]. »

Quel sens des choses dans ces paroles! Et aussi quel accent de mansuétude! Pour Platon, la vie n'a pas été

---

1. 727ᵃ.
2. 729ᵇ (trad. Cousin).
3. 731ᵈ⁻ᵉ.
4. 729ᵈ (trad. Cousin).
5. 731ᵇ.
6. 732ᶜ.
7. 732ᵉ (trad. Cousin).

seulement une source croissante de lumière ; elle est devenue une maîtresse de pitié.

III

Pratiquement, le bien est chose difficile[1]. Considéré en lui-même, il a plus d'éclat que le soleil ; mais, du fond de notre « cachot », nous ne le voyons généralement que d'une manière imparfaite. De plus, il faut en appliquer la règle à notre conduite ; et la vie humaine est mobile et complexe. Comment convient-il d'agir en chaque occasion, quand et dans quelle mesure? C'est un problème qui se pose sans cesse sous une forme nouvelle et dont la réponse nous paraît presque toujours ombreuse par quelque endroit.

Le moyen de viser juste est de recourir au sage, comme on a recours au citharist pour apprendre la cithare et au gymnaste pour se former à la gymnastique.

« La vertu est une science. » Cette science, le sage la possède au plus haut degré et s'y conforme dans chacune de ses actions. Il s'est soumis depuis longtemps à l'empire de la justice, il a fait pénétrer jusqu'au fond de son âme le rythme et l'harmonie qui la constituent ; tout son être en reflète perpétuellement l'éternelle et divine beauté. Il est, par suite, d'une sagacité merveilleuse, lorsqu'il s'agit de démêler ce qu'il y a de convenable ou de défectueux, de noble ou de laid dans les actes qui composent la trame de notre vie morale. Il le sent autant qu'il le voit, à la manière dont le musicien discerne la justesse des sons et de leurs accords ; il en a une sorte d'intuition synthétique où vibre toute son âme et qui ne trompe pas. Le sage, par le fait même qu'il est

---

1. PLAT., *Hipp. maj.*, 304ᵉ ; — *Rep.*, IV, 435ᵉ : ... χαλεπὰ τὰ καλά.

la personnification du bien, en est aussi le juge et comme l'oracle vivant : il représente la raison pratique.

Cette théorie d'origine socratique apparaît dès le *Lachès*[1]. On la retrouve dans le *Criton*[2], le *Gorgias*[3], la *République*[4] et le *Philèbe*[5]. Elle se montre de nouveau dans les *Lois*, bien qu'un peu adoucie à cause de l'intention pratique qui domine ce dernier ouvrage[6]. Platon l'a toujours enseignée ; et Aristote la reproduira tout entière, en l'affinant, selon son habitude, à la lumière de l'analyse[7].

IV

Si le bien s'identifie avec le beau[8], la morale devient une esthétique. Mais ce n'est pas à dire que son action sur nous se borne au charme d'une œuvre d'art. D'après Platon, l'idéal de la conduite humaine fait plus que se proposer ; il s'impose : c'est un impératif.

La première façon de s'en rendre compte est de regarder à l'idée du droit qui se dégage des dialogues.

Platon a toujours combattu, et comme une erreur de fond, la théorie d'après laquelle le droit s'identifie avec la force. Elle était florissante de son temps : les sophistes l'avaient propagée de toutes parts ; et il l'expose à diffé-

---

1. 184^d-185^a.
2. 47^a-48^b.
3. 472^b.
4. III, 401-402 ; IX, 582^a-583^a.
5. 39^c-40^c.
6. III, 700^d et sqq. ; XII, 950^{b-c}. Platon, en ce dernier passage, fait à son principe une restriction très fine et qui montre bien la place de plus en plus grande que prenait l'expérience dans sa pensée : οὐ γὰρ ὅσον οὐσίας ἀρετῆς ἀπεσφαλμένοι τυγχάνουσιν οἱ πολλοί, τοσοῦτον καὶ τοῦ κρίνειν τοὺς ἄλλους, ὅσοι πονηροί καὶ χρηστοί, θεῖον δέ τι καὶ εὐστοχον ἔνεστι καὶ τοῖσι κακοῖς, ὥστε πάμπολλοι καὶ τῶν σφόδρα κακῶν εὖ τοῖς λόγοις καὶ ταῖς δόξαις διαιροῦνται τοὺς ἀμείνους τῶν ἀνθρώπων καὶ τοὺς χείρονας.
7. V. notre *Arist.*, p. 313-316.
8. V. plus haut, p. 264, note 3.

rentes reprises. Il la met tour à tour sur les lèvres de Calliclès[1], de Thrasymaque[2], de Glaucon[3], d'Adimante[4]; il y revient dans les *Lois*[5]. Grande est d'ailleurs la puissance avec laquelle il sait la dépeindre : il lui donne un relief et un éclat saisissants. Mais s'il met tant de soin à la faire connaître, c'est afin d'avoir l'occasion d'en fournir une critique plus radicale.

Il n'y a pas d'autre droit que celui du plus fort, disent les sophistes. Ainsi le veut la nature ; et son instinct est irrésistible : d'une façon plus ou moins franche, tout le monde s'y conforme. « Donnons au juste lui-même un pouvoir illimité d'action » ; « et suivons-le ensuite. Bientôt nous le surprendrons s'engageant dans la même route que le méchant, emporté comme lui par le désir d'avoir toujours davantage ». Le juste aussi finit à la longue par faire de sa force la mesure de son droit[6]. Et si telle est la conduite habituelle des hommes, la justice ne devient-elle pas la plus funeste des « niaiseries » ? A quoi peut-elle servir? si ce n'est à multiplier les esclaves et les victimes? Imaginez un juste qui n'ait que la justice pour toute défense : « il sera fouetté, mis sur la roue, chargé de fers ; on lui brûlera les yeux ; à la fin, après avoir souffert tous les maux, il sera cloué sur un gibet ». Au contraire, l'homme injuste qui connaît son art, celui dont l'esprit fertile en projets ne se laisse pas arrêter par de vains scrupules, « l'emporte sur ses rivaux et attire tout à lui ». Il devient riche et puissant, il vit dans la magnificence, entouré d'admiration autant que de crainte : on le proclame heureux ; « d'où l'on peut con-

---

1. *Gorg.*, 482ᶜ-488ᵇ, 491ᶜ-492ᶜ.
2. *Rep.*, I, 336ᵇ-339ᵇ ; 343ᵃ-345ᶜ ; 348ᵈ-349ᵇ.
3. *Ibid.*, II, 357ᵇ-362ᶜ.
4. *Ibid.*, II, 362ᶜ-367ᵉ.
5. I, 625ᶜ-626ᵉ ; X, 889ᶜ-890ᵃ.
6. Plat., *Rep.*, II, 359ᵒ.

clure, ce semble, qu'il est aussi plus aimé des immortels »[1].

Il n'y a de réel et d'utile, il n'y a de juste que la force. C'est ce que les faibles eux-mêmes ont compris. Ils se sont groupés pour l'emporter dans la lutte; et, une fois parvenus à leur fin, ils ont voté des lois qu'on a décorées du beau nom de justice, mais qui ne sont en définitive que la puissance du nombre, c'est-à-dire une autre forme de la force.

Platon ne se laisse pas séduire à cette argumentation, si fortement qu'elle représente le trait dominant de la vie : au droit de la nature il oppose celui de la raison, qui est faite pour gouverner la nature.

Le bonheur est le premier des biens et celui dont tous les autres empruntent leur valeur [2]. Il faut donc qu'il soit respecté; autrement, la vie n'aurait plus aucun sens[3], elle ne serait même pas possible. Mais dire que le bonheur commande le respect, c'est affirmer implicitement que l'individu ne peut être inquiété ni dans sa vie, ni dans son bonheur, ni dans la possession de ses biens ou tout au moins sa participation aux biens publics; car ce sont là autant de conditions en dehors desquelles nul ne saurait être heureux [4].

De l'idée du bonheur découle toute une série d'inviolabilités personnelles : il y a un droit civil.

Mais ce droit ne peut être efficace par lui-même; considérés à l'état indépendant, les hommes n'ont ni assez d'intelligence ni assez de bonté pour en tenir compte. Il ne devient effectif que par le concours d'une contrainte supérieure qui s'impose à tous les individus : la société

1. Plat., *Rep.*, II, 361ᵈ-362ᶜ.
2. V. plus haut, p. 249, 254-255.
3. Plat., *Lois*, X, 905ᵉ : d'après ce passage, ôtez la justice divine, il n'y a plus de bonheur possible ; et dès lors, la vie ne se comprend plus : ἥν τις μὴ γιγνώσκων οὐδ' ἂν τύπον ἴδοι ποτέ, οὐδὲ λόγον ξυμβάλλεσθαι περὶ βίου δυνατὸς ἂν γένοιτο εἰς εὐδαιμονίαν τε καὶ δυσδαίμονα τύχην.
4. Id., *Ibid.*, VIII, 829ᵃ : Τοῖς δὲ εὐδαιμόνως ζῶσιν ὑπάρχειν ἀνάγκη πρῶτον τὸ μήθ' ἑαυτοὺς ἀδικεῖν μήτε ὑφ' ἑτέρων αὐτοὺς ἀδικεῖσθαι.

est d'institution nécessaire [1]. Or que suppose-t-elle? le pouvoir d'édicter un système de lois dont chacune se présente elle-même comme une restriction des volontés individuelles au profit de l'intérêt général [2].

Il faut que la société soit; et la société ne peut être qu'il n'en dérive tout un ensemble d'exigences à l'égard des particuliers : il y a un droit politique.

Le droit existe donc, et sous deux formes. Mais alors, il faut aussi que le devoir existe; car il en est comme l'envers. Et, qu'est-ce que le devoir? sinon l'obligation morale elle-même.

On peut aller plus loin sans sortir de la pensée de Platon. Le caractère impératif de la loi morale ne vient pas seulement du rapport que nos actions soutiennent avec notre bonheur et celui des autres; il se fonde aussi et plus encore sur la perfection même de Dieu. Dieu veut le meilleur; il le veut avec une persévérance indéfectible et passe l'éternité à le réaliser dans le monde. Or le meilleur consiste en ce qu'il y ait le plus de bonheur possible; et le moyen qui mène à cette fin universelle et suprême, ce n'est pas seulement l'ordre physique, c'est aussi et principalement l'ordre moral. Dieu veut donc, et par-dessus tout, l'harmonie des volontés dans la justice : il impose de son chef le respect du bien [3]. C'est là ce que Platon désire inculquer dans les âmes en disant à diverses reprises que nous sommes « la propriété de Dieu », qu'il s'occupe de nous et scrute nos pensées les plus intimes, qu'il est « l'ami du juste » et « l'ennemi du

---

1. PLAT., *Euthyd.*, 291ᵇ-292ᶜ; — *Lois*, IV, 713ᶜ-714ᵇ; IX, 874ᵉ-875ᵇ :
... προρρητέον δή..., ὡς ἄρα νόμους ἀνθρώποις ἀναγκαῖον τίθεσθαι καὶ ζῆν κατὰ νόμους, ἢ μηδὲν διαφέρειν τῶν πάντη ἀγριωτάτων θηρίων· ἡ δὲ αἰτία τούτων ἥδε, ὅτι φύσις ἀνθρώπων οὐδενὸς ἱκανὴ φύεται, ὥστε γνῶναί τε τὰ συμφέροντα ἀνθρώποις εἰς πολιτείαν καὶ γνοῦσα τὸ βέλτιστον ἀεὶ δύνασθαί τε καὶ ἐθέλειν πράττειν...

2. *Id., Hipp. maj.*, 284ᵈ⁻ᵉ; — *Politic.*, 296ᶜ-297ᵃ; — *Lois*, I, 636ᵈ; IV, 713ᵇ-715ᵇ; XII, 757ᶜ⁻ᵈ.

3. V. plus haut, p. 168-169, 175-178.

méchant »[1], que toute faute est une impiété[2] : ces paroles tant de fois répétées ne font que traduire une conclusion qui découle de sa théodicée. Que signifieraient d'ailleurs les sanctions futures elles-mêmes, si elles n'étaient l'indice de l'intérêt que Dieu porte au bien, et comme la marque suprême de son éternelle volonté ? Récompenser et punir, n'est-ce pas d'abord commander ?

Pure esthétique que la morale de Platon ! — Oui ; mais esthétique d'une nature spéciale, esthétique dont le but est d'arriver, par l'élimination de la souffrance, au maximum de la joie. Et cela change tout. Du moment que l'esthétique dont on parle est la discipline du bonheur, elle s'impose au respect de tout être raisonnable et Dieu par suite ne peut pas ne point la prescrire : elle devient deux fois obligatoire.

V

Si le bien est le beau, il faut aussi que le beau soit le bien ; et, par suite, il ne peut avoir d'autres règles que les siennes : l'art perd son autonomie et passe tout entier aux ordres de la morale ; il en devient comme un département. La conséquence s'impose ; et Platon la développe avec une logique impitoyable, tout heureux qu'il est d'y trouver un principe nouveau de purification sociale.

Dans le *Gorgias*, il se place au point de vue des faits :

---

1. *Gorg.*, 507ᵉ-508ᵃ ; — *Phæd.*, 62ᵇ⁻ᵈ ; — *Rep.*, X, 612ᵉ-163ᵃ ; — *Phileb.*, 40ᵇ ; — *Lois*, IV, 716ᶜ-717ᵃ.

2. *Crit.*, 50ᶜ et sqq. (discours des Lois) ; — *Phæd.*, 75ᵈ ; — *Theæt.*, 176ᵇ ; — *Lois*, II, 661ᵇ, 663ᵇ ; III, 697ᶜ ; IV, 717ᵃ, 721ᶜ ; X, 899ᵉ-900ᶜ, 907ᵃ⁻ᵇ ; XII, 959ᶜ. Dans ces divers passages, les mots δίκαιον καὶ ὅσιον sont presque toujours accouplés comme se complétant l'un l'autre. Le devoir y apparaît sous une forme religieuse : c'est, suivant l'expression de Kant, « un commandement divin ». — Cf., sur ce point, Gomperz, *loc. cit.*, p. 296.

il examine les différentes formes qu'a revêtues l'art grec et condamne en bloc la manière dont elles sont pratiquées. La profession du joueur de flûte et celle du joueur de lyre, le dithyrambe et la « vénérable tragédie », la poésie et la rhétorique : tout est englobé dans le même anathème et pour la même raison. En réalité, ces genres artistiques sont tous des « flatteries[1] » et des « menées honteuses »; car le but que l'on y poursuit, ce n'est pas de « rendre meilleures les âmes des citoyens »; c'est seulement « de procurer du plaisir ». Et, de ce chef, elles sont doublement mauvaises : elles fortifient la sensibilité au détriment de la raison et la corrompent en mêlant aux jouissances permises des émotions malsaines[2]. « Dis-moi : [la tragédie elle-même] se soucie-t-elle uniquement de plaire aux spectateurs? Ou bien, lorsqu'il se présente quelque chose d'agréable mais de mauvais, prend-elle sur soi de le supprimer, et de déclamer et de chanter ce qui est désagréable mais utile, que le public s'en réjouisse ou non? De ces deux dispositions, quelle est, d'après toi, celle de la tragédie? Il est évident, Socrate, qu'elle incline davantage vers le plaisir et l'agrément des spectateurs[3]. »

Dans la *République*, Platon revient à la même thèse et d'une manière plus concrète : il rejette à la fois les œuvres « d'Hésiode, d'Homère et des autres poètes ». Le respect des dieux, l'amour de la vérité, le courage, la maîtrise de soi aussi bien dans la prospérité que dans l'infortune, la tempérance et la croyance en l'identité de la justice et du bonheur : voilà ce qu'il faut principalement développer dans les âmes, si l'on veut avoir des

---

[1]. 462ᶜ-465ᵉ (différentes espèces de flatteries : la rhétorique en est une).
[2]. 501ᵈ-503ᵉ.
[3]. 502ᵇ⁻ᶜ.

citoyens achevés. Or, sur tous ces points fondamentaux, les livres des poètes nous ont laissé les récits les plus décevants : le mensonge, la crainte de la mort, la volupté, le vol et la vengeance, le doute touchant le prix souverain de la sagesse y revêtent tour à tour les formes les plus séduisantes; il n'est même aucun crime qui n'y trouve son excuse en l'exemple d'un dieu. Il sera donc défendu dans la cité de raconter de semblables fictions et de les représenter sous quelque forme que ce soit; car elles ne peuvent que souiller les imaginations et inspirer à la fois le mépris de la divinité et celui de la vertu [1].

Mais Platon ne s'en tient pas là. Dans le même dialogue, il passe du fait à la question de principe : après avoir examiné les manifestations de l'art grec, il critique l'art en lui-même et l'immole presque tout entier.

« L'artiste ne fait pas seulement les ouvrages qui relèvent de l'industrie humaine: il fait aussi tout ce qui sort du sein de la nature, les plantes, les animaux, toutes les autres choses, et lui-même enfin. Bien plus, il fait la terre, le ciel, les dieux, tout ce qui existe au ciel et sous terre, dans les enfers. — Voilà un artiste bien étrange. — Tu doutes; mais... ne vois-tu pas que tu pourrais toi-même opérer les mêmes merveilles?.. Prends un miroir et présente-le de tous côtés : en un clin d'œil, tu vas faire le soleil, les autres astres du ciel, la terre, toi-même... et tout ce que nous avons dit. — Oui; mais en apparence seulement. — Fort bien. Tu entres complètement dans ma pensée »; et voilà le rôle de l'artiste [2] : il fait des images. Et ces images ne sont elles-mêmes que l'imitation d'autres images; car il ne prend point pour modèle l'intelligible, mais seulement la copie qu'en trace la nature ou la main de l'homme. L'artiste,

1. II, 377^d-383^e; III, 386^a-392^c; — Cf. *Lois*, X, 886$^{c\text{-}d}$.
2. X, 596$^{b\text{-}e}$; — Cf. *Soph.*, 235^d-236^c, 265^b, 267^d.

quel que soit le caractère de ses œuvres, travaille toujours à trois degrés au-dessous de l'Être[1].

De plus, et du fait qu'il n'a point le regard tourné vers l'Être, il n'acquiert aucune science des choses qu'il représente; et, par ailleurs, on ne peut pas même dire qu'il en possède « une opinion juste ». C'est d'abord à celui qui se sert d'un objet, qu'il appartient de se prononcer sur sa valeur; puis à l'ouvrier qui le fabrique. Quant au simple imitateur, comme il n'en a aucune expérience, il se trouve incapable de discerner s'il est approprié ou non à son usage, de bonne ou de mauvaise qualité[2].

Au troisième degré au-dessous de l'Être, l'artiste est également au troisième degré au-dessous de l'opinion vraie; et, par là même, son œuvre devient doublement funeste. D'abord, vu qu'il s'en tient à l'ombre de l'ombre, il détourne les âmes de la dialectique; puis, comme il ne connaît ni de science ni d'opinion « ce qu'il y a de bien ou de mal dans ce qu'il imite », il cède tout naturellement au désir de plaire et suit pour ses inspirations les goûts dépravés d'une foule ignorante[3].

Outre ces deux vices que l'on trouve dans tout art, il y en a d'autres qui sont particuliers soit à la tragédie soit à la comédie.

La tragédie veut émouvoir; elle s'adresse à cette « partie inférieure de notre être » contre laquelle nous nous raidissons dans le malheur, qui est affamée de larmes et de lamentations, qui voudrait s'en rassasier et les recherche d'un élan tout instinctif : elle cultive « la partie pleureuse de l'âme ». Et, par suite, elle affaiblit d'autant « cette autre partie de nous-mêmes, qui est la

---

1. X, 597ᵃ-598ᵈ.
2. 601ᶜ-602ᵃ.
3. 602ᵇ.

plus excellente » : son effet naturel est « de détruire l'empire de la raison » et de mettre ainsi « le désordre dans notre gouvernement intérieur ». Elle y réussit d'autant mieux qu'il s'agit pour elle d'obtenir les suffrages de la multitude. Car la foule ne s'intéresse pas « au caractère sage et tranquille, toujours semblable à lui-même » : « c'est une disposition qui lui demeure absolument étrangère ». Il lui faut des gémissements et des larmes; elle réclame « des caractères passionnés et mobiles [1] ».

La comédie se présente sous un autre aspect, mais qui n'est pas plus rassurant. Elle développe le besoin de plaisanter et se traduit par des habitudes bouffonnes [2]; il s'y glisse presque fatalement des allusions méchantes qui divisent les citoyens entre eux [3]. On peut même dire que le fond en est essentiellement mauvais; car elle consiste à rire des travers de nos semblables : en définitive, cette peinture du ridicule est une forme de la jalousie [4].

Que reste-t-il donc des genres poétiques? Le récit, les hymnes aux dieux et les éloges des grands hommes. Encore faut-il qu'ils n'enferment rien que l'on ne puisse regarder » comme une imitation de la vertu » [5]. « Quant aux hommes habiles dans l'art de prendre divers rôles et de se prêter à toutes sortes d'imitations, s'il en venait un parmi nous qui voulût faire entendre ses poèmes », il faudrait « le saluer comme un être sacré, merveilleux, plein de charmes »; « puis le congédier après avoir ré-

---

1. PLAT., *Rep.*, X, 602ᶜ-605ᵉ (c'est Euripide surtout qui se trouve visé dans ce passage). — Cf. J.-J. ROUSSEAU, *Lettre à M. d'Alembert*, pp. 139, 166, 167, éd. Garnier, Paris; BOSSUET, *Max. et réflex. sur la comédie*, X, 753 et sqq., éd. Méquignon et Leroux, Paris, 1846.
2. *Rep.*, X, 606ᶜ⁻ᵉ; — Cf. *Ibid.*, III, 396ᶜ-397ᵇ.
3. Cette preuve ressort du XIᵉ livre des *Lois*, 935ᵈ-936ᵃ.
4. *Phileb.*, 48ᵃ-50ᵃ.
5. *Rep.*, III, 397ᵉ; X, 607ᶜ-608ᵇ.

pandu des parfums sur sa tête et l'avoir couronné de bandelettes »[1].

A la poésie se rattache la musique, qui en est comme l'achèvement; et Platon la juge, au nom du même principe, avec la même sévérité.

Il convient d'exclure les modes lydien et ionien; car ils expriment le plaisir et la mollesse. On peut admettre, au contraire, les modes dorien et phrygien : le premier imite le ton et les mâles accents de l'homme de cœur qui, jeté dans la mêlée ou se trouvant aux prises avec le malheur, reçoit de pied ferme et sans plier les assauts de la fortune ennemie; le second nous le représente dans les joies de la paix, pieux, bienfaisant, modéré et content de ce qui lui arrive[2].

Réduite à ce degré de simplicité, la musique n'aura que faire des triangles, des pectis et même de la flûte; on ne gardera que la lyre, le luth et les pipeaux[3].

Les *Lois* sont un peu moins austères. Platon y permet la tragédie et la comédie, mais à deux conditions : on gagera pour ces imitations des esclaves ou des étrangers; et toutes les pièces devront passer par la censure. « Enfants des muses voluptueuses, montrez d'abord vos chants aux magistrats, afin qu'ils les comparent avec les nôtres »; car nous sommes nous-mêmes des poètes; et « notre république n'est qu'une imitation de la vie la plus belle et la plus vertueuse, imitation que nous regardons comme la tragédie véritable »[4].

En cet endroit, Platon ne dit rien de particulier sur la nature et les inconvénients de la tragédie; par contre, il a sur la comédie une pensée nouvelle qu'il est bon de

---

1. *Rep.*, III, 398^a; X, 605^{b-c}, 606^c-607^a.
2. *Ibid.*, 398^c-399^c.
3. *Ibid.*, 399^{c-d}.
4. VII, 816^e-817^d.

noter : « le ridicule, dit-il, nous aide à distinguer le bien ; en chaque chose, il faut connaître son contraire, si l'on veut se former le jugement »[1].

Mais ces diverses concessions ne signifient point que Platon renonce au passé. Il maintient en principe tout ce qu'il a dit dans la *République*. S'il incline ici vers l'indulgence, c'est à cause du but pratique qu'il poursuit, c'est que les *Lois* sont faites pour des hommes, non plus pour des dieux ou des enfants de dieux.

Aristote est plus et moins sévère tout à la fois : il combat le mode phrygien comme amollissant et voit dans la tragédie un principe de purification[2]. Mais le maître et le disciple sont d'accord pour affirmer que l'art n'a pas le droit d'être immoral; et ils ont raison. Le devoir est universel et ne fait pas d'acception de personne; il englobe les créations esthétiques au même titre que les autres actions. Et par conséquent l'artiste n'a pas le droit de s'ériger en franc-tireur dans le royaume des esprits. La chose, il est vrai, produit moins de gêne qu'on ne serait tenté de le croire ; car le beau, dans sa plénitude, est toujours bon.

VI

Quels rapports y a-t-il entre la morale et la religion ? C'est un sujet complexe à l'égard duquel Platon a varié son attitude, suivant le point de vue auquel il s'est placé.

Conformément à l'esprit des vieux physiciens, particulièrement de Xénophane, il critique sévèrement la religion traditionnelle. Ce n'est pas qu'à ses yeux, elle ne contienne des idées profondes et bienfaisantes. Mais ces idées ont

---

[1]. VII, 816°.
[2]. Arist., *Polit.*, Θ, 1342ª, 32-1342ᵇ, 1-17. — V. notre *Arist.*, p. 285.

disparu sous une couche épaisse de légendes immorales et de superstitions. Il n'est pas permis d'enseigner que les dieux mentent, qu'ils se font la guerre et se dressent des pièges, qu'ils commettent, comme nous, le meurtre, l'adultère et l'inceste; car, outre que ces récits n'ont rien de vrai, ils sont autant de profanations de la divinité et d'encouragements au mal[1]. Il est également illégitime de se figurer les immortels comme des indigents qui ont besoin, pour leur bonheur, de nos louanges et de nos sacrifices : cette conception de la piété est encore un blasphème. Les dieux sont parfaits; et du même coup ils sont parfaitement heureux : tout le reste leur est inutile[2]. A plus forte raison ne faut-il pas s'imaginer que l'on peut les corrompre avec des prières, des présents ou des incantations. Car alors ils seraient comme « des pilotes qui se laissent gagner par des libations et la graisse des victimes, jusqu'à submerger le vaisseau et les nautoniers »; ou bien encore comme « des chiens qui livrent aux loups le troupeau dont ils ont la garde, pour en avoir leur part ». Et qui pourrait supporter la pensée de semblables assimilations[3] ?

Mais si Platon critique la religion traditionnelle, ce n'est point en vue de supprimer la religion. Il la juge individuellement et socialement nécessaire. D'après le fond même de sa pensée, croire en la justice, c'est croire aux sanctions futures; et ces sanctions supposent les dieux. La morale et la religion sont inséparables : celle-ci accomplit celle-là, et, en l'accomplissant, la rend pratiquement efficace[4]. Aussi se montre-t-il d'une singulière

---

1. V. plus haut, p. 279-280.
2. PLAT., *Euthyphr.*, 12ᵉ et sqq. — On trouve une pensée analogue dans BOSSUET (*Élév. à Dieu*, p. 332-333, éd. Garnier, Paris); et peut-être n'en a-t-il pas mesuré toutes les conséquences.
3. PLAT., *Lois*, X, 905ᵈ-907ᵈ.
4. Id., *Phæd.*, 107 ᶜ⁻ᵈ; — *Rep.*, X, 612ᵉ-613ᵇ; — *Lois*, X, 885ᵃ⁻ᵇ, 887ᶜ,

sévérité dans les peines qu'il édicte contre ceux qui nient l'existence des dieux. « Les juges condamneront... à passer cinq ans au moins dans le Sophronistère[1] quiconque se sera laissé aller par défaut de jugement » à ce genre de scepticisme. Si, au bout de ce terme, le coupable ne s'est pas amendé, « il sera puni de mort ». Quant à ceux qui doubleront leur athéisme de mœurs corrompues, on les reléguera dans « la prison située au milieu des terres; « et, après leur mort, leur cadavre sera jeté sans sépulture hors des limites du sol national »[2].

Comment faut-il donc concevoir la religion? Elle peut revêtir deux formes de valeur inégale : celle que lui donne le sage et celle qui convient au commun des hommes.

Le sage n'admet, comme objet de son culte, que Dieu et les astres, qui sont Dieu devenu visible. Il ne lui offre ni présents ni sacrifices; il ne gémit pas non plus devant lui pour le rendre propice à ses vœux. Dieu se suffit, en vertu même de son immuable excellence; et, par conséquent, il n'a que faire de nos exvoto, de nos chapelles et du sang de nos victimes[3]. Dieu veut le meilleur; c'est la loi de son être auguste, une loi dont il ne peut pas plus déchoir qu'il ne peut se quitter lui-même. Et, dès lors, nos demandes n'ont plus aucun sens : si elles s'accordent avec le plan divin, elles sont superflues; si, au contraire, elles s'en écartent par quelque endroit,

---

905[a-c]; XII 967[d]. — C'est d'ailleurs ce qui se fonde et sur l'idée que Platon se fait de Dieu et sur sa notion de l'âme.

1. Il doit y avoir trois prisons, d'après les *Lois* (X, 908[a]) : une auprès de la place publique; une autre à l'endroit où s'assemble le conseil nocturne et qu'on appelle le Sophronistère; une troisième située au milieu de la contrée, dans un endroit désert, le plus sauvage qu'on pourra trouver.

2. PLAT., *Lois*, X, 908e-909[a].

3. *Id.*, *Euthyphr.*, 12e et sqq. — C'est d'ailleurs ce qui découle de la perfection de Dieu (V. plus haut, p. 168-169).

elles deviennent impies : nous agissons alors comme les sorciers eux-mêmes, qui essaient par leurs incantations d'intéresser le ciel au désordre. Obéir à Dieu et le contempler : voilà toute la religion du sage. Il accepte avec sérénité la douleur et l'infortune, persuadé que c'est la vraie manière de coopérer au progrès de l'ordre universel et par là même au règne de la justice. Il vit avec Dieu par la pensée comme avec « un ami » ; il communie sans cesse à ses perfections et lui devient ainsi de plus en plus « semblable ». Là se borne son culte, parce que là réside l'art véritable de réaliser en soi l'idéal du « bien et du beau »[1].

Il faut au vulgaire quelque chose de moins pur; car il y a très peu d'hommes dont le regard puisse supporter l'éclat de la vérité[2].

Le peuple aura des prêtres, des interprètes et des devins[3].

A la place des légendes traditionnelles, on créera pour son usage un ensemble de mythes qui respectent l'essence et la sainteté de Dieu; il trouvera de la sorte, sous une forme accessible et charmante, les idées que nécessite son avancement moral[4].

On lui permettra la prière de demande, en lui conseillant de ne solliciter que la sagesse[5]. Il y aura pour

---

1. Plat., *Gorg.*, 507ᵉ-508ᵃ; — *Phæd.*, 62ᵇ⁻ᵈ; — *Rep.*, 612ᵉ-613ᵃ; — *Phædr.*, 273ᶜ; — *Theæt.*, 176ᵃ-177ᵃ : φυγὴ δὲ [ἐνθένδε] ὁμοίωσις θεῷ κατὰ τὸ δυνατόν· ὁμοίωσις δὲ δίκαιον καὶ ὅσιον μετὰ φρονήσεως γενέσθαι; — *Lois*, IV, 716ᶜ-717ᵇ : ... καὶ κατὰ τοῦτον δὴ τὸν λόγον ὁ μὲν σώφρων ἡμῶν θεῷ φίλος, ὅμοιος γάρ...; — *Tim.*, 90ᵇ⁻ᵈ. — Une impression qui se dégage de ces textes, c'est que le rôle de la divinité s'est développé, dans Platon, tandis que celui des idées qui dominent tout dans la *République*, est allé en diminuant.

2. *Id.*, *Soph.*, 254ᵇ. .

3. *Id.*, *Lois*, VIII, 828ᵃ⁻ᵈ.

4. C'est ce qu'a fait Platon lui-même : il a voulu remplacer les légendes des poètes par des mythes plus dignes de Dieu et de l'homme, et capables d'incarner en quelque sorte la vérité religieuse et morale (V. plus haut, p. 52-55).

5. Plat., *Lois*, III, 687ᶜ⁻ᵉ.

lui de nombreux sacrifices, et non seulement en l'honneur des dieux proprement dits, mais encore en l'honneur des divinités souterraines, des démons et des héros. Car ce sont là autant de moyens de « communiquer » avec l'éternel exemplaire de la justice, et les seuls que l'on puisse mettre à la portée de la foule[1].

Mais on défendra les pratiques des sorciers avec une impitoyable rigueur, vu qu'elles sont la plus grande injure que l'on puisse faire à l'incorruptible sainteté de Dieu[2] : ceux qui s'en rendront coupables seront envoyés dans la prison du désert et privés des honneurs de la sépulture[3]. La loi prohibera aussi les chapelles privées; car l'expérience a montré qu'elles favorisent « l'extravagance de la superstition » et finissent par devenir des foyers de sorcellerie[4].

Grâce à cette juste alliance de concessions et de réserves, le peuple aussi deviendra meilleur par le culte de la piété : il y trouvera comme une divine influence dont le propre est de fortifier en les rehaussant le sens et l'amour du bien.

VII

Il semble, à voir cette vaste et brillante théorie des mœurs, que la joie de vivre l'emplit tout entière. Au fond, il n'en est rien. Platon a senti de bonne heure la médiocrité des choses humaines; et ce sentiment, une fois éclos dans son âme, n'a fait qu'y grandir avec le nombre

---

1. Plat., *Lois*, IV, 716ᶜ-717ᵇ; VIII, 828ᵃ⁻ᵇ.
2. *Id., Ibid.*, X, 905ᵈ-907ᵈ.
3. *Id., Ibid.*, 909ᵃ⁻ᶜ; — Cf. *Ibid.*, XI, 932ᵉ-933ᵇ (il s'agit ici de la sorcellerie en tant qu'elle peut se traduire par des injustices à l'égard des autres).
4. *Id., Ibid.*, X, 909ᵈ-fin.

des années. Il en vient même par endroits à lui donner un accent d'ironie et de poignante tristesse qui rappelle les *Pensées* de Pascal. Il affirme, dès la période moyenne, que nous habitons une caverne où nous vivons pieds et poings liés, que notre corps est une sorte de geôle, que tout consiste à se délivrer et que par là même la philosophie doit être un commentaire de la mort[1]. D'après son *Phédon*, les grandes vertus et les grands crimes sont également rares; c'est la vulgarité qui forme le trait dominant de la vie[2]. « Le mal, dit-il dans le *Théétète*, ne peut être détruit... C'est une nécessité qu'il circule sur cette terre, et autour de notre nature mortelle. C'est pourquoi nous devons fuir au plus vite de ce séjour à l'autre »[3]. Les *Lois* contiennent des remarques plus sombres encore. En voici quelques-unes qui sont significatives : « Le mal dans l'univers abonde toujours à côté du bien...; il s'y fait une guerre éternelle et qui exige une vigilance étonnante »[4]. « A la vérité, les affaires humaines ne méritent que fort peu d'intérêt »[5]. « Nous ne sommes presque en tout que des automates où l'on trouve à peine quelques parcelles de vérité »[6]. « Les dieux ont-ils fait l'homme pour s'amuser ou dans un dessein sérieux? Nous n'en savons rien[7]. » Et ailleurs cette pensée s'accentue au sens de la misanthropie : L'homme nous est présenté comme « un jouet sorti des mains de Dieu » : « ce qui fait pourtant le meilleur de ses titres »[8]. Même dans le *Timée*, cet hymne enthousiaste

---

1. Plat., *Gorg.*, 523^a-524^e; — *Phæd.*, 62^a-68^b; — *Rép.*, VII, 514^a et sqq.; X, 611-612^a; — *Phædr.*, 250^c.
2. 90^a.
3. 176$^{a\text{-}b}$.
4. X, 906^a.
5. VII, 803^b.
6. 804^b (trad. Cousin).
7. I, 644$^{d\text{-}e}$.
8. VII, 803^a-804^b.

à la beauté de la nature, on trouve çà et là des indices de cette manière de voir. Les cercles de l'âme se sont dérangés, emportés qu'ils étaient par le flux « de l'infini » : elle est devenue la proie de l'erreur « et n'a qu'une part insensible à la divine intelligence »[1].

Platon, dans ces paroles, nous révèle comme un coin de son âme. Sous la sérénité tout apollinienne de son génie, se glisse la grande ombre du pessimisme : il a compris l'incurable insignifiance de notre condition terrestre et il en a souffert. Mais ce n'est pas à dire qu'on le doive tenir pour un ascète; on ne voit nulle part qu'il se soit donné comme un déserteur de la vie [2]. A son sens, elle ne dépend pas de nous : la nature la veut; c'est une nécessité. Et, par conséquent, nous n'avons qu'un parti à prendre, qui est de l'organiser de notre mieux [3]. Travailler au développement de la science, instituer autant que possible le règne de la justice, diminuer ainsi les sources de la souffrance en augmentant celles du bonheur : voilà l'œuvre qu'il faut poursuivre, pour difficile qu'elle soit; on y gagnera toujours d'être de moins en moins malheureux. Là se trouve d'ailleurs l'art de préparer la délivrance finale, celle qui doit nous restituer tout entier à nous-même et nous ramener au spectacle de la vraie beauté.

---

1. 43 a-c, 51e : καὶ τοῦ [τῆς δόξης] μὲν πάντα ἄνδρα μετέχειν φατέον, νοῦ δὲ θεούς, ἀνθρώπων δὲ γένος βραχύ τι.

2. *Phæd.*, 62ᵃ-63ᵇ. — V. plus haut, p. 68-70.

3. *Lois*, VII, 803ᵇ : ἔστι δὴ τοίνυν τὰ τῶν ἀνθρώπων πράγματα μεγάλης μὲν σπουδῆς οὐκ ἄξια, ἀναγκαῖόν γε μὴν σπουδάζειν; — 803ᶜ-ᵈ : ... τὸ δή φαμεν ἡμῖν γε εἶναι σπουδαιότατον· δεῖ δὴ τὸν κατ' εἰρήνην βίον ἕκαστον πλεῖστόν τε καὶ ἄριστον διεξελθεῖν.

CHAPITRE VIII

LA CITÉ

I

Le bonheur est le but où tendent toutes nos actions. Or cette fin des fins, l'individu ne peut l'atteindre, s'il reste isolé. Il lui faut des aliments, des vêtements, un abri contre l'intempérie de l'air ; et la satisfaction de ces besoins, si primitifs qu'ils soient, suppose déjà tout un ensemble d'industries auxquelles un même homme ne saurait suffire : la division du travail devient une nécessité dans le régime de vie le plus simple. Elle s'impose encore davantage, lorsque, en vertu d'un progrès inévitable, le bien-être et le luxe font leur apparition ; elle s'accroît tout naturellement à mesure que l'instinct de la jouissance s'éclaire, s'affine et multiplie ses découvertes [1].

Il ne suffit pas d'ailleurs que l'homme réussisse à se protéger contre la faim et les rigueurs de l'atmosphère. Les individus, aussi longtemps qu'ils demeurent solitaires, sont à eux-mêmes leurs pires ennemis : ils vivent dans un état perpétuel de guerre et de brigandage qui supprime toute sécurité et par là même toute possibilité d'ordre et de développement. Il faut donc qu'il surgisse de quelque manière une force qui dompte les appétits, détermine les droits de chacun et tranche les litiges. Cette

---

1. PLAT., *Rep.*, II, 369[b-d].

force, c'est la loi ; et la loi, c'est la société qui la fait et lui confère son efficacité. L'homme n'arrive à se défendre de « la férocité de l'homme » que par l'institution d'un régime social [1]. Mais la cruauté n'est pas le tout de notre nature ; on ne peut pas même dire qu'elle soit primitive : elle vient en nous du besoin, ou de la cupidité, ou des rixes que fait naître l'indétermination des droits. « Le semblable cherche son semblable » : c'est la loi qui gouverne le ciel et la terre, les dieux et les éléments, les rapports de la pensée à son objet [2] ; c'est aussi la loi fondamentale de notre cœur. D'elle-même et spontanément, la sympathie de l'homme va vers l'homme ; elle y va d'autant plus qu'étant doué d'intelligence, il voit toutes choses sous la forme universelle et possède le don de la parole pour communiquer à autrui ses idées et ses sentiments [3]. Cette tendance si essentiellement humaine, c'est encore la société qui la développe en lui créant son vrai milieu ; elle y trouve la stabilité qui lui est nécessaire, elle s'y fortifie par la culture et la participation au même genre de vie, elle y produit l'amitié proprement dite, qui est comme l'épanouissement et la fleur exquise du bonheur [4].

Platon se fût donc moqué de J.-J. Rousseau comme d'un sophiste, s'il eût connu ses théories sur l'origine de la civilisation. « L'état de nature » est juste le contraire de ce qu'il a dit ; l'état de nature, c'est la forme sociale elle-même. Il n'y en a pas d'autre où l'homme puisse s'accomplir ; il n'y en a pas même d'autre où il puisse vivre ; et, par suite, il n'en a jamais existé d'autre où il ait vécu.

---

1. Plat., *Lois*, IX, 874ᶜ-875ᵃ : προρρητέον δή τι περὶ πάντων τῶν τοιούτων τοιόν δε, ὡς ἄρα νόμους ἀνθρώποις ἀναγκαῖον τίθεσθαι καὶ ζῆν κατὰ νόμους, ἢ μηδὲν διαφέρειν τῶν πάντῃ ἀγριωτάτων θηρίων... — Aristote exprime la même pensée à peu près dans les mêmes termes (*Polit.*, A, 2, 1253ᵃ, 3-9, 27-37).
2. Plat., *Gorg.*, 508ᵃ, 510ᵇ.
3. V. plus haut, p. 267.
4. Plat., *Lois*, III, 693ᵇ, 697ᶜ⁻ᵉ ; cf. *Ibid.*, V, 729ᵈ.

L'hypothèse de l'homme solitaire et bon n'est que l'utopie creuse d'un philosophe de chambre.

Il n'est pas vrai non plus que le but de la société soit la guerre, comme l'ont cru les législateurs de Cnosse, ceux de Sparte surtout. Cette opinion ne peut venir que de la nécessité plusieurs fois séculaire où l'on s'est trouvé de combattre sans cesse des ennemis toujours disposés à l'attaque [1] ; c'est une longue habitude que la réflexion détruit. La guerre fait partie du « nécessaire », comme l'esclavage et la satisfaction des besoins corporels : c'est un moyen. On se bat pour avoir la paix et l'indépendance ; et ces deux biens, si précieux qu'ils puissent être, ne sont eux-mêmes que des conditions qui permettent à la cité de poursuivre l'œuvre de sa propre organisation, d'acquérir une vie plus pleine et plus harmonieuse et par là même de réaliser une plus grande somme de bonheur [2].

Cependant, ce bonheur ne saurait être complet. Sans doute, il dépasse infiniment les jouissances brutales et précaires que pourrait se procurer un individu placé en dehors de tout ordre social ; il demeure toujours perfectible : c'est le maximum pratique de joie auquel l'homme peut s'élever. Mais ce maximum n'atteint jamais l'absolu. En échange des avantages que la société nous accorde, elle nous impose toute une série d'obligations qui sont autant de restrictions plus ou moins graves de notre liberté personnelle. Les guerriers, pour être utiles, doivent se soumettre au joug d'une discipline austère ; et le sage est contraint de redescendre de temps à autre dans « la caverne », afin d'exercer les charges que requiert la marche de l'État. On n'a de bonheur qu'autant que l'on

---

1. Quand on lit dans les *Lois* (Ier livre, 625e et sqq.) la description de la constitution crétoise, on a l'impression vive qu'elle a été dictée tout entière par le besoin de lutter contre des peuplades féroces et toujours en armes : le milieu dont elle est sortie, explique à la fois son but et son caractère.

2. PLAT., *Lois*, I, 625^c-632^d ; III, 682^e et sqq. ; VI, 770^c-771^a ; VII, 803^d, 817^b.

donne de soi-même à la cité; et ce don est de son côté une soustraction de bonheur[1].

Il y a donc dans l'état social, et d'après Platon luï-même, une sorte de conflit de fond entre le tout et ses parties; l'harmonie n'y peut être complète. Du moins ne l'est-elle que si le citoyen trouve dans le sacrifice qu'il fait de lui-même à l'ordre général une joie de l'intelligence assez pleine pour lui suffire. Encore cette joie ne supprime-t-elle pas toute la difficulté. Supposé en effet qu'elle existe, la diminution de l'individu devient rationnelle; mais elle n'en demeure pas moins, et la finalité ne s'achève pas sur la terre. « Le mal ne cessera pas, ô Théodore..., cette nature mortelle et cette région de l'univers, il les enveloppera toujours[2]. »

II

Le but de la société est de procurer aux citoyens le plus de bonheur possible; et ce but se réalise par la justice[3]. C'est prouvé par les analyses que l'on a faites plus haut, à propos du bien moral : la justice, c'est l'ordre dans l'individu et par là même dans le corps social tout entier; or de l'ordre la joie jaillit comme d'un lis sa fleur. Cette vérité de fond s'établit d'ailleurs à la lumière du passé. La ligue dorienne, fondée sur des clauses sages et précises, soutenue d'une armée supérieure à celle qui avait vaincu les Troyens, présidée par trois frères et encouragée par les oracles, semblait réunir toutes les conditions voulues pour être durable; on la vit cependant se

---

1. PLAT., *Rep.*, IV, 419^a-421^c.
2. *Id.*, *Theæt.*, 176^a.
3. *Id.*, *Rep.*, IV, 428^b-434^c; IX; — *Politic.*, 271^c-273^c; — *Lois*, I, 631^b-632; IV, 705^d-706^a, 707^d, 713^b-714^b, 716^{a-b}; — VI, 770^c-771^a; VII, 817^b.

dissoudre au bout d'un certain temps, et parce que la guerre en était le but unique. Cnosse et Sparte sont également tombées pour n'avoir cru qu'à la vertu militaire [1]. Si l'empire de Cyrus disparut avec Cambyse et celui de Darius avec Xerxès, c'est que ces princes n'avaient nullement songé à l'éducation morale de leurs fils [2]. Athènes elle-même, si forte et si brillante à l'époque des guerres médiques, s'est bientôt après grisée d'indépendance et le châtiment n'a pas tardé à se faire sentir : l'excès d'individualisme a livré aux « tyrans » les vainqueurs de Marathon [3].

III

Le bonheur se réalise par la justice ; et la justice elle-même requiert tout un ordre de moyens que l'on peut appeler les conditions sociales du bonheur.

Le territoire de l'État doit avoir autant de fertilité qu'il en faut pour nourrir ses habitants, et pas plus. S'il est trop pauvre, la population se porte vers la mer, afin d'aller chercher au loin les biens qui lui manquent ; s'il est trop riche, elle s'y porte aussi, pour utiliser le surplus qu'elle possède. Dans les deux cas, c'est le commerce qui fait son apparition et tend à se développer [4]. Or le commerce ne vaut rien pour une cité dont le but principal est de conquérir la vertu. Il introduit la soif du gain et l'estime de la fortune [5] ; il donne aux habitants « un caractère double et frauduleux : ce qui bannit la bonne foi et la

---

1. PLAT., *Lois*, III, 683ᵉ-690ᵇ ; — Cf. *Ibid.*, I, 625ᶜ-631ᵇ, 637ᵇ⁻ᶜ, 639ᵈ, 641ᵉ ; III, 691ᵉ-692ᵇ, 696ᵃ. Il est visible, d'après ces divers passages, que Platon, comme Socrate et Xénophon, a une vraie sympathie pour la constitution spartiate.
2. *Id.*, *Lois*, III, 694ᵃ-696ᵃ.
3. *Id.*, *Ibid.*, 698ᵃ-702ᵇ.
4. *Id.*, *Ibid.*, IV, 704ᶜ-705ᶜ ; — Cf. *Rep.*, IV, 422ᵉ-423ᵇ
5. *Id.*, *Lois*, IV, 705ᵇ⁻ᵈ, 707ᵃ⁻ᵇ.

cordialité des rapports qu'ils ont, soit entre eux, soit avec les étrangers »[1]. « Ils y prennent cette habileté misérable qui ne sert qu'à duper les autres, comme nous le constatons chez les Égyptiens, les Phéniciens et beaucoup d'autres nations, devenues ce qu'elles sont par la bassesse de leurs métiers et des moyens qu'elles emploient pour s'enrichir [2]. » Il est également désirable que le territoire de l'État soit heureusement situé. La configuration du sol, la chaleur, les vents, les eaux et les aliments que fournit la terre : ce sont là autant de causes qui influent sur le caractère des nations et tendent à leur donner un génie plus ou moins heureux. N'est-ce pas au bonheur de son milieu physique que la Grèce doit en grande partie le privilège d'être le plus vaillant, le plus spirituel et le plus humain des peuples [3] ?

Il n'est pas bon que la capitale se trouve trop près de la mer, et pour la raison que l'on vient de fournir un peu plus haut [4]. Il faut la mettre à l'abri des dangers du commerce, ce principe d'abaissement moral et de corruption. Le meilleur est de la placer « au milieu du pays »[5]. On l'y bâtit en cercle et sur un monticule, « tant pour la sûreté que pour la propreté »[6]. Au cœur de la ville, on élève l'Acropole, qu'il faut entourer de murailles comme d'une cuirasse protectrice [7]. De cet endroit, ainsi que d'un centre, on divise la cité et le territoire en 12 parties que l'on fait plus petites quand elles sont de bonne terre, plus grandes quand elles sont de mauvaise, dans le dessein de maintenir l'égalité. Chacune de ces 12 parties doit se

---

1. PLAT., *Lois*, IV, 705^a.
2. *Id., Ibid.*, V, 747^{c-d}.
3. *Id.*, 747^{d-e}.
4. *Id., Ibid.*, IV, 704^{a-c}.
5. *Id., Ibid.*, V, 745^b.
6. *Id., Ibid.*, VI, 778^a.
7. *Id., Ibid.*, V 745^{b-c}.

diviser à son tour en 420 segments : ce qui donne en tout 5040 portions. De chacune de ces portions, il convient de faire deux parts que l'on joint ensemble pour former le lot de chaque citoyen, l'une proche, l'autre loin de la ville [1], afin d'obtenir qu'en cas de guerre tous aient le même intérêt à défendre la patrie [2]. A ce partage territorial, où l'on a mis le plus d'égalité possible, il faut faire correspondre le classement même des personnes en tribus, phratries, dèmes, bourgs et foyers [3]. Pourquoi ce genre de division plutôt qu'un autre? On en peut fournir deux raisons. D'abord, le nombre 5040 est pratiquement le plus commode, « vu qu'il a pour diviseurs tous les nombres depuis l'unité jusqu'à 12, hormis 11 » [4]. En outre, voici, ce que l'on découvre en regardant à la manière dont il se constitue : 12 est le nombre des tribus; 420, le multiple de 12 par 35, est le nombre des portions qui composent chaque tribu ; et 5040, le multiple de 420 par 12, le total des portions. 12 est donc comme le motif qui va et vient à travers tous les modes du partage social : c'en est la forme. Or ce nombre « correspond aux mois et représente la révolution annuelle de l'univers ». Et, par suite, on peut y voir « un principe divin », qui donne à l'État d'autant plus d'ordre et de stabilité qu'il en participe davantage [5].

Il faut fortifier les frontières, y creuser des fossés, y construire des redoutes et des tours [6]. Mais à l'égard des

1. Plat., *Lois*, V, 745c-d.
2. Aristote, sur ce dernier point du double lot, est d'accord avec Platon (*Polit.*, VII, 1330ᵃ, 14-15).
3. Plat., *Lois*, V, 746d.
4. *Id., Ibid.*, VI, 771ᵉ.
5. *Id., Ibid.*, V, 746d-747; VI, 771a-c; VIII, 848c; — Cf. *Rep.*, VIII, 546a-d. — On peut aller plus loin, je crois, en suivant la pensée de Platon jusqu'au bout : 12 est lui-même le multiple de 3 par 4 : ce qui nous ramène aux proportions de la pyramide de Macrobe. La cité est un instrument de musique comme l'univers. Pythagore domine partout.
6. *Id., Lois*, VI, 760e-761a.

murailles de la ville, le plus sage est de suivre l'exemple de Sparte, de « les laisser dormir couchées en terre et de ne point les relever ». « Une enceinte de murailles est chose fort nuisible à la santé des habitants », plus nuisible encore à leur courage; elle leur donne une certaine habitude « de chercher leur salut, non dans l'énergie qui veille nuit et jour, mais derrière des remparts et des portes où l'on croit pouvoir s'abandonner sans crainte au sommeil [1] ».

« La division que nous venons de faire de la cité et de son territoire, ces habitations placées les unes vers le milieu, les autres vers les extrémités, tout cela passera peut-être pour un songe : on dira que nous pétrissons la ville et les citoyens comme un morceau de cire. Et ces réflexions ne sont pas dépourvues de sens. » Mais il convient aussi de se rappeler que le législateur est une sorte d'artiste qui a le droit « de suivre son idée jusqu'au bout », d'y réunir tout ce qu'elle comporte « de plus beau et de plus vrai », sauf à voir ensuite dans quelle mesure elle peut s'adapter aux conditions de la vie. Son œuvre n'est qu'une limite dont il faut se rapprocher toujours, mais que l'on n'atteint jamais [2].

A l'égard des personnes, la première tâche qui s'impose est d'épurer la population. Il y a des individus qui ne se laissent réduire à l'ordre ni par les conseils ni par la contrainte, dont leur nature dépravée fait des êtres radicalement insociables. Ceux-là, il faut d'abord les découvrir, puis en délivrer l'État; ils ne peuvent qu'y propager à l'indéfini le trouble, l'inquiétude et la discorde. Mais il est humain de ne leur faire du mal que dans la mesure

---

1. PLAT., *Lois*, VI, 778^d-779^a. Aristote critique son maître d'avoir cru qu'il ne faut pas fortifier la capitale (*Polit.*, VII, 11, 1330^b, 32 et sqq.).
2. PLAT., *Lois*, V, 745^e-746^d.

du nécessaire et de procéder par degrés à leur endroit. La cure la plus douce est de les congédier avec bienveillance, « sous le prétexte honnête de fonder ailleurs une colonie ». Ensuite, on a recours à l'exil violent, et enfin à la mort, quand il le faut. Le mal qu'il convient de combattre avec cette énergie, peut d'ailleurs se produire au cours de la vie sociale, quelque soin qu'on prenne de l'éviter. Et toutes les fois qu'il se manifeste, le bien public exige que l'on y remédie de la même façon ; c'est « une plaie de l'État » qui en vient avec le temps à le gangrener entièrement [1].

L'épuration faite, il faut organiser les éléments qui demeurent ; et Platon exprime à ce sujet deux manières de voir assez différentes, mais qui s'expliquent l'une et l'autre par le système politique dont elles dépendent.

D'après la *République*, on discerne dans l'État trois besoins dominants : il faut qu'il se gouverne, qu'il se protège soit contre les ennemis du dehors soit contre ceux du dedans, et qu'il pourvoie à sa subsistance quotidienne [2]. A ces besoins correspondent trois classes sociales : celle des chefs ou archontes [3], celle des guerriers [4], celle des laboureurs et des artisans [5]. Il en va donc de l'État comme de l'âme humaine, qui contient aussi trois fonctions prin-

---

1. PLAT., *Politic.*, 308e-309a ; — *Lois*, V, 735b-e. — Dans le *Politique*, Platon ne parle que de peines graves, d'exil et de mort. C'est dans les *Lois* qu'il introduit la gradation de contraintes dont on parle ici. Il s'est adouci en vieillissant et semble se rapprocher de nos idées actuelles sur la pénalité. — Cf. *Rep.*, II, 372b.

2. III, 374a et sqq. ; Cf. 369e, 412b, 413c.

3. ἄρχοντες ou τὸ προεστός (IV, 428e), Βασιλεῖς (VIII, 543a) ; Platon les appelle aussi φύλακες παντελεῖς, τέλειοι (III, 414b ; IV, 428d ; cf. 415e), ou simplement φύλακες, tantôt en comprenant également sous ce mot les guerriers (V, 463b et sqq.), tantôt en ne désignant que les gouverneurs eux-mêmes (428d, 434c).

4. Φύλακες, ἐπίκουροι, προπολεμοῦντες (*Rep.*, IV, 423a, 429b, 442b ; VIII, 547d ; *Tim.*, 17c) ou στρατιῶται (*Rep.*, III, 398b ; IV, 430a ; V, 470a).

5. Γεωργοὶ καὶ δημιουργοί (*Rep.*, III, 415a) ; δῆμος (V, 463a) ; μισθοδόται καὶ τροφεῖς (*Ibid.*) ; ἀρχόμενοι (IV, 431c).

cipales, de valeur diverse et subordonnées les unes aux autres : l'intelligence, le courage et le désir physique. L'État n'est qu'une expansion de la vie individuelle [1]. Par contre, on peut y voir une sorte de microcosme ; car l'univers enveloppe également trois principes qui font son éternelle beauté : à savoir l'idée elle-même, l'âme et la matière, cette inépuisable nourrice, cette mère de la nature dont tout procède pour y rentrer ensuite [2].

Chacune de ces classes doit remplir sa fonction sans jamais empiéter sur celles des deux autres : c'est en cela que réside l'ordre ; c'est là ce qui constitue la justice [3]. Et de ce principe dérive une série de conséquences importantes.

Les chefs ou gouverneurs sont seuls à s'occuper de la direction de l'État : ils légifèrent sur tout, administrent tout d'eux-mêmes ; leur pouvoir est absolu.

Par suite, ni les laboureurs et artisans, ni même les guerriers ne possèdent de droits politiques. Les guerriers forment une armée permanente dont le but unique est d'exercer le métier des armes ; ils vivent en commun de la solde que l'État leur procure, et ne peuvent posséder ni maison ni or ni argent. De leur côté, les laboureurs et les artisans se nourrissent du fruit de leur travail [4] ; mais ils n'ont qu'un rôle, qui est de fournir au corps social les aliments et les instruments dont il a besoin [5].

Les chefs d'État doivent être des philosophes [6] ; la vertu

1. PLAT., *Rep.*, II, 368ᵉ ; IV, 428ᵉ, 434ᵉ et sqq. ; IX, 588ᵉ et sqq.
2. V. plus haut, p. 187 et sqq.
3. PLAT., *Rep.*, II, 370ᵉ, 374ᵃ ; IV, 433ᵃ et sqq., 435ᵇ ; Cf. III, 415ᵇ. — Cf. *Lois*, VIII, 846ᵈ-847ᵇ (même défense, et très sévère, d'exercer plusieurs fonctions).
4. Même règle pour les artisans dans les *Lois* (XI, 920ᵉ-921ᵉ) ; de plus, d'après ce dialogue, il y a une part pour eux dans la distribution des vivres et autres productions du sol (VIII, 847ᵉ-848ᵉ).
5. PLAT., *Rep.*, II, 374ᵃ⁻ᵉ.
6. *Id.*, *Ibid.*, V, 473ᵉ et sqq. ; VI, 484ᵃ-487ᵇ et aussi le reste de ce livre ; VIII, 543ᵃ ; — *Politic.*, 259ᵉ-261ᵉ ; — *Tim.*, 18ᵃ.

commune ou d'opinion suffit aux guerriers; les laboureurs et les artisans sont une quantité négligeable : il n'y a pas à s'en occuper.

Cependant, ces sortes de castes ne sont pas entièrement closes; de l'une à l'autre il peut y avoir passage. Il surgit parfois des êtres dégénérés dans « la race d'or », et des natures supérieures dans « la race d'argent » ou « celle de fer ». Il convient alors de mettre le semblable en compagnie de son semblable : ainsi le veulent la justice et l'intérêt de la République [1].

Dans les *Lois,* la question des classes se présente sous un jour tout autre, et parce que le système politique préconisé en cet ouvrage est aussi très différent. La première n'existe plus [2]; la troisième a disparu aussi, puisque l'agriculture et les arts sont confiés soit à des esclaves soit à des étrangers [3]. Il ne reste qu'un ensemble de citoyens dont l'éducation est en substance celle des guerriers de la *République* [4].

Au-dessous des classes, et de quelque manière qu'on les entende, vient la catégorie des esclaves. Or Platon ne songe pas, comme Aristote, à construire une thèse pour légitimer leur existence [5]. Sa manière de voir a quelque chose de plus compréhensif et de plus humain. A ses yeux, l'esclavage est une nécessité regrettable [6]. Il faut se garder d'ailleurs de mépriser outre mesure ceux qui subissent ce genre de vie. S'ils ont une allure vile et des sentiments grossiers,

---

1. PLAT., *Rep.*, III, 415^{a-d}.
2. XII, 963^a-fin : le programme d'éducation des chefs s'arrête au seuil de l'idéologie.
3. *Id., Ibid.*, VIII, 846^d, 849^b; XI, 919^{d-e}; même conception aristocratique du citoyen dans Aristote (V. notre *Aristote,* p. 340).
4. V. sur ce point HERMANN, *De vestigiis institutorum veterum imprimis atticorum, Per Platonis de legibus libros indagandis*, p. 9, Marb., 1836.
5. V. notre *Aristote,* p. 340-341.
6. PLAT., *Lois*, VI, 777^b.

s'ils possèdent moins d'intelligence et de bonté que les autres hommes [1], le fait s'explique en grande partie par la besogne qui leur est imposée, plus encore par les mauvais traitements dont nous les accablons [2] : c'est nous qui les faisons tels ; en général au moins, leur bassesse et leur perversité sont notre œuvre. De plus, ces vices qu'on leur reproche avec tant d'amertume, sont loin de s'étendre à tous les individus. Il y a des esclaves où l'excellence de la nature humaine garde encore ses droits. « Ne s'en est-il pas rencontré, et beaucoup, qui ont montré plus de dévouement que des frères et des fils, qui ont sauvé à leurs maîtres la vie, les biens et toute leur famille [3] ? »

Par le fait même que la condition des esclaves est naturellement fausse, elle devient un danger quotidien et contre lequel on n'a souvent que des garanties inefficaces. « C'est ce que l'expérience a montré plus d'une fois : les révoltes incessantes des Messéniens, les maux dont souffrent les États qui possèdent beaucoup d'esclaves parlant la même langue, et encore ce que l'on raconte de l'Italie où des vagabonds exercent toute sorte de brigandages », sont à cet égard des preuves trop éloquentes [4]. « La difficulté est moindre pour les Mariandyniens [5], esclaves des habitants d'Héraclée, et pour ceux de Thessalie appelés Pénestes [6]. » Mais, même dans ces pays, le péril et l'in-

---

1. Plat., *Rep.*, IX, 590ᶜ⁻ᵉ.
2. *Id.*, *Lois*, VI, 776ᵉ-777ᵃ : ... κατὰ δὲ θηρίων φύσιν κέντροις καὶ μάστιξιν οὐ τρὶς μόνον ἀλλὰ πολλάκις ἀπεργάζονται δούλας τὰς ψυχὰς τῶν οἰκετῶν.
3. *Id.*, *Ibid.*, 776ᵈ⁻ᵉ.
4. *Id.*, *Ibid.*, 777ᶜ.
5. V. sur les Mariandyniens : Arist., *Polit.*, H, 6, 1327ᵇ, 11-15 ; Strab., XII, 2-4, p. 464, éd. Müller et Teubner, Paris, 1853 ; Athen., VI, 84, p. 263 ; Pausan., V, 26, 7, p. 271, éd. L. Dindorf, Paris, 1855. — Consulter, pour plus de détails, Stallb., *Lois*, t. XI, p. 203.
6. Plat., *Lois*, VI, 776ᵇ⁻ᵈ. — V. Athen., VI, 85, 264. — Chez les Hébreux, la condition des esclaves était plus douce encore (V. L. Germain Lévy, *La famille dans l'antiquité israélite*, p. 83-90, Paris, 1905).

quiétude qu'engendre l'esclavage, sont loin d'être entièrement conjurés.

Si l'on ne peut supprimer le mal, on peut du moins le diminuer; et l'on a deux moyens d'y réussir. Le premier est de choisir des esclaves de langue et de nationalité différentes, afin qu'ils soient moins portés à conspirer entre eux. Le second est de les traiter toujours d'une manière raisonnable. Le fouet et les étrivières ne suffisent pas à les réduire; il y faut un certain mélange de douceur et de sévérité. Le meilleur est « d'être juste à leur endroit, plus juste, s'il se peut, qu'envers des égaux »; de ne jamais plaisanter avec eux, comme on le fait trop souvent; et de les punir quand il le faut et dans la mesure où il le faut. Encore importe-t-il, en ce dernier cas, de rester toujours maître de soi-même, afin de leur faire sentir que, si on les châtie, ce n'est point par méchanceté [1].

Même affranchi, l'esclave ne devient pas totalement libre. Il reste encore soumis à certaines obligations envers son maître : il doit aller trois fois le mois lui offrir ses services; il ne peut se marier sans son agrément; et, si sa fortune vient à dépasser celle de son patron, c'est ce dernier qui a droit au surplus [2]. L'État, de son côté, a des rigueurs spéciales pour l'affranchi; la Loi le traite comme un étranger : il ne doit pas demeurer plus de vingt ans dans le pays, à moins d'en obtenir la permission des magistrats et de son maître. Supposé de plus que ses biens s'élèvent « au delà du troisième cens », il est contraint, sous peine de mort et de confiscation, « à sortir du territoire avec tout ce qu'il possède » [3]. L'esclave n'acquiert jamais l'indépendance complète, celle

---

1. PLAT., *Lois*, VI, 777^d-778^a; — Cf. *Rep.*, IX, 590$^{c\text{-}o}$.
2. *Id., Ibid.*, XI, 915^a.
3. *Id., Ibid.*, 915^b.

qui caractérise le citoyen; la marque qu'il porte est indélébile. Et l'on comprend qu'il en soit ainsi : non seulement l'esclave est un être inférieur[1], ou qui, du moins, a trop obéi pour savoir se conduire par lui-même; mais encore son entier affranchissement serait un danger social.

Il ne suffit pas de classer les habitants de la cité; puisque le terme de la vie est la mort, il faut obtenir qu'ils se perpétuent : à tout législateur se pose la question du mariage. Platon l'a résolue de deux manières très différentes par certains points, et cependant partout animées du même esprit.

La nature veut le mariage; elle le veut d'un désir fondamental et dominateur. Car le but qui l'intéresse avant tout, c'est d'atteindre l'immortalité dans la beauté; et, pour y réussir, elle n'a pas d'autre moyen que l'union des sexes. Par suite, « c'est un crime à tout homme » que « de refuser de prendre une femme et d'avoir des enfants ». Mais l'union des sexes, abandonnée à elle-même, ne peut que conduire aux plus graves abus, l'expérience l'a déjà trop fait voir. Le besoin qui la provoque est « violent » : « l'homme, à son approche, est saisi d'une fièvre intense qui le transporte hors de lui-même et le brûle d'une ardeur effrénée. » Il lui faut donc une règle qui dépasse l'individu et ne peut être imposée que par l'autorité sociale : c'est à l'État de légiférer sur le mariage[2]. Bien plus, l'État est lui-même d'institution naturelle; vu qu'il n'y a d'ordre et de bonheur qu'en lui et par lui. Or il ne se peut maintenir qu'à condition de remplir les vides que la mort y fait sans relâche, et avec des recrues qui lui soient utiles. Et, s'il est ainsi, le mariage n'accomplit véritablement le vœu de la nature

---

1. PLAT., *Politic.*, 309ᵃ : τοὺς δ' ἐν ἀμαθίᾳ τ' αὖ καὶ ταπεινότητι πολλῇ κυλινδουμένους εἰς τὸ δουλικὸν ὑποζεύγνυσι γένος [ἡ βασιλικὴ ἐπιστήμη].
2. *Id., Lois*, IV, 721ᵃ⁻ᵈ; VI, 783ᵃ.

qu'autant qu'il concourt à l'intérêt social. L'État qui est sa règle, est aussi sa fin[1].

Tels sont les principes qui dominent la question. Reste à savoir comment il convient de les appliquer.

Civilement, le mariage est obligatoire : c'est la loi. Et quiconque y sera rebelle, paiera chaque année telle ou telle somme, « afin qu'il ne s'imagine pas que le célibat soit un état commode et avantageux ». De plus, « il n'aura aucune part aux honneurs que la jeunesse rend chez nous à ceux d'un âge plus avancé » : « personne ne lui témoignera le moindre respect ni la moindre déférence »[2].

Le mariage doit se faire, pour les hommes, de trente à trente-cinq ans et, pour les filles, de seize à vingt ans[3].

Il y aura des divertissements et des danses où les garçons et les jeunes filles pourront « se voir et laisser voir dans toute la nudité que permet une sage pudeur », « et sous la surveillance des chorèges[4] » : c'est ainsi qu'ils trouveront l'occasion de se connaître les uns les autres. Mais ces précautions ne suffisent pas, puisque le mariage se fait principalement « en vue de l'utilité publique ». Il faut associer les modérés aux violents, afin d'obtenir cet heureux tempérament de douceur et de hardiesse qui est la disposition la plus favorable à la vertu[5]. Il faut surtout écarter les faibles et les maladifs, et n'accepter que les forts; car la faiblesse et la maladie se transmettent avec le sang et vont se multipliant à l'indéfini, tandis que le but de l'État est de se créer une race de plus

---

1. Plat., *Rep.*, V, 459^{a-e}; — *Lois*, VI, 773^{b-c} : καὶ κατὰ παντὸς εἷς ἔστω μῦθος γάμου· τὸν γὰρ τῇ πόλει δεῖ συμφέροντα μνηστεύειν γάμον ἕκαστον, οὐ τὸν ἥδιστον αὑτῷ...; — *Ibid.*, 783^{d-e}.
2. *Id.*, *Lois*, IV, 721^{a-d}; VI, 774^{a-c}.
3. *Id.*, *Ibid.*, IV, 721^b; VI, 772^e, 785^b; — Cf. *Rep.*, V, 460^e-461^a.
4. *Id.*, *Ibid.*, VI, 771^c-772^a.
5. *Id.*, *Politic.*, 310^b; — *Lois*, VI, 773^{a-e}.

en plus saine et vigoureuse. On pratique la sélection dans l'élevage des chiens et des chevaux; elle s'impose quand il s'agit de l'homme : c'est alors surtout qu'il convient, pour protéger l'espèce, d'être impitoyable à l'individu [1].

Le mariage lui-même revêt deux aspects très distincts, suivant qu'il est question de la *République* ou des *Lois*. Dans le premier de ces deux dialogues, Platon admet une certaine communauté des femmes [2]. Les unions sont faites par les chefs de l'État et ne persistent que dans la mesure où il le faut pour qu'elles soient fécondes. Le succès obtenu, les deux conjoints redeviennent étrangers l'un à l'autre comme si rien n'avait eu lieu. Bien plus, tout est disposé de façon qu'ils ne reconnaissent jamais leurs enfants. A peine ont-ils vu le jour qu'on les enlève pour les porter dans une crèche publique lorsqu'ils sont bien faits, ou pour les étouffer secrètement lorsqu'ils sont difformes [3]. On n'imagine rien de plus violemment contraire aux sentiments les plus profonds de la nature humaine; et cependant Platon est en plein dans la logique de son sujet. Pour que l'État produise le bonheur, il faut qu'il soit bien ordonné; il a d'autant plus d'ordre qu'il est plus un; il est d'autant plus un qu'il renferme moins de principes de discorde. Et le vrai principe de discorde est dans le *mien* et le *tien;* il est dans la propriété, celle de la femme surtout, à laquelle nous tenons par tant d'attraits divers et si puissants [4]. C'est en poussant sa généreuse pensée jusqu'au bout, que l'Homère de la sagesse arrive à la plus triste des utopies.

Les *Lois* sont plus humaines et plus gaies. Le mariage

---

1. PLAT., *Rep.*, V, 459a-e.
2. *Id., Ibid.*, IV, 423e-424a; V, 449c-d, 450b-c; VIII, 543a-b.
3. *Id., Rep.*, V, 459a-460d, 461c-e.
4. *Id., Ibid.*, 462a et sqq., 466c-d, 471c.

traditionnel et la famille s'y trouvent rétablis. Mais c'est comme à contre-cœur ; c'est parce que, dans cet ouvrage, l'auteur parle pour de simples hommes, non plus pour des « dieux ou des enfants de dieux ». Au fond, le même esprit demeure : on y sent le même besoin de tout immoler à l'État, afin d'obtenir une harmonie plus forte et plus durable[1]. La justice, la justice : voilà ce qu'il faut conquérir, voilà ce qu'il faut affirmer ; et, pour cela, en vue de ce bien suprême, toute marque d'individualisme doit disparaître à jamais.

C'est ce que l'on voit sous un autre jour, lorsqu'on passe de la question du mariage à celle de l'éducation. Le but de l'éducation est d'obtenir le développement harmonieux de toutes nos facultés, c'est de « donner au corps et à l'âme le plus de beauté et de perfection possible » : elle enveloppe notre nature entière et l'élève dans l'eurythmie jusqu'à son achèvement[2]. L'idée que Platon s'en fait n'a donc rien d'ascétique ; elle n'a rien non plus de ce qu'on appelle aujourd'hui l'anglo-saxonisme, cette sorte d'ivresse d'énergie brutale. Si la pensée y domine, c'est simplement parce qu'elle contient à la fois l'idéal et le principe de tout ordre ; et si l'organisme y prend place, c'est dans la mesure où il est l'instrument et le resplendissement sensible de l'âme : Platon conçoit l'homme parfait à la manière dont Phidias comprenait ses statues. Mais l'on se tromperait de beaucoup, si l'on venait à se figurer qu'il s'agit ici de l'homme, ou même

---

1. PLAT., *Lois*, IV, 721^{a-d} ; VI, 771^a-776^b ; IX, 855^a ; V, 740^{b-c} ; VIII, 841^{d-e} ; IX, 874^{b-c} ; XI, 929^c-930^a. Ces différents passages représentent la manière dont Platon comprend, dans les *Lois*, l'institution du mariage, sa stabilité et les cas de divorce ; on y voit aussi combien il est préoccupé de tout subordonner à l'intérêt de l'État. Cf. A. BOXLER, *Précis des instit...*, p. 70, Paris, 1903.
2. *Id.*, *Rep.*, IX, 590^c ; — *Lois*, II, 653^{b-c} ; VII, 788^c ; — Cf. *Tim.*, 47^{a-e}, 87^a-90^d.

du Grec, considéré en général ; il s'agit de l'habitant de telle ville : il est question du citoyen[1].

A l'œuvre de l'éducation président certaines idées directrices, qui en sont pour ainsi dire la forme.

Il faut s'y prendre de bonne heure. Car l'âme des enfants est comme de la cire : les impressions s'y gravent en empreintes indélébiles et tendent à orienter dans leur sens le reste de la vie[2]. Il convient donc que l'âge le plus tendre soit à l'abri de toute sensation malsaine, de tout plaisir et de toute douleur exagérés[3]. Il est même bon que les femmes, pendant leur grossesse, évitent avec soin les émotions trop vives ; car ces secousses pénètrent jusqu'au fruit qu'elles portent dans leurs entrailles et s'y traduisent sous forme d'affections durables[4]. Dès que le sens moral s'éveille, il devient opportun d'en commencer la culture. Celui qui veut être un habile architecte « s'amuse, dès ses premiers ans, à bâtir de petits châteaux » ; et celui qui veut être un bon laboureur, à remuer la terre. Ainsi de l'enfant pour ce qui concerne l'acquisition de la justice. Il faut, par une discipline bien entendue, l'y dresser avec persévérance, à partir du moment où ses facultés permettent un travail de ce genre[5].

Telle est la première règle à suivre. Une autre, qui n'a guère moins d'importance, consiste à ne pas rebuter l'enfant. Ce qu'il doit acquérir avant tout, c'est l'amour du bien. Il n'acquiert ce sentiment que dans la mesure où il s'intéresse à son auguste objet ; il ne s'y intéresse qu'autant qu'on sait le lui rendre agréable. La douceur,

---

1. PLAT., *Lois*, I, 643ᵉ-644ᵃ : ... τὴν δὲ πρὸς ἀρετὴν ἐκ παίδων παιδείαν, ποιοῦσαν ἐπιθυμητήν τε καὶ ἐραστὴν τοῦ πολίτην γενέσθαι τέλεον, ἄρχειν τε καὶ ἄρχεσθαι ἐπιστάμενον μετὰ δίκης;...

2. *Id.*, *Rep.*, II, 377ᵇ ; III, 403ᵈ ; — *Lois*, II, 653ᵇ ; VII, 802ᶜ⁻ᵈ.

3. *Id.*, *Lois*, VII, 792ᵇ⁻ᵉ.

4. *Id.*, *Ibid.*, 792ᵉ (Malebranche fait à propos de l'imagination une remarque analogue).

5. *Id.*, I, 643ᵇ⁻ᵈ.

l'affection, les encouragements, un heureux choix d'exercices : voilà les principaux stimulants de l'éducation ; la contrainte n'y peut avoir qu'un rôle secondaire[1].

Il importe aussi de procéder par degrés, en suivant la nature elle-même. La première tâche qui s'impose à cet égard, est de faire naître par la pratique tout un ensemble de bonnes habitudes ; c'est de plier la machine[2]. Puis, on éclaire l'esprit et de plus en plus, à mesure que la personnalité de l'élève se développe et s'affermit[3].

Enfin, pour que ces divers moyens acquièrent toute leur efficace, il convient de préparer aux âmes comme « un milieu hygiénique ». On leur crée une sorte d'atmosphère morale où rien ne vienne ni les ternir ni les affaiblir, qui les pénètre sans cesse d'une saine et forte influence et s'y traduise à leur insu par un amour croissant du beau[4].

On voit que Platon a déjà une idée assez nette des principes dominants de l'éducation. Il y ajoute un programme dont la substance est traditionnelle, mais où tout se précise et se transforme.

Il distingue deux espèces d'enseignements, dont l'un est primaire et l'autre supérieur : à savoir la chorée[5] et la dialectique. Or cette distinction était devenue nécessaire, il est vrai ; elle correspondait au développement des esprits. On peut dire également que les sophistes l'avaient préparée. Mais Platon est le premier qui l'ait faite d'une manière formelle.

---

1. PLAT., *Lois*, I, 643^{b-d}. Les textes de Platon sont d'ailleurs tout pleins de cet esprit de bonté.
2. Platon n'a pas commencé par croire à la nécessité de plier d'abord la machine. Nous donnons ici la forme définitive de sa pensée.
3. PLAT., *Rep.*, III, 401^a, 402^a; VII, 518^c-519^c ; — *Lois*, II, 653^{b-c}.
4. *Id.*, *Rep.*, III, 401^{c-d}.
5. Voir, pour l'identification de la chorée avec l'enseignement primaire : *Lois*, II, 653^e-654^a, 672^e.

La dialectique est, comme on l'a vu plus haut, la science des idées et par là même la recherche de « l'inconditionnel ».

Quant à la chorée, Platon a deux manières un peu différentes de l'entendre.

D'après la *République*, la chorée comprend deux parties : la musique et la gymnastique. La musique, à son tour, contient quatre éléments : le sujet ou discours[1], le genre poétique[2], le mode de la mélodie[3] et le rythme ou mesure du mouvement[4]. De son côté, la gymnastique revêt trois formes principales : la danse, la lutte[5] et les exercices militaires proprement dits[6]. C'est le contenu de l'éducation athénienne ; c'en est aussi le cadre. Mais tout cela prend, dans la pensée de Platon, un aspect un peu nouveau. La musique se ramène aux exigences de la morale ; et l'on a déjà dit avec quelle impitoyable sévérité. D'autre part, la gymnastique qui sied aux citoyens, ne ressemble pas à celle des athlètes ; elle doit être modérée. Entendue de cette manière, elle donne au corps autant de vigueur, et plus de souplesse et de résistance : ce qui est un avantage précieux dans les expéditions militaires. En outre, elle devient alors une sorte d'harmonie qui a son écho dans l'âme, qui l'enchante et tend à l'eurythmiser, comme la musique elle-même. Et là se trouve le résultat principal, celui qu'il faut toujours avoir en vue ; car c'est l'âme surtout qui, par sa vertu à elle, fait la force et la beauté du corps[7]. D'ailleurs, bien que la musique et la gymnastique se touchent par cer-

---

1. PLAT., *Rep.*, II, 376ᵉ-III, 392ᶜ.
2. *Id., Ibid.*, III, 392ᶜ-398ᶜ.
3. *Id., Ibid.*, 398ᶜ-399ᵉ.
4. *Id., Ibid.*, 399ᵉ-400ᶜ.
5. *Id., Lois*, VII, 795ᵈ-796ᶜ, 814ᶜ-816ᵈ.
6. *Id., Ibid.*, VIII, 832ᵉ-834ᵉ.
7. *Id., Rep.*, III, 403ᵈ-405ᵃ.

tains points, il est sage de ne pas les séparer. Cultivées isolément, elles ne laissent pas d'avoir des effets nuisibles : l'une mène insensiblement à la mollesse, l'autre à la rudesse. C'est leur alliance continue qui produit l'homme bien accordé avec lui-même et par suite avec son milieu social, le citoyen parfait [1].

Dans les *Lois,* l'idée de la chorée s'élargit; ou plutôt, ce terme n'épuise plus la notion que Platon s'y fait de l'éducation primaire [2]. A la musique et à la gymnastique s'ajoute en ce dialogue toute une série d'articles nouveaux : une certaine connaissance des mathématiques et de l'astronomie [3], une démonstration de l'existence de Dieu et de l'éternité des âmes [4], un concept de la vertu qui, sans remonter jusqu'à l'idée du « bien », n'en repose pas moins sur quelques considérations d'ordre expérimental [5]. La plupart de ces éléments se trouvent déjà, il est vrai, dans la *République* elle-même; mais ils n'y sont point rattachés à l'enseignement primaire : ils s'acheminent vers la dialectique dont ils forment comme le marche-pied.

Suivant la *République,* l'enseignement supérieur est fait pour les chefs de l'État ou rois [6]; et l'enseignement secondaire pour les guerriers [7]. Quant à la classe des la-

---

1. Plat., *Rep.*, III, 410ᶜ-412ᵇ.
2. C'est dans les *Lois* cependant que Platon fait du mot χορεία le synonyme de παίδευσις (V. ci-dessus, p. 309, n. 5). Mais lorsqu'on parcourt la fin des livres VII et XII, on s'aperçoit qu'il est impossible de s'en tenir à cette identification : ce qui ne doit pas surprendre outre mesure ; car il est possible qu'entre la composition du IIᵉ livre et celle des livres VIIᵉ et XIIᵉ, il se soit écoulé un certain nombre d'années; c'est même probable (V. plus haut, p. 36).
3. VII, 817ᵉ-822ᶜ.
4. XII, 966ᵃ-968ᵉ; Cf. *Ibid.*, X.
5. XII, 965ᶜ⁻ᵉ : V. aussi les passages où Platon identifie le bonheur et la justice.
6. VI, 502ᵈ et sqq.; VII, 517ᵇ et sqq.
7. II, 377ᵈ-III, 410ᶜ.

boureurs et des artisans, on n'en tire nul souci[1]; la nature doit leur suffire. Dans les *Lois,* la dialectique a disparu ; on n'y parle plus que de l'enseignement secondaire, et tout le monde le reçoit à l'exception des esclaves. D'après l'un et l'autre dialogues, les femmes, à quelques différences près, ont la même éducation que les guerriers, y compris la lutte et les exercices militaires : c'est là une thèse que Platon défend d'un bout à l'autre de sa longue existence. Il la croit conforme aux lois de la physiologie, il en juge l'application avantageuse et presque indispensable. Une différence de sexe ne constitue pas une différence de nature; tout au plus se traduit-elle par un degré de force en moins. Est-ce que les chiennes ne chassent pas comme les chiens? Dès lors, pourquoi les femmes se borneraient-elles à filer de la laine [2]? Et si elles sont capables dans une certaine mesure de supporter les mêmes exercices et les mêmes fatigues que les hommes, il ne reste qu'à les y contraindre pour le plus grand bien de tous [3]. Supposé que les citoyens soient obligés de courir vers la frontière, elles veilleront à la sûreté de leurs enfants et du reste de la ville ; et si tout le monde se voit dans la nécessité de défendre ses propres foyers, elles soutiendront les guerriers de leur présence et lutteront à côté d'eux, « comme nous voyons les oiseaux combattre pour leurs petits contre les animaux les plus féroces » [4]. Quel danger n'y a-t-il pas d'ailleurs à laisser les femmes sous leurs toits, suivant l'usage des orientaux et des Spartiates eux-mêmes? Elles s'y corrompent à force d'oisiveté et deviennent ainsi la ruine

---

1. C'est ce que supposent tous les développements que Platon fournit sur l'éducation dans sa *République.*
2. PLAT., *Rep.,* V, 451ᵈ et sqq.; — *Lois,* VII, 804ᵈ-805ᵃ; Cf. *Ibid.,* VI, 785ᵇ.
3. *Id., Rep.,* V, 456ᵇ et sqq.; — *Lois,* VII, 813ᵉ-814ᵃ.
4. *Id., Lois,* VII, 813ᵈ-814ᵇ; Cf. *Ibid.,* 805ᵃ-806ᵇ.

de l'État[1]. Le bien public demande que les femmes exercent les mêmes fonctions et reçoivent par suite la même éducation que les hommes. Ce qui est sans doute un autre point où Platon, à force de vouloir l'ordre et la puissance dans l'ordre, pèche visiblement contre la nature.

Quels que soient le degré de l'enseignement et les sujets auxquels il est destiné, il relève uniquement de l'État. Il est donné dans des écoles publiques, par des professeurs publics, d'après un programme et des stages légalement définis; et c'est là un ensemble d'exigences auxquelles personne n'a le droit de se soustraire. En matière d'éducation, rien n'est abandonné à l'initiative individuelle[2]. Système légitime : vu la supériorité des intérêts que représente l'État, l'enfant lui appartient encore plus qu'à ses propres parents[3]. Système nécessaire aussi; car il faut, dans un peuple, une certaine unité d'esprit et de vues : c'est une condition d'obéissance aux lois et de concorde entre les citoyens. Or cette sorte d'uniformité fondamentale ne peut être garantie que par l'uniformité de l'éducation, laquelle, à son tour, ne peut avoir son principe que dans l'autorité centrale. Le monopole de l'État en matière d'enseignement est un corollaire du concept même de société[4].

Quels fruits peut donner un tel système d'éducation? Platon s'est posé le problème; et, naturellement, il l'a résolu de la façon la plus optimiste. D'après la *République*, l'union de la dialectique et de la chorée assure à peu près infailliblement le respect de la justice : les lois humaines deviennent inutiles ; on ne laisse subsister que

---

1. PLAT., *Lois.*, VII, 806ᵉ ; I, 638ᶜ.
2. *Id.*, *Rep.*, II, 376ᵉ et sqq.; — VI, 502ᵃ et sqq. ; — *Lois*, VII, 804ᵈ, 810ᵃ.
3. *Id.*, *Lois*, VII, 804ᵈ.
4. *Id.*, *Ibid.*, 788ᵃ⁻ᶜ.

les lois religieuses qui, par ironie peut-être, sont abandonnées aux soins d'Apollon[1]. Il est vrai qu'en parlant ainsi, Platon se place au point de vue de la constitution préconisée dans cet ouvrage, constitution qui n'est à ses propres yeux qu'une limite, et la plus haute, pour l'humaine activité. Les *Lois* sont animées d'une confiance moins superbe. Là, l'éducation joue encore un rôle capital; mais elle n'est pas tout. On y voit édicter une série complexe de règlements, de décrets et de peines. C'est sans doute que la catégorie d'hommes auxquels Platon s'adresse en ce dialogue final n'est pas capable de s'élever jusqu'à la dialectique et par là même de subir intégralement l'influence de la sagesse.

L'économie vient à l'appui de l'éducation, afin d'établir le règne de la justice; et grand est le concours qu'elle lui apporte : la plupart des cités grecques ont péri pour n'avoir pas su résoudre le problème de la richesse. Aussi Platon en est-il préoccupé; il s'y attarde presque autant de fois qu'à l'éducation elle-même.

Le principe dont il faut partir en cette matière, c'est que l'excès et le manque de fortune sont deux extrêmes également nuisibles. La richesse avilit les sentiments par ce goût du lucre qu'elle inspire et qui l'accompagne presque toujours; elle engendre à la fois l'égoïsme, la mollesse et la débauche : on y vit content d'ordinaire, « pourvu que l'on boive et mange à souhait comme un animal et qu'on rassasie sa volupté ». De plus, et du fait même de son existence, la richesse suscite des jalousies et des haines qui ne peuvent d'ailleurs que s'animer avec le temps, grâce à la morgue de ses détenteurs. Elle détruit par là l'esprit de concorde et devient une cause d'émeute.

---

1. PLAT., *Rep.*, IV, 423ᵉ-427ᵉ.

Elle le devient aussi d'une autre manière. Les riches sont ambitieux ; ils s'unissent et forment des intrigues contre l'ordre établi : ce qui constitue un danger permanent, et des plus redoutables, pour la stabilité de l'État. La misère, de son côté, n'est pas moins perverse. Le pauvre a l'âme naturellement basse et servile; il nourrit une jalousie féroce contre ceux qui possèdent. A ce double titre, il est, lui aussi, un agent de honte et de désordre : on le trouve toujours prêt à soutenir les desseins les plus mauvais, dès qu'on le paye ou qu'il y entrevoit quelque autre avantage ; et, quand il devient le nombre, il trouble tout [1].

La meilleure manière de prévenir ces graves inconvénients, c'est de fixer une moyenne de fortune, à égale distance de la richesse et de la pauvreté; et de faire qu'elle soit, autant que possible, la même pour tous. Car alors les citoyens ne seront entraînés au mal ni par les séductions du luxe ni par les contraintes de l'indigence; ils n'auront que peu d'envie à l'égard des autres et n'en provoqueront pas davantage autour d'eux [2]. C'est la simplicité dans l'égalité qui assure la noblesse de la vie et l'accord mutuel des citoyens.

Mais les moyens d'atteindre cette fin ne sont pas toujours faciles à découvrir, encore moins à mettre en œuvre. Lorsqu'il est question d'un pays qui a déjà des riches et des pauvres, où il s'agit par là même d'abolir les dettes et de transformer la propriété, on se heurte d'ordinaire à des résistances acharnées et dangereuses. Dans ce cas, l'on ne peut « faire que de légers changements, par degrés et avec des précautions infinies » ; à moins « que les riches n'aient la sagesse d'innover d'eux-

---

1. PLAT., *Rep.*, IV, 421^d-422^a ; — *Lois*, V, 741^e, 742^e-743^c ; VIII, 831^{c-e} ; IX, 870^a ; XI, 919^{b-c}.
2. *Id.*, *Lois*, III, 679^{b-c}; V, 728^d-729^a.

mêmes pour éviter une commotion violente »[1]. Si le sol, au contraire, n'est pas encore partagé, ce qui se produisit pour les Héraclides, le problème devient moins complexe et plus aisé à résoudre[2]. Voici, en quelques mots, comment il convient de le traiter.

On donne à tous les citoyens des lots de valeur égale[3]; on décrète l'inviolabilité de chacune de ces portions[4]; et, pour la garantir indéfiniment, on oblige le détenteur soit à ne jamais l'aliéner par vente ou donation[5], soit à se procurer toujours un héritier, et rien qu'un[6].

Le pouvoir social décide également que le commerce n'est permis que pour les produits de l'agriculture : c'est de la terre seulement qu'il faut vivre, non de la mer[7]. Car, outre que la marine est par elle-même un principe de corruption[8], elle produit fatalement la richesse et l'estime des riches : ce qui est une autre cause de décadence[9].

Personne ne doit avoir chez soi ni or ni argent. On crée, pour les relations intérieures, une monnaie d'un métal différent, qui suffise aux échanges nécessaires et n'en permette pas d'autres. Quant aux rapports avec les étrangers, ils se font à l'aide d'une monnaie spéciale qui reste dans les mains de l'État et dont il dispose à sa manière[10].

---

1. PLAT., *Lois*, V, 736^{d-e}.
2. *Id., ibid.*, III, 684^e; V, 736^c.
3. *Id., Ibid.*, V, 737^d-738^b; VI, 771^{a-c}.
4. *Id., Ibid.*, V, 740^b.
5. *Id., Ibid.*, V, 741^c.
6. *Id., Ibid.*, V, 740^{b-c}.
7. *Id., Ibid.*, V, 743^{d-e}; VIII, 842^c.
8. V. plus haut, p. 295-296.
9. PLAT., *Lois*, III, 696^a-698^a. — Ce n'est pas que Platon condamne le commerce *in se* (*Lois*, XI, 918^a-919^b); c'est au point de vue du fait qu'il l'envisage.
10. *Id., Ibid.*, V, 742^{a-c}. — A Sparte, la monnaie était de fer. On visitait les maisons pour savoir s'il s'y trouvait de l'or ou de l'argent, et l'on pu-

Il est défendu « à celui qui marie sa fille de lui donner une dot et à celui qui l'épouse d'en accepter ». Il l'est également de mettre de l'argent en dépôt et de prêter à usure ; dans ce dernier cas, l'emprunteur « est autorisé à ne rendre ni intérêt ni capital »[1]. Il n'y a pas non plus de crédit possible[2].

Ces mesures, si strictes qu'elles paraissent, ne suffisent pas encore. Comme les colons disposent assez souvent de quelques ressources personnelles, et que, une fois en possession de leur nouvelle terre, ils peuvent dans une certaine mesure augmenter le montant de leur fortune, il est bon d'instituer un cens proportionnel à l'excédent dont ils jouissent : ainsi le veut la justice géométrique, sur laquelle se fonde tout ordre social durable ; et c'est une garantie de plus contre l'invasion de la richesse[3]. Une autre garantie encore, et plus efficace, consiste à la limiter : on oblige tout citoyen qui a quadruplé son lot, de verser le surplus dans le trésor public[4].

Mais, si cet ensemble de règles économiques barrent la porte à la richesse, elles n'empêchent pas toute pauvreté : il est impossible de faire que certains individus, pour bien qu'on les protège, ne déchoient pas de leur fortune. Platon, en face de pareils cas, prend deux attitudes très différentes. « L'homme tempérant, vertueux tout à fait ou en partie », ne saurait être réduit à la dernière misère dans un État et sous un gouvernement tant soit peu bien réglés : l'autorité sociale doit avoir quelque manière de lui venir en aide. Mais, pour le men-

---

nissait les coupables (XENOPH., *Rep. de Laced.*, VII, 3-6, p. 685, éd. F.-Didot, Paris, 1838 ; PLUT., *Vit. Lycurg.*, IX, 2 ; POLYB., VI, 45, 4 ; 50, 8, éd. F.-Didot, Paris, 1859).

1. PLAT., *Lois*, V, 742ᶜ.
2. *Id., Ibid.*, VIII, 849ᵉ-850ᵃ.
3. *Id., Lois*, V, 744ᵇ⁻ᵈ ; Cf. *Ibid.*, VI, 754ᵈ⁻ᵉ.
4. *Id., Ibid.*, V, 744ᵈ-745ᵃ.

diant, il n'y a nulle pitié. « Si quelqu'un s'avise d'aller ramassant de quoi vivre à force de prières, que les agoranomes l'expulsent de la place publique, les astyonomes de la cité et les agronomes du territoire, afin que le pays soit entièrement purifié d'un tel animal. » Il n'y a « point de mendiants dans notre république »[1].

L'État est encore là, réglant tout pour le plus grand bien de chacun, enveloppant tout et finissant par tout absorber. Dans les *Lois*, il est vrai, Platon se comporte à l'égard de la propriété, comme à l'égard de la famille : Il rétablit la première après avoir rétabli la seconde. Mais c'est visiblement à regret. Il a d'ailleurs soin de nous dire que le lot de terre qui la constitue est aussi « le bien de la cité tout entière »[2] ; tant il a peur que l'individualisme n'y trouve sa revanche !

Ces principes de bonheur ne peuvent produire tout leur effet qu'à condition de revêtir la forme d'une loi ; et la loi elle-même ne donne un profit véritable que si elle est bien entendue.

Vu le but que doit poursuivre l'État et qui est le bonheur de la communauté, la loi ne peut être que l'expression officielle de ce qu'il y a de meilleur pour tous, le dictamen de la raison pratique, formulé et imposé par l'autorité sociale : c'est le dieu Saturne lui-même que doit imiter le législateur humain[3]. Il faut donc condamner et les tyrans et les factions qui n'exercent le pouvoir

---

1. PLAT., *Lois*, XI, 936$^{b\text{-}c}$. Saint Vincent de Paul allait un peu moins vite, mais lui aussi faisait la distinction du pauvre et du mendiant; lui aussi voulait qu'il n'y eût pas de mendiant dans « la République » (V. EM. DE BROGLIE, *Saint Vincent de Paul*, p. 48-82, Paris, 1897. — V. aussi sur ce point notre *Aristote*, p. 369).

2. *Id.*, *Lois*, V, 740^a : ... δεῖ τὸν λαχόντα τὴν λῆξιν ταύτην νομίζειν μὲν κοινὴν αὐτὴν τῆς πόλεως ξυμπάσης...

3. *Id.*, *Lois*, IV, 713^a-714^a : ... τὴν τοῦ νοῦ διανομὴν ἐπονομάζοντας νόμον... ; XII, 957^c.

que dans leur propre intérêt[1]. Il est arrivé en certains pays « que, l'autorité y étant disputée, les vainqueurs se sont approprié la chose publique au point de n'admettre à aucune fonction ni les vaincus ni leurs fils, et de passer leur vie dans une défiance continuelle, appréhendant toujours que, si quelqu'un du parti vaincu venait à dominer de nouveau, le ressentiment du passé ne lui dictât des actes de vengeance. Nous déclarons ici qu'il n'y a de politique et de vraies lois que celles qui tendent au bien général; que les lois dont le seul but est l'avantage de quelques-uns, appartiennent à des factions, non à des gouvernements; et que ce que l'on y appelle justice n'est qu'un souffle d'air[2] ».

C'est une erreur aussi de croire que la loi suffit à tout. Son domaine est large; mais il a des limites : il en a dans l'espace et dans le temps. La vie privée, celle du foyer familial, comprend « une infinité de choses de peu d'importance qui ne paraissent point aux yeux du public », que la loi est incapable de saisir, et qui pourtant, vu les habitudes qu'elles produisent à la longue, ne laissent pas d'avoir leur contre-coup dans la vie sociale[3]. On serait risible, on exciterait même une certaine indignation, si l'on voulait soumettre aux contraintes de la loi le conseil de ne pas se marier richement, de prendre une femme douce quand on est soi-même violent, et plutôt violente quand on est doux[4]; et cependant c'est là une chose des plus utiles à l'affermissement de la vertu dans l'État. Quel moyen d'atteindre légalement les actions infâmes que l'amour fait commettre en secret? Quel moyen même d'empêcher par ce frein que cette passion violente

---

1. PLAT., *Rep.*, I-II (V. p. 273-277); — *Lois*, IV, 714ᵇ-715ᵇ; Cf. *Ibid.*, I, 636ᵈ⁻ᵉ.
2. *Id., Lois*, IV, 715ᵃ⁻ᵇ.
3. *Id., Ibid.*, VII, 788ᵃ⁻ᵇ, 793ᵈ; Cf. *Ibid.*, V, 730ᵇ.
4. *Id., Ibid.*, VI, 773ᶜ.

ne déborde sur les places publiques [1] ? La moralité, en pareille matière, n'est-elle pas nécessairement abandonnée à la droiture des individus et à l'éducation ?

Même dans la zone qui lui revient, la loi est loin de pouvoir tout assouplir à ses formules. Les actions humaines sont variées à l'infini ; et par suite, si bien qu'on l'institue, elle ne s'applique jamais d'une manière exacte à tous les cas qui se produisent : il y faut sans cesse le secours de la raison pour en tempérer la rigueur et la réconcilier avec le réel. C'est d'autant plus nécessaire que la vie change à tout moment. Elle change d'elle-même ; car la conscience d'un peuple évolue [2]. Elle change aussi, et brusquement parfois, sous l'influence des événements extérieurs : une guerre, une famine, une peste, un dérangement prolongé des saisons, autant de surprises qui suffisent à mettre un gouvernement aux abois [3].

Bien plus, la loi, au moment même où elle s'élabore, se trouve aux prises avec un milieu spécial qui en fixe l'esprit et lui assigne des bornes. On ne légifère pas dans l'abstrait ; on légifère pour un peuple donné. Et les peuples ne se ressemblent pas : leurs idées et leurs mœurs varient avec le ciel, la chaleur, les eaux, la nature des aliments, la structure et l'exposition du sol [4]. Par exemple, le trait dominant des Thraces et des Scythes est la vaillance ; celui des Grecs, la passion du savoir ; celui des Phéniciens et des Égyptiens, l'amour du lucre [5]. Impossible, à coup sûr, qu'un législateur digne de ce nom ne tienne pas compte de divergences aussi profondes. Son œuvre n'a de chances de suc-

---

1. Plat., *Lois*, VIII, 841ᵇ.
2. *Id.*, *Politic.*, 294ᵃ-295ᵉ.
3. *Id.*, *Lois*, IV, 709ᵃ⁻ᶜ.
4. *Id.*, *Lois*, V, 747ᵈ⁻ᵉ.
5. *Id.*, *Rep.*, IV, 435ᵉ-436.

cès qu'autant qu'elle s'en inspire et s'y laisse guider[1].

Une loi une fois arrêtée, il s'agit d'en obtenir le respect. Et le vrai moyen d'y réussir n'est pas d'insister d'abord, selon l'usage des tyrans, sur la peine qui l'accompagne et la sanctionne; il faut avant tout la faire aimer, en donnant avec bienveillance les motifs qui la fondent. Il convient de lui mettre un prélude, comme aux airs qu'on joue sur la cithare; les citoyens y trouvent alors le charme exquis de la raison et sont disposés par là même à l'accueillir docilement[2]. La peine, bien que moins agréable de sa nature, doit revêtir un caractère analogue. Il n'y faut aucune trace de vengeance, ni d'expiation, ce qui n'est encore qu'une forme déguisée de la vengeance; elle a pour règle la justice divine, qui est tout entière tournée vers l'avenir et ne châtie que dans la mesure du nécessaire[3]. Mais bientôt l'esprit d'absolutisme l'emporte à nouveau sur le respect de l'individu, et toujours en vertu de la même logique : il faut que l'ordre règne et que par suite rien n'échappe à l'État. La dénonciation est permise, elle est recommandée, elle constitue la marque distinctive du parfait citoyen; il est vrai que, pour être légitime, elle ne doit avoir d'autres mobiles que le zèle de la justice et de la loi[4]. Au lieu et place de la délation, Aristote recommande une sorte de police secrète[5]; et cette autre idée est plus juste, bien que le sens moral souffre déjà de la nécessité d'une pareille institution.

Une autre nécessité, c'est la guerre. Elle s'impose à deux titres. Il se peut que l'on s'y voie contraint du dehors par les agressions des cités ou nations ambiantes. Il

---

1. PLAT., *Rep.*, VIII, 534[d-e]; Cf. *Ibid.*, VI, 491[d].
2. *Id.*, *Lois*, IV, 720[a-e], 722[d]-723[d].
3. V. plus haut, p. 246-247.
4. PLAT., *Lois*, V, 730[d]-731[e]; XII, 943[d-e].
5. ARIST., *Polit.*, E, 8, 1308[b], 20-24. — V. aussi notre *Aristote*, p. 367-368.

se peut aussi que l'on y soit poussé du dedans par un accroissement excessif de la population : quand les habitants d'un pays sont devenus trop nombreux, il faut qu'ils se fassent des conquêtes ; et les conquêtes, en général, supposent la lutte [1].

Or, il est bon qu'il y ait un droit de la guerre, non point pour les barbares, qui sont des étrangers et « les ennemis naturels de la Grèce », mais pour la Grèce elle-même. Les Hellènes sont tous de la même race ; ils parlent tous la même langue ; ils habitent tous la même terre ; on les voit, à époques fixes, se réunir d'un bout à l'autre de leur territoire, pour prendre part aux mêmes fêtes religieuses et aux mêmes jeux. Il serait étrange et contraire à la nature qu'ils ne se traitassent pas continuellement comme « des amis ». Leurs luttes intérieures doivent être des querelles fraternelles plutôt que des guerres proprement dites ; et par suite, il y faut certains tempéraments, une sorte d'humanité que les ancêtres ont trop méconnue.

Les Grecs ne réduiront pas les Grecs en esclavage, vu que le même sang coule dans leurs veines. Sur le champ de bataille, ils n'enlèveront aux morts que leurs armes et ne s'attarderont pas à les dépouiller ; car, outre que la discipline militaire souffre infailliblement d'un pareil usage, il révèle une rapacité qui est indigne d'un homme libre. Il sera également défendu d'envahir les temples et de les piller. On n'en viendra jamais soit à dévaster le territoire conquis soit à brûler les maisons ; il devra suffire aux vainqueurs de mettre la main sur les récoltes des vaincus [2].

Cette théorie est déjà un adoucissement considérable,

---

1. PLAT., *Rep.*, II, 372°-373°.
2. *Id.*, *Rep.*, V, 469^b-471°.

vu les mœurs guerrières des anciens [1]. Mais on regrette, en la parcourant, que Platon ne s'y souvienne point de la notion de la justice, formulée dans le *Criton* et le premier livre de la *République*. N'avait-il pas dit, en ces deux endroits, que la justice, étant essentiellement bonne, ne fait jamais aucun mal, pas plus aux ennemis qu'aux amis? Mais ce n'est que par degrés et très lentement que l'esprit humain se délivre de l'erreur. On devait attendre jusqu'à l'apparition du stoïcisme pour voir éclore l'idée « de la charité du genre humain »; on devait attendre jusqu'au christianisme pour la voir pénétrer peu à peu dans les mœurs.

Telle est la discipline par où la société doit conduire l'homme au bonheur. On sent vite à la réflexion quelle somme d'austérité, d'abnégation et de dévouement elle demande aux citoyens. Et Platon s'en est rendu compte : il s'est exprimé lui-même à ce sujet et de la manière la plus forte. « Ce qu'il y a de plus important, dit-il, dans les *Lois*, est que personne, soit homme, soit femme, ne secoue en aucune rencontre le joug de la dépendance, ni ne s'accoutume dans les combats véritables, ou même dans les jeux, à agir seul et de son chef, mais qu'en paix comme en guerre tous aient sans cesse les yeux sur celui qui les commande, ne faisant rien que sous sa direction, et s'abandonnant à sa conduite dans les petites choses; de sorte qu'au premier signal ils s'arrêtent, ils marchent, ils s'exercent, ils prennent le bain ou leur repas, ils se lèvent la nuit pour monter la garde, pour porter ou recevoir des ordres; que dans la mêlée ils ne poursuivent personne ni ne reculent devant qui que ce soit, à moins d'un ordre de leur chef; en un mot qu'ils s'accoutument à ne savoir

---

[1]. V. Fustel de Coulanges, *La cité antique*, p. 241-248, Paris, 1880.

jamais ce que c'est que d'agir seul et sans concert; mais plutôt que tous ensemble n'aient toujours et en tout qu'une vie commune. On ne peut, on n'a jamais pu rien trouver de plus beau, de plus avantageux, de plus propre à assurer à l'État son salut à la guerre et la victoire : c'est à quoi nos citoyens doivent s'exercer dès l'enfance au sein de la paix, apprenant à commander aux uns et à obéir aux autres. Quant à l'indépendance, il faut la bannir du commerce de la vie, non seulement entre les hommes, mais même entre les animaux soumis aux hommes[1]. »

Quelle chasse à toute initiative individuelle! Quel étouffement de la personnalité! Quel couvent, et moins l'amour de Dieu qui seul rend le couvent possible! L'État est fait pour le bonheur; et le bonheur, à force de se rationaliser, y disparaît : la république de la fin détruit celle du commencement.

IV

Toute société suppose un pouvoir, et qui peut revêtir plusieurs formes.

Quelles sont ces formes? à quels types dominants convient-il de les ramener?

C'est un point sur lequel la réponse de Platon ne paraît pas très consistante; et peut-être n'a-t-il jamais eu beaucoup de souci de la rendre telle. Quand il s'agit de divisions logiques, il s'occupe plus en général du sujet qu'il traite que de ceux dont il a parlé. Il faut tenir compte aussi de sa longue carrière : sa pensée y va de l'avant et sans relâche, si bien que les découvertes du présent ne peuvent point ne pas modifier dans une certaine mesure les réflexions du passé.

---

1. XII 942$^{a\text{-}d}$, trad. Cousin.

Pour bien comprendre la manière dont Platon classe les gouvernements, il faut d'abord observer que la *République* et les *Lois* sont surtout des exemplaires de vie sociale, des limites proposées aux efforts de l'humaine faiblesse[1], qui ne constituent point par eux-mêmes des formes politiques à part. La chose est si vraie que, d'après ses propres paroles, la *République* peut être soit une monarchie soit une aristocratie[2], et que les *Lois* se ramènent au second de ces deux régimes[3].

Cette particularité une fois connue, on discerne mieux la nature des classifications platoniciennes, le principe dont elles dérivent et les variantes qu'elles ont subies avec le temps.

D'après la *République*, il y a six formes politiques : la monarchie, l'aristocratie, la timocratie, l'oligarchie, la démocratie et la tyrannie[4]. Le fondement de cette première division est l'idéal même que représente ce dialogue; et les termes qui la composent y viennent à la place voulue par leur degré de dissemblance avec cet idéal. On sent d'ailleurs que la pensée de Platon y est dominée par le spectacle des régimes en vigueur soit dans la Grèce soit dans l'Orient. C'est ainsi que, au lieu d'employer d'abord le terme général de timocratie, il nomme la constitution de Cnosse et celle de Sparte pour désigner cette sorte de gouvernement[5].

---

1. PLAT., *Rep.*, V, 466^d, 471^e et sqq.; — *Lois*, V, 739^{b-e}, 746^{a-d}; IX, 857^e-858^a.
2. *Id.*, *Rep.*, IV, 445^d; — Cf. IX, 580^b, 586^e-588^a.
3. *Id.*, *Lois*, XII, 960^e-fin (conseil des dix, son rôle analogue à celui des rois dans la *République*, son programme d'éducation).
4. IV, 445^e; V, 449^b; VIII, 544^a-545^e; IX, 580^b, 586^e-588^a.
5. Dans les *Lois* (IV, 712^{d-e}), la pensée de Platon a varié sur ce point, et sans doute en vertu d'un examen ultérieur. Il ne sait en ce passage comment appeler la constitution de Lacédémone, qui lui semble tenir de la tyrannie par ses éphores, de l'aristocratie par ses rois d'institution si ancienne, et où la démocratie occupe autant de place qu'en aucun autre État. C'est un mélange à ses yeux, une heureuse combinaison de formes politiques diverses.

Dans le *Politique,* Platon modifie son point de vue : il se fonde à la fois sur deux principes, comme Aristote le fera plus tard [1] : à savoir, le nombre des gouvernants et la légalité. De cette sorte, il obtient d'abord cinq formes politiques. Le gouvernement d'un seul s'appelle royauté quand il a des lois, tyrannie quand il n'en a pas. Ainsi du gouvernement du petit nombre, qui constitue l'aristocratie lorsqu'il se soumet à la même restriction, l'oligarchie lorsqu'il y renonce. Enfin vient la démocratie, qui garde toujours son nom, qu'elle se donne des lois ou marche à l'aventure, au gré de ses étranges caprices [2]. Mais Platon ne tarde pas de s'apercevoir qu'il manque un membre à sa division et qu'elle est comme manchote. Pour remplir le cadre ouvert, il faut aussi que la démocratie débridée prenne une dénomination spéciale; et l'on a en plus la démagogie, au total six formes qui se tiennent deux à deux avec une régularité parfaite [3]. C'est le même nombre que dans la *République,* mais avec une différence d'ordre qualitatif : la timocratie a disparu, par l'effet d'une logique plus pénétrante; la démagogie a fait son apparition [4].

Au quatrième livre des *Lois,* et en se mettant très probablement au même point de vue que dans le *Politique,* Platon ne distingue plus que quatre régimes gouvernementaux : la monarchie, l'aristocratie, l'oligarchie et la démocratie. La démagogie et la tyrannie n'y sont plus considérées comme des formes politiques, vu leur extrême degré de corruption. Cette raison est expressément for-

1. V. notre *Aristote*, p. 351.
2. PLAT., *Politic.*, 291^d-292^a, 300^c-301^c.
3. *Id.*, *Ibid.*, 302^{c-o}.
4. Dans un passage du même dialogue, Platon ne distingue que la politique et la tyrannie (276^e). Mais il est visible qu'en cet endroit, il ne se propose point de donner une classification des formes politiques; il y décoche un trait à l'adresse de la tyrannie, qui, à la lumière de tristes expériences, lui est devenue de plus en plus odieuse.

mulée pour la seconde de ces deux espèces[1]; on peut l'induire pour la première.

Ces classifications sont toutes dérivées plus ou moins directement de l'idée de perfection. Au troisième livre des *Lois*, Platon se place sous un autre aspect. Il se demande comment se forme en fait la variété des constitutions que l'on trouve à l'état d'exercice dans les différents peuples ; et il croit observer qu'elles sont presque toutes des « mélanges » composés de monarchie et démocratie. De là, par conséquent, deux formes « mères » dont les autres procèdent[2]. Prise de ce biais nouveau, la division devient binaire.

A quelques détails près, les classifications platoniciennes s'accordent, et bien plus en vertu d'une logique vivante que par l'effet d'une logique voulue. Il suffit, pour les harmoniser, de distinguer les deux points de vue dominants dont elles dépendent : le point de vue idéologique et le point de vue historico-génétique.

La division des formes politiques n'a point son but en elle-même; si l'on cherche à les classer, c'est surtout afin de voir quelle est la meilleure d'entre elles. Pour trouver la réponse de ce problème capital, il convient de procéder par voie d'élimination.

Si le sage était plus qu'une idée, s'il se rencontrait parmi nous en chair et en os, c'est à lui, et sans hésitation, qu'il faudrait confier le pouvoir [3]. On éviterait ainsi les insuffisances que présentent toujours les lois, si bien qu'elles soient formulées[4]; et pourtant l'on ne tomberait pas dans les abus qu'entraîne en général l'autorité

---

1. 712ᶜ.
2. 693ᵈ⁻ᵉ.
3. V. plus haut, p. 300; — *Politic.*, 292ᵈ-297ᵇ ; — *Lois*, IX, 875ᶜ⁻ᵈ.
4. V. plus haut, p. 319-320.

d'un seul, vu que le sage, étant la personnification de la pensée, agit infailliblement pour le meilleur [1]. Mais le sage n'existe pas ou presque pas. Saturne s'est retiré pour toujours dans « un coin du firmament »; et « les cités que gouverne un simple mortel, ne sauraient être à l'abri de toute atteinte du mal et de la souffrance »[2].

Pratiquement, il est mauvais d'abandonner à la volonté d'un seul la destinée de tous. « Supposé qu'un homme devienne maître absolu dans l'État, il lui sera impossible « de maintenir pendant sa vie entière la prédominance du bien public sur le bien personnel. La nature mortelle le poussera toujours à posséder plus que les autres et par là même à rechercher son intérêt propre, vu qu'elle fuit la douleur et poursuit le plaisir sans règle ni mesure. Elle les mettra l'un et l'autre bien au-dessus du juste et du meilleur; et, s'aveuglant elle-même, elle finira par se précipiter, avec l'État qu'elle gouverne, dans un abîme de malheurs »[3]. Il n'est pas moins dangereux de confier la chose publique au bon vouloir d'un groupe ou de l'ensemble des citoyens. Car les hommes ne deviennent pas meilleurs pour s'être unis, quand ils n'ont d'autre règle que leur caprice; ils n'en font souvent que poursuivre leurs propres intérêts avec plus de force et d'insolence[4].

---

1. Plat., *Rep.*, V, 473ᵉ et sqq.; VI, 484ᵃ-487ᵃ; — *Politic.*, 296ᵈ-297ᵇ; — *Lois*, IX, 875ᶜ⁻ᵈ.

2. *Id.*, *Lois*, IV, 713ᵇ⁻ᵉ; — Cf. *Politic.*, 301ᶜ⁻ᵈ.

3. *Id.*, *Lois*, IX, 875ᵇ⁻ᶜ; — Cf. *Politic.*, 300ᵃ. Quelle différence entre l'enthousiasme de la *République* à l'endroit du sage et le pessimisme qui, après être éclos dans le *Politique*, s'affermit dans les *Lois !* si la doctrine est restée substantiellement identique, les dispositions morales ont bien changé; Platon a tourné au triste.

4. *Id.*, *Politic.*, 292ᵉ : μῶν οὖν δοκεῖ πλῆθός γε ἐν πόλει ταύτην τὴν ἐπιστήμην (celle qui produit la compétence et la sagesse) δυνατὸν εἶναι κτήσασθαι; — καὶ πῶς; — ἀλλ' ἄρα ἐν χιλιάνδρῳ πόλει δυνατὸν ἕκαστόν τινας ἢ καὶ πεντήκοντα αὐτὴν ἱκανῶς κτήσασθαι. — ῥᾴστη μέντ' ἂν οὕτω γ' εἴη πασῶν τῶν τεχνῶν... — Cf. *Ibid.*, 297ᶜ, 300ᵉ-301ᵃ; — *Lois*, VIII, 832ᶜ⁻ᵈ (dans ce passage, le mot δημοκρατία désigne sans nul doute la *démocratie débridée* ou démagogie; s'il si-

Si telle est la déchéance de la nature humaine, si rien ne peut, au moins en général, nous tirer de la caverne à la lumière, il n'existe plus qu'une ressource, c'est d'assurer l'ordre par la loi. « Elle n'a qu'une valeur relative », comme on l'a déjà remarqué ; son influence reste inférieure, et par plus d'un point, à celle qu'exercerait le vrai sage. Mais, en fait, c'est la seule forme sous laquelle la raison puisse pénétrer dans la vie sociale[1].

Du même coup se trouvent exclues et la tyrannie et la démagogie et l'oligarchie. Car ces formes politiques sont, par définition, privées de la vertu restrictive et directrice de la loi. Mais c'est surtout contre le premier de ces régimes que Platon s'élève avec indignation. Il en montre déjà dans le *Gorgias* le caractère odieux et la funeste influence[2] ; il y revient dans la *République*[3], le *Théétète*[4], le *Politique*[5] et les *Lois*[6]. A ses yeux, c'est la négation de la justice et de l'amitié, ces deux principes fondamentaux de toute vie sociale ; c'est l'effacement systématique de tout ce qu'il y a de fort et de généreux dans l'État ; c'est par là même une source perpétuelle de délations, d'exactions, de discordes et d'émeutes sanglantes. Et plus il va, plus il avance en âge, plus sa haine s'avive et s'accroît. « Nous excluons la tyrannie, s'écrie-t-il à la fin, du nombre des formes politiques[7]. »

Bien que modérée par des lois, la démocratie est également traitée avec beaucoup de rigueur. Ces lois, c'est le peuple qui les fait. Or le peuple n'a point la science

gnifie *démocratie légale*, c'est que, par sa nature même, cette forme politique conduit fatalement à la démagogie).

1. PLAT, *Lois.*, IX, 875^d.
2. 510^{b-d}.
3. VIII, 562^a-fin ; IX, 571^a-580^c.
4. 174^d-175^b.
5. 276^e, 301^e, 303^a.
6. III, 697^{c-e} ; IV, 712^c ; VIII, 832^{c-d} ; IX, 875^{b-c}.
7. *Lois*, IV, 712^c.

voulue pour discerner ce qui importe au bien public et donner un vote compétent ; et l'aurait-il, qu'il ne la prendrait pas, au moins d'ordinaire, comme mobile de sa conduite. Le peuple ne sait pas; et quand il sait, il ne veut pas[1]. Au fond, c'est l'ignorance et la passion qui mènent la démocratie; et ces deux vices, l'un de l'esprit, l'autre du cœur, y font d'autant plus de ravages qu'elle se fonde en même temps sur l'égalité arithmétique[2]. Car par là se trouve écarté le contrepoids de la naissance, de la vertu et de la richesse : si bien que tout est livré aux caprices et à la jalousie féroce de la foule. En vertu même de la logique de son développement, la démocratie ne peut aboutir qu'au règne des démagogues, ce chœur de « satyres » et de « bêtes fauves » qu'on voit circuler de toutes parts dans les assemblées publiques[3].

Restent donc la monarchie et l'aristocratie : c'est entre ces deux dernières formes qu'il faut opter. Platon, dans le *Politique,* opine pour la première, entendue au sens tempéré que l'on a déjà vu. Mais, dans les *Lois,* son sentiment paraît s'être modifié : ce qu'il y préconise comme l'idéal dont il faut se rapprocher le plus possible, c'est une sorte d'aristocratie où l'on fait à la justice arithmétique certaines concessions, mais où domine pourtant la justice géométrique[4].

---

1. Plat., *Lois,* IX, 874^e-875^a ; — *Politic.,* 292^e, 300^c.
2. *Id., Rep.,* VIII, 557^a. — Cf. *Gorg.,* 508^a ; — *Lois,* VI, 756$^{b\text{-}e}$.
3. *Id., Politic.,* 291$^{a\text{-}c}$. — Cf. sur les caractères et la destinée des démocraties : *Rep.,* VIII, 555^b-562^a ; *Lois,* III, 698^a-701^d (le premier passage est surtout déductif; le second est l'historique de la démocratie athénienne).
4. *Id., Lois,* V, 744$^{b\text{-}c}$; VI, 757^b-758^a.

V

Quand Lachésis et Clotho se sont acquittées de leur mystérieuse fonction, c'est Atropos qui vient mettre la dernière main à leur travail et « lui donner la vertu de ne pouvoir plus se détordre ». De même, une constitution politique une fois instituée, il faut encore trouver les moyens d'en assurer la conservation ; « et ce n'est pas un point de médiocre importance »[1].

Le premier de ces moyens consiste à garantir la permanence du lot familial : il ne doit être ni confisqué[2], ni vendu, ni donné[3] ; de plus, le possesseur a l'obligation stricte de se procurer un héritier, naturel ou adoptif[4]. C'est l'antique usage ; et il a sa raison d'être. Il est bon que la loi l'appuie de sa souveraine autorité.

Il faut également faire en sorte que la population garde autant que possible le même montant. Si les naissances tendent à diminuer, on tâche de conjurer le mal, soit par des récompenses et des peines, soit en priant les vieillards de rappeler aux jeunes leur devoir. Lorsque, au contraire, le nombre des habitants augmente outre mesure, on interdit la génération ; et quand cette défense ne suffit pas, on fonde des colonies jusqu'à ce que, par cette sorte d'essaimage, l'équilibre soit retrouvé[5].

Si sagement que l'on s'y prenne, il se produit toujours dans chaque État un certain nombre d'individus dont la nature est tellement perverse qu'on ne peut les ramener à l'ordre ni par la douceur ni par la crainte. Pour ces

1. PLAT., *Lois*, XII, 960c-d.
2. *Id., Ibid.*, IX, 855a.
3. *Id., Ibid.*, V, 741c-d.
4. *Id., Ibid.*, 740b-c.
5. *Id., Rep.*, V, 460a ; — *Lois*, V, 740d-741a.

damnés de la vie sociale, « la mort est le seul remède. » : « les juges et les magistrats qui emploieront à propos cette dernière ressource, ne pourront que s'acquérir les éloges de toute la cité »[1]. On sera un peu moins dur envers ceux dont les infirmités physiques sont inguérissables. Mais on ne leur prodiguera pas les secours d'Esculape ; le meilleur est de les abandonner à leur sort et de les laisser mourir : car leur chétive existence a perdu sa signification et pour eux-mêmes et pour l'avenir de la cité[2]. Aux yeux de la raison, qui est la règle de toutes choses, les forts seuls ont droit à la vie. Paroles bien sévères, mais qui ne laissent pas d'avoir un fond de vérité. Prévenir la souffrance est encore mieux que de la soulager après l'avoir fait naître ; et c'est par une sorte d'épuration continue de la race que l'on y réussit. Nietzsché n'a pas tort de tous points quand il proteste contre la manière dont les sociétés chrétiennes ont pratiqué jusqu'ici la vertu de charité ; il y faut moins de pitié pour l'individu et plus d'égards à l'endroit de l'espèce : il y faut plus de discipline[3].

L'amitié est l'âme de l'organisme social. Pour l'entretenir et l'affermir, il faut instituer des fêtes religieuses, des jeux, des danses, des exercices militaires et des banquets. Les citoyens auront ainsi l'occasion de se connaître, de sympathiser entre eux et de nouer des relations amicales : ils formeront à la longue comme une seule et même famille[4]. Les banquets ont une importance spéciale ; car, outre qu'ils permettent aux citoyens de prendre contact, ils peuvent, à certaines conditions, de-

---

1. PLAT., *Rep.*, III, 410ᵃ ; — *Lois*, XII, 958ᵃ.
2. *Id.*, *Rep.*, III, 407ᵈ-410ᵃ.
3. V. un de nos articles intitulé : *La politique d'Aristote et les Questions d'aujourd'hui* (Revue de l'Institut catholique, juillet-août 1903).
4. PLAT., *Lois*, VI, 771ᵉ-772ᵃ ; VII, 795ᵈ et sqq., 814ᶜ-817ᵉ ; VIII, 828ᵉ-831ᵇ, 835ᵃ⁻ᵇ.

venir un principe d'éducation morale. Qu'on organise ces réjouissances publiques, que l'on en confie la présidence à des chefs expérimentés; et les convives y trouveront dans l'action de boire avec mesure l'habitude même de la sobriété[1].

Mais la garantie la plus forte de la stabilité politique est à coup sûr de ne rien changer aux lois une fois admises[2]. Ce principe, Platon le maintient constamment avec une force singulière. Il ne faut jamais toucher aux lois religieuses : elles relèvent d'Apollon et son autorité doit suffire[3]. Quant aux autres, il convient de les élaborer avec la plus grande prudence, et même d'y faire des emprunts aux constitutions étrangères, quand la chose paraît utile. Mais, lorsqu'elles ont été dûment formulées et votées, le salut de l'État demande qu'on les tienne à jamais pour immuables[4]. Et cette sévérité ne se borne pas aux choses essentielles; elle enveloppe tout, depuis la division du territoire, en passant par les règles de l'art, jusqu'aux divertissements publics des enfants : il faut, dès l'âge le plus tendre, apprendre aux citoyens à ne pas innover dans leur conduite[5]. L'Égypte, si rigoureusement respectueuse de ses vieilles traditions, voilà le modèle à suivre[6]. Ce n'est pas, assurément, que l'on puisse considérer la loi comme un idéal. Mais, en pratique, elle est la clef de voûte de l'ordre; et sa force réside principalement

---

1. PLAT., *Lois*, I, 635ᵉ et sqq., 639ᵈ-641ᵈ, 648ᵇ-650ᵇ; II, 665ᵇ-668ᵇ. Platon oublie peut-être ici qu'il y a des plaisirs dont on ne triomphe que par la fuite; mais il faut tenir compte aussi des garanties extérieures dont il entoure l'expérience par lui recommandée : c'est sous la direction d'un chef que le buveur apprend en buvant à résister au plaisir de boire, comme on résiste à la peur du danger.

2. *Id.*, *Politic.*, 300ᶜ-301ᵃ; — *Lois*, XII, 957ᵃ⁻ᵇ.

3. *Id.*, *Rep.*, IV, 427ᶜ⁻ᵇ; — *Lois*, V, 738ᵇ⁻ᶜ; VI, 759ᵇ.

4. *Id.*, XII, 957ᵃ⁻ᵇ.

5. *Id.*, *Politic.*, 300ᶜ-301ᵃ; — *Lois*, II, 656ᵈ-657ᵇ; VI, 772ᵇ⁻ᵈ; VII, 797ᵃ-799ᵇ; XII, 958ᵈ.

6. *Id.*, *Rep.*, IV, 424ᵇ⁻ᶜ; — *Lois*, II, 656ᵈ-657ᵇ, 660ᶜ; VII, 798ᵉ-799ᵇ.

dans l'habitude. Quand on l'a modifiée une fois, la pente est fatale : on ne s'arrête plus sur la voie des variations.

Ces principes de permanence sont extérieurs ; l'eurythmie vient du dedans : elle procède de l'âme elle-même. Et, dans l'âme, elle a comme trois ressorts essentiels : la persuasion que la justice et le bonheur ne font qu'un ; la foi en la providence divine ; et la croyance à la vie future. C'est donc là ce qu'il faut graver jusqu'au fond des consciences. C'est là ce qu'il faut dire en prose et en vers, aux enfants et aux vieillards comme aux jeunes gens, le matin et le soir, en public et en particulier : c'est là ce qu'il faut répéter sans cesse, à tous et partout, afin qu'à la lumière des idées, trop faible par elle-même, s'ajoute la force aveugle mais puissante de l'association. Hypnotisons l'homme, puisqu'on n'est pas sûr de le convaincre [1].

La politique de Platon n'est pas une œuvre de pure logique ; on y trouve des éléments historiques d'origine très diverse. C'est à l'Ionie, principalement à la ville d'Athènes, et dans Athènes à Socrate surtout, que Platon emprunte l'idée de philosopher en sociologie et d'assigner pour but aux États, non plus la guerre, mais le bonheur par la conquête de la justice, et la conquête de la justice par la science. Peut-être convient-il d'ajouter que l'exemple des Pythagoriciens n'est pas étranger à cette tentative ; on sait du moins que les Pythagoriciens ont essayé, eux aussi, d'utiliser leur système au profit de la politique. C'est de la Doride, au contraire, et notamment de Lacédémone, que Platon s'inspire lorsqu'il s'agit de trouver les moyens les plus propres à faire triompher l'ordre et la justice. L'absorption de l'in-

---

[1]. PLAT., *Lois*, II, 663ᵈ-664ᵃ; VIII, 838ᵃ⁻ᵈ.

dividu par l'État, l'égalité des biens et sa fixité, la défense pour les chefs de faire du commerce et de l'agriculture et pour tout le monde d'avoir chez soi de l'or ou de l'argent, la vie de caserne, la communauté des femmes et leur éducation entièrement virile, l'usage des banquets, le respect des vieillards par les jeunes gens : autant de traits de la cité platonicienne qui rappellent de plus ou moins près la constitution des Spartiates. Les deux points où s'accuse le plus de divergence sont la communauté et l'éducation des femmes. Encore présentent-ils une véritable analogie : chez les Spartiates, on pouvait prêter sa femme à son voisin et la gymnastique existait déjà pour les jeunes filles. Il n'est pas malaisé non plus de reconnaître dans la conception politique de Platon certaines traces d'influence orientale. L'Égypte en particulier, dont il blâme pourtant l'esprit commercial, le fascine par ce sens pratique et ce respect de la tradition qui faisaient la meilleure partie de sa force. C'est à son admiration pour ce pays qu'il convient de rapporter sa théorie de la fixité des lois, autant et peut-être plus qu'à ses goûts aristocratiques et à l'histoire de la démocratie athénienne.

On n'a là, d'ailleurs, que les principales sources auxquelles a puisé Platon. Il dit lui-même qu'il a visité nombre de villes et étudié une foule de constitutions; il n'hésite pas à se prévaloir de sa grande expérience en matière de politique [1]. On le croit sans peine, quand on a lu ses ouvrages, particulièrement les *Lois*. Il connaît, au moins à sa manière, l'histoire de la vieille Grèce et celle des Perses [2]. Il nous parle tour à tour de Thèbes, de Milet, de Tarente, de Syracuse, de Locres, de Thurium, de Carthage; il fait allusion aux mœurs des Scythes, des Thraces, des

---

1. V. plus haut, p. 32.
2. III.

Celtes et des Ibériens [1]. Aux huitième et neuvième livres de la *République*, il institue une critique des principales formes de gouvernement qui est beaucoup trop pénétrante pour ne pas reposer sur des documents précis. Platon, vu la part qu'il fait à l'expérience dans ses théories politiques, est beaucoup plus près d'Aristote qu'on ne le croit en général, surtout vers la fin de sa carrière.

1. *Lois*, I, 636^b, 637^b, 637^{d-e}, 638^b; II, 659^b.

CHAPITRE IX

CONCLUSION

Platon est peut-être la plus haute et la plus complète personnification du peuple grec. Il représente au suprême degré sa foi profonde en l'hégémonie de la raison, la conception apollinienne qu'il s'est faite de la vie, la finesse de son goût artistique et la puissance créatrice de son imagination; cette passion de la liberté qui lui valut à la fois tant de gloire et tant de maux, et ce fond de sentiments humains, partout répandus dans sa littérature, qui s'appellent la justice, la bienveillance et l'amitié.

Après Socrate, et sous son influence excitatrice, l'esprit humain fait comme un bond gigantesque. Platon invente une théorie du monde qui s'élève d'un coup jusqu'au principe suprême des choses et qui, des cimes où elle trouve son point de départ, s'étend à toutes les formes du savoir, élargissant les horizons, multipliant les analogies et communiquant sa lumière aux plus infimes détails. Le concept de substance, la philosophie de la nature, la religion, la morale, la politique et l'esthétique : tout se transforme et s'éclaire au contact de son idéologie; tout se crée pour ainsi dire à nouveau et avec une puissance qui ne sera pas dépassée.

Or ce qui domine dans cette immense synthèse, c'est une confiance à peu près absolue en la valeur de la raison humaine. Il n'y a rien, dans le domaine de « l'être véritable », qu'elle ne soit à même de pénétrer, pourvu que l'on y apporte la vaillance et la méthode voulues. Éléments et rapports, elle y peut tout percevoir et jusqu'au fond : tout y est intelligible. Il en va différemment du devenir, il est vrai. Considéré en lui-même, le devenir enveloppe un résidu « d'infini » qui le rend partiellement réfractaire à la pensée. Mais, outre qu'il n'est qu'un « jeu d'ombres », il s'explique d'une certaine façon à la lumière de « l'idée du bien », qui contient tout ensemble sa cause, son archétype éternel et sa loi. Rien n'échappe aux prises de la science, elle peut épuiser le réel ; et c'est la raison qui la fait. C'est aussi la raison qui fait la sagesse, ce principe hégémonique de la morale et de la vie politique. Elle en construit l'idéal ; et cet idéal, une fois compris, a tant de force par lui-même qu'il entraîne tout le reste à sa suite : savoir, pouvoir, vouloir ne sont qu'une seule chose. Ce n'est pas, sans doute, qu'il faille négliger « l'exercice » qui plie l'automate, ou la vertu commune qui n'est qu'une opinion ; ce sont là deux auxiliaires précieux de la moralité. Par eux commence l'éducation ; et la plupart des hommes n'ont pas d'autres moyens de river leur conduite au respect de l'ordre. Mais n'empêche que la science du bien possède de sa nature un charme toujours vainqueur : celui qui l'a conquise à fond est par là même un sage et le seul qui mérite pleinement ce nom divin. Souveraine dans le champ de la spéculation qu'elle illumine complètement, la raison l'est aussi dans le ressort de la pratique : c'est la Minerve « aux yeux clairs », qui voit tout et gouverne tout ce qu'elle voit, avec une force irrésistible.

Il faudra venir jusqu'à l'origine des temps modernes ; il faudra descendre jusqu'à Descartes pour retrouver un tel souffle d'espérance, un intellectualisme aussi virginal et aussi fier dans sa virginité ; encore est-ce l'influence renaissante de Platon qui lui donnera, du moins en partie, sa prodigieuse vigueur.

La raison est presque le tout de l'homme; et son œuvre présente un caractère spécial que les barbares, si exercés qu'ils soient par ailleurs, n'ont point su démêler, vu qu'ils n'ont pas pris le loisir d'aller jusqu'au fond du réel. La science a pour objet la vérité; et la vérité n'est autre chose que l'être éternel et parfait. De son côté, l'être éternel et parfait, non par indigence, mais en vertu même de sa plénitude, ne comporte ni manque ni excès : il a pour marque distinctive la mesure et la proportion. C'est le beau lui-même; et, par suite, c'est également le bien. « car personne ne le niera, [ô Protarque], la mesure et la proportion qui constituent la beauté sont aussi l'essence de la vertu [1]. » Voilà pour « le modèle »; et « la copie » en reflète d'aussi près que possible l'immobile excellence. La nature aussi est faite d'ordre, d'harmonie et d'eurythmie. Tout dans l'hyperciel, tout dans le ciel, tout sur la terre, se ramène à l'esthétique; et l'univers entier n'est qu'un immense Parthénon.

Pour développer une telle conception des choses, il faut être poète. Or on peut dire que personne ne l'a été plus pleinement que Platon, bien qu'il n'ait guère écrit qu'en prose; et l'on conçoit sans peine qu'il ait été tenté dans sa jeunesse de s'adonner au théâtre. Ses dialogues sont des drames : chaque personnage y revêt un caractère défini, surtout vers le milieu de sa carrière; et l'intérêt s'y maintient d'un bout à l'autre avec un bonheur extrême, grâce aux épisodes, aux péripéties, aux imprévus dont ils sont mêlés. On trouve, dans sa diction, le « fini » d'un Sophocle; et sa verve devient, quand il le veut, débordante comme celle d'un Aristophane : on en a pour preuves

---

1. PLAT., *Phileb.*, 64°.

la variété de ses mythes d'ordinaire si brillants et ce discours du *Banquet* où il imite de si près le génie désopilant du grand comique grec. Personne peut-être n'a possédé, à un degré plus haut, le don de l'image, cette marque distinctive des enfants d'Apollon : il en a besoin ; il s'y meut autant que dans l'idée ; elle éclate tout à coup, olympienne et vive, même du sein de ses abstractions les plus ardues. Ce n'est pas non plus une exagération de croire qu'on n'a jamais égalé son infinie mobilité d'allure, ni la finesse de son ironie, ni surtout ce délicat enjouement qui passe dans ses œuvres comme un sourire de sa pensée : à cet égard, ainsi qu'au point de vue de l'élévation des idées, Platon excelle ; il demeure inimitable.

Essentiellement grec par son rationalisme et son esthétisme, il ne l'est pas moins par l'ensemble des sentiments qui lui tiennent au cœur et nous livrent pour ainsi dire le fond de son âme. La liberté, à ses yeux, est d'un prix infini. S'il a horreur de la démocratie absolue, et plus encore du despotisme des monarques héréditaires et des tyrans, c'est que ces altérations politiques sont la confiscation de l'indépendance ; s'il veut que la cité vive dans la paix en se préparant sans cesse à la guerre, c'est afin d'éloigner tout danger d'asservissement ; l'omnipotence même de l'État n'est pour lui qu'un moyen d'assurer par l'ordre l'éclosion et le respect de la vraie liberté. Plus haut encore est le prix qu'il attache à la justice et à l'amitié, et parce qu'elles fondent et ennoblissent tout le reste : ces deux mots sont la devise du sage, et par là même aussi celle qu'il faudrait graver en lettres d'or sur les portes de chaque cité vraiment digne de ce nom. Ce n'est pas d'ailleurs qu'il faille les entendre séparément : elles sont comme deux sœurs qui se tiennent par la main et s'affermissent l'une l'autre dans leur marche triomphale. On peut même dire qu'elles ne font. en définitive, qu'une seule chose éminemment céleste et qui s'appelle la bonté. Car elles ont l'une et l'autre leur mesure et leur forme dans la raison. Or la raison est toujours juste avec bienveillance et bienveillante avec justice : la raison est toujours également bonne, vu qu'elle n'a d'autre loi que celle du meilleur.

Si Platon résume les qualités de sa race, il représente aussi quelques-uns de ses défauts, bien que d'une manière généralement très adoucie. On y trouve des sophismes puérils, comme ceux que nous avons déjà signalés dans le premier livre de la *République*, des raisonnements manifestement inefficaces, tels que la preuve des contraires exposée au commencement du *Phédon*, d'autres qui ont peut-être plus de force, mais où l'auteur s'attarde démesurément aux parties incontestables et glisse sans autre examen sur le point difficile : qui n'a senti cela, par exemple, en lisant le passage du second de ces deux derniers dialogues où l'on veut que l'âme soit immortelle, puisque son essence est d'avoir la vie ? Il est vrai qu'avec les années, la pensée de Platon prend une marche de plus en plus ferme et de plus en plus sûre : ses dialogues de la troisième période ne présentent presque aucune de ces marques d'intermittente faiblesse. Mais il reste subtil jusqu'à la fin. Il divise et divise encore; il obtient des éléments de plus en plus infimes, de plus en plus nombreux : si bien que l'esprit se fatigue et sans profit à suivre du regard cette poussière d'idées. C'est des Grecs, et de Platon d'abord, qu'est sortie la scolastique. En outre, l'auteur des *Dialogues* n'est jamais pressé d'arriver au but. Sa pensée décrit des méandres à l'indéfini; et il s'y plaît, il s'y complaît : la causerie l'enchante visiblement. Or c'est là, si je ne me trompe, une autre trace d'hellénisme. Les Hellènes, les Ioniens surtout, comme on le peut voir par leur vie politique, avaient la passion de discourir;

Platon, malgré son sens si profond du « fini », en garde encore quelque légère atteinte.

Outre les traits que l'on vient de décrire, Platon en présente d'autres qui donnent une certaine idée, non plus seulement de son intelligence et de ses sentiments, mais aussi de son caractère.

Il a des convictions profondes, inébranlables. On trouve des penseurs, et ils sont nombreux, dont la foi philosophique s'effrite avec le temps, diminue peu à peu et finit par disparaître. Platon n'est point de leur famille; son dogmatisme n'abdique pas. Sans doute, il devient un peu pessimiste à l'égard des hommes, il constate de plus en plus qu'ils ne ressemblent pas à « ces fils de Dieu » pour lesquels il a fait sa *République;* leur état d'ignorance et de perversité lui inspire de la tristesse et même un certain mépris. Bien plus, il cesse d'attribuer à la raison toute cette efficacité pratique qu'il croyait d'abord y trouver. Mais il conserve ses thèses fondamentales et s'y renforce; l'identité de la justice et du bonheur, la priorité de l'âme, l'existence des dieux et d'une vie future, la subsistance même des idées[1] : ce sont là autant de points auxquels il se cramponne avec une énergie croissante. Platon, par la vigueur de ses croyances, s'affirme comme un volontaire.

Il s'affirme aussi comme tel par ses tendances absolutistes. Il veut le bonheur de l'individu; là se trouve le but à ses yeux, la chose est incontestable : il l'exprime tant de fois et avec tant de force qu'on n'en peut douter d'aucune manière. Et pourtant, cette fin suprême est manquée, elle l'est manifestement. L'État, dans sa théorie, acquiert une telle prépondérance, il se discipline de tant de façons et avec une telle rigueur, qu'il ne reste plus de

---

1. V. plus haut, p. 3, 33, 55-56.

l'homme qu'un instrument politique. D'où vient, dans le fond, cette singulière antinomie? La démocratie illimitée lui fait peur; la constitution lacédémonienne, au contraire, le rassure. Cela s'entend. Mais pourquoi pousse-t-il son aversion contre la première et sa sympathie pour la seconde, au point de se mettre en contradiction flagrante avec lui-même? C'est ce qui ne peut s'expliquer que par un mobile d'ordre intérieur. Si Platon, comme grec, aime la liberté, il est en même temps un aristocrate qui a l'instinct dominateur de sa caste.

Au volontarisme de Platon s'allie un certain fond de mysticisme. Il parle de l'amour des idées, de « l'enthousiasme ineffable » qu'elles produisaient dans les âmes avant leur chute. Le but de la vie, le vrai bonheur consiste à reconquérir, par le retour au même spectacle, le même enchantement divin : retrouver les idées et s'y laisser séduire pour jamais, telle est la destinée du « philosophe ». Assurément, la contemplation a chez Platon quelque chose de moins éthéré, de plus émotif et de plus profond que chez Aristote. Mais il faudrait se garder de la confondre avec l'extase, que prôneront plus tard les Alexandrins et dont l'idée viendra de l'orient bien plus que de l'auteur du *Phèdre*. Au regard du fondateur de l'Académie, la contemplation n'exclut pas la maîtrise de soi : ce n'est point l'absorption, mais le plein épanouissement de la personnalité [1].

Un dernier trait du génie de Platon consiste en une certaine recherche de la forme énigmatique. Que l'on examine, par exemple, la manière dont il décrit dans le *Timée* la composition de l'âme du monde, ou les termes qu'il emploie au huitième livre de la *République* pour expliquer les nombres qui président à la durée des êtres;

---

1. Cf. plus haut, p. 243-244, ce que l'on a dit de l'individualité des âmes. V. aussi H. Guyot, *L'infinité divine*, p. 233-245, Paris, 1906.

on sentira qu'il se préoccupe peut-être encore plus de se faire deviner que de s'exprimer. Toutes ses œuvres sont d'ailleurs émaillées de sous-entendus, de réticences et de formules mystérieuses; c'est une des difficultés auxquelles on se heurte quand il s'agit de définir sa doctrine. Dans le *Timée* surtout, le mythe et la philosophie se mêlent d'une façon étrange et cependant voulue. Or il y a là, je crois, plus que des jeux d'esprit. Bien que souverainement ami de la lumière, Platon garde quelque chose d'hiérophantique, qui lui vient du Pythagorisme, et sans doute aussi des traditions orphiques si familières à sa pensée.

L'enseignement de Platon eut un succès considérable; la renommée s'en répandit dans toute la Grèce et au delà. Athènes, Chalcédoine, Amphipolis, Lampsaque, Cysique, Pont, Héraclée, Bzyance, Oponte, Samos, et Phasélis; Mantinée, Syracuse, Locres; Pellène; Cnide, OEnos, Magnésie, Chypre et la Perse elle-même : autant de villes ou contrées qui fournirent des recrues à l'Académie[1], et souvent des plus brillantes par la naissance et la richesse, autant que par le talent. Nombreuse fut l'élite des jeunes gens qui vinrent se gouper autour du maître incomparable.

Après Platon, l'Académie n'eut point la fécondité que l'on pouvait attendre de tant d'idées répandues comme à profusion et si puissamment organisées. Ses disciples conservèrent d'abord, mais sans grand éclat, l'esprit et le fond de sa doctrine. Puis, elle ne tarda pas à glisser de la spéculation dans la pratique et de son haut dogmatisme vers la philosophie de la vraisemblance[2].

---

1. V. Ed. Zeller, *loc. cit.*, p. 982, note 1.
2. On ne se propose pas ici de faire une étude complète de l'ancienne Académie; cette étude a été faite par Ed. Zeller (*loc. cit.*, p. 982-1049) et l'on peut dire que, au point de vue des documents, il n'y manque rien.

Platon était allé pythagorisant de plus en plus sa théorie des idées; le même mouvement ne fit que s'accentuer après lui.

D'après Speusippe[1], il existe à l'origine des figures géométriques. Autant qu'on peut le savoir, ces figures géométriques sont constituées d'après des nombres : elles y trouvent leur loi interne et comme leur forme. De leur côté, les nombres dérivent tous de deux principes qui ne sont plus l'un, le grand et le petit, mais l'un et le plusieurs. Grandeurs et nombres s'identifient avec les êtres mathématiques eux-mêmes, c'est-à-dire avec les abstractions dont se composent les sciences exactes. Toutefois, ils n'en sont pas moins immuables, indivisibles et séparés du monde des sens. C'est par là que Speusippe rejoint Platon [2]; le reste est du Pythagorisme raffiné. Xéno-

---

Notre désir est seulement de montrer quel a été le sort de la doctrine de Platon immédiatement après lui; c'est là surtout ce qui nous paraît suggestif.

1. V. sur cet académicien, Fischer, *De Speusippi vita*, Rastadii, 1845; Ravaisson-Mollien, *Speusippi de primis rerum principiis placita*, Paris, 1838; Brandis, *Græc.-Röm. Philos.*, t. I, 376 et sqq., Berlin, 1862-64; Krishe, *Forschungen...*, I, 247 et sqq., Göttingen, 1840.

2. Les principaux traits de cette doctrine sont indiqués au livre N de la *Mét.* d'Arist., 4, 1091^b, 22 et sqq. : Συμβαίνει γὰρ πολλὴ δυσχέρεια, ἣν ἔνιοι φεύγοντες ἀπειρήκασιν, οἱ τὸ ἓν μὲν ὁμολογοῦντες ἀρχὴν εἶναι πρώτην καὶ στοιχεῖον, τοῦ ἀριθμοῦ δὲ τοῦ μαθηματικοῦ... Διόπερ ὁ μὲν ἔφευγε τὸ ἀγαθὸν προσάπτειν τῷ ἑνὶ ὡς ἀναγκαῖον ὄν, ἐπειδὴ ἐξ ἐναντίων ἡ γένεσις, τὸ κακὸν τὴν τοῦ πλήθους φύσιν εἶναι... Συμβαίνει δὴ πάντα τὰ ὄντα μετέχειν τοῦ κακοῦ ἔξω ἑνὸς αὐτοῦ τοῦ ἑνός... Ταῦτα δὴ πάντα συμβαίνει, τὸ μὲν ὅτι ἀρχὴν πᾶσαν στοιχεῖον ποιοῦσι, τὸ δ' ὅτι τἀναντία ἀρχάς, τὸ δ' ὅτι τὸ ἓν ἀρχήν, τὸ δ' ὅτι τοὺς ἀριθμοὺς τὰς πρώτας οὐσίας καὶ χωριστὰς καὶ εἴδη. Ce passage se rappporte certainement à Speusippe, comme l'a d'ailleurs reconnu le Pseudo-Alex. (*Sch.*, 828^a, 34). Car il s'agit ici d'une doctrine où l'un (τὸ ἓν) est séparé du bien (τὸ ἀγαθόν); et c'est là précisément ce qu'enseignait Speusippe, ainsi qu'on le pourra voir un peu plus loin (p. 350-351).

La théorie de l'un est aussi attribuée nominalement à Speusippe (Arist., *Met.*, Z, 2, 1028^b, 18-24 : ... Σπεύσιππος δὲ καὶ πλείους οὐσίας ἀπὸ τοῦ ἑνὸς ἀρξάμενος...).

Par suite, il est probable que, dans tous les passages de la *Mét.* d'Aristote où il s'agit de la même doctrine, il s'agit aussi de Speusippe; et voici les principaux.

a) *Sur l'un et le plusieurs* : *Met.*, M, 8, 1083^a, 21-24; N, 1, 1087^b, 4-9,

crate[1] se rapproche davantage de son maître et ami. Il admet, avec Speusippe, des nombres et des figures séparés. Mais, à ses yeux, ces éléments constitutifs des choses ne sont plus de simples êtres mathématiques ; ce sont des réalités pleines et achevées, des idées au dernier sens de Platon[2]. Il a pourtant certaines variantes qu'il est bon de signaler. D'après lui, les nombres ne procèdent pas, il est vrai, de l'un et du plusieurs, comme le voulait Speusippe ; mais ils ne viennent pas non plus de l'un, du grand

---

30-32; N, 5, 1092^a, 35 (d'après notre principe d'interprétation, c'est encore Speusippe qui se trouve visé en cet endroit par ces paroles : τὸ ἓν ὁ μὲν τῷ πλήθει ὡς ἐναντίον τίθησιν, bien que le Pseudo-Alex., *Sch.*, 823^b, 32 et sqq., ne l'applique qu'aux Pythagoriciens).

b) *Sur le nombre* : Λ, 10, 1075^b, 37 et sqq.; N, 3, 1090^b, 13-20.

c) *Sur la grandeur* : Z, 2, 1028^b, 18-24 : Σπεύσιππος δὲ καὶ πλείους οὐσίας ἀπὸ τοῦ ἑνὸς ἀρξάμενος, καὶ ἀρχὰς ἑκάστης οὐσίας ἄλλην μὲν ἀριθμῶν, ἄλλην δὲ μεγεθῶν... (V. *Sch.*, 740^b, 13-19, 44 et sqq.); M, 9, 1085^a, 31-34.

d) *Sur les êtres mathématiques en général* : Λ, 1, 1069^a, 35; M, 1, 1076^a, 17-21 (il n'est cependant pas sûr que Speusippe soit en perspective dans ce texte. Au *Schol.* de la page 813^a, 39-45, il ne s'agit que des Pythagoriciens); M, 6, 1080^b, 10-23 : ... Οἱ δὲ τὸν μαθηματικὸν μόνον ἀριθμὸν εἶναι τὸν πρῶτον τῶν ὄντων κεχωρισμένον τῶν αἰσθητῶν...; M, 9, 1086^a, 2-5; N, 3, 1090^a, 16-19, 25-28, 35 et sqq.

1. V. sur Xénocrate Van de Wynpersse, *De Xenocrate chalcedonio*, Leyd., 1823.

2. Cette conception est indiquée au livre M de la *Mét.* d'Arist., 6, 1080^b, 21-30 : ... οἱ δὲ τὰ μαθηματικὰ [λέγουσιν εἶναι], οὐ μαθηματικῶς δέ. Il est plus que probable qu'il faut attribuer ces paroles à Xénocrate. Car le texte continue comme il suit : οὐ γὰρ τέμνεσθαι οὔτε μέγεθος πᾶν εἰς μεγέθη, οὔθ' ὁποιασοῦν μονάδας δυάδα εἶναι. Il s'agit ici de la réduction de la grandeur en petites lignes indivisibles ; et c'est là précisément ce qu'enseignait Xénocrate, comme on le verra ci-dessus. Ainsi l'entendent d'ailleurs Ravaisson (*Speus. plac.*, p. 30), Brandis (t. I, 381), Ed. Zeller (*loc. cit.*, p. 1015, note 2).

On a donc quelque droit de rapporter au même philosophe les passages d'Arist. où l'on retrouve la même théorie. Et ces passages, les voici : *Met.*, Z, 2, 1028^b, 24-27; Λ, 1, 1069^a, 35-36; M, 8, 1083^b, 1-4; M, 9, 1086^a, 5-10; N, 3, 1090^b, 30-32 (lire, pour mieux comprendre, à partir de la ligne 13).

Le Pseudo-Alex. applique tout ensemble à Speusippe et à Xénocrate (*Sch.*, 820^a, 39-44) le passage 1083^b, 1 de la *Métaphysique* d'Aristote; et cette opinion paraît soutenable. Mais je n'oserais en dire autant du texte 1080^b, 14-16, dont la pensée est attribuée à Xénocrate (*Sch.*, 818^b, 4-7); il s'agit bien ici de Speusippe. J'incline également à croire que le texte 1086^a, 2 regarde uniquement ce dernier philosophe, tandis que le Pseudo-Alex. en rapporte la doctrine aux deux premiers successeurs de Platon (*Sch.*, 822^b, 10-14).

et du petit; ils ont leur principe dans la monade et la dyade indéfinie [1]. En outre, il pousse plus loin que Platon et que son prédécesseur immédiat, l'analyse des figures géométriques elles-mêmes. Pour lui, ce qu'il y a de véritablement indivisible, ce ne sont ni de petits solides, ni de petits plans; c'est la ligne [2].

Ceux qui s'écartent le plus des idées-nombres enseignées par Platon vers la fin de sa carrière, sont Eudoxe de Cnide et Héraclide de Pont. Pour Platon, du moins autant qu'on le peut déterminer, les idées se rapportaient à la nature comme le modèle à sa copie; il n'existait entre ces deux termes qu'une sorte de similitude. Eudoxe préfère la théorie de l'immanence et se prononce pour l'hypothèse de la mixis. A son gré, c'est par le mélange de la blancheur en soi et de la matière que les choses sont blanches : ainsi du reste [3]. Héraclide de Pont diverge

---

1. MULLACH, *Frag. ph. græc.*, vol. III, p. 114ᵃ, 1 (STOB., *Eclog.*, I, p. 24, éd. Gaisford) : Ξενοκράτης, ἀγαθήνορος, Χαλκηδόνιος, τὴν μονάδα καὶ τὴν δυάδα θεούς...; — *Ibid.*, 30 (PLUTARC., *De anim. procr.*, cap. 1-2, vol. XIII, p. 287, éd. Hutten) : ... ἀμέριστον μὲν γὰρ εἶναι τὸ ἕν, μεριστὸν δὲ τὸ πλῆθος, ἐκ δὲ τούτων γίνεσθαι τὸν ἀριθμόν, τοῦ ἑνὸς ὁρίζοντος τὸ πλῆθος, καὶ τῇ ἀπειρίᾳ πέρας ἐντιθέντος, ἣν καὶ δυάδα καλοῦσιν ἀόριστον; — STOB. (DIELS, *Dox.*, 288ᵇ, 23) appelle aussi la dyade de Xénocrate ἀέναον. — Même qualificatif dans THEODORET, *Cur. gr. aff.*, IV, 12 (*Ibid.*, 23, note). Et ce mot ne fait que désigner d'une autre manière son infinitude.

Il est moralement certain qu'il faut attribuer aussi à Xénocrate le passage suivant de la *Mét.* d'Arist., N, 2, 1088ᵇ, 28-30 : εἰσὶ δέ τινες οἱ δυάδα μὲν ἀόριστον ποιοῦσι τὸ μετὰ τοῦ ἑνὸς στοιχεῖον...

2. MULLACH, *loc. cit.*, vol. III, p. 117ᵇ, 19 : Ξενοκράτης καὶ Διόδωρος ἀμερῆ τὰ ἐλάχιστα ὡρίζοντο (STOB., *Eclog. Phys.*, 133, éd. Gaisford); — *Ibid.*, 23 : ἀλλὰ μὴν δέδεικται ἐν τῇ φυσικῇ ἀκροάσει, ἐν τοῖς περὶ κινήσεως λόγοις, ἐν οἷς ἀντέλεγε πρὸς Ξενοκράτην γραμμὰς ἀτόμους λέγοντα... (SIMPL. ad Arist., *De Cœlo*, III, c. 1, 139ᵇ; Sch., 510ᵃ, éd. Brandis); — *Ibid.*, 24-28. Et voici le fond de cette théorie : il y a des éléments ultimes de la grandeur; et ces éléments sont des lignes. Mais ce n'est pas qu'elles soient indivisibles par nature. D'elle-même leur division peut aller à l'infini. Elles ne sont indivisibles qu'en vertu de leur petitesse, qui échappe à nos prises : leur insécabilité est toute physique.

3. ARIST., *Met.*, A, 9, 991ᵃ, 14-18 : οὕτω μὲν γὰρ ἂν ἴσως αἴτια δόξειεν εἶναι [τὰ εἴδη] ὡς τὸ λευκὸν μεμιγμένον τῷ λευκῷ. Ἀλλ' οὗτος μὲν ὁ λόγος λίαν εὐκί-

encore plus et d'une autre manière. Il admet des atomes, comme Démocrite, mais qui ne sont pas impassibles et peuvent former des combinaisons d'ordre mécanique; leurs modes changent, dans une certaine mesure, sur un fond identique et indivisible [1]. Toutefois, cette idée qui s'éloigne si fort du Pythagorisme platonicien, vient encore du Pythagorisme : la chose est du moins très probable; car c'est au pythagoricien Ecphante qu'Héraclide semble l'avoir empruntée. Quelle est d'ailleurs la constitution de ces atomes? sont-ils ou non conformes à des proportions numériques? Il y a quelque raison de se prononcer pour l'affirmative, vu l'influence sous laquelle Eudoxe en a conçu la notion; mais, sur ce point, les documents précis font défaut.

Si de l'idéologie elle-même on passe au sujet qui la construit, la doctrine du maître se maintient encore en substance; mais il s'y fait également des modifications curieuses et qui, celles-là, semblent venir du Lycée. Speusippe adoucit la distinction de la connaissance intellectuelle et de la connaissance empirique. Entre la pensée et la sensation brute, il admet une « sensation scientifique », qui tire des données expérimentales une science encore inachevée, mais réelle. Il y a de l'art dans le doigter du citharista; et l'oreille du musicien discerne dans les sons

νητος, ὃν Ἀναξαγόρας μὲν πρῶτος Εὔδοξος δ' ὕστερον καὶ ἄλλοι τινὲς ἔλεγον; — *Ibid.*, M, 5, 1079ᵇ, 17-22; *Sch.*, 573ᵃ, 6-20; *Sch.*, 818ᵃ, 2-5.

1. Euseb., *Prep. Ev.*, XIV, 23, §§ 3-4 : Οἱ δὲ ἀτόμους μετονομάσαντες ἀμερῆ φασιν εἶναι σώματα τοῦ παντὸς μέρη ἐξ ὧν ἀδιαιρέτων ὄντων συντίθεται τὰ πάντα καὶ εἰς ἃ διαλύεται. Καὶ τούτων φασὶ τῶν ἀμερῶν ὀνοματοποιὸν Διόδωρον γεγονέναι. Ὄνομα δέ, φασίν, αὐτοῖς ἄλλο Ἡρακλείδης θέμενος ἐκάλεσεν ὄγκους παρ' οὗ καὶ Ἀσκληπιάδης ὁ ἰατρὸς ἐκληρονόμησε τὸ ὄνομα (Diels, *Dox.*, 252); — Sext. Emp., *Adv. Math.*, X, 318 : οἱ δὲ περὶ τὸν Δημόκριτον καὶ Ἐπίκουρον ἐξ ἀνομοίων τε καὶ ἀπαθῶν, τουτέστι τῶν ἀτόμων, οἱ δὲ περὶ τὸν Ποντικὸν Ἡρακλείδην καὶ Ἀσκληπιάδην ἐξ ἀνομοίων μὲν παθητῶν δέ, καθάπερ τῶν ἀνάρμων ὄγκων; — *Id.*, P. H., III, 30 : Ἡρακλείδης δὲ ὁ Ποντικὸς καὶ Ἀσκληπιάδης ὁ Βιθυνὸς ἀνάρμους ὄγκους (Diels, *Dox.*, 251); — Galeni *Hist. philos.*, 18 (Diels, *Dox.*, 610, 20).

le juste du faux[1]. C'est une des raisons pour lesquelles Speusippe accorde à l'observation une place plus grande que Platon lui-même. On trouve une tendance analogue, bien que peut-être moins accentuée, dans l'enseignement de Xénocrate. Ce philosophe distingue trois espèces de connaissance : la pensée, la sensation, et l'opinion. La première a pour objet ce qui est en dehors du ciel, la seconde ce qui est dans le ciel et la troisième le ciel lui-même. Or la sensation contient déjà de la vérité, et l'opinion en a plus encore : c'est déjà une connaissance mêlée de science[2]. Par contre, lorsqu'il expose sa manière d'entendre « la sagesse » (φρόνησις), ce n'est plus vers l'unité, mais vers l'hétérogénéité qu'il se meut; il distingue nettement la « science pratique » de « la science théorique » qu'il appelle, comme Aristote, du nom de « sophie »[3] : ce qui est encore une trace d'influence péri-

---

1. Sext., *Math.*, 145-146 : Σπεύσιππος δέ, ἐπεὶ τῶν πραγμάτων τὰ μὲν αἰσθητὰ τὰ δὲ νοητά, τῶν μὲν νοητῶν κριτήριον ἔλεξεν τὸν ἐπιστημονικὸν λόγον, τῶν δὲ αἰσθητῶν τὴν ἐπιστημονικὴν αἴσθησιν· ἐπιστημονικὴν δὲ αἴσθησιν ὑπείληφε καθεστάναι τὴν μεταλαμβάνουσαν τῆς κατὰ τὸν λόγον ἀληθείας. Ὥσπερ γὰρ τοῦ αὐλητοῦ ἢ ψάλτου δάκτυλοι τεχνικὴν μὲν εἶχον ἐνέργειαν, οὐκ ἐν αὐτοῖς δὲ προηγουμένως τελειουμένην, ἀλλ' ἐκ τῆς πρὸς τὸν λογισμὸν συνασκήσεως· ἀπαρτιζομένην, καὶ ὡς ἡ τοῦ μουσικοῦ αἴσθησις ἐνέργειαν μὲν εἶχεν ἀντιληπτικὴν τοῦ τε ἡρμοσμένου καὶ τοῦ ἀναρμόστου, ταύτην δὲ οὐκ αὐτοφυῆ, ἀλλ' ἐκ τοῦ λογισμοῦ περιγεγονυῖαν, οὕτω καὶ ἐπιστημονικὴ αἴσθησις φυσικῶς παρὰ τοῦ λόγου τῆς ἐπιστημονικῆς μεταλαμβάνει τριβῆς πρὸς ἀπλανῆ τῶν ὑποκειμένων διάγνωσιν.

2. Sext., *Math.*, 147-149 : Ξενοκράτης δὲ τρεῖς φησιν οὐσίας εἶναι, τὴν μὲν αἰσθητήν, τὴν δὲ νοητήν, τὴν δὲ σύνθετον καὶ δοξαστήν· ὧν αἰσθητὴν μὲν εἶναι τὴν ἐντὸς οὐρανοῦ, νοητὴν δὲ πάντων τῶν ἐκτὸς οὐρανοῦ, δοξαστὴν δὲ καὶ σύνθετον τὴν αὐτοῦ τοῦ οὐρανοῦ· ὁρατὴ μὲν γάρ ἐστι τῇ αἰσθήσει, νοητὴ δὲ δι' ἀστρολογίας. Τούτων μέντοι τοῦτον ἐχόντων τὸν τρόπον τῆς μὲν ἐκτὸς τοῦ οὐρανοῦ καὶ νοητῆς οὐσίας κριτήριον ἀπεφαίνετο τὴν ἐπιστήμην, τῆς δὲ ἐντὸς οὐρανοῦ καὶ αἰσθητῆς αἴσθησιν, τῆς δὲ μικτῆς τὴν δόξαν· καὶ τούτων κοινῶς τὸ μὲν διὰ τοῦ ἐπιστημονικοῦ λόγου κριτήριον βέβαιόν τε ὑπάρχειν καὶ ἀληθές, τὸ δὲ διὰ τῆς αἰσθήσεως ἀληθὲς μέν, οὐχ' οὕτω δὲ ὡς διὰ τοῦ ἐπιστημονικοῦ λόγου, τὸ δὲ σύνθετον κοινὸν ἀληθοῦς τε καὶ ψευδοῦς ὑπάρχειν. Τῆς γὰρ δόξης τὴν μέν τινα ἀληθῆ εἶναι τὴν δὲ ψευδῆ· ὅθεν καὶ τρεῖς μοίρας παραδεδόσθαι, Ἄτροπον μὲν τὴν τῶν νοητῶν ἀμετάθετον οὖσαν, Κλωθὼ δὲ τὴν τῶν αἰσθητῶν, Λάχεσιν δὲ τὴν τῶν δοξαστῶν.

3. Mullach, *loc., cit.*, p. 127ᵇ, 64 (Clem. Alex., *Strom.*, II, 369ᶜ, éd. Sylburg.); p. 128ᵃ, 65 (Arist., *Top.*, VI, 3, 141ᵃ, 6-8, éd. Bekker).

patéticienne. On sait d'ailleurs qu'après la mort de Platon, Xénocrate était allé au Lycée [1].

En physique, la pensée platonicienne subit peut-être plus de variations et de plus profondes.

Eudoxe prend parti, comme on l'a vu, pour l'explication « du mélange ». Héraclide, de son côté, enseigne une sorte d'atomisme qui s'aggrave par ailleurs de la croyance en l'unité spécifique de la matière [2] et en l'infinité du monde [3]. De plus, Speusippe [4] et Xénocrate [5] eux-mêmes admettent cinq corps simples, au lieu de quatre : l'éther, pour eux, ne se ramène plus à l'air. Héraclide se représente l'âme comme un être lumineux, composé d'éther, et porte ainsi l'indépendance jusqu'à combattre le spiritualisme de Platon, l'un des points les plus importants de sa doctrine [6]. Speusippe, son neveu et l'héritier de l'Académie, nie le principe même dont cette doctrine découle tout entière. Platon a soutenu que le bien est à l'origine; il a fini, en inclinant toujours vers le Pythagorisme, par l'identifier avec l'un. Speusippe prend la

---

1. MULLACH, *loc. cit.*, p. 103ᵇ, note 38 (STRABO, XIII, p. 610).
2. STOB., *Eclog.*, I, 24 (DIELS, *Dox.*, 343ᵃ, 7 ᵇ9, t ᵇ7).
3. STOB., *Eclog.*, I, 213, (DIELS, *Dox.*, 328 ᵇ4).
4. JAMBLIC., Τὰ θεολογούμενα τῆς ἀριθμητικῆς, p. 61-62, Paris, 1543. — Dans son écrit sur *Les nombres pythagoriciens*, Speusippe parlait aussi περὶ πέντε σχημάτων, ἃ τοῖς κοσμικοῖς ἀποδίδοται στοιχείοις... Ce qui fait surtout la valeur de ce texte, c'est que Speus. y paraît comme cherchant à démêler les propres et les analogies des cinq éléments (ἰδιότητάς τε καὶ ἀναλογίας) ; il y croyait donc.
5. *Sch. in Arist.*, 427ᵃ, 2-22 : Xénocrate, d'après ce passage, raconte que Platon admettait cinq éléments. Il est probable que le disciple tire un peu le maître en son sens et lui fait dire sa propre pensée. Car, comme on l'a pu voir ci-dessus (p. 142), Platon, même vers la fin de sa vie, en était encore pour les quatre éléments.
6. STOB., *Eclog.*, I, 49 : Ἡρακλείδης φωτοειδῆ τὴν ψυχὴν ὡρίσατο (DIELS, *Dox.*, 388, ᵇ6. — THÉODORET, I. c. : ὁ δὲ Ἡρακλείδης φωτοειδῆ [τὴν ψυχήν] (DIELS, *Dox.*, 388ᵇ, t ᵇ6) ; — PHILOP., *De an.* : οἱ μὲν εἰρήκασιν αἰθέριον εἶναι σῶμα (ταὐτὸν δέ ἐστιν εἰπεῖν οὐράνιον) ὥσπερ Ἡρακλείδης ὁ Ποντικός (DIELS, *Dox.*, 214).

contre-partie de ces deux thèses de fond. Frappé de la marche progressive que les plantes et les animaux suivent dans leur développement, il conclut que la loi des parties est aussi celle du tout. A son sens, le bien n'existe pas au début; il ne vient qu'à la fin, et comme un résultat de l'évolution des choses : ce n'est pas le commencement, ce n'est que le terme[1]. Et du commencement au terme, l'être ne passe pas tout à fait comme l'a cru Platon. Sans doute, il faut placer à l'origine l'intelligence et l'âme. Mais, au fond, ces deux principes s'identifient; et, parce que celui-ci se meut sans cesse, il est nécessaire aussi que celui-là se meuve et de la même manière[2] : tout devient, à l'exception peut-être des formes où le devenir se coule. Le fond d'Héraclitisme, enfermé dans la philosophie de Platon, reprend le dessus et menace à nouveau de tout envahir. De la même pensée découle aussi la seconde assertion que Speusippe oppose à son maître. Si le bien ne se produit qu'à la fin, l'un demeure

---

1. ARIST. *Met.*, Λ, 7, 1072ᵇ, 30-34 : ὅσοι δὲ ὑπολαμβάνουσιν, ὥσπερ οἱ Πυθαγόρειοι καὶ Σπεύσιππος, τὸ κάλλιστον καὶ ἄριστον μὴ ἐν ἀρχῇ εἶναι, διὰ τὸ καὶ τῶν φυτῶν καὶ τῶν ζῴων τὰς ἀρχὰς αἴτια μὲν εἶναι, τὸ δὲ καλὸν καὶ τέλειον ἐν τοῖς ἐκ τούτων, οὐκ ὀρθῶς οἴονται... ; — ALEX. Aphrod., p. 674, éd. Bonitz (MULLACH, *loc. cit.*, p. 92ᵇ, 198); — ARIST., *Met.*, N, 4, 1091ᵃ, 30 et sqq. ; — *Ibid.*, 5, 1092ᵃ, 9-16; — Cf. RAVAISSON, *loc. cit.*, p. 7 et sqq.

2. D'après Speusippe, l'âme du monde est partout diffuse : ἐν ἰδέᾳ τοῦ πάντῃ διαστατοῦ Σπεύσιππος [τὴν οὐσίαν τῆς ψυχῆς ἀφωρίσατο] (MULLACH, *loc. cit.*, p. 93ᵇ, 201); Σπεύσιππος σπάνιόν τι τὸ τίμιον ποιεῖ, τὸ περὶ τὴν τοῦ μέσου χώραν· τὰ δ' ἄκρα καὶ ἑκατέρωθεν (*Ibid.*, 202); nec multo secus Speusippus Platonem avunculum subsequens et vim quamdam dicens, qua omnia regantur, eamque animalem, evellere ex animis conatur cognitionem deorum (CIC., *De nat. Deor.*, I, XIII, 32).

Or quel est le mode d'action de cette âme? Elle se développe à la manière des autres êtres vivants, c'est-à-dire comme les plantes et les animaux. C'est donc que l'intelligence qu'elle contient passe aussi du moins au plus, évolue elle-même. D'ailleurs, si l'intelligence qui préside au branle cosmique était en acte, elle serait le bien ; mais d'après Speusippe, le bien n'est pas à l'origine, il ne vient qu'à la fin : Σπεύσιππος τὸν νοῦν οὔτε τῷ ἑνὶ οὔτε τῷ ἀγαθῷ τὸν αὐτόν, ἰδιοφυῆ δέ (STOB., *Eclog.*, I) [DIELS, *Dox.*, 303ᵇ, 3]; — Cf., sur ce point, ED. ZELLER, *loc. cit.*, p. 1000, note 3. — D'après notre interprétation, la théorie de Speusippe serait une sorte d'évolutionisme.

originel. Il faut donc que ces deux choses soient distinctes : elles le sont comme le point de départ et le point d'arrivée dans un stade. Le bien n'est que le mélange de l'un et du plusieurs porté à son plus haut point d'eurythmie par suite d'une ascension graduelle; le mal est ce même mélange à l'état inachevé[1].

Malgré ces divergences, et si notables que soient quelques-unes d'entre elles, la cosmologie platonicienne continue à tout dominer.

Xénocrate, l'austère et fidèle Xénocrate, en défend avec une sorte de scrupule toutes les thèses principales : la priorité du bien ou parfait, celle aussi de l'intelligence et de l'âme, leur diffusion dans la nature et cependant leur indépendance intégrale à l'égard de la matière[2], la théorie de Dieu et des dieux, l'immortalité des âmes particulières englobant jusqu'à leurs « puissances irrationnelles »[3]; on se demande même si, sur quelques-uns de ces points, il n'exagère pas dans le sens dogmatique. Xénocrate affirme, il est vrai, que le monde n'a pas eu de commencement; et cette assertion semble contraire aux expressions du *Timée*. Mais il a soin de nous dire que, sur ce sujet comme sur beaucoup d'autres, le *Timée* doit s'entendre au sens mythique et que Platon, sous des procédés grossissants, y soutient en fait l'éternité du cosmos[4]. Or il y a des chances pour que son interprétation soit juste, comme on l'a déjà vu dans le cours

---

1. V. ci-dessus.
2. Mullach, *loc. cit.*, p. 114-116, 1-12.
3. *Id., Ibid.*, p. 120-125, 29-52; — Stob., *Eclog.*, I, 48 : Πυθαγόρας Ἀναξαγόρας Πλάτων Ξενοκράτης Χλεάνθης· θύραθεν εἰσκρίνεσθαι τὸν νοῦν (Diels, *Dox.*, 392^d 2); — Cic., *Acad.*, II, 39, 124 : l'âme, d'après Xénocr., serait *mens nullo corpore;* — Olympiod., *Schol. in Phæd.*, p. 98, 12, éd. Finckh : Οἱ δὲ μέχρι τῆς ἀλογίας [ἀπαθανατίζουσιν] ὡς τῶν μὲν παλαιῶν Ξενοκράτης καὶ Σπεύσιππος (Diels, 539, n ^{b}3).
4. Mullach, *loc. cit.*, p. 116^b-117^a, 17.

de cet ouvrage[1]; il y en a d'autant plus que Crantor est du même sentiment que lui[2].

Quant aux autres disciples de Platon, il nous est difficile d'en juger; les documents ne sont pas assez nombreux pour que l'on puisse reconstruire leur doctrine. Nous savons cependant que Speusippe[3], Philippe d'Oponte[4], l'éditeur des *Lois*, et Crantor[5] avaient, sur la spiritualité et la destinée de l'âme, sur la nature et le rôle de la divinité, un fond de croyances identique à celui de leur maître; nous le savons aussi de Kratès, prédécesseur immédiat d'Arcésilas, vu que Cicéron le cite parmi les académiciens qui ont vraiment conservé le système initial[6]. Héraclide lui-même soutenait que ce sont les immortels qui des atomes ont fait un monde; il expliquait en outre, à la manière de Platon, le rapport de Dieu et des dieux[7].

C'est sur la morale que les représentants de la vieille Académie s'entendent le mieux. Ils en font tous l'objet dominant de leurs recherches; et tous, à l'exception

---

1. P. 144.
2. MULLACH, *loc. cit.*, p. 139ᵇ, 2 : Οἱ δὲ περὶ Κράντορα τοῦ Πλάτωνος ἐξηγηταί φασι γενητὸν λέγεσθαι τὸν κόσμον ὡς ἀπ' αἰτίας ἄλλης παραγενόμενον καὶ οὐκ ὄντα αὐτόγονον οὐδὲ αὐθυπόστατον (PROCL., *in Tim.*, p. 85ᵃ, éd. Basil.; p. 199, éd. Schneider); — DIELS, *Dox.*, 485, n ᵃ6.
3. V. ci-dessus.
4. V. *Epinom.*, 977ᵃ-992ᵈ. — Sur l'authenticité de ce dialogue, V. plus haut, p. 31-32.
5. MULLACH, *loc. cit.*, 139ᵇ-141ᵇ, 2-4; *Ibid.*, 149ᵃ-150ᵃ, 12;— DIELS, *Dox.*, 485, n ᵃ6.
6. CIC., *Acad.*, I, 34 : Speusippus autem et Xenocrates..., et post hos Polemo et Crates unaque Crantor, in Academia congregati, diligenter ea, quæ a superioribus acceperant, tuebantur. Par contre, Numenius, apud Euseb. (*Prep. Ev.*, XIV, 5, 1), s'exprime ainsi : πολλαχῇ τὰ μὲν παραλύοντες, τὰ δὲ στρεβλοῦντες, οὐκ ἐνέμειναν τῇ πρώτῃ διαδοχῇ. Mais, au fond, ces deux textes peuvent se concilier, si l'on se reporte aux divergences précédemment indiquées.
7. CIC., *De nat. Deor.*, I, 13, 34 [DIELS, *Dox.*, 541ᵃ, 2].

d'Eudoxe qui met le souverain bien dans le plaisir[1], la conçoivent et la développent d'après Platon; c'est à peine s'ils ajoutent quelques détails au trésor d'idées transmis.

Speusippe enseigne que le bonheur est le but, que la vertu en est « l'ouvrière », mais que les biens extérieurs ne sont pas indifférents[2]. Xénocrate précise cette pensée à peu près comme l'eût fait le maître lui-même. D'après son interprétation, le bonheur a des degrés. La vertu lui suffit à la rigueur; mais il s'accroît par l'addition de la santé, de la beauté, des richesses et des honneurs : les biens physiques sont la « condition » du bonheur parfait[3]. Cependant, cette manière de voir se rapproche peut-être un peu d'Aristote; Platon, du moins dans la *République*, a quelque chose de plus stoïque et de plus austère. « Le sage, dit-il au troisième livre de ce dialogue, suffit par lui-même à faire son bonheur »[4]. D'un autre côté, Héraclide de Pont, dans sa lettre *sur le plaisir*, fait le procès de l'hédonisme : d'après lui, le plaisir, en nous enlevant la maîtrise de soi, nous expose à toute sorte de maux; tandis qu'il n'y a pas de joie plus sereine ni plus pleine que celle de la constance dans l'ordre[5]. Par contre, Crantor, le premier commentateur du *Timée*,

---

1. ARIST., *Eth. nic.*, A, 12, 1101ᵇ, 27 et sqq. : Δοκεῖ δὲ καὶ Εὔδοξος καλῶς συνηγορῆσαι περὶ τῶν ἀριστείων τῇ ἡδονῇ; *Id., Ibid.*, K, 2, 1172ᵇ, 9-10 : Εὔδοξος μὲν οὖν τὴν ἡδονὴν τἀγαθὸν ᾤετο εἶναι διὰ τὸ πάνθ' ὁρᾶν ἐφιέμενα αὐτῆς. — Cf. *Diog.*, VIII, 88.

2. CLEM., *Strom.*, 418ᵈ : Σπεύσιππός τε... τὴν εὐδαιμονίαν φησὶν ἕξιν εἶναι τελείαν ἐν τοῖς κατὰ φύσιν ἔχουσιν· ἢ ἕξιν ἀγαθῶν· ἧς δὴ καταστάσεως ἅπαντας μὲν ἀνθρώπους ὄρεξιν ἔχειν· στοχάζεσθαι δὲ τοὺς ἀγαθοὺς τῆς ἀοχλησίας· εἶεν δ' ἂν αἱ ἀρεταὶ τῆς εὐδαιμονίας ἀπεργαστικαί; — Cic., *Tusc.*, V, 10, 30.

3. MULLACH, *loc. cit.*, p. 127ᵃ-128ᵃ, 60-65; — CIC., *Tuscul.*, V, 13, 39; — *Ibid.*, 18, 51; — SENEC., *Ep.*, 71, 17, éd. Bouillet, Paris, 1828 : Academici veteres beatum quidem esse [virum bonum] etiam inter hos cruciatus fatentur, sed non ad perfectum nec ad plenum.

4. III, 387ᶜ.

5. V. ATHEN., *Deipnosoph.*, XII, 512, 5; 525, 30; 533, 45; 536, 52; 552, 77; 554, 81, éd. Meneike, Berlin, 1828-67. — Consulter ED. ZELLER, *loc. cit.*, p. 1038, note 6.

proteste contre l'*apathie* des stoïciens, qu'il regarde comme la négation de nos sentiments les plus naturels. La moralité, pour lui, ne consiste pas à supprimer la sensibilité, mais à la réduire aux lois de la raison : l'idéal véritable, c'est la *métriopathie*[1]. Il s'agit partout de ce développement harmonieux des facultés, de cette eurythmie, de ce juste milieu tant de fois préconisés par Platon et où se mêlait une certaine haine à l'égard de « la déesse de la volupté ». Peut-être même cette haine a-t-elle un peu perdu de sa force avec le temps; c'est au moins l'impression que produit l'attitude de Crantor.

A travers les variantes de l'ancienne Académie, se dessine une tendance qui devient de plus en plus forte et finit par tout envahir : je veux parler de sa défiance croissante à l'égard de la dialectique.

Speusippe considère déjà la définition scientifique, sinon comme impossible, du moins comme extrêmement difficile[2]. A son sens, tout se tient dans la nature, si bien que, pour définir une chose quelconque, il faudrait ne rien ignorer : ce qui dépasse les forces humaines. C'est la raison pour laquelle il attache tant d'importance à la recherche des analogies[3]. Les chefs d'école qui lui succèdent, donnent de plus en plus le pas aux questions morales sur la spéculation; la liste de leurs œuvres suffirait à le prouver. Et l'on en peut dire autant des disciples qui n'ont entre eux d'autre lien que celui d'une éducation commune. Les choses vont ainsi jusqu'à ce que Polémon, abdiquant d'une manière ouverte, vienne dire que

---

1. Plut., *Consol. ad Apoll.*, c. 3, p. 102, 9-25; — Cic., *Tuscul.*, III, 6, 12; — *Id.*, *Acad.*, II, 44, 135.

2. Σπευσίππου ταύτην τὴν δόξαν Εὔδημος εἶναι λέγει τὴν ὅτι ἀδύνατόν ἐστιν ὁρίσασθαί τι τῶν ὄντων μὴ πάντα τὰ ὄντα εἰδότα (*Sch. in Arist.*, 248ᵃ, 24); — Cf. *Ibid.*, 10-23.

3. Mullach, *loc., cit.* p. 93ᵇ-99ᵇ, 203-230.

l'homme « doit se former, non par la dialectique, mais par l'action », comme fait le flûtiste ou le cithariste[1]. Arcésilas peut paraître à son tour ; la place est prête.

D'où vient que l'école de Platon n'obtint ni le relief ni l'influence qui lui semblaient réservés ? Il faut en chercher la cause directe dans l'action croissante qu'exerça sur elle le *Numérisme* des Pythagoriciens. Que pouvait-il sortir de ces considérations à perte de vue sur l'un et le plusieurs, la monade et la dyade, la génération des nombres et l'universelle mathématisation des choses ? Que pouvaient produire tant d'abstractions à la fois factices et réalisées ? sinon le découragement métaphysique et le doute qu'il enfante. Jamais peut-être on ne vit scolastique si ardue, si ombreuse, si sujette à caution et si stérile. Il faut dire également que toute école dont le but principal est de conserver une doctrine philosophique, se trouve condamnée du même coup d'abord à l'infériorité, puis à la décadence. On s'y préoccupe moins d'avancer que de se préserver. Dès lors, on cesse de s'orienter librement vers la découverte et l'on ne songe plus à s'aider en toute sympathie des lumières du dehors : ce qui est deux fois contraire à la loi fondamentale du progrès de la pensée et par là même de son maintien. Il faut marcher toujours, non seulement pour arriver, mais pour ne pas mourir.

Toutefois, ces causes ne sont encore que secondaires. Il en est une autre plus profonde, d'une portée plus générale et qui ne dépend pas de l'industrie humaine. Ce qui manqua par-dessus tout à la vieille Académie, c'est le

---

1. Diog., IV, 18 : ἔφασκε δὲ ὁ Πολέμων δεῖν ἐν τοῖς πράγμασι γυμνάζεσθαι καὶ μὴ ἐν τοῖς διαλεκτικοῖς θεωρήμασι, καθάπερ ἁρμονικόν τι τεχνίον καταπιόντα καὶ μὴ μελετήσαντα, ὡς κατὰ μὲν τὴν ἐρώτησιν θαυμάζεσθαι κατὰ δὲ τὴν διάθεσιν ἑαυτοῖς μάχεσθαι.

don de pénétrer les doctrines, d'en démêler les pensées immortelles et de les pousser plus loin : ce qui lui manqua par-dessus tout, c'est le don même de créer à nouveau. La nature est avare de génie autant que de beauté, peut-être plus encore. Elle suscite à certains moments de grands initiés qui deviennent de grands initiateurs ; puis elle s'arrête dans son heureux effort et sommeille comme épuisée. C'est plus tard seulement, et après avoir réparé ses forces, qu'elle fait lever ses semences et les transforme en fruits de vie. Voilà, me semble-t-il, ce qui se produisit après Platon à l'endroit de son école : elle eut des talents remarquables ; il n'y parut point de ces hommes qui, par la puissance inventive de leur intelligence, propagent sans cesse autour d'eux, avec de nouvelles lumières, un enthousiasme nouveau. Son fondateur une fois mort, le génie ne lui revint plus.

En vertu de la même loi, Platon devait prendre un jour sa revanche, et pour toute la suite des siècles. Il fut le principal inspirateur de l'École d'Alexandrie. Le christianisme, dès sa naissance, reconnut dans son système un auxiliaire heureux. Il lui fallait des principes rationnels pour faire la philosophie de ses dogmes et les défendre. C'est dans le Platonisme et dans le Plotinisme issu principalement de Platon, que ses apologistes vinrent les puiser. « Les raisons éternelles des choses », leur immanence au Verbe dont elles sont la splendeur, leur présence « en tout homme qui vient dans ce monde » ; l'interprétation de la Trinité par les hypostases du Bien, de la Pensée et de l'Ame, la preuve idéologique de l'existence de Dieu et celle d'un monde futur par l'insuffisance de la vie ; l'inintelligibilité presque absolue de la nature et la vanité des sciences expérimentales ; la nécessité d'aimer la vérité jusqu'à l'action pour y croire : autant d'idées ou groupes d'idées que les Pères de l'Église n'ont cessé de faire valoir depuis saint Justin jusqu'à saint Augustin qui leur donne derechef la puissance et l'éclat du génie[1]; autant d'idées ou de groupes d'idées qui sont plus ou moins directement d'inspiration platonicienne. Et, naturellement, je ne note ici que le principal. L'Église a construit son premier essai de théologie sur les doctrines de l'Académus, à la manière dont Constantin élevait des basiliques sur les fondements des temples païens. Non point qu'elle se soit adaptée au milieu grec, comme on le dit souvent. Cette expression est inexacte, à mon sens. L'Église ne s'adapte pas; c'est un organisme puissant qui, sans perdre jamais son identité, s'assimile, dans sa persistance à travers les siècles, les éléments de vérité qu'ils contiennent.

A partir de saint Augustin jusqu'au treizième siècle, l'influence de Platon fut encore dominante dans la chrétienté. On ne connaissait, il est vrai, qu'une partie de ses dialogues[1]; mais on cultivait la patrologie, les œuvres de l'évêque d'Hippone surtout, qui étaient pleines de sa pensée. Saint Anselme et saint Bonaventure sont encore de la famille de Platon. Ensuite se produisit un changement brusque dans le mouvement des idées. On prit Aristote aux Arabes pour en faire une arme contre leur philosophie, plus redoutable encore que leur cimeterre; et le disciple conquit assez rapidement dans les esprits la place prépondérante que le maître y avait jusqu'alors occupée : ce fut l'œuvre à la fois ingénieuse et puissante de saint Thomas d'Aquin. Le Stagirite, diversement entendu, domina dès lors le monde catholique, comme le monde musulman : son hégémonie fut universelle, bien que toujours plus ou moins combattue.

Le Platonisme devait renaître avec Descartes et de-

---

1 .Abbé J. Martin, *L'Apologétique traditionnelle*, 1re part., Paris, 1905.

venir comme l'âme du xvııᵉ siècle tout entier. On le retrouve en Allemagne dans la philosophie de Hegel et de Fichte, plus encore dans celle de Schelling, qui lui ressemble par tant de points[1]. Il entre toujours pour quelque chose dans tous les grands mouvements de la pensée humaine : c'est l'éternel revenant.

1. L'influence du Platonisme sera signalée d'une manière plus explicite par d'autres œuvres de la collection. On a déjà, sur cette matière, le *Saint Augustin* de M. l'abbé J. Martin, qui a paru dans notre galerie en 1901 (Alcan, Paris).

	MÉNON (40 pages)[1]	CRATYLE (75 pages).	BANQUET (70 pages).	PHÉDON (88 pages).	PHÈDRE (70 pages).
ὥσπερ / καθάπερ	21/1	77/2	53/1	80/0	24/4
ὡς ἀληθῶς / τῷ ὄντι		3/0	3/5	7/14	5/7
τῷ ὄντι / ἀληθῶς	0/2		5/0	14/2	7/0
ἀληθῶς / ὄντως	2/0			2/0	0/5 [2]
τε-τε...τε	2	1	1	3	32
τό γε μήν					
τὸ τῆς...				1	2

	RÉPUBLIQUE						
	LIVRE I (38 pages).	LIVRE II (34 pages).	LIVRE V (40 pages).	LIV. VI (36 p.).	LIV. VII (34 p.).	LIVRE IX (27 pages).	LIVRE X (34 pages).
ὥσπερ / καθάπερ	20/0	9/0	17/0	28/0	24/0	14/2	24/2
ὡς ἀληθῶς / τῷ ὄντι	6/1	7/2	0/2	5/5	1/5	0/4	1/3
τῷ ὄντι / ἀληθῶς	1/0	2/0	2/0	5/2	5/0	4/4	3/0
ἀληθῶς / ὄντως			0/1	2/2	0/2	4/2	0/2
τε-τε...τε	1[3]	8	9	7	8	8	6
τό γε μήν	1		1				
τὸ τῆς...				3		1	

1. Petite édition Tauchnitz.
2. Quatre sont employés avec ὄν, ὄντα, οὖσα.
3. Avec ὅταν.

	THÉÉTÈTE (94 pages).	SOPHISTE (70 pages).	POLITIQUE (75 pages).	PHILÈBE (75 pages).	LES LOIS (sur les pages de 1 à 100).	LES LOIS (sur les pages de 101 à 200).
$\dfrac{\text{ὥσπερ}}{\text{καθάπερ}}$	$\dfrac{47}{2}$	$\dfrac{9}{14}$	$\dfrac{19}{34}$	$\dfrac{10}{26}$	$\dfrac{11}{26}$	$\dfrac{3}{33}$
$\dfrac{\text{ὡς ἀληθῶς}}{\text{τῷ ὄντι}}$	$\dfrac{5}{5}$	$\dfrac{3}{1}$				
$\dfrac{\text{τῷ ὄντι}}{\text{ἀληθῶς}}$	$\dfrac{5}{1}$	$\dfrac{1}{2}$	$\dfrac{0}{3}$			$\dfrac{0}{2}$
$\dfrac{\text{ἀληθῶς}}{\text{ὄντως}}$	$\dfrac{1}{0}$	$\dfrac{2}{11}$	$\dfrac{3}{8}$	$\dfrac{6}{14}$	$\dfrac{0}{5}$	$\dfrac{2}{9}$
τε-τε...τε	16	15	16	11	31	37
τό γε μήν			6	5	2	4
τὸ τῆς...			1			

	LES LOIS (suite) (sur les pages de 201 à 300).	LES LOIS (suite) (sur les pages de 301 à 400).	LES LOIS (suite) (sur les 100 dernières pages)[1].	TIMÉE (100 pages).	CRITIAS (21 pages).
$\dfrac{\text{ὥσπερ}}{\text{καθάπερ}}$	$\dfrac{1}{27}$	$\dfrac{6}{41}$	$\dfrac{3}{14}$	$\dfrac{10}{18}$	$\dfrac{2}{5}$ [2]
$\dfrac{\text{ὡς ἀληθῶς}}{\text{τῷ ὄντι}}$					
$\dfrac{\text{τῷ ὄντι}}{\text{ἀληθῶς}}$					
$\dfrac{\text{ἀληθῶς}}{\text{ὄντως}}$	$\dfrac{0}{8}$	$\dfrac{0}{7}$	$\dfrac{0}{19}$	$\dfrac{4}{8}$	
τε-τε...τε	34	55	52	151	28
τό γε μήν	4	1		1	1
τὸ τῆς...	6			1	1

1. On calcule comme si ce nombre était complet dans le texte.
2. On a sur les ὥσπερ et les καθάπερ l'étude de DITTENBERGER, intitulée *Sprachliche Kriterien für die Chronologie der Platonischen dialoge* et parue dans l'*Hermès,* vol. XVI, p. 337, Berlin, 1881. J'ai dû la reprendre, à mon point de vue, en ce qui concerne ces deux particules comparatives.

INDEX BIBLIOGRAPHIQUE[1]

I. — BIOGRAPHIES

C. F. Hermann, *Geschichte und System der Platon. Philosophie*, Heidelberg, 1839; — H. de Stein, *7 Bücher zur Geschichte d. Platonismus* (II, 158 et sqq.), Göttingen, 1864; — G. Grote, *Plato*, London, 1865; — Chaignet, *La vie et les écrits de Platon*, Paris, 1871; — Steinhart (Karl), *Platon's Leben*, Leipzig, 1873; — Ed. Zeller, *Die philosophic der Griechen* (2er Theil, 1e abtheil., 389-436), Leipzig, 1889; — Ch. Huit, *La vie et l'œuvre de Platon* (I, 1-340), Paris, 1893; — Theod. Gomperz, *Griechische Denker* (2er Band, 203-223), Leipzig, 1903.

II. — ÉDITIONS

Édition *Aldine*, Venise, 1513 (fol.).

Édition *Valdérienne*, Bâle, 1534 (fol.), dirigée par Oporinus et Grynæus, faite sur le type Aldin, altérée par endroits.

Édition *Hoppérienne*, Bâle, 1556 (fol.), œuvre de Marcus Hopperus, comme l'indique son nom, et qui a été faite d'après la collation de plusieurs manuscrits.

Édition H. Étienne, Paris, 1578 (3 fol.); elle contient la version de Serranus et des annotations critiques de la main de H. Étienne lui-même.

Édition Lemerre, Lyon, 1590 (fol.); et édition Wechélienne, Francfort, 1602 (fol.). Elles reproduisent le texte d'Étienne; mais elles manquent de critique; et la version de Ficin, que l'on y emploie, est altérée en maint passage.

---

[1]. Voir, pour plus amples détails : Fabricius (Jo. Alb.), *Bibliotheca græca*, t. II, 1-70, Hamburg, 1790-1809; — Ueberweg, *Grundriss der Geschichte der Phil.*, Berlin, 1886.
Sur les manuscrits de Platon, consulter l'excellente dissertation de Ch. Huit (*loc. cit.*, II, 379-434).

Édition *Bipontine*, 1781-1787 (XI vol. 8°). C'est encore le texte d'Étienne, accompagné de la version de Ficin; mais cette version a subi des modifications assez nombreuses.

Édition Tauchnitz, Leipzig, 1813 (VIII vol. 8°). Les trois premiers volumes sont annotés et critiqués de la main de Chr. Dan. Beck.; les autres parties reproduisent simplement le texte Bipontin.

Édition Bekker, Berlin, 1816-1823 (VIII vol. 8°). Le texte est soigneusement critiqué; elle contient aussi la traduction Ficin, mais ramenée le plus possible à sa teneur primitive.

Édition Godofr. Stallbaum, Gotha, 1833 (XII vol. 8°), nourrie de notes historiques, doctrinales, philologiques, mais qui manquent parfois d'acuité philosophique.

Platonis oper. omn. recogn. Baiterus, Orellius, Winckelm., Turin., 1836.

Platonis oper. ex recens. Schneideri, Paris, 1856.

Dialog. ed. Hermann, 6 vols, Leipzig, 1861.

Édition stéréotype de Godofr. Stallbaum, Leipzig, 1869-1891 (VIII vols in-12).

Martinus Schanz, *Platonis opera quæ feruntur omnia,* ad codices denuo collata, Leipzig, 1875.

Platos opera recognovit brevique adnotatione instruxit Burnet, Oxford, 1900-1903.

Dialog. select. ed. Ludov. Frid. Heindorf, Berlin, 1802.

Deuschle, *Platos ausgew. Schriften,* Leipzig, 1867-1872 (1 vol. in-8°).

M. Schanz, *Sammlung ausgew. Dialog. Platos,* mit deutsch. Comment. veranst., Leipzig, 1887.

III. — VERSIONS [1]

a) latines.

La version de M. Ficin, Florence, 1482 et 1484. On a déjà vu précédemment les principaux indices de sa fortune; il en parut « plus de vingt réimpressions dans les soixante premières années du xvie siècle ».

La version de Cornarius, Bâle, 1561.

La version de Serranus, insérée, comme on l'a vu, dans l'édition Étienne.

b) françaises.

La version Leroy ou Regius, Paris, 1546-1558. Elle comprend le *Phédon,* certains morceaux de choix de la *République,* du *Phèdre* et du *Gorgias,* le *Timée* et le *Sympose.*

---

[1]. V. sur ce sujet Ch. Huit (*loc. cit.,* II, 435-473). L'auteur fait l'historique de traductions de Platon et marque, au passage, la valeur de chacune d'elles.

La version d'ANDRÉ DACIER, Paris, 1690. Elle s'étend à dix dialogues : les deux *Acibiade*, le *Théagès*, l'*Euthyphron*, l'*Apologie*, le *Criton*, le *Phédon*, le *Lachès*, le *Protagoras*, les *Rivaux*.

La version de L'ABBÉ GROU, Amsterdam, 1763-1770.

Les pensées de Platon sur la Religion, la morale, la politique, recueillies et traduites par J. V. LE CLERC, Paris, 1819. Une seconde édition, augmentée d'une histoire abrégée du Platonisme, parut en 1824.

Œuvres complètes de Platon, traduites par V. COUSIN, Paris, 1821-1840. Grandes sont les obligations de Cousin à l'endroit de l'abbé Grou ; mais, en remaniant l'œuvre de son devancier, il lui a donné je ne sais quoi de plus noble, de plus souple et de plus vivant. Malheureusement, Cousin escamote assez souvent les difficultés dans la draperie d'une belle phrase.

Œuvres complètes de Platon, traduites sous la direction d'EM. SAISSET, Paris, 1861-1863. C'est le texte de Dacier et de Grou tantôt littéralement reproduit, tantôt plus ou moins modifié, pour les dialogues que ces deux auteurs avaient traduits.

La version de M. A. BASTIEN, Paris, ?—1880. Deux volumes seulement ont paru, qui contiennent la *République*, l'*Apologie*, le *Criton*, le *Phédon* et le *Gorgias*.

c) anglaises.

La version de SYDENHAM, London, 17 7. Elle ne comprend que les deux *Hippias*, l'*Ion*, le *Banquet*, les *Rivaux*, le *Ménon*, les deux *Alcibiade*, le *Théétète* et le *Philèbe*.

The works of Plato, viz. his fifty-five dialogues and twelve epistles, translated from the greek, nine of the dialogues by the late Floyer Sydenham and the remainder by Thomas Taylor, London, 1804.

Le *Phèdre*, le *Lysis* et le *Protagoras*, traduits par WRIGHT, 1848, réimprimés dans les Macmillan's golden treasury series, London, 1893.

The work of Plato, a new and litteral version par CARY, BURGES et DAVIES, insérée dans la *Classical library* de BOHN, 1849-1854. En Angleterre même, elle a été sévèrement appréciée.

Plato, The dialogues, Translate dinto English with analyses and introductions, by B. JOWETT, Oxford, 1871 : traduction plus littéraire que critique.

d) allemandes.

Alcibiade I, *Lachès*, *Protagoras*, *Théétète*, *Alcibiade* II, les *Rivaux*, traduits par MÜLLER, Hambourg, 1736.

Ménon, Criton et les deux *Alcibiade*, traduits par GEDIKE, Berlin, 1780.

Version de J.-B. Kleuker (6 vol. in-8°), Lemgo, 1778-1797, réimprimée à Vienne, 1805-1808.

Auserlesene Gespräche des Plato, übersetzt von F. zu Stollberg, Königsberg, 1796-1797.

Schleiermacher, *Platons Werke*, Berlin, 1817-1828.

La version de Hier. Müller, avec introductions pour chaque dialogue, par Steinhart, Leipzig, 1850-1873.

Version publiée à Stuttgart chez Metzler, 1855-1860, avec la collaboration de Teuffel, Wiegand, Deuschle, Susemihl, etc.

e) italiennes.

La version de Dardi Bembo (5 vol. in-12), Venise, 1601-1607.

La version de M. Ferrai, Padoue. 4 vol. avaient paru en 1883; l'œuvre est restée inachevée.

La version de M. *Ruggero Bonghi*. De 1881 à 1893, neuf dialogues ont paru : l'*Euthyphron*, l'*Apologie*, le *Criton*, le *Phédon*, le *Protagoras*, l'*Euthydème* suivi du περὶ σοφιστικῶν ἐλέγχων d'Aristote, le *Cratyle*, le *Banquet* et le *Théétète* (œuvre très estimée; mais malheureusement inachevée).

f) en d'autres langues.

En Espagne :

1° *La République*, traduite par Thomas y Garcia, Madrid, 1804.

2° *Les œuvres de Platon*, traduites par D. Patricio de Azcarati, Madrid, 1871-1876.

3° *Cinq dialogues*, traduits par A. Longué y Molpeceres, Madrid, 1880.

En Russie :

La traduction de Resener et celle de Karpoff, 1863.

En Suède :

Valda Skrifter af Plato, svensk ofversntining, of M. Dalsjö, Stockholm, 1872-1886.

IV. — COMMENTAIRES

Albini *introd. in Plat. dialog.*, Hamburg, 1790, insérée dans la *Bibliotheca græca* (t. II) et dans Müllach, *Frag. phil. gr.* (III).

Procli opera (De libert., provid., malo; in Alcib., Parm.), éd. Cousin, Paris, 1820-27; *Initia Philos. Plat.*, sc. Procli *in Plat. Alcibiad. comm...* ed. Creuzer, Francf., 1820-27; *Institutio Physica*, ed. Basil., 1545; *Procl. comm. in Rempubl. partim* ed. R. Schoell, Berlin, 1886; Procl. Diad. *in Plat. Rempubl. commentarii*, ed. Guillelmus Kroll, Leipzig, 1899-1904; *Procl. in Cratyl.* ed. Boisso-

NADE, Leipzig, 1820; *in Parm.* ed. STALLBAUM, Leipzig, 1841; *in Tim.* ed. princeps, Basil., 1534; *in Tim.* ed. SCHNEIDER, Vratisl., 1847; *Theol. Plat.* ed. PORTUS, Hamb., 1618.

Olympiod. *sch. in Phæd.*, ed. FINCKH, Heilbronn, 1847.

Hermiæ Alexandrini *in Plat. Phædr. Schol.*, par P. COUVREUR, Paris, 1901 (Biblioth. d. H. Études).

Schol. in Platonem, ex codd. Mss. prim. eruit D. RUHNKEN, Lugd., 1800. Ils se trouvent aussi, avec additions, dans l'édition BEKKER.

V. — ÉTUDES SPÉCIALES SUR LES DIALOGUES

LACHÈS. — ENGELHARDT, *Plat. Laches, Euthyphro, Apologia Socr. et Menexenus*, Berlin, 1825; — TATHAM, *The Laches of Plato*, with introduction and notes, London, 1888; — J. G. SCHULZ, *Laches*, Praze, Otto, 1898; — V. aussi Fr. JACOBS, *Socrates* (*Chrestomath. græc.*, t. III).

CHARMIDE. — Io. OCHMANN, *Charmides Platonis num sit genuinus quæritur*, Vratisl., 1827; — SPIELMANN, *Die Echtheit des Plat. dialogs Charmides*, Inspruck, 1875; — L. GEORGII, *Laches und Charmides*, übers., Stuttgart, 1882; — Ed. ZELLER, *Arch. f. Gesch. d. Philos.*, vol. IV, p. 134; — BARKER, *Charmides, Laches and Lysis*, New-York, 1902.

ALCIBIADE I et II. — CAROL. NÜRNBERGER, *Platonis Alcibiad. I et II*, Leipzig, 1796; — BIESTER, *Platonis dial. IV, Meno, Crito, Alcibiad. uterque*, Berlin, 1780 (ouvr. édité de nouveau en 1811 avec collaboration de BUTTMANN, et en 1822); — Fr. AST, *Platonis Symposium et Alcibiad. primus*, Landshut, 1809; — GUIL. ETWALL, *Alcibiades I, II et Hipparchus*, græc. et lat., Oxford, 1771; — F. C. ALTER, *Platonis Dialog. IV, Meno, Alcibiad. I, Phædo, Phædrus*, Vienne, 1784; — F. SUSEMIHL, *Platons Alkibiades I und II*, übers., Stuttgart, 1864; — ANDREATTA, *Sull' autenticità dell' Alcibiade Primo*, Roveredo, 1876; — J. K. KOPHINIOTES, vol. IV, p. 289-296, 310-315 de l'*Ephemeris*, Athènes, 1881; — R. HIRZEL, *Aristoxenos und Platons erster Alkibiades, Rhein. Mus.*, vol. 45, p. 419-435, Francf., 1890.

EUTHYPHRO. — NATHAN. FORSTER, *Plat. dialog. quinque, Euthyphro, Apologia Socratis, Crito, Phædo et Erastæ*, Oxford, 1745, à nouveau 1752; — Io. FRIED. FISCHER, *Platonis Euthyphro, Apologia, Crito, Phædo*, Leipzig, 1783; — F. A. WOLF, *Plat. Dialog. delectus, Euthyphro, Apologia Socratis, Crito*, Berlin, 1812; — GODOFR. STALLBAUM, *Platonis Euthyphro*, Leipzig, 1823; — ERN. DRONKE, *Euthyphro, Apologia, Crito, Charmides, Laches et Menexenus*, Bonne, 1834; — YXEM, *Ueber Plato's Euthyphron*, Berlin, 1842; — GEORG. H. WELLS, *The Euthyphro of Plato*, with an introd. and notes,

London, 1881; — J. Wagner, *Zur Athetese des Dialogs Euthyphron*, Brünn, 1883; — J. Adam, *The Euthyphro of Plato*, with introd. and notes, Cambridge, 1890; — A. Jezierski, *Platona Eutyfron*, Tarnopol, 1890; — V. Poggi, *L'Eutifrone di Platone*, Rome, 1891; — T. R. Mills, *Euthyphron and Menexenus*, Introd., text, notes, Oxford, 1902; — W. A. Heidel, *Euthyphron*, with introd. and notes, New York, 1903.

APOLOGIE. — L. Heindorf, *Platonis libri IV, Gorgias, Apologia Socratis, Charmides, Hippias Major*, Berlin, 1805; — Rever. J. Ridell, *The apology of Plato*, with a revised text and english notes, and a digest of Platonic idioms, Oxford, 1877; — S. G. Stock, *The Apology of Plato*, with introd. and notes, Oxford, 1887; — T. R. Mills, *Apology of Socrate*, with introd., text, notes, London, 1899; — B. Cary, *Apology, Phædon, Protagoras*, transl., London, 1900; — V. ci-dessus les notes relatives au *Lachès* et à l'*Euthyphron*.

CRITON. — Morgenstern, *Symbolæ criticæ in Plat. Critonem*, Dorp., 1812; — G.-G. Wernsdorf, *Notæ in Plat. Critonem et Alcibiadem I*, Leipzig, 1815; — E. R. Lange, *Specim. crit. in Plat. Critonem*, Leipzig, 1821; — L. Dyer, *Plato's Apology of Socrates and Crito*, Boston, 1885; — J. Adam, *Plat. Crito*, with introd., notes and appendix, Cambridge, 1888; — Ferrai-Fraccaroli, *Criton*, Turin, 1900; — Ch. Waddington, *Criton*, avec introd., arg. analytique et notes en français, Paris, 1904; — F. Rösiger, *Apologie und Kriton*, Leipzig, 1904 (90 p.); — V. ci-dessus *Euthyphron*.

PROTAGORAS. — L. Heindorf, *Platonis dialogi III, Phædo, Sophistes, Protagoras*, Berlin, 1810 (4ᵉ vol. des *Dialogues choisis*); — Io. Iac. Tengström., *Diss. acad. super dialog. Plat. qui Protagoras inscribitur*, Aboæ, 1824; — R. Schöne, *Ueber Platons Protagoras*, Leipzig, 1862; — J. S. Kroschel, *Studien zu Platons Protagoras*, in *Jahrbücher für classische Philologie*, vol. 87, p. 825, 1863; — Id., *Protagoras*, Gotha, 1865; — V. ci-dessus *Apologie*.

GORGIAS. — Chr. Godofr. Findeisen, *Platonis Gorgias*, Gotha, 1796 (624 pp.); — D. Coray, Ξενοφῶντος ἀπομνημονεύματα καὶ Πλάτωνος Γόργιας ἐκδίδοντος καὶ διορθοῦντος Ἀδαμαντίου Κοραῆ, ἐν Παρισίοις, 1825; — Woolsey, *The Gorgias of Plato*, Boston, 1842; — Cron, *Beiträge zur Erklärung des Platonischen Gorgias*, Leipzig, 1870; — Ch. Huit, *Gorgias*, comment. grammatical et littéraire des chap. 1-83, Paris, 1884; — G. Lodge, *Gorgias*, edited on the basis of the Deuschle Cron's edition, Boston, 1891.

MÉNON. — Fr. Gedike, *Meno*, Uebers., Berlin, 1781 (édité à nouveau 1822); — G. Stallbaum, *Platonis Meno*, Leipzig, 1827; — E. Seymour Thompson, *Menon*, vith notes etc., London, 1901; — V. ci-dessus *Alcibiade*.

EUTHYDÈME. — Mart. J. Routh, *Platonis Euthydemus et Gorgias*,

Oxford, 1784; — L. HEINDORF, *Platonis Dialogi tres, Cratylus, Parmenides, Euthydemus*, Berlin, 1806; — AUG. GUIL. WINCKELMANN, *Plat. Euthydemus*, Leipzig, 1833; — GUSTAV. PINZGER, *Specim. novi comment. in Euthydemum*, Liegnitz, 1834; — A. POLZER, *Ueber die Echtheit des Euthydemos*, Olmütz, 1874; — SUDHAUS, *Zur Bestimmung des Euthydem, des Gorgias und der Republik*, in *Rhein. Mus.*, vol. XLIV, p. 52, Francf., 1889.

CRATYLE. — E. M. DITTRICH, *De Cratylo Platonis*, Berlin, 1841; — C. LENORMANT, *Commentaire sur le Cratyle de Platon*, Athènes, 1861; — T. BENFEY, *Ueber die Aufgabe des Platonischen Dialogs Cratylus*, Göttingen, 1866; — W. HAYDUCK, *De Cratyli Platonici fine et consilio*, Vratisl., 1868; — R. LUCKOW, *De Platonis Cratylo*, Treptow, 1868; — BONITZ, *Ueber Platos Cratylus*, in *Monatsber. Berl. Akad.*, p. 703, 1869; — H. SCHMIDT, *Platos Cratylus...*, Halle, 1869; — SCHÄUBLIN, *Ueber den Platonischen dialog Kratylos*, Bâle, 1891; — P. E. ROSENSTOCK, *Platos Cratylus und die Sprachphilosophie der Neuzeit*, Strasbourg, 1893; — V. ci-dessus *Euthydème*.

BANQUET. — *Symposium*, éd. Salamanca, 1553; — FR. FISCHER, *Platonis Philebus et Symposium*, græce cum notis, Leipzig, 1776; — AUG. WOLF, *Platons Gastmahl*, Leipzig, 1782 (à nouveau 1828); — FR. THIERSCH, *Specim. ed. Symposii Platonis*, Göttingen, 1808; — FR. AST, *Platons Phædrus und Gastmahl*, Uebers., erläut., Iena, 1817; — P. A. REYNDERS, *Platonis Symposium*, Groningue, 1825; — A. HOMMEL, *Plat. Sympos.*, Leipzig, 1834; — SINNER, *Le Banquet...*, Paris, 1834; — J. SPILLER, *De temporibus convivii Platonici*, Glivitti, 1841; — C. BADHAM, *The Sympos.*, London, 1866; — SYBEL, *Platons Symposium*, Marburg, 1888; — CH. HUIT, *Études sur le Banquet de Platon*, Paris, 1889; — V. ci-dessus *Alcibiade*.

PHÉDON. — C. CROWFORD, *Dissert. on the Phædo of Plato*, London, 1773; — DAN. WYTTENBACH, *Platonis Phædo*, Lyon, 1810 (à nouveau 1825); — AUG. WOLF, zu *Platon's Phædon*, Berlin, 1811; — KUHNHARDT, *Platon's Phædon...*, Lübeck, 1817; — FR. JACOBS, *Laches et particul. Apol. Socr. et Phædonis* (*Chrestomath. græc.*, t. III); — A. BISCHOFF, *Platons Phædo*, Erlangen, 1866; — R. D. ARCHER HIND, *The Phædo of Plato*, London, 1883; — PRANTL, *Plat. Phædon*, übers., Berlin, 1884; — CH. BONNY, *Phédon*, texte grec, publié avec une introd., un comment. et un appendice philosophique, Gand, 1900 (180 p.); — V. ci-dessus *Alcib., Euthyphr., Protag.*

RÉPUBLIQUE. — ED. MASSEY, *Platonis de Republica sive de Justo Libr. X*, Cantabrig., 1713 (Manque de critique); — MORGENSTERN, *Comment. tres de Plat. Rep.*, Halle, 1794; — FR. AST, *Plat. Rep.*, Leipzig, 1814; — HÖLZER, *Grundzüge der Erkenntnisstheorie in Plat. Staat*, Cottbus, 1861; — KROHN, *Der Platonische Staat*, Halle,

1876. — JOWET et L. CAMPBELL, ed. of *the Republik*, Oxford, 1894 (3 vols); *Republik of Plato* (education of the young in the), transl. with notes and introd., Cambridge, Univ. Press, 1900 ; — L. CAMPBELL, *Plato's Republik*, Murray, 1902 (192 p.); — J. ADAM, *Republik*, critical notes, London, 1904.

PHÈDRE. — L. HEINDORF, *Plat. dialog. quatuor, Lysis, Charmides, Hippias Major, Phædrus*, Berlin, 1802 (annoté et critiqué à nouveau par BUTTMANN, Berlin, 1827); — FR. AST, *Platonis Phædrus*, Leipzig, 1810; — ID., *Plat. Phædrus*, brièvement annoté, Leipzig, 1830; — ED. HÆNISCH, *Lysix Amatorius*, Leipzig, 1827; — A. B. KRISCHE, *Ueber Platons Phædrus*, in *Göttinger Studien*, p. 930-1065, Göttingen, 1848; — C. R. VOLQUARDSEN, *Platons Phædrus, erste Schrift Platons*, Kiel, 1862 (321 p.); — W. H. THOMPSON, *The Phædrus of Plato*, with notes and dissertations, London, 1868; — F. SCHEDLE, *Die Reihenfolge der Platonischen dialoge Phædros, Phædon, Staat, Timæus*, Inspruck, 1876; — CH. HUIT, *Examen de la date du Phèdre*, Paris, 1890; — E. HOLZNER, *Platos Phædrus und die Sophistenrede des Isokrates*, in *Prager Studien*, Heft IV, Prague, 1894; — V. ci-dessus *Alcib., Banquet*.

THÉÉTÈTE. — FR. FISCHER, *Platonis Dialogi Duo, Cratylus et Theætetus*, Leipzig, 1770; — L. HEINDORF, *Platonis dialogi duo, Gorgias et Theætetus*, Berlin, 1805 (édité à nouveau par BUTTMANN en 1829); — F. HÜLSEMANN, *Ueber das Wahre, Gute und schöne, drei dialog. des Platon, Theætetus, Philebus und Hippias d. gr.*, übers. u. erläut., Leipzig, 1807; — BERKUSKI, *Platons Theätetos und dessen Stellung in der reihe seiner Dialoge*, Iena, 1873; — H. SCHMIDT, *Exegetischer Commentar zu Platos Theætet*, Leipzig, 1880; — L. CAMPBELL, *The Theætetus*, with a revised text and english notes, Oxford, 1867, à nouveau 1883; — JEZIENICKI, *Ueber die abfassungszeit der Platonischen dialoge Theaitet und Sophistes*, Lemberg, 1887; — ED. ZELLER, in *Archiv f. Gesch. d. Philos.*, vol. IV, p. 189, vol. V, p. 289, vol. VIII, p. 124; — B. H. KENNEDY, *The Theætetus*, with translat. and notes, Cambridge, 1894; — S. W. DYER, *Theætetus*, London, 1900.

SOPHISTE. — FR. FISCHER, *Platonis Dialogi tres, Sophista, Politicus, Parmenides*, Leipzig, 1774; — L. HEINDORF, *Platonis dialogi tres, Phædo, Sophistes, Protagoras*, Berlin, 1810; — L. CAMPBELL, *The Sophistes, and Politicus of Plato*, with a revised text and english notes, Oxford, 1867; — R. PILGER, *Ueber die Athetese des Platonischen Sophistes*, Berlin, 1871; — ERN. APPEL, *Zur Echtheitsfragedes Dialogs Sophistes*, in *Arch. f. Gesch. d. Philos.*, vol. V, p. 55-60; — CH. HUIT, *Annales de philos. chrét.*, vol. XVIII, p. 48, 69, 169-188, Paris, 1888; — V. ci-dessus *Protag*.

POLITIQUE. — Ch. Huit, *Études sur le Politique attribué à Platon*, Paris, 1887 ; — F. Tocco, *Del Parmenide, del Sophista e del Philebo*, Florence, 1893 ; — C. Ritter, *Platos Politicus, Beitræge zu seiner Erklärung*, in *Progr. des Gymn.* zu Ellwangen, 1896 ; — V. ci-dessus *Sophiste*.

PHILÈBE. — Godofr. Stallbaum, *Platonis Philebus*, Leipzig, 1820 ; — Io. Gasp. Götzius, *Platons Philebus...*, Augsburg, 1827 ; — G. Schneider, *Die Platonische Metaphysik, auf Grund der in Philebus gegebenen Prinzipien...*, Leipzig, 1884 ; — Id., *Die Ideenlehre in Platos Philebus*, in *Philosoph. Monatshefte*, vol. X, p. 193, 1874 ; — Ch. Huit, *Études sur le Philèbe*, Paris, 1885 ; — F. Schmitt, *Die Verschiedenheit der Ideenlehre in Platos Republik und Philebus*, Giessen, 1891 ; — Dr Apelt, *Die neueste Athetese des Philebos*, in *Arch. f. Gesch. d. Philos.*, vol. IX, p. 1-23, Berlin, 1895 ; — F. Horn, *Zur Philebosfrage*, in *Arch. f. Gesch. d. Philos.*, vol. IX, p. 271-297, Berlin, 1896 ; — V. ci-dessus *Banquet* et *Théétète*.

LOIS. — Fr. Ast, *Platonis Leges et Epinomis*, Leipzig, 1814 ; — Wilhelm Engelmann, *Platons Gesetze*, griechisch und deutsch, mit kritischen u. erklärenden Anmerkungen, Leipzig, 1854-1855 (éd. à nouveau par F. W. Wagner, Wratisl., 1857) ; — C. Ritter, *Platos Gesetze, Kommentar zum griechischen Text*, Leipzig, 1896.

TIMÉE. — *Platonis Timæus*, græce, Parisiis, apud Christian Wechel, 1532 ; — *Platonis Timæus*, græce, Parisiis, apud Jo. Tiletan., 1542 ; — Sebast. Foxius Morzillus, *Comment. in Plat. Tim.*, Bâle, 1554 (fol.) ; — Matth. Fragillani, *Comment. in Tim. Plat.*, Paris, 1560 ; — Io. Mursius, *Platonis Timæus* a Chalcidio latine versus, cum ejusdem in eumdem commentario, Lugd., 1617 ; — Ogilvie, *The Theology of Plato*, London, 1793 ; — Boeckh, *Ueber die Bildung der Weltseele im Timæus des Platon*, in *Daubii et Creuzeri studiis*, vol. III, 1806 ; Id., *Specim. editionis Timæi Platonis dialogi*, Heidelberg, 1807 ; — Id., Progr. Acad., *Explicatur Platonica corporis Mundani fabrica...*, Heidelb., 1809 ; — Id., *De Platonico systemate coelest. glob. et de vera indole astron. Philolaic.*, Heidelb., 1810 ; — Id., *Comment. altera*, Heidelb., 1811 ; — A. F. Lindau, *Platonis Timæus*, optimarum nunc editionum textum recogn., adnotatione continua illustr., versione lat. et indice instrux., Leipzig, 1828 ; — Th. H. Martin, *Études sur le Timée*, Paris, 1841 ; — J. Wrobel, *Plat. Tim. interprete Chalcidio*, cum ejusdem commentario, Leipzig, 1876 ; — Harcher Hind, *The Tim.*, London, 1888 ; — V. ci-dessus *Phèdre*.

CRITIAS. — Kirchmayer, *Exercit. de Platonis Atlantide ad Tim. et Criti. Plat.*, Wittenberg, 1685 ; — Hissmann, *Neue Welt u. Menschengeschichte aus* D. Franz, T. I, Münster, 1781 ; — A. F. Lindau, *Novum in Platonis Tim. et Criti. conjecturarum et emendationum specim.*, Wratisl., 1816.

HIPPIAS MAJOR[1]. — L. Heindorf, *Plat. libr. IV, Gorgias, Apologia, Socr., Charmides, Hippias major*, Berlin, 1805; — F. Hülsemann, *Ueber das Wahre, Gute und Schöne, drei Dialog. des Platon, Theætetus, Philebus* und *Hippias d. gr.*, übers. u. erläut., Leipzig, 1807; — Röllig, in *Wiener Studien*, XXII, p. 18 et sqq., 1900; — Horneffer, *De Hippia majore, dissert.*, Göttingen, 1895.

PARMÉNIDE[2]. — G.F.W. Suckow, De *Platonis Parmenide*, Wratisl., 1823; — Godofr. Stallbaum, *Parmenides*, Leipzig, 1839 (343 p.); — Ch. Huit, *De l'Authenticité du Parmenide*, Paris, 1873; — Apelt, *Untersuchung. über den Parmenides des Plato*, Weimar, 1879; — Jackson, in *Journal of Philology*, XI, p. 287 et sqq., 1882; — Appel in *Arch. f. Gesch. d. Philos.*, Heft I, p. 55, 1892; — L. Campbell, *On the Place of Parmenides...*, in *Classical Rewiew*, X, p. 129 et sqq., 1896; — V. ci-dessus *Euthydème* et *Sophiste*[3].

VI. — ÉTUDES SUR LA SUITE ET L'AUTHENTICITÉ DES DIALOGUES[4]

J. Socher, *Über Platons Schriften*, München, 1820; — T. Mitchell, *Index græcitatis Platonicæ*, Oxford, 1832; — Fr. Ast, *Lexicon Platonicum*, Leipzig, 1835-1838; — F. G. Engelhardt, *Anacoluthorum Plat. specimina*, Gedani, 1834-1845; *De periodorum Plat. structura*,

---

1. Ce dialogue nous paraît être de la main de Platon : c'est un de ces écrits préliminaires où il écarte les solutions qui s'opposent à la sienne. Mais, vu son caractère à la fois subtil et grêle, il doit être de la jeunesse de l'auteur. Pourtant, on ne peut guère le faire remonter au début même de sa carrière; Platon semble y avoir quelque sentiment de la solution qu'il donnera plus tard à la question du Beau : il y parle du αὐτὸ τὸ καλόν; et ce αὐτὸ τὸ καλόν est ce qui fait par son action que les choses sont belles (V. sur ce point : C. Huit, *La vie et l'œuvre de Plat.*, II, 225-226; Hans Raeder, *Platons philos. Entwickelung*, p. 102-106).

2. Bien que ce dialogue ne nous semble pas être de Platon lui-même, nous croyons devoir mentionner les principales publications dont cet écrit énigmatique a été l'objet depuis quelques années : c'est de la comparaison des contrastes que jaillit la lumière.

3. Nous pensons pouvoir arrêter ici notre liste bibliographique des dialogues. Il n'y a qu'une preuve qui plaide en faveur de l'authenticité du *Petit Hippias* : c'est le témoignage d'Aristote (*Met.*, Δ, 29, 1025ᵃ, 6-7). Or cette preuve ne conclut pas : s'il s'agit du *Petit Hippias* dans ce passage, le nom de son auteur n'est ni donné ni suggéré (V. le pour et le contre sur ce point : V. Cousin, *Œuvres de Plat.*, t. IV, p. 271-293; Ch. Huit, *La vie et l'œuvre de Platon*, II, p. 226-228; Gomperz, *Die griechen Denker*, p. 226; Hans Raeder, loc. cit., p. 94-95).

Le *Menexène* et l'*Ion* sont probablement apocryphes. Le *Second Alcibiade*, le *Théagès*, les *Rivaux*, l'*Hipparque*, le *Minos*, le *Clitophon* sont regardés comme tels par tous les critiques modernes, à l'exception de Grote (V. Ed. Zeller, loc. cit., p. 483). D'ailleurs, ces divers dialogues, pris de notre point de vue, ne présentent qu'un intérêt très secondaire.

4. V., pour plus amples détails, l'ouvrage important de Lutoslawski qui nous a été d'un grand secours pour la composition de cet index (chap. I, p. 1-34).

Gedani, 1853; — KAYSSLER, *Ueber Plato's philosophische Kunstsprache*, Oppeln, 1847; — A. LANGE, *De constructione Periodorum, imprimis Platonis*, Wratisl., 1849; — F. MICHELIS, *De enuntiationis natura, sive de vi quam in grammatica habuit Plato*, Bonn, 1849; — DEUSCHLE, *Plat. Sprachphil.*, Marburg, 1852; — F. MUNK, *Die naturliche Ordnung der Plat. Schriften*, Berlin, 1856; — ÜBERWEG, *Untersuch. ueber die Echtheit und Zeitfolge der Plat. Schriften*, Wien, 1861; — C. SCHAARSCHMIDT, *Die Sammlung der Plat. Schriften, zur Scheidung der echten von den unechten Unters.*, Bonn, 1866; — W. LINGENBERG, *Platonische Bilder und Sprichwörter*, Köln, 1874; — F. BLASS, *Attische Beredsamkeit*, II, Leipzig, 1874, 1892; — G. TEICHMÜLLER, *Die Reihenfolge der Platonischen Dialoge*, Leipzig, 1879; — DITTENBERGER, *Sprachliche kriterien für die Chronologie der Plat. dialoge*, in *Hermès*, XVI, p. 337, Berlin, 1881; — R. JECHT, *De usu particulæ ἤδη in Plat. Dialogis qui feruntur*, Halle, 1881; — G. TEICHMÜLLER, *Litterarische Fehden*, Breslau, 1881-1884; — A. FREDERKING, *Sprachliche Kriterien für die Chronologie der Plat. Dialoge*, in *Jahrbücher für classische Philologie*, 28e année, p. 534, 1882; — HERM. HOEFER, *De partic. Platonicis capita selecta*, Bonn, 1882; — M. SCHANZ, *Zur Entwickelung des Plat. Stils*, in *Hermès*, XXVI, p. 437 et sqq., 1886; — E. WALBE, *Syntaxis Plat. Specimen*, Bonn, 1888; — L. CAMPBELL, *On the position of the Sophistes, Politicus and Philebus*, in *Transactions of the Oxford philosophical society*, p. 25-42, 1888-1889; — LINA, *De præpositionum usu Platonico*, Marburg, 1889; — TROOST, *Inhalt und Echtheit der Plat. Dialog. auf Grund logischer analyse*, Berlin, 1889; — DÜMMLER, *Chronolog. Beiträge zur einigen Plat. Dialog.*, Bâle, 1890; — C. BARON, *De Platonis dicendi genere*, Paris, 1891; — JO. VON ARNIM, *De Plat. dialogis, Quæstiones Chronolog.*, Rostock, 1896; — D. FAVA, *Epigrammi, testo, varianti e versione, Preceduti da uno studio sull' authenticità di essi*, Milan, 1903 (74 p.).

VII. — ÉTUDES SUR LA DOCTRINE

J. J. ENGEL, *Versuch einer methode die Vernunftlehre aus Plat. dialogen zu entwickeln*, Berlin, 1780; — W. G. TENNEMANN, *System der Platonischen philosophie*, 1792-95 (4 vols); — J. F. HERBART, *De Platonici systematis fundamento*, 1805 (à nouveau, Leipzig, 1842); — PHIL. GUIL. VAN HEUSDE, *Specimen Criticum in Platonem*, Lyon, 1803; — TRENDELENBURG, *Platonis de ideis et numeris doctrina ex Aristotele illustrata*, Leipzig, 1826; — VAN HEUSDE, *Initia Philosophiæ platonicæ, trajecti ad Rhenum*, 1827; — BRANDIS, *Handbuch der Geschichte der griech-röm. Philos.*, Berlin, 1835,

1866; — H. Ritter, *Geschichte der Philosophie alter Zeit*, vol. II, p. 159-522, Hamburg, 1836-1838; — F. Ravaisson, *Essai sur la métaphysique d'Aristote*, Paris, 1837; — A. Franck, *Esquisse d'une histoire de la logique*, Paris, 1838; — K. F. Hermann, *Geschichte u. System der Platonischen Philosophie*, Heidelberg, 1839; — Krische, *Forschung...*, Göttingen, 1840; — L. Lefranc, *De la critique des idées platoniciennes par Aristote*, Paris, 1843; — Ch. Renouvier, *Manuel de philosophie ancienne*, Paris, 1844; — A. Vera, *Platonis, Aristotelis et Hegelii de medio termino*, Paris, 1845; — Carl L. W. Heyder, *Kritische Darstellung u. Vergleichung der Methoden Arist. u. Hegel Dialektik*, Erlangen, 1845; — Paul Janet, *Étude sur la dialectique dans Platon et dans Hegel*, Paris, 1848 (à nouveau 1861); — Ebben, *De Platonis idearum doctrina*, Bonn, 1849; — J.-B. Tissandier, *Examen critique de la Psychologie de Platon*, Paris, 1851; — F. Nourrisson, *Quid Plato De ideis senserit*, Paris, 1852; — Ch. Lévêque, *Quid Phidiæ Plato debuerit*, Paris, 1852; — G. F. W. Suckow, *Die Wissenschaft u. Künstlerische form der Plat. Schriften*, Berlin, 1855; — F. Susemihl, *Die genetische entwickelung der Plat. philosophie*, Leipzig, 1855-1860; — Ch. Waddington, *Essais de logique*, Paris, 1857; — A. Schwegler, *Geschichte der Griechen Philosophie*, Tubingue, 1859; — F. Michelis, *Die Philosophie Platons in ihrer inneren Beziehung zur geoffenbarten Warheit*, Munster, 1859; — S. Ribbing, *Genetische Darstellung der Platonischen Ideenlehre*, Leipzig, 1863-1864; — J. Heidemann, *Platonis de ideis doctrinam quomodo Kantius intellexerit et excoluerit*, Berlin, 1863; — G. F. Cooper, *On the genius and ideas of Plato*, Göttingen, 1864; — G. Grote, *Plato and...*, London, 1865, 1885; — W. Rosenkrantz, *Die Wissenschaft des Wissens*, Munich, 1866-1868; — A. Fouillée, *La philosophie de Platon*, Paris, 1869; — J. Steger, *Platonische Studien*, Inspruck, 1869-1872; — H. Oldenberg, *De Platonis arte dialectica*, Göttingen, 1873; — P. Durdik, *Wie urtheilt Plato über das Wissen*, Prague, 1875; — Jo. Wolf, *Die Platonische Dialektik*, Halle, 1875; — Fr. Schultess, *Platonische Forschungen*, Bonn, 1875; — Bertini, *Nuova interpretazione delle idee Platoniche*, Turin, 1876; — Tobias Wildauer, *Psychologie des Willens bei Socrates, Platon u. Aristoteles*, Inspruck, 1877; — O. Ihm, *Ueber den Begriff der Platonischen Δόξα...*, Leipzig, 1877; — H. Cohen, *Platons Ideenlehre und die Mathematik*, Marburg, 1879; — J. Wagner, *Zu Platos Ideenlehre*, Nikolsburg, 1881; — Tannery, *Mus. grec.* (Revue philosophique, 1881, p. 615 et sqq.); — Benn, *The greek philosophers*, London, 1882; — T. Bergk, *Fünf Abhandlung. zur Gesch. der griech. Philosophie u. Astronomie*, Leipzig, 1883; — Peipers, *Ontologia Platonica*, Leipzig, 1883; — G. Schneider, *Die*

Platonische Metaphysik, Leipzig, 1884; — M. GUGGENHEIM, *Die Lehre vom apriorischen Wissen in ihrer Bedeutung für die Entwickelung der Ethik und Erkenntnisstheorie in der Socratisch-Platonischen Philosophie*, Berlin, 1885; — WEYGOLDT, *Die Platonische Philosophie*, Leipzig, 1885; — BONITZ, *Platonische Studien*, Berlin, 1886; — C. FUCHS, *Die Idee bei Plato und Kant*, Wienerneustadt, 1886; — UEBERWEG, *Grundriss der Gesch. der Philosophie*, Berlin, 1886; — GIOV. CESCA, *La teorica della conoscenza nella philosophia greca*, Verona, 1887; — F. WEBER, *Die Entstehung des Begriffes der Idee bei Plato*, Bruxelles, 1888; — H. SIEBECK, *Untersuchungen zur Philos. der Griechen*, Friburg, 1888; — LUKAS, *Die Methode der eintheilung bei Plato*, Halle, 1888; — DÜMMLER, *Akademika*, Giessen, 1889; — P. MEYER, *Quæstiones Platonicæ*, Leipzig, 1889; — ED. ZELLER, *Die Philosophie der Griechen*, 2er Th., 1e Abtheilung, 389-1049, Leipzig, 1889; — C. BAEUMKER, *Das Problem der Materie*, Münster, 1890; — CH. BENARD, *Platon, sa philosophie précédée d'un aperçu de sa vie et de ses écrits*, Paris, 1892; — W. PATER, *Plato and Platonism*, London, 1893; — CH. HUIT, *La vie et l'œuvre de Platon*, Paris, 1893; — F. HORN, *Platonstudien*, Wien, 1893; — P. SHOREY, *The idea of good in Platos Rep.* (*Studies in Classical philology*, p. 188-239, Chicago, 1895); — E. PFLEIDERER, *Socrates u. Plato*, Tubingue, 1896; — HEL. HALEVY, *La théorie platonicienne des sciences*, Paris, 1896; — COUTURAT, *De Platonicis mythis*, Paris, 1896; — W. LUTOSLAWSKI, *The origin ad growth of Plato's logik*, with account of Plato's style and of Chronology of his Writings, London, 1897; — V. BROCHARD, *Les Mythes dans la philosophie de Platon* (*Année philosophique*, 1900, p. 1 et sqq.); — CH. HUIT, *La philosophie de la nature chez les anciens*, 117-120, 336 et sqq., Paris, 1901; — G. LYON, *Platon et la stylométrie* (*Revue de synthèse historique*, fév. 1902, p. 14 et sqq.); — V. BROCHARD, *Les « Lois » de Platon et la théorie des idées* (*Année philos.*, 1902, p. 1 et sqq.); — ABBÉ ALBERT LAFONTAINE, *Le plaisir d'après Platon et Aristote*, Paris, 1902; — T. G. TUCKER, *Proem to the ideal commonwealth*, London, 1902; — THEOD. GOMPERZ, *Die griechische Denker*, 2er Band, Leipzig, 1903; — PIERRE BOVET, *Le Dieu de Platon*, Genève, 1903; — P. NARTOP, *Platos ideenlehre*, Eine einführung in den idealismus, Leipzig, 1903; — J. DUPUIS, *Le nombre géométrique de Platon* (R. E. G., 1902, n^r 65-66, p. 288-301); — P. TANNERY, *Y a-t-il un nombre géométrique de Platon?* (R. E. G, 1903, n^r 70, p. 173-179); — G. RODIER, *Les Mathématiques et la Dialectique dans le système de Platon* (A. G. phil., VIII, 4, p. 479-498), 1904; — GIAMBATTISTA GRASSI BERTAZZI, *La coscienza ed incoscienza nella Psychologia Platonica*, Catania, 1904; — HANS RAEDER, *Platos phi-*

losophische Entwickelung, Leipzig, 1905; — E. FAGUET, *Pour qu'on lise Platon*, Paris, 1905; — A. RIVAUD, *Le problème du devenir et la notion de la matière dans la philosophie grecque*, Paris, 1906 (VIII-488 p.); — H. GUYOT, *L'Infinité divine*, Paris, 1906; — CH. HUIT, *Le Platonisme dans la France au XVIIe siècle* (*Annales de Philosophie chrétienne*, février, 1906), à suivre; — G. RODIER, *Sur l'évolution de la dialectique de Platon* (*Année philosophique*, 1906); — V. BROCHARD, *La morale de Platon* (*Année philosophique*, 1906).

TABLE DES MATIÈRES

CHAPITRE PREMIER

LES DIALOGUES.

La question à résoudre et son degré d'importance. — Indices auxquels on peut discerner la suite des *dialogues* : notes externes; notes internes, doctrinales et philologiques. — Essais de détermination à l'égard du *Protagoras*, du *Gorgias*, du *Ménon*, du *Cratyle*, du *Banquet*, du *Phédon*, du *Phèdre*, de la *République*, du *Théétète*, du *Sophiste* et du *Politique*. — Inauthenticité du *Parménide* : vu la facture de ce dialogue, la manière dont il présente « les idées » et « l'un », et l'allure de ses principaux personnages, il ne peut être de la main de Platon lui-même; le catalogue de Thrasylle. — Autres essais de détermination à l'égard du *Philèbe*, des *Lois*, du *Timée* et du *Critias*. — Grâce à de récentes études, le problème s'est un peu précisé. On n'a pas encore des dates; mais on possède des relations d'antériorité et de postériorité pour les principaux dialogues : ce qui est l'essentiel.................. 38

CHAPITRE II

LA MÉTHODE.

Hégémonie de la raison. — Nécessité d'une méthode qui ne relève point de l'autorité, mais qui soit immanente à la nature des choses.. 40

I. — L'induction (συναγωγή) : sa nature et sa portée. — L'analyse (διαίρεσις) : ce qu'elle est; les conditions auxquelles ce procédé devient efficace; les dangers qu'il présente; Platon et Descartes; Platon et Aristote; la définition. — La dialectique : sa nature; sa « base d'élan »; son terme; la dialectique comme science et comme méthode. — La méthode *ex hypothesi* : à quoi elle sert; comment elle peut dégénérer en éristique..................... 50

Pages.

II. — Rôle de l'expérience; inintelligibilité fondamentale de la nature. — Sens des mythes. — Intime parenté de l'expérience et des mythes. — Enthousiasme persévérant de Platon pour sa méthode.. 56

III. — A quelles conditions la dialectique est-elle efficace? — Trois solutions successives : 1° La dialectique des idées suffit; 2° il y faut joindre la dialectique de l'amour; 3° besoin s'impose d'employer d'abord une sorte de Thérapeutique morale............. 61

IV. — L'École de Platon. — Description de l'Académus. — Prévalence de l'enseignement oral sur l'enseignement écrit. — Y avait-il une doctrine ésotérique? — Et dans quel sens? — Dessein général de Platon.. 70

CHAPITRE III

LES IDÉES.

Démonstration de l'existence des « idées » : preuves indirectes, tirées de la multiplicité, de la mobilité et de l'imperfection des choses sensibles; preuve directe, tirée du contenu de notre pensée elle-même.. 78

I. — Caractères des « idées » : ce sont des espèces et des genres, qui ont la vie, qui existent en eux-mêmes et par eux-mêmes. — Les « idées », pour Platon, n'ont pas toujours été des nombres. — En quel sens le sont-elles?.. 84

II. — De quoi y a-t-il des « idées »? — Variations de Platon sur ce sujet : il tend, et probablement sous l'influence d'Aristote, à restreindre leur zone d'extension.. 87

III. — On ne peut s'en tenir à une sorte d'atomisme intellectuel; il faut arriver à l'unité. — Ascension de l'âme vers l'être. — Rôle de l'idée du Bien : elle est la forme de l'être. — L'intellectualisme d'Aristote et le moralisme de Platon.................................... 97

IV. — Rapports des « idées » à la pensée. — Elle est seule capable de les saisir. — Mais elles n'ont jamais été de simples concepts : c'est ce qui résulte des dialogues dialectiques eux-mêmes; l'interprétation conceptualiste des « idées », même réduite à la dernière période de Platon, est le roman du Platonisme. — Les « idées » sont adéquatement intelligibles. — Elles sont aussi « la mesure » de toute connaissance empirique................................... 110

V. — Rapports des « idées » à la nature. — Elles sont « séparées ». — Et pourtant il y a participation de celle-ci à celles-là : les choses sensibles ressemblent aux « idées », bien que de loin; elles y trouvent en outre leur cause finale et la première de leur cause efficiente. — A cet égard, Platon et Aristote se touchent par plus d'un endroit.. 117

CHAPITRE IV

LA NATURE.

Pages.

Valeur de la Physique : ce n'est qu'un système d'opinions. — Elle s'éclaire pourtant, dans une certaine mesure, à la lumière du principe de causalité et de l'idée du meilleur.................. 120

I. — Analyse de l'infini; analogies entre Platon et Aristote sur ce point. — Analyse du fini : c'est une mesure de l'être qui se ramène presque toujours à une proportion musicale. — Rapports de l'infini au fini. — Comment Aristote en vient à rejeter le fini qui est un archétype éternel et séparé, pour n'admettre que le fini d'imitation, celui qui est immanent à la nature.......... 132

II. — Description du monde. — Son unicité. — Sa sphéricité. — Le haut et le bas. — En quoi Platon et Aristote diffèrent à ce sujet. — Le monde tourne sur son axe avec une régularité parfaite. — Les huit sphères. — Les astres. — Leurs formes. — Leurs intervalles. — Leurs mouvements. — La terre est-elle au centre du monde? — A-t-elle un mouvement de rotation? — L'homme, les animaux et les plantes, où s'arrête le cycle des générations primitives. — Éléments originels du monde et leur constitution. — Éternité du cosmos. — Comment elle s'explique.............. 147

III. — Le mouvement et ses espèces. — Le temps; le temps et l'éternité; mesure du temps. — L'espace : notion et caractères. — Ce qu'il y a d'original dans la philosophie platonicienne de la nature.. 153

CHAPITRE V

DIEU.

I. — Place qu'occupe l'idée de Dieu dans la philosophie de Platon. — Dieu n'est transcendant ni aux intelligibles ni à l'âme de la nature. — Il ne s'identifie pas avec « l'idée du bien ». — On ne peut pas dire non plus qu'il soit la pensée des intelligibles, prise à l'exclusion de tout autre principe. — Dieu est cette partie supérieure de l'âme du monde, qui, indéfectiblement dominée par la vue indéfectible du Bien, a formé la nature et lui conserve à travers les âges son immortelle jeunesse...................... 168

II. — De cette notion de Dieu découle l'ensemble de ses attributs : sa science adéquate de la réalité, sa sainteté et par là même sa justice et sa bonté, sa toute-puissance, son bonheur sans mélange ni déclin. — Dans quelle mesure est-il immuable? — De son unicité. — La même définition de Dieu éclaire aussi les rapports qu'il soutient avec les « idées » et avec la nature. — Le Dieu de Platon et la Trinité. — La Providence et le problème du mal... 178

Pages.

III. — Dieu et les dieux. — Manière dont Platon comprend la divinité des astres. — Sens qu'il attribue aux dieux de la mythologie. — Comment le polythéisme se concilie dans sa doctrine avec le monothéisme.. 182

IV. — Démonologie. — Description mythique du rôle des démons. — Sens philosophique que renferme cette description. — Coup d'œil sur « la philosophie première » de Platon. — Platon et Aristote. — Platon et Hegel.. 185

CHAPITRE VI

L'AME HUMAINE.

I. — « Puissances » de l'âme humaine. — Il y en a trois principales; leurs subdivisions. — Platon n'est arrivé qu'avec le temps à cette classification. — Critique qu'en a faite Aristote.......... 190

1° *La connaissance.* — La sensation; la perception du monde extérieur; la mémoire; l'imagination. — L'opinion : sa nature; ses espèces; ses degrés; son domaine. — La science : elle n'est pas la sensation, comme l'a dit Protagoras; elle n'est pas l'opinion non plus. Ce qu'elle est; ses principes directeurs. — L'erreur : en quoi elle consiste; interprétation platonicienne du fait; insuffisance de cette interprétation................................ 215

2° *Le vouloir.* — Platon a toujours soutenu que « la méchanceté n'est pas volontaire ». — Pourquoi cette constance d'attitude? — Platon est-il donc déterministe?................................ 219

3° *Le cœur* (θυμός). — C'est l'amour spontané du bien et du beau. — Il n'a pourtant pas en lui-même sa mesure ni sa loi............ 221

4° *Le goût du plaisir* (ἐπιθυμία). — Il varie indéfiniment et en qualité et en intensité. — Désirs sourds. — Réduction des passions à l'amour.. 223

5° *Le plaisir.* — Sa nature. — Ses conditions physiologiques. — Ses espèces : Plaisirs du corps, plaisirs de l'âme, plaisirs communs. — Comment ils se ramènent à deux sortes : ceux qui sont réels et ceux qui sont irréels. — En quoi consiste le bonheur des dieux?.. 233

II. — Nature de l'âme. — Son immatérialité. — Son indivisibilité. — Sa propriété de « se mouvoir d'elle-même ». — Rapport du physique et du mental. — Médecine de l'esprit. — Éternité du genre humain.. 238

III. — Immortalité de l'âme. — Ses preuves. — Elle n'est pas impersonnelle, comme celle dont parle Aristote. — Nature et sens des sanctions futures : l'idée d'expiation en est absente. — La prédominance du bien ne se maintient dans le monde que par une série de rédemptions. — De Socrate à Platon. — Comment l'eschatologie de Platon se rattache à sa philosophie première. — Ses réserves sur la croyance en l'immortalité de l'âme............ 248

CHAPITRE VII

LE BIEN MORAL.

Pages.

Le bonheur est le but suprême de la vie. — Définition du bonheur. — Son rapport avec la justice. — En quoi consiste la valeur morale du bien.. 255

I. — Définition de la vertu. — Classification des vertus. — De la justice en particulier. — Comment les vertus se subordonnent les unes aux autres. — Où elles trouvent leur principe d'unité. — La sagesse et l'*eutychie*. — De l'amitié : sa nature et son rôle social. 271

II. — Quelques points de morale spéciale : le mensonge, le suicide, maximes platoniciennes... 273

III. — Critère du bien : le sage, par le fait qu'il en est la personnification, en est aussi le juge et comme l'oracle vivant.......... 274

IV. — Le bien et le droit. — Le bien et le devoir. — Le devoir et la volonté divine. — Double principe d'obligation................. 278

V. — La morale et l'art : celui-ci est aux ordres de celle-là........ 281

VI. — La morale et la religion. — Attitude de Platon à l'égard de la religion traditionnelle. — Religion du sage. — Religion du peuple. 288

VII. — Le pessimisme de Platon. — Ce n'est pourtant pas un déserteur de la vie.. 290

CHAPITRE VIII

LA CITÉ.

I. — Le bonheur est le but. — Il ne se réalise que par la société. — On ne peut dire cependant qu'il y soit complet. — Conflit entre les individus et les conditions de l'état social................. 294

II. — La Société atteint son but par la justice..................... 295

III. — La justice elle-même requiert tout un ordre de moyens que l'on peut appeler les conditions sociales du bonheur. — Choix du territoire; position de la capitale; division du sol; fortifications. — Épuration de la population. — Organisation des éléments qui demeurent : les classes d'après la *République* et d'après les *Lois*; l'esclavage. — Le mariage. — L'éducation : idée que s'en fait Platon; principes qui la dominent; l'enseignement primaire et l'enseignement supérieur; l'éducation des femmes; l'École et l'État; résultats de ce système d'après la *République*, puis d'après les *Lois*. — Le problème économique : importance qu'y ajoute Platon; danger de la richesse et de la pauvreté; établir autant que possible une moyenne de fortune pour tous les citoyens; le commerce et la monnaie; interdiction de la mendicité. — La Loi : sa définition; le domaine qui lui revient; son essentielle imperfection; ses rapports avec le milieu physique et le caractère des peuples; utilité d'un « prélude » où l'on en donne les raisons. — Le droit militaire à observer dans les guerres entre cités grecques. — La vie du citoyen et celle du couvent...................... 324

IV. — Classification des formes politiques et variantes de Platon sur ce sujet. — Quelle est la meilleure des formes politiques? — Haine de la tyrannie et de la démocratie...................... 330

V. — Conditions de stabilité politique et sociale : permanence du lot familial; identité du montant de la population; suppression des insociables; culture de l'amitié par les jeux, les fêtes et les banquets; fixité des lois; maintien rigoureux de trois croyances fondamentales, qui sont la foi en l'identité de la justice et du bonheur, la foi en la providence divine et l'attente de la vie future. — Sources auxquelles a puisé Platon pour composer son œuvre politique. — L'étendue croissante de son érudition. — Comment il annonce Aristote à cet égard............................. 336

CONCLUSION.

Platon et le génie grec. — Comment il en personnifie les qualités et les défauts. — Succès considérable de l'enseignement de Platon. — Ses disciples : Speusippe, Xénocrate, Eudoxe de Cnide; Héraclide de Pont; Philippe d'Oponte, Crantor, Cratès, Polémon. — Comment on passe avec eux de l'Ancienne à la Nouvelle Académie. — Médiocrité de l'influence immédiate du Platonisme et causes de sa stérilité. — Place immense que Platon occupe ensuite dans la pensée humaine, à partir des Alexandrins, plus encore à partir du christianisme............................. 359

Tableau philologique...................................... 361

Index bibliographique.................................... 376

Table des matières....................................... 382

www.ingramcontent.com/pod-product-compliance
Lightning Source LLC
Chambersburg PA
CBHW060611170426
43201CB00009B/982